阮元集

程章燦 主編

廣陵書社

山左金石志 下

〔清〕畢沅 〔清〕阮元 撰

孟凡港 校證

卷十五

宋石

萊蕪縣鳳凰山仙人觀碑

建隆三年[一]十月立，正書，碑高五尺六寸五分，廣二尺七寸，在萊蕪縣。

右碑額已殘闕，惟存『記』字。文二十三行，字徑六分，首題『兖州泰安軍□□□萊蕪縣鳳凰山八百仙□碑記』，中稱：『建隆三年歲次壬戌十月乙酉朔四日戊子，葺安期之真觀。』云云。案《縣志》：『安期生修煉於縣之南山，一名仙人山，上有道觀。』又云：『鳳凰山亦在縣南，與仙人山相接。』此碑蓋爲修觀而作，惜大半磨滅，無從得其原委矣。

濟州廳壁記

建隆四年八月立，行書，陰正書，碑高五尺八寸，廣二尺六寸五分。舊在鉅野縣，今佚。

濟州重修廳壁記

將仕郎守任城縣主簿李頌撰。

郡齋舊址乃鉅野縣之廨宇也，頃自周室肇興，魯侯叛命，六飛薄伐，孤壘蕩平。天子乃迴法駕，儼環衛，考三壤之成賦，欲萬邦之作乂。以其大兵之後，厥俗未濟，斯地扼數州之要害，斯民據聚盜之泉藪，化之則從風者少，劾之則掛網者多。繇是宸襟屢謀，明詔乃下，爰廢兹邑，聿建是州。寇榱寢襄，城壘方堵，踽促有同於晉儉，經營靡及於衛臧，雖露冕褰帷，無廢六條之政教，而上棟下宇，不揚五馬之威風，剖符載易於數朝，視事繼仍於舊宇。我太守譙公之下車也，一之歲，視民之所疾怨苦者除之，吏之不簿入錢穀者乂之，奸之巨蠹者夷之，猾之太暴者芟之，一境於是乎以寧。二之歲，犯四律者正之，冒時禁者繩之，孝悌者獎之，潔廉者用之，黎人於是乎知勸。三之歲，茂才者舉之，異等者揚之，墨綬之吏、居官之治理者旌之，隣邦於是乎仰化。公知化之克修，事之既簡，因追《大壯》之義，欲興必葺之功，且曰：『凡治一州或刺一郡者，以化民唯先，致理爲務，豈特飾臺榭亭宇，悦心意耳目哉？然則舊政因侑，廳事湫隘。廳者，聽也，將欲聽郡政而牧黎民；事者，功也，將欲崇化功而敷六察。若怠俦工之用，良辜共理之心，矧兹樂郊，攸同浩壤，土賦貞墳，草木條繇，鄉號獲麟，傍接濉沮之會。水隣浮磬，遥分海岱之圻。秦争漢略獵其功，晉伐楚侵漁其利。驗九州之别，濟河密唯兖之封；稽十藪之名，大野乃降婁之分。苟儉不中禮，陋如之何！則曷以壯我劇郡，爲王甸服哉？於是，凡百官舍咸命隆修，群司奔馳，百工鳩揆，準繩圬埸者雷動，剞劂板幹者風駈。周廊廻合以虹申，峻宇坱圠而烟聚，層城之樓閣相望，勝地之臺池聿興，麟趾應聖之鄉居然丕變，馬頰名河之境焕若唯新。郡容既嚴，公庭有翼，命有司敬其事以落之，燕僚屬修其禮以臨之，召樂工合其奏以娛之，發侑幣厚其意以將之。若乃鞅掌在公，朝夕聽政，决盈庭之訟，敷求瘼之言，法令既明，吏士咸肅，入其門者，莫不祗畏。又若怡神無事，宣德以詩，歌有道之風，湧如泉之思，詶和無斁，賓僚計協，涉其級者，莫不敦穆，豈比夫崇飾峻宇、輪奐雕楹，徒爲燕息之所、娱樂之地而已哉？抑公之爲政也，化暴戾之俗，復禮義之風，申刑制之嚴，弭萑蒲之盜，有士民詣闕之請，有朝廷借治之稱，有行路游楊之頌，具美咸在，此不能盡書。下吏承命爲文，不遑牢讓，如紀貞珉，請俟才之傑者。時大宋建隆四年八月一日建。金紫光禄大夫、檢校司徒、使持節濟州諸軍事、濟州刺史兼御史大夫、上柱國、彭城縣開國男、食邑三百户曹翰。

碑陰

濟州新建蓮華漏記

朝奉郎、尚書司封郎中、知濟州軍州兼管内勸農事、上輕車都尉、借紫田棐撰。

濟州本無刻漏，列卒直晝夜，視早晚聲鼓以卜之，絶無謂也。會稽徐綸，寓於此□□□燕公舊法，增以新意而爲之，置於州樓之上。四時百刻，約水準點，從子至亥，周而復始，不差毫釐。今徐法既精，可傳於濟□，俾聞者取信。晷刻以□□□□而行，婚姻喪葬□□，亦有功於長民者乎？宜刻石以志，嘉祐八年夏四月初四日記，前進士路遘書并篆額，將仕郎、守司理參軍監造手□□，儒林郎、試秘書省秘書郎、團練推官吕□，朝奉郎、試大理司直、權團練推官李□，東頭供奉官、兵馬監押兼在城巡檢張□，朝奉郎、尚書都官員外郎、通判軍州兼管内勸農事、騎都尉、賜緋魚袋徐□。

右碑元得明時拓本，完善無缺，凡二十一行，字徑一寸二分。案《宋史·曹翰傳》，於濟州事實未能詳及，此記可補其闕。碑陰刻嘉祐八年《蓮華漏記》及銜名凡十四行，字徑八分。

王承慶等開雲門山石井記

乾德六年二月立，正書，崖高四尺，廣三尺餘，在益都縣雲門山後洞東壁。

右刻文十七行，字徑二寸。首題『雲門山石井記，勸首弟子泉州節度押□、充都綱王承慶等，開鑿石井，用鐫石記』云云，後記年月及施主姓名。段赤亭云：『雲門山有二石井，一爲僧守忠所鑿，其迤東稍南者，即承慶等所鑿也。《宋史·太祖本紀》：「蔡河務綱官，坐以糠土雜軍糧，棄市。」知都副綱官爲糧運微弁，泉州此時未入版圖，不知承慶何以爲閩之押衙耶？』

法慶寺尊勝真言幢

開寶四年十月立，行書，石高三尺八寸，凡八面，圍三尺一寸，在青州府西門外法慶寺祖堂。

右幢四面刻真言，四面刻《宏正大師遺界記》，凡三十二行，字徑七分，書出僧懷永手筆，頗秀逸，惜多訛體耳。

卧佛寺金剛經幢

開寶八年正月立，正書，石高二尺六寸，凡八面，圍四尺一寸六分，在昌樂縣城西卧佛寺。

右幢間有殘闕，後題『開寶八年歲次乙□』，『乙』下當是『亥』字。長壽鄉留仙村今皆無攷，《縣志》青惠鄉有留泉社，未知即其地否？匠人有都料之目，亦它碑所罕見也。

龍興寺三門記碑

太平興國七年十三月立，行書，篆額，碑高六尺五寸，廣二尺六寸五分，厚一尺二寸，在兖州府龍興寺。

大宋兖州龍興寺新修三門記額四行，字徑三寸。

大宋兖州龍興寺新修三門記，前鄉貢進士王禹偁撰，翰林待詔、朝請大夫、太子中舍、同正司徒儼書并篆額。

佛滅度後，後末世一切衆生並陷業障，法有輪柅而不榑，魔有網結而高張。積覆簣之邪，峰乃峻極；寖濫觴之苦，波乃尾閭。是諸凡夫煩惱不斷，是諸世界虛妄大行。地水火風攻之于外，貪嗔愛慾寇之于內。大則以金玉滿堂，垂子孫之計；小則以錐刀竟利，務衣食之源。末俗于是難移，真如以之不竟。幻身有漏，寧知牛乳之方；火宅將焚，孰信鹿車之諭。則有悟電泡之非久，識生死之有緣，以慈悲喜捨爲身謀，以因果報應爲己任。謂財能賈禍，我則輕之若浮雲；謂福可濟身，我則指之爲彼岸者，其惟京兆杜公乎？公慤愿理躬，淳和賦性，出言有信，重于千乘之盟，立事去奢，笑彼三家之僭。自謂處太平之伐，飽歌頌之聲，兵革不聞，伏臘自足。上則知其帝力，熙熙常陟於春臺；下則依彼空門，世世期臻於净土。始念劬勞未報，風樹纏哀，耕山起曾子之歌，陟岵動詩人之歎。堂雖肯構，蓄五牸以成家；養孰弗能，奉三牲而何益？爰思追薦，是用修崇，出兹潤屋之財，飾彼布金之地。龍興寺者，東兖招提之甲也。先是，三門建於大中年，兖、海、沂、密等州連帥劉公莒之所立也。位歷數朝，時踰百祀，風雨所寇，簷楹不完。寺衆羞之，思所整葺，而力未支也。公乃革其舊址，立以新基，易之以金鋪，搆之以重閣。庀徒且亟，藏事靡遑。丁丁伐褒谷之材，陰疎煙葉；落落輦他山之石，翠斷雲根。役夫憧憧，車轍轔轔，繩者、墨者、陶人、圬人，繼踵接武，其來如雲。因爲揆日之期，特起凌霄之勢。乃日夫有其材而無其工，則材將弃矣；有其工而無其首，則工乃惰矣。疇其代我魁以董之，乃得藏主，大德洪昭尸其事，且戒季子航以左右之。由是無晦暝，無風雨，是剞是劂，以圬以墁，畚鍤之影齊來，雲生東岱；追琢之聲牙動，雷殷南山。板榦畢興，土木交作，惟知日入而息，豈俟定之方中？加以勞來有常，趨督忘倦。匠之哲者，則甘言重賂以誘之；役之賤者，則嘉醪芳味以悦之。工不敢怠，人豈知疲，星灰始周，功績告備，莫不拔地若湧，掀空欲飛，金碧交光，爍亭午之日，欒櫨牙映，過崇朝之雲。複道排虚，龍蟠天嬌之狀；重檐截漢，鵬運扶摇之風。峥嶸而始，謂鼇擎來從碧海；峭拔而終，疑蜃吐飛出紅塵。其或春雨絲紛，秋雲羅散，夏引清飈而悽楚，冬涵皓雪以溟濛。憑欄放懷，望遠送目，前對孤桐之岫，杳靄凝嵐；左連浮磬之川，縈廻静練。足以作魯邦之勝概，爲法門之雄觀者歟。事既畢，公乃慶良緣，會大衆，且以香花落之，故得觀瞻之衆雲趨，讚歎之音雷動。飛聲走譽，自邇及遐，緣事有成，福德無量，亦何必持長者之蓋方表修行，捨畫師之金始爲利益者哉？議者曰：『凡人從緣而生，從緣而死。衣食者，治生之器具也；功果者，濟死之津梁也。悟之者，若發箭在空，恒慮力盡；迷之者，若無舟泛海，但見溺焉。斯蓋濁惡染其慾情，聲香觸其根性。遂使捨一毛一飯，或至艱難；奉少香少花，皆有悋嗇。苟非解方便力，有廻嚮心，則孰能弃小徑於迷途，持直心覺路者耶？』公則不然，始乃儉於其身，勤於其家，孝于父母，信于友朋，然後輟能散之財，崇無邊之福，有以見其心也不可思議，其德也不可唐捐。經曰『名稱高遠，如須彌者』，我公有之。又曰『堅固不壞，如□□□』，斯門比之。公欲紀兹功德，思所銘刊，猥顧非才，俾揚善績。其或敘如來之教法，則内典詳矣；陳伯禽之土風，則《禹貢》具矣。是敢書歲時而□□□□語修建而無媿辭，秉筆成文，尤謝簡栖之作；拂石爲刧，永留寶積之□。時皇宋太平興國七年十三月廿三日記。鐫字白□□□□。

右碑凡二十一行，字徑一寸，王禹偁撰文。禹偁，字元之，鉅野人。九歲能文，太平興國八年擢進士，咸平四年出守蘄州，卒年四十八。此碑立於太平興國七年，是未第時所作，而文之華贍若此，洵可觀矣。文内『處太平之代』，誤作『伐』；『持直心於覺路』，『心』下脱『於』字；『牙』乃『互』字之訛。末行題『皇宋太平興國七年十三月廿三日記』，案是年閏十二月，故云十三月也。碑側列寺僧施主姓名凡四十五人，皆不録。

重修兖州文宣王廟碑[一]

太平興國八年十月立，正書，篆額，陰正、行書不等，碑高一丈六寸，廣三尺九寸，在曲阜縣孔廟大成門東。

大宋重修兖州文宣王廟碑銘額三行，字徑三寸。

大宋重修兖州文宣王廟碑銘，并序。起復翰林學士、朝散大夫、尚書都官郎中、知制誥、柱國、賜紫金魚袋臣呂蒙正奉勑撰，翰林待詔、朝散大夫、少府監丞臣白崇矩奉勑書并篆額。

聖人之興也，能成天下之務，能通天下之志，然亦不能免窮通否泰之數。是故有其位則聖人之道泰，無其位則聖人之道否。大哉！夫堯、舜、禹、湯，其有位之聖人乎！我先師夫子，其無位之聖人歟！昔者大道既隱，真風澌漓，有爲之跡雖彰，禪代之風未替。繇是堯、舜、禹、湯，苞至聖之德，有其位，故德澤及於兆民。逮乎周室衰微，諸侯强盛，干戈靡戢，黔首疇依。繇是仲尼有至聖之德，無其位，所以道屈於季孟。嗚呼！夫子以天生之德，智足以周乎萬物，道足以濟於天下，而棲遑列國，卒不見用。得非其道至大，而天下莫能容乎？復乃當時之生民不幸乎？向使有其位，用其道，又何止夾谷之會沮彼齊侯，兩觀之下誅其正卯，墳羊辨土木之袄，楛[三]矢驗蠻夷之貢？必將恢聖人之道，功濟乎宇宙，澤及于黎庶矣。奚一中都宰、大司寇，可伸其聖道哉？嗟夫！文王没而斯文未喪，時命屯而吾道不行，可為長太息矣。洎乎河圖不出，鳳德云衰。爰困蔡以厄陳，遂自衛以返魯。于是刪《詩》《書》，讚《易》

象，因史記，作《春秋》。大旨尊王者而黜霸道，威亂臣而懼賊子。然後損益三代之禮樂，褒貶百王之善惡。蕪而穢者，芟而夷之；紊而亂者，綱而紀之。建末俗之郛郭，垂萬祀之指[四]則。遂使君臣、父子咸知揖讓之儀，貴賤親疎皆識等夷之數。功均造物，德被生人。昭昭焉，蕩蕩焉，與日月高懸，天壤不朽者，夫子之道乎！故曰：自生民以來，未有如夫子者也。非夫道尊德貴，惟幾不測，孰能與於此乎？故天下奉其教，尊其像，祠廟望相[五]者豈徒然哉？自唐季而下，晉漢以還，中原俶擾，寓縣分裂。四郊多壘，鞠為戰鬪之塲；五岳飛塵，竟以干戈爲務。周雖經營四方，日不暇給，故我素王之道將墜於地。光闡儒風，屬在空三字。昌運。我應運統天睿文英武大聖至明廣孝皇帝，纘寶位也，以徇齊之德，兼睿哲之明，惣攬英雄之心，苞括夷夏之地。空四字。皇明有赫，空三字。聖政日新，解綱泣辜，示至仁於天下；侮亡取亂，清大憝於域中。復浙右之土疆，真王匍匐而聽命；伐并汾之堅壘，兇竪倒戈而係頸。戎車一駕，掃千里之祆氛；泰壇再陟，展三代之縟禮。拯亂則吊伐，非所以佳兵也；□[六]惡則止殺，蓋所以遵法也。然後修禮以撿民跡，播樂以和民心。禮修樂舉，刑清俗阜。尚猶日慎一日，躬決萬機。近甸絕禽荒之娱，後庭無游宴之溺。遂得群生亹亹，但樂於天時；萬彙熙熙，不知乎帝力。信可以高視千古，躪轢百王。謂皇道既以平，華戎又以寧。尔乃凝神太素，端拱穆清。闡希夷之風，詮真如之理。間則披皇墳而稽帝典，奮空三字。睿藻以抒空三字。□[七]章。哲王之能事備矣，太平之鴻業成矣。居一日，乃御便殿，謂侍臣曰：『朕嗣位以來，咸秩無文，遍修群祀。金田之列刹崇矣，神仙之靈宇修矣，惟魯之夫子廟堂未加□[八]葺，闕。孰甚焉。況像設庫而不度，堂廡陋而毀頹，觸目荒凉，荆榛勿剪。階序有妨於函丈，屋壁不可以藏書。既非大壯之規，但有巋然之勢。傾圮寖久，民何所觀？』上乃鼎新規，革舊制，遣使星而蒇事，募梓匠以僝功。經之營之，厥功告就。觀夫繚垣雲矗，飛簷翼張。重門呀其洞開，層闕鬱其特起。綺疏瞰野，朱檻凌虚。眈眈之邃宇來風，巘巘之雕甍拂漢。迴廊複殿，一變惟新。升其堂，則藻火黼黻，昭其度也；登其筵，則豆籩簠簋，潔其器也。春秋二仲，上丁佳辰，牢醴在庭，金石在列。侁侁衆賢，以配以侑。凛然生氣，瞻之如在。時或龜山雨霽，岱嶽雲斂。則重櫨疊拱，丹青晃日月之光；龍桷雲楣，金碧焜煙霞之色。輪奂之制，振古莫儔。營繕之功，于今為盛。繇是公卿庶尹，鴻儒碩生，相與而言曰：凡空三字。明君之作事也，不為無益害有益，必乃除千古之患，興萬世之利，然後納華夷於軌物，致黔首於仁壽。夫子無位立教，化人以文行忠信，敦俗以冠婚喪祭。為民立防，與世垂範。是以上達君，下至民，用之則昌，不用則亡。空三字。我君[九]膺千年而出震，奄六合以為家。一之日，二之日，訪蒸黎之疾苦；三之日，四之日，辨官材之淑慝。尔乃修武備，崇文教，輕徭薄賦，興廢継絶。于是睠我先師，嚴其廟像。棟宇宏壯，僅罕倫比。遂使槐市杏壇之子，竟鼓篋以知歸；褒衣博帶之儒，識横經之有所。矧乃不蠹民財，不耗民力，時以農隙，人以悦使。向謂興萬世之利者，斯之謂歟！與夫秦修阿房，唯矜土木之麗；楚築章華，但營耳目之玩，可同年而語耶？將勒貞珉，合資鴻筆。臣詞慙體要，學謝大成。空二字。彤庭猥厠於英翹，内署謬司於綸誥。頌空三字。聖君之德業，雖効游楊；仰夫子之文章，誠慙狂簡。恭承空五字。睿旨，謹杼銘曰：

周室衰微兮諸侯擅權，魯道有蕩兮禮樂缺然。神降尼丘兮德鍾于天，挺生夫子兮喪亂之年。秀帝堯之姿兮類子産之肩，苞聖人之德兮凛生知之賢。删《詩》定《禮》兮糺謬繩愆，智冥造化兮功被陶甄。下學上達兮仁命罕言，將聖多能兮名事正焉。道比四瀆兮日月高懸，仰之弥高兮鑽之弥堅。歷聘諸國兮陳蔡之間，時不用兮吾道迍邅。麟見非應兮反袂漣漣，梁木其壞兮歎彼逝川。王爵疏封兮衮冕聯翩，百世嗣襲兮慶及賞延。明明我后兮化浹無邊，崇彼廟貌兮其功曲全。高門有閌兮虚堂八筵，吉日釋菜兮陳彼豆籩。雕甍畫栱兮旦暮含煙，海日一照兮金翠相鮮。帝將東封兮求福上玄，千乘萬騎兮轟轟闐闐。謁我新廟兮周覽蹁躚，肆覲群后兮岱宗之前。

太平興國八年歲次癸未十月癸未朔十六日戊戌建，空七字。鎸字蹇厚。

碑陰

凡從行臺公林廟之行者，具有數，而奠拜之禮亦各有差。自条議、總領、詳議，鄉貫、姓名已誌諸石，維省掾屬吏當别刻之，其歲月在条議題名下，故不復云，仁傑書。

省掾：東平王文、孟謙，古栗趙瑀，柯亭董英，陽平侯琪。

屬吏：柯亭李滋，曹南吴欽，東平王恕、吕松，漳川王鼎，葵丘劉信，絃歌王祐。

右一段十七行，正書，徑一寸，在碑陰最上層第一列。

永年王磐、陳郡徐世隆、嶧山顔從傑，渾水劉郁，自東原來，恭謁先聖廟庭，因奠墳林。壬寅歲秋九月廿有八日。

右一段七行，正書，徑二寸，在第二列右幅，從左讀。

歷下孫天益、上谷信世昌，從行臺公再祀林廟，歲己酉立秋日謹題。

右一段三行，正書，徑一寸，在第二列左幅。

歲在壬子九月十二日□□，天宇澄霽，東原賈起、□平王庭，敬謁廟林，謹誌其來，彭城王明達從行。

右一段五行，行書，徑一寸，在第三列右幅。

壬子春三月甲辰十六日庚戌，奉天楊奂、上谷劉詡、盧龍韓文獻、任城張鐸、彭城王明遠、梁□張宇、陳郡王元慶、古汴郭敏祗謁。

右一段八行，行書，徑一寸，在第三列中幅。

歲甲寅夏四月八日，恭謁聖祠，拜于林墓。金源道人温惪潤、遼陽斡勒堅、金城史周、漯陽程知柔同來。男六九、學生東平徐琰從行，浚都趙晉敬題。

右一段五行，正書，徑一寸二分，在第三列左幅，從左讀。

高□[一〇]監修東岳并文宣王廟夏侯忠，内品同監修張從訓，殿直同監修樊繼源，内品同監修阮懷俊。

右一段四行，正書，徑一寸，從左讀，在第四列中幅虛其右。

泰寧軍節度使、特進撿挍太傅孫承祐，宣德郎、右補闕、直史館、權知軍府事、賜緋魚袋石熙古，承奉郎、守秘書省著作郎、通判軍府事王仲華，管内觀察判官、朝奉大夫、撿挍尚書、水部負外郎兼監察御史、柱國、賜紫金魚袋廖文鐸，觀察支使、朝散大夫、試大理評事兼監□[一二]御史鞠光輦，莭度推官、徵事郎、試大理司直桒輔。

右一段六行，正書，徑一寸，在第四列左幅。

拜謁至聖文宣王廟留題

七十遑遑席靡安，周流列國始旋轅。發剛究理見經旨，整頓人倫窒亂源。比德唐虞賢更遠，齊仁覆載衢彌尊。君王師範渾無報，世世榮封裕後昆。

丙辰仲冬朔，蓬山劉真淵拜手稽首上，提領曲阜縣事東平吕仁，命工刊委，差白清從行，匠石杜温。

右一段十一行，正書，詩徑二寸，款徑一寸二分，在第五列右幅。

四十四代孫左賛善大夫、襲封文宣公宜，母弟著作郎、監確貨憲，母弟晃，母弟勗。

右一段四行，正書，徑七分，在第五列左幅。

中統二年冬十月二十有三日，提控監修林廟官馬惟能、廟學教授王庭珍、監修官孟福，同來祇謁祠下。

右一段四行，正書，徑六分，在碑末左下角。

右碑文二十九行，字徑一寸。《宋史·孔宣傳》：『太平興國八年，詔修曲阜孔子廟，宜貢方物爲謝，詔褒之。』其詔載《縣志》，云：『素王之教，歷代所宗，當予治定之初，特展修崇之典。汝襲封闕里，就列周行，虔備貢輸，慶兹輪奐，省聞嘉獎，不忘于懷。』碑陰題字凡十一段，惟末段有『中統二年』紀號，餘皆無年月。間有干支，不詳時代，大率是金元間人題名。上層第一段，省掾屬吏從行臺公謁林廟題名。第二段，壬寅歲，王磐、徐世隆等題名。第三段，歲己酉，孫天益等從行臺公再祀林廟題名。所稱『行臺公』者，即東平路行軍萬户嚴實也。『壬寅』乃元太宗崩後六皇后稱制之初，『己酉』則元定宗崩後之次年。據《雲峰山題名》，己酉七月，大行臺謁嶽祠，從行者東平參議王玉汝及張昉、李滋、杜仁傑、孟謙，題記者徐世隆。此碑初謁林廟不書年月，再祀林廟亦在己酉立秋，與謁嶽祠同時事矣。

開元寺心經香幢

雍熙二年五月立，正書，石高一尺二寸，凡八面，圍二尺餘，在淄川縣。

右香幢每面三行，字徑六分，有虞、褚筆意。中稱『清信男弟子、女弟子』，猶沿北朝風尚。

資福寺舍利石槨題記

雍熙二年六月刻，正書，尺寸未詳，在夏津縣資福寺。

右石槨爲夏津令蔣棣覓得，録以見貽，云：石槨現存資福寺内，底尚完好，其前面刻『定光佛舍利記』六字，蓋上題字前半已殘闕。稽其全文本云：『太平興國八年正月，内有定州寶應塔院堂舍利功德主僧，先有願諸處，召化有緣，起塔五座，今於夏津縣元應寺起塔第二座，雍熙二年六月内故記。』凡六十四字。今祇存『院堂舍利功』『塔五座』『今於』『年六月内故記』十六字，蓋宋雍熙年間藏舍利之具也。記稱『元應寺』，當是『資福』舊名，今皆無攷。

清涼寺陁羅尼經幢

雍熙四年四月立，正書，石高三尺七寸，凡八面，圍三尺二寸，在青州府城内清涼寺。

右幢刻經咒及記文凡四十二行，字徑七分。文稱『朝請郎、試大理評事、前守青州别駕李恕，年八十五，家本趙州贊黄縣趙王之後』云云。案：趙王乃唐太宗子，名福，貞觀十三年出後隱太子，累遷梁州都督。恕爲其後，亦唐之宗室矣。

普安寺磚塔題名

淳化元年立，凡七石，並正書，大小不一，在淄川縣西南普安寺，俗名大薛寺。

右磚塔八石，宋刻者七，其一是金大定間牒文也，所載施主姓名皆左起。

徐休復禱孔廟碑

淳化二年四月立，八分書，篆額，碑高四尺三寸，廣二尺一寸七分，在曲阜縣孔廟奎文閣西門樓下。

右碑額題『文宣王記』四字，徑三寸，文十三行，字徑一寸五分，彭宬書，碑文則休復自撰，詞句鄙劣，不足存也。

聖壽寺香幢題字

淳化二年十月立，正書，石高二尺，凡八面，圍三尺五寸二分，在嘉祥縣七日山聖壽寺。

右香幢八面，前刻『建造塔廟香幢記，鄉貢進士武穆之述』，末云『男鄉貢三禮仲舒書』。廟爲鄉貢學究伊顯所造，故記。文後先列伊氏祖父子孫名氏，次列男女施主多人，皆助資造幢者也。

仰天山大佛寺經幢

淳化五年四月立，正書，石高二尺四寸，凡四面，圍一尺五寸四分，在臨朐縣仰天山。

右幢已殘闕，存經文十四行，記文五行，字徑六分。

咒水真言石刻

淳化五年五月立，正書，在歷城縣署内井中。

右刻乾隆乙卯歷城旱出井，方九寸，正面刻咒水真言及年月、題記，凡八行，陰刻明萬曆間寧陽知縣王廷薦題字八行。朗齋云：『黄小松所藏碑拓亦有《咒水靈石贊》，得於兗州城外井中，玩其筆跡，正與此同。然則此刻非祇一石矣。』

雲門山佛龕鄧氏題記

至道三年五月立，正書，石高一尺一寸五分，廣二尺，在雲門山陽洞西佛龕下。

右碑漫滅已甚，惟里居、年月尚存，題云：『□宋青州益都縣南和界住人清信男弟子鄧』，其名已泐。又云：『圓頂□光，異焕照耀，上天競傳異相，必是寺中佛像有異光神跡，鄧氏感而記之。』下有『□無瘴疫，伏望諸佛護□，將斯善福以證□因』，皆祈佛福祐之辭也。

寶相寺刱修佛殿碑

咸平五年九月立，行書，篆額，在汶上縣寶相寺。

右碑及後經幢皆朱朗齋自他處借録，未詳尺寸。額題『刱修佛殿之記』六字，徑二寸，文十九行。碑末列銜俱從左起，先縣令，次簿尉，而鎮將、副鎮又系於後。

寶相寺經幢

無年月，正書，在汶上縣寶相寺。

右幢八面，所刻皆觀音十八願文，每面存字無幾，以無年月可攷，姑坿《刱修佛殿碑》後。

靈泉廟碑

咸平六年十一月刻，正書，石高一尺八寸，廣二尺二寸，在博山縣靈泉廟。

右刻文十八行，字徑一寸，首題『淄州重修顔神廟記』。案《縣志》載：廟在長城嶺下，祀孝婦顔文姜，後周時建，唐天寶重修，至宋熙寧間始賜額『靈泉』。此碑刻於咸平六年，故猶稱『顔神廟』也。

石佛院經幢

咸平六年十一月立，行書，石高五尺，凡八面，圍四尺二寸，在青州府城西北石佛廢刹中。

右幢前五面刻經文，後三面刻大德行狀，書多别體。

明道寺舍利塔壁記

景德元年閏九月刻，正書，在臨朐縣明道寺。

右記及銜名凡二十九行，字徑五分。後又刻高嵩等舍利塔施主題名，凡男婦姓氏一百十六人。

敕修文宣王廟牒碑〔一二〕

景德三年二月立，正書，篆額，碑高五尺，廣二尺，在曲阜縣孔廟。

勑修文宣王廟額三行，字徑三寸。

中書門下空三字。牒京東轉運司

資政殿大學士、尚書兵部侍郎、知通進銀臺司兼門下封駮事王欽若奏：諸道州府軍監，文宣王廟多是摧塌，及其中修蓋完葺者，被勾當事官負使臣指射，作磨勘司、推勘院。伏以化俗之方，儒術爲本；訓民之道，庠序居先。况傑出生人，垂範經籍，百王取法，歷代攸宗。苟廟貌之不嚴，即典章而何貴？恭以睿明繼統，禮樂方興，咸秩無文，徧走羣望，豈可泮宫遺烈，敎父靈祠，頗闕修崇，久成廢業？仍令講誦之地，或爲置對之司，混捶撻於絃歌，亂桎梏於籩豆，殊非尚德，有類戲儒。方大振於素風，望俯頒於明制。欲乞特降勑命指揮，令諸道州府軍監，文宣王廟摧毁處，量破倉庫頭子錢修葺。仍令曉示，今後不得占射充磨勘司、推勘院，及不得令使臣官負等在廟内居住[一三]。所貴時文載耀，學校彌光，克彰鼓篋之聲，用洽舞雩之理。候勑旨。

牒奉勑宜令逐路轉運司遍指揮轄下州府軍監，依王欽若所奏施行。□[一四]至准勑，故牒。空四字。

景德三年二月十六日牒。

刑部侍郎、叅知政事馮拯，尚書左丞、叅知政事王旦。

右牒文十五行，字徑一寸。案：此牒當時本頒布諸道，而石刻之見於山左者僅此耳。

靈巖寺經幢

景德四年後五月立，行書，石高三尺九寸，凡五面，圍二尺二寸，在長清縣靈巖寺。

右幢前刻《尊勝經》九行，咒語未全，似失拓也。後刻清信女弟子王氏記文、年月六行，字徑六分。又明永樂間住僧比丘通悟重立題記四行，字徑八分。

大雲寺心經幢

大中祥符元年正月立，正書，在嘉祥縣大雲寺。

右幢八面，朱朗齋自友人處借録，未詳尺寸。首刻經文十五行，後列姓氏及年月題記十二行，鄉貢三禮翟若水書。

御製謝天書述功德碑[一五]

大中祥符元年十月立，正書，篆額，凡五石，共高九尺，廣二丈三尺一寸，額高二尺八寸，廣五尺五寸，在泰安府南門外。

登泰山謝天書述二聖功德之銘額十三字，分五行，字徑七寸。

登泰山謝天書述二聖功德銘，御製御書并篆額。

朕聞一區宇而恢德教，安品物而致升平，此邦家之大業也。考茂[一六]典而薦至誠，登喬嶽而荅純錫，此王者之昭事也。結繩已往，茫茫而莫知；方册所存，章章而可辨。罔不開先流福，累洽儲休，長發其祥，永錫尔類。故能禋祀上帝，肆覲群后，追八九之遐躅，徇億兆之歡心。是以武王勦獨夫，集大統，而成王以之東巡；高帝平三猾，啓天禄，而武帝以之上封。曩以五代陵夷，四方分裂，嗷嗷九域，顧影而求存；顒顒萬民，籲天而仰訴。不有神武，多難何以戡？不有文明，至治何以復？恭惟太祖，啓運立極，英武聖文，神德玄功。大孝皇帝，積慶自始，受命無疆。歷試于艱難，終陟于元后。威靈震疊，玄澤汪翔。無往不賓，有來斯應。濟民於塗炭，登物於春臺。俾乂萬邦，成湯之甚盛；咸宣九德，文王之有聲。啓運于前，垂裕於後。太宗至仁應道神功聖德文武大明廣孝皇帝，洪基載紹，景貺誕膺。如日之昇，燭于率土。如天之廣，覆于群生。人文化成，神道設教。尊賢尚德，下武後刑。金石之音，明靈是格。玉帛之禮，蠻貊來同。書軌畢臻，典彝無闕。上玄降鑒，虞舜之温恭；庶民不知，唐堯之於變。重熙之盛，冠絶于古先；增高之文，已頒乎成命。逡巡其事，謙莫大焉。肆予冲人，獲守丕構。其德不類，其志不明。弗克嗣興，罔識攸濟。屬以陽春屆節，靈文錫慶。由是濟河耆老，鄒魯諸生，啓予以神休，邀予以封祀，不遠[一七]千里，來至闕庭。朕惕然而莫當，彼確乎而莫止。俄而王公、藩牧、卿士、列校，獻封者五上，伏閤者萬餘，以爲景命惟新，珍符紛委，不可辭者天意，不可拒者群心。天意苟違，何以謂之順道？群心苟鬱，何以謂之從人？是宜登介丘，成大禮，敦諭雖至，勤請彌固。竊念乹坤垂祐，宗祐儲祉，導揚嘉氣，僅洽小康。唯夫疆埸[一八]以寧，干戈以息。風雨以順，稼穡以登，無震無驚，既庶既富，皆天之賜也，豈朕之功歟？雖則告成功，紀徽號，非凉德之克堪也。然而序圖籙，荅殊禎，非眇躬之敢讓也。天孫日觀，梁甫仙閭。五嶽之宗，萬物之始。升中燔柴，舊章斯在。繼承先志懿範，遵已定之經；祗事圜丘嚴配，肅因心之孝。於是詔輔臣以經置，命群儒而講習。給祠祀者，罔有不至；供朕身者，無必求豐。故玉幣犧牲，朕之所勤也；羽儀服御，朕之所簡也。精意薦志，夙興夕惕。誠明洞達，顯應還彰。自天垂恩，正真親臨於雲馭；奉符行事，子育敢怠於政經。粤以暮秋之初，恭饗清廟，告以陟配。孟冬之吉，虔登岱宗，伸乎對越。奉實籙於座左，升祖宗以並侑，禮之正也，孝之始也。乃禪社首，厥制咸若，于時天神畢降，地祇畢登。肹蠁可期，奠獻如覿。其薦也雖匪乎明德，其感也實在乎至誠。亦復酌酆宫之前聞，遵甘泉之受計；百辟委佩，五等奉璋；肆眚施仁，舉善勸治；稽考制度，採摭風謡。文物聲明，所以揚二聖之洪烈；歡娱慶賜，所以慰百姓之來思。蓋又兩儀之純嘏，七廟之餘慶，邦家之盛美，蒸黎之介福，豈予寡昧所可致焉。唯當寤寐夤畏，夙夜惕厲。不自滿假，不自逸豫，寵綏庶國，茂[一九]育群倫，以荅穹昊之眷命焉。勒銘山阿，用垂永世。銘曰：

節彼空三字。岱嶽，空三字。巋然東方。庶物伊始，玄感其彰。自昔受命，反始空三字。穹蒼。空三字。燔柴于此，七十六王。顧惟寡薄，恭嗣洪猷。乹乹慄慄，雖休勿休。元符昭錫，餘慶遐流。群情所迫，盛則爰修。前王丕顯，是曰告成。伊予沖眇，無德而名。永懷空三字。眷佑，空三字。祇荅空三字。景靈。空三字。聿崇空三字。嚴祀，空三字。用達精誠。殊祥疊委，寓縣奔馳。禮無違者，神實格思。藏封石累，刻字山嵋。蒸民永泰，繁祉常垂。

大中祥符元年十月二十七日。御書院奉勑摸勒刻石。

右碑朱朗齋自他處借録，文五十一行，字徑二寸。錢辛楣少詹云：『《宋史·禮志》載玉册、玉牒文，而未及此銘，略之也。碑陰明巡按吴從憲題篆書「泰陰碑」三字，俗呼爲「陰字碑」。』聶劍光《泰山道里記》云：『是碑有二：一勒山下，所謂「陰字碑」也；一勒山上，在唐磨厓碑之東，字徑二寸。

明嘉靖間俗吏鄞人汪坦大書題名，又汝南人翟濤題名及書「德星巖」三字，並鑱蓋于上，每行毁三四十字不等，尚有字句可讀。篆額「登泰山謝天書述二聖功德之銘」十三字，完好如初。』《文獻通考》：『王欽若言：唐高宗、玄宗二碑之東石壁南向平峭，欲即厓成碑，以勒聖製。上曰：「朕之功德固無所紀，若須撰述，不過謝上天敷佑，叙祖宗盛美爾。命勒石北向，以荅天眷。』元好問《東遊略記》云：『嶽頂封禪壇下有唐宋磨厓，據此，則真宗述功德銘先經磨勒岱巔，後又立碑城南也。乃後人第知有城南之碑，不復知有岱頂之碑矣。』

御製文憲王讃碑

大中祥符元年十一月立，正書，碑高六尺二寸，廣三尺二寸，在曲阜縣周公廟。

文憲王讃，并序。御製御書并篆額。

若夫夾輔文武，垂範成康，措刑辟而惠民，制禮樂而正俗。宜乎大公劉之業，克致於隆周，啓伯禽之封，遂成於東魯者也。朕以載新盛典，肇建明祠，既峻極於徽章，復揄揚於懿美。讃曰：

偉哉公旦，隆彼宗周。刑罰以息，王澤斯流。政成洛宅，慶錫魯候。式增顯爵，用焕佳猷。

大中祥符元年十一月二日。御書院奉敕摸勒刻石。

右碑文十行，字徑二寸。真宗以大中祥符元年十月封禪泰山，禮畢，十一月初一日戊午幸曲阜，謁文宣王廟，遂追謚周公曰『文憲王』，令曲阜縣立廟。此碑以二日書，是幸曲阜之次日也。元至浙江搜集金石於鎮海縣學，拓得宋大中祥符間所刻曲阜林廟圖，道里地名皆可正志乘之失，其中周公廟亦稱『文憲王』，蓋即太廟舊址也。

御製文宣王贊碑〔二〇〕

大中祥符元年十一月立，碑高五尺六寸，廣二尺七寸，在曲阜縣孔廟奎文閣後。

至聖文宣王贊，并序，奉勑改謚曰『至聖文宣王』。御製御書并篆額。

若夫檢玉介丘，廻輿闕里，緬懷於先聖，躬謁於嚴祠。以爲易俗化民，既仰師於彝訓；崇儒尊道，宜益峻於徽章。增薦崇名，聿陳明祀。思形容於盛德，爰刻鏤於斯文。贊曰：

立言不朽，垂教無疆。昭然空四字。令德，空四字。偉哉空四字。素王。空四字。人倫之表，帝道之綱。厥功茂實，其用夊減。升〔二一〕中既畢，盛典載揚。洪名有赫，懿範彌彰。

大中祥符元年十一月一日。

右碑文凡十一行，字徑一寸八分。《縣志》云：碑凡五石，中即此贊，其旁則群臣分贊。碑陰有『幸魯封誥手敕題名』，明弘治十二年毀，嘉靖十五年重摹於石。首行標題下小字注云：『奉敕改謚曰「至聖文宣王」』。案：改謚在大中祥符五年十二月〔二二〕，以同國諱故也。此注當是後來所增。

孔廟從祀先賢先儒贊碑〔二三〕

無年月，正書，凡四石，俱高五尺七寸，廣二尺四寸，與前碑同列。

顏回，字子淵，魯人，贈兗公，今進封兗國公。贊：金紫光禄大夫、中書侍郎兼刑部尚書、同中書門下平章事、集賢殿大學士、監修國史、上柱國臣王旦撰。

賢哉子淵，惟仁是好。如愚屢空，鄰幾覩奥。用行舍藏，與聖同道。封岱丁辰，益兹榮號。

閔損，字子騫，魯人，贈費侯，今進封瑯邪公。贊：王旦撰。結銜同前。

子騫達者，誾誾成性。德冠四科，孝先百行。人無間言，道亦希□[二四]。公衮增封，均乃天慶。

冉耕，字伯牛，魯人，贈鄆侯，今進封東平公。贊：金紫光禄大夫、禮部尚書、知樞密院事、修國史、上柱國臣王欽若撰。

聖門達者，德行爲先。洙泗來學，顏閔差肩。天封展禮，公衮褒賢。生則命寡，殁而道宣。

冉雍，字仲弓，魯人，贈薛侯，今進封下邳公。贊：王欽若撰。結銜同前。

不佞之人，具體之賢。登彼堂奥，用之山川。代逢偃革，禮畢升煙。錫以三壤，賁兹九泉。

宰予，字子我，魯人，贈齊侯，今進封臨淄公。贊：金紫光禄大夫、尚書左丞、叅知政事、上柱國臣馮拯撰。

綽彼宰予，服膺宣父。學洞堂奥，名揚鄒魯。再期設問，五常垂矩。遇我慶成，增封茅土。

端木賜，字子貢，衛人，贈黎侯，今進封黎陽公。贊：馮拯撰。結銜同前。

賜之望回，獨云知二。器稱瑚璉，在禮斯貴。服道□[二五]師，名□□[二六]世。公爵進崇，時

□[二七]肆類。

冉求，字子有，魯人，贈徐侯，今進封彭城公。贊：金紫光禄大夫、行尚書左丞、知樞密院事、修國史、上柱國臣陳堯叟撰。

謙謙令德，少著嘉聞。敏於從政，洽以斯文。垂鴻報本，道遇明君。永錫徽稱，載揚清芬。

仲由，字子路，卞人，贈魏侯，今進封河内公。贊：陳堯叟撰。結銜同前。

猗歟魯哲，義勇無儔。獨立不懼，從仕惟優。欽屬仁聖，勒封介丘。褒賢進號，載顯英猷。

言偃，字子游，吴人，贈吴侯，今進封丹陽公。贊：朝奉大夫、守尚書工部侍郎、叅知政事、修國史、上柱國、賜紫金魚袋臣趙安仁撰。

魯堂登科，覿奥將聖。武城之小，可以觀政。澹臺之舉，行不由徑。追建上公，素風逾盛。

卜商，字子夏，衛人，贈魏侯，今進封河東公。贊：朝奉大夫、守尚書。下闕銜名，應是趙安仁。

詩動天地，起予者商。温柔立教，文學升堂。雅頌得所，治亂攸彰。慶成加贈，其道彌芳。

曾參，字子輿，魯人，贈郕伯，今進封瑕丘侯。贊：光禄大夫、尚書右僕射、上柱國臣張齊賢撰。

孝乎惟孝，曾子稱焉。唐虞比德，洙泗惟賢。服膺受旨，終身拳拳。封繼飾贈，永耀青編。

顓孫師，字子張，陳□，□□[二八]伯，今進封宛丘侯。贊：張齊賢撰。結銜同前。

堂堂張也，商德與[二九]鄰。尊賢容衆，崇德依仁。入趨函丈，退而書紳。升中優贈，道與名新。

澹臺滅明，字子羽，武城人，贈江伯，今進封金鄉侯。贊：特進行户部尚書、上柱國臣温仲舒撰。

不由徑行，其直可貴。不私見人，其公可畏。擊蛟既勇，毁辟且義。紀號益封，旌厥賢士。

宓不齊，字子賤，魯人，贈單伯，今進封單父侯。贊：温仲舒撰。結銜同前。

□[三〇]生良材，爲魯君子。堂上琴作，邑中民治。伍人致逸，受教成美。展禮崇賢，疏爵有煒。

南宫縚，字子容，魯人，贈郯伯，今進封龔丘侯。贊：特進行户部尚書、上柱國臣寇準撰。

南容君子，尚德聖門。有道不廢，危行孫言。白圭三復，執慎思存。慶成旌善，胙壤佳藩。

公晳哀，字季次，齊人，贈杞伯，今進封曲阜侯。贊：寇準撰。結銜同前。

賢哉季次，履絜居貞。卷懷不仕，家臣是輕。素王攸歎，式昭令名。封巒均慶，侯社疏榮。

曾點，字子晳，魯人，贈宿伯，今進封萊蕪侯。贊：三司使、修玉清昭應宫使、朝請大夫、給事中、護軍、賜紫金魚袋臣丁謂撰。

侍坐魯堂，各言其志。舍瑟而對，超乎冉季。浴沂舞雩，詠謌道義。遇我慶成，錫壤進位。

顔無繇，字子路，魯人，贈杞伯，今進封曲阜侯。贊：丁謂撰。結銜同前。

素王將聖，實爲我師。顔子殆庶，趨庭學詩。請車無媿，陋巷安卑。追榮侯服，逢此上儀。

商瞿，字子木，魯人，贈蒙伯，今進封須昌侯。贊：翰林學士、朝散大夫、守給事中、知制誥、同修國史、上輕車都尉、賜紫金魚袋臣晁迥撰。

易之爲善，窮理盡性。瞿也親受，抗心希聖。韋編靡釋，素風允競。展禮封侯，千載輝映。

高柴，字子羔，衛人，贈共伯，今進封共城侯。贊：晁迥撰。結銜同前。

猗歟子羔，孝心篤矣。慎終銜恤，未嘗見齒。難能而能，君子知己。□□□[三一]崇，於斯爲美。

漆雕開，字子若，蔡人，贈滕伯，今進封平輿侯。贊：翰林學士、同修玉清昭應宫使、中散大夫、行尚書工部郎中、知制誥、護軍、賜紫金魚袋臣李宗諤撰。

闕里之堂，邈矣難造。猗歟子若，實覩其奥。學優當仕，非乃攸好。明祀益封，式稽古道。

公伯寮，字子周，魯人，贈任伯，今進封壽張侯。贊：李宗諤撰。結銜同前。

孔門達者，服膺聖域。函丈摳衣，其儀不忒。顯允君子，有典有則。禮洽慶成，爵封侯國。

司馬耕，字子牛，宋人，贈向伯，今進封楚丘侯[三二]。贊：翰林學士、中大夫、行尚書兵部員外郎、知制誥、同修國史、判史館事、柱國、賜紫金魚袋臣楊億撰。

仁遠乎哉，其言也訒。虚德實歸，躭思旁訊。違難迷邦，奚虞悔吝。疏爵丁辰，寵名以峻。

樊須，字子遲，齊人，贈樊伯，今進封益都侯。贊：楊億撰。結銜同前。

學優乃仕，齒于家陪。戒車爲右，誓衆靡回。質疑辯問，仁智既該。建侯追榮，垂裕方來。

公西赤，字子華，魯人，贈郜伯，今進封鉅野侯。贊：銀青光禄大夫、行御史中丞兼尚書工部侍郎、上柱國臣王嗣宗撰。

翊聖賢者，徂徠之英。謙言小相，終成大名。立朝儒雅，出使光榮。佐佑禮法，諸侯作程。

有若，字子有，魯人，贈汴伯，今進封平陰侯。贊：王嗣宗撰。結銜同前。

魯國高士，□[三三]念烝民。□□□□，□[三四]類聖人。□□□□，信義是陳。□□□□，龜鑑群臣。

原憲，字子思，魯人，贈原伯，今進封任城侯。贊：光禄大夫、行尚書右丞、上柱國臣向敏中撰。

賢哉子思，介然清浄。貧惟固學，道乃非病。衣冠忘敝，草澤遂性。升中進秩，垂芳尤盛。

公冶長，字子之，魯人，贈莒伯，今進封高密侯。贊：向敏中撰。結銜同前。

德行貞純，公冶孰倫。本非其罪，枉拘厥身。魯堂推善，孔門配姻。俾□之貴，久而彌新。

巫馬施，字子期，魯人，贈鄫伯，今進封東阿侯。贊：金紫光禄大夫、行尚書吏部侍郎、上柱國臣趙昌言撰。

英英子施，受天和氣。□[三五]登魯堂，位沉周季。猶□[三六]戴星，庇民爲治。讓德進封，垂芳永古。

陳亢，字子禽，陳人，贈潁伯，今進封南頓侯。贊：趙昌言撰。結銜同前。

於美子禽，服膺尼父。問一得三，垂訓千古。名由實賓，德以位序。運屬封巒，爵崇介土。

梁鱣，字子魚，齊人，贈梁伯，今進封千乘侯。贊：朝請大夫、行尚書金部□□□、知制誥、判集賢院事、上護軍、賜紫金魚袋臣周起撰。

元聖舊邦，森然精爽。於惟子魚，式瞻遺像。紀號停鑾，侯封錫壤。儒道有光，百王所仰。

□□，□□[三七]柳，魯人，贈蕭伯，今進封陽穀侯。贊：周起撰。結銜同前。

增封雲嶺，詔蹕魯堂。顯允君子，令儀有章。英概如挹，德□[三八]不忘。横亘千古，淳風載揚。

冉儒，字子魯，魯人，贈紀伯，今進封臨沂侯。贊：朝奉大夫、尚書户部郎中、知制誥、上護軍、賜紫金魚袋臣李維撰。

聖人之道，一以貫之。允矣子魯，堂奧斯窺。惟帝登岱，克陳上儀。追封侯社，沂水之□[三九]。

冉季，字子産，魯人，贈東平伯，今進封諸城侯。贊：李維撰。結銜同前。

冉子挺生，鍾是純粹。游聖之門，切磨道義。時邁升中，禮成肆類。錫壤諸城，式昭遺懿。

伯虔，字子哲，魯人，贈聊伯，今進封沭陽侯。贊：朝散大夫、行尚書比部員外郎、知制誥、同知通進銀臺司兼門下封駁事、上輕車都尉、賜紫金魚袋臣王曾撰。

肅肅魯堂，侁侁闕里。伯氏達者，克肖夫子。運偶慶成，禮崇追美。後學式瞻，高山仰止。

公孫龍，字子石，楚人，贈黄伯，今進封枝江侯。贊：王曾撰。結銜同前。

子石鉅賢，探微博古。稟粹荆衡，從師鄒魯。令聞不已，儀形斯覯。展義疏封，遂荒故土。

秦冉，字子開，蔡人，贈彭衙伯，今進封新息侯。贊：起復銀青光禄大夫、行右諫議大夫、知制誥、上柱國臣錢惟演撰。

惟聖享天，陟于神房。惟帝尊道，升兹魯堂。□□[四〇]君子，宛兮清揚。□□[四一]先烈，錫諸袞章。

秦祖，□□□，□□[四二]，贈梁伯，今進封鄄城侯。贊：錢惟演撰。結銜同前。

□□□□，□穆章甫。□□□□，□□之輔。□□□□，□□□□。□□□□，□□□□。

漆雕哆，字子斂，魯人，贈武城伯，今進封濮陽侯。贊：朝請大夫、尚書户部郎中、龍圖閣待制、集賢殿修撰、上護軍、賜紫金魚袋臣戚綸撰。

闕里稱賢，哆也其一。學以適道，名叅入室。昔爲達者，今逢盛日。俾侯濮陽，膺兹寵秩。

顔高，字子驕，魯人，贈瑯邪伯，今進封雷澤侯。贊：戚綸撰。結銜同前。

魯國諸生，顔氏爲盛。達者升堂，是亦希聖。龍章載加，侯服輝映。名著遺編，人師往行。

壤駟赤，字子徒，秦人，贈化徵伯，今進封上邽侯。贊：朝請大夫、尚書工部郎中、龍圖閣待制、集賢殿修撰、同修起居注、上護軍、賜紫金魚袋臣陳彭年撰。

猗歟壤駟，信而好古。□[四三]駕咸秦，摳衣鄒魯。言必成文，動不踰矩。成禮介丘，追榮社土。

漆雕徒父，字子期，魯人，贈須句伯，今進封高苑侯。贊：陳彭年撰。結銜同前。

受教聖人，服勤墳籍。如彼時術，故能日益。元封慶成，介圭追錫。圖形繪素，鏤美金石。

石作蜀，字子明，秦人，贈□[四四]邑伯，今進封成紀侯。贊：朝散大夫、尚書工部郎中、直昭文□□□□都尉臣陳充撰。

宣尼日月，無□[四五]而踰。粤有哲士，嘗□[四六]學徒。登封偶聖，至德崇儒。以地進爵，斯文□[四七]殊。

任不齊，字子選，楚人，贈任城伯，今進封當陽侯。贊：陳充撰。結銜同前。

荆衡誕粹，賢生其中。服膺數仞，誠明感通。地邇長坂，爵嘉素風。虔遵祀典，列在儒宮。

林放，字子丘，魯人，贈清河伯，今進封長山侯。贊：朝散大夫、尚書主客郎中、直秘閣、上護軍、賜紫金魚袋臣刁衎撰。

子丘明哲，道洽素風。問理之本，爲儒所宗。東嶽稱美，長山表封。云亭告畢，慶澤薦隆。

商澤，字子季，魯人，贈睢陽伯，今進封鄒平侯。贊：刁衎撰。結銜同前。

子季從師，服膺儒雅。闕里垂名，同於達者。昔寵睢陽，今旌鄒野。運偶登封，薦臻純嘏。

申棖，字子續，魯人，贈魯伯，今進封文登侯。贊：朝散大夫、行右司諫、直史館、輕車都尉臣張知白撰。

洙泗之秀，橫經魯堂。名亞十哲，道尊五常。時巡駐蹕，闕里增光。封侯錫命，□□□□[四八]。

公良孺，字子幼，魯人，贈東牟伯，今進封牟平侯。贊：張知白撰。結銜同前。

子幼真賢，從師宣父。服膺大猷，配享終古。運屬聖神，時廵鄒魯。五等疏封，三綱式敘。

曹卹，字子循，蔡人，贈魯伯，今進封上蔡侯。贊：朝散大夫、尚書兵部員外郎、直史館、護軍、賜紫金魚袋臣楊紳撰。

三千孔徒，七十賢者。子循服道，聖門之下。笙簧經籍，輔翼儒雅。爵爲蔡侯，名器匪假。

奚容蒧，字子晳，魯人，贈下邳伯，今進封濟陽侯。贊：楊紳撰。

雍容子晳，□[四九]勤儒墨。闕里横經，魯堂師德。昔從游聘，今逢檢勒。皇錫信圭，洙泗改色。

句井疆，字子野，衛人，贈淇陽伯，今進封滏陽侯。贊：朝散大夫、行尚書刑部員外郎、直史館、護軍、賜紫金魚袋臣查道撰。

衛之君子，達者比肩。服勤鼓篋，學慕韋編。升中覃慶，儒術攸先。徹侯疏爵，闕里之賢。

申黨，字子周，魯人，贈邵陵伯，今進封淄川侯。贊：查道撰。

猗歟子周，軀蒙垂裕。昔糸八九，今逢三暮。淄川錫壤，儒風載路。檢玉旌賢，昭我王度。

縣成，字子祺，魯人，贈鉅野伯，今進封成武侯。贊：朝散大夫、行尚書祠部員外郎、直集賢院、上輕車都尉臣石中立撰。

異能之士，孔徒寔繁。悦服至德，祖述微言。富禀天爵，游乎聖門。追崇之典，胙以侯藩。

左人郢，字子衡，魯人，贈臨淄伯，今進封南華侯。贊：石中立撰。

循循善誘，從師□□[五〇]。□□□義，□□□□。□修道隆，□□[五一]斯盛。□[五二]儒建侯，□□休命。

公祖句玆，字子之，魯人，贈期思伯，今進封即墨侯。贊：朝請大夫、尚書祠部員外郎、直集賢院、輕車都尉臣梅詢撰。

子之生魯，從師尼父。恂恂闕里，峩峩章甫。非聖勿□[五三]，惟道是與。千古而□[五四]，□[五五]侯齊土。

榮旂，字子祺，魯人，贈雩婁伯，今進封猷次侯。贊：梅詢撰。

聖人之門，學者侁侁。彼美子祺，行脩志淳。異端滋害，微言服勤。格于我宋，侯封是新。

顏之僕，字子叔，魯人，贈□[五六]武伯，今進封宛句侯。贊：朝奉郎、行太常博士、直史館、同修起居注、輕車都尉、賜緋魚袋臣崔遵度撰。

洙水悠悠，子叔優優。及肩等賜，升堂並由。元后時邁，禮成介丘。旌此達者，爵爲列侯。

蘧瑗，字伯玉，衛人，贈衛伯，今進封内黄侯。贊：崔遵度撰。結銜同前。

達哉君子，外寬内正。好禮直躬，衛風斯競。瑞命昭錫，元符報慶。俾執□□[五七]，千齡遇聖。

顏噲，字子聲，魯人，贈朱虚伯，今進封濟陰侯。贊：三司鹽鐵判官、宣德郎、太常博士、充集賢校理、賜緋魚臣張象中撰。

回也庶幾，諸顔近之。洙泗受業，汶上從師。輔翊儒道，經營德基。俾侯于濟，君子攸宜。

步叔乘，字子車，齊人，贈淳于伯，今進封博昌侯。贊：張象中撰。結銜同前。

聖人之門，子車服勤。學以時習，道宜日新。數仞爰處，函丈是親。追封遺烈，旌美儒臣。

叔仲會，字子期，魯人，贈瑕丘伯，今進封博平侯。贊：朝散大夫、行太常博士、直史館、上護軍臣劉鍇撰。

斯文有宗，吾道不窮。執筆迭侍，惟賢比崇。少成習貫，函丈順風。東巡駐蹕，霈澤儒宫。

顔何，字子冉，魯人，贈開陽伯，今進封堂邑侯。贊：劉鍇撰。結銜同前。

木鐸興教，英賢輔翼。猗歟子冉，恢張文德。孝悌承風，詩禮是則。千歲丁辰，始開侯國。

狄黑，字子晳，魯人，贈臨濟伯，今進封林慮侯。贊：朝散大夫、行太常博士、直史館、上輕車都尉臣姜嶼撰。

矯矯子晳，來學有□[五八]。依仁游藝，攝齊升堂。羽儀先聖，物色上□[五九]。林慮錫壤，百古之光。

燕伋，字子思，秦人，贈漁陽伯，今進封汧源侯。贊：陳知微撰。

八九之徒，俱傳大義。賢哉子思，道本無媿。鍾靈咸鎬，浴德洙泗。增封汧源，皇澤斯被。

鄭國，字子徒，魯人，贈滎陽伯，今進封朐山侯。贊：三司户部判官、朝奉郎、行太常博士、直史館、騎都尉、賜緋魚袋臣陳知微撰。

懿彼子徒，挺生闕里。日遊聖門，躬受微旨。德音孔昭，令聞不已。疏爵朐山，式精遺美。

秦非，字子之，秦人，贈汧陽伯，今進封華亭侯。贊：王隨撰。

七十之賢，□[六〇]傳聖道。彼美子之，□[六一]臻堂奥。珍席圭璋，□[六二]宫黼藻。列爵華亭，□[六三]名長保。

施之常，字子恒，魯人，贈乘氏伯，今進封臨濮侯。贊：朝奉郎、行太常博士、直史館、騎都尉、賜緋魚袋臣王隨撰。

懿彼施常，學深儒雅。魯國□[六四]賢，孔堂達者。跡晦□□[六五]，德高言寡。侯封是□[六六]，□[六七]錫純嘏。

孔忠，字子蔑，魯人，贈汶陽伯，今進封鄆城侯。贊：開封府推官、承奉郎、守太常丞、直集賢院、騎都尉、賜緋魚臣□□□撰。

賢哉先生，聖□夫子。道貴希聖，□[六八]斯行已。闕里服膺，國庠從祀。載享侯封，式昭德□[六九]。

邽巽，字子斂，□[七〇]人，贈平陸伯，今進封高堂侯。贊：朝奉□□太常丞、直史館臣陳□撰。

展□□[七一]斂，孔門高弟。□[七二]範將聖，博約六藝。斯謂達者，顯於當旹。追封列侯，流芳來裔。

公西輿[七三]，字子上，齊人，贈重丘伯，今進封臨朐侯。贊：宣德郎、守□□□□□、□□賢院、騎都尉、賜緋魚袋臣范□撰。

鍾美齊疆，從師魯國。展矣斯人，道臻聖域。禮墨金繩，慶敷文德。薦享侯封，永光廟食。

公西葴，字子上，魯人，贈祝阿伯，今進封徐城侯。贊：朝奉郎、大理寺丞、秘閣校理、武騎尉臣劉筠撰。

魯多學者，□[七四]勤游聖。祝贏惟肖，葴也成性。綽有餘裕，是亦爲政。追侯于徐，用均天慶。

琴牢，字子開，衛人，贈南陵伯，今進封頓丘侯。贊：宋綬撰。

反魯之始，從師去里。不試故藝，善言攸紀。非義罷弔，崇仁爲美。銘嶽益封，用旌君子。

左丘明，今封瑕丘伯。贊：丁謂撰。結銜同前，後仿此。

猗歟左氏，聞道素王。依經作傳，微旨用彰。詞有餘韻，人希末光。慶封錫壤，廣魯之疆。

公羊高，今封臨淄伯。贊：晁迥撰。

高也解經，辯裁咸服。學官所傳，齊名左穀。追奬肇封，宸心允屬。闕典彌縫，斯文載郁。

穀梁赤，今封龔丘伯。贊：李宗諤撰。

仲尼修經，感麟絶筆。赤也發揮，奥義斯出。立學名家，道隆盛日。列爵疏封，式崇儒術。

秦博士伏勝，今封乘氏伯。贊：楊億撰。

伏生明經，爲秦博士。祖習微言，流離耄齒。壁藏其文，口授厥旨。建號旌儒，錫封仁里。

漢博士高堂生，今封萊蕪伯。賛：周起撰。

秦歷告窮，炎靈啟祚。篤生令人，允貞□度。名教斯宗，□文有素。勒封告成，式昭餘裕。

漢九江太守戴聖，今封□□伯。賛：李維撰。

安土治民，惟德爲急。賴君大儒，發揮講習。傳授實繁，其□遂立。均慶疏封，寵□斯及。

漢河間博士□□□□□□□。賛：□□□。

孔□受業，商也言詩。研精詁訓，誰其嗣之。毛公興學，永代師資。疏封錫命，禮治禎期。

漢臨淮太守孔安國，今封曲阜伯。賛：錢惟演撰。

顯顯臨淮，聖人之系。訓傳遺文，克示永古。繪像廟庭，聿章善繼。東巡受封，是□□異。

漢中□校尉劉向，今封彭城伯。賛：戚綸撰。

漢宣之世，穀梁興學。子政□□，焕乎□覺。道業□□，□流遐邈。展采逢□，寵章優渥。

後漢大司農鄭衆，今封中牟伯。賛：陳彭年撰。

經禮三百，垂世作程。仲師爲訓，其義昭明。周官先覺，漢室名卿。元封班慶，茂爵追榮。

後漢河南杜子春，今封緱氏伯。賛：查道撰。

三川二室，英□□□。學窮周制，譽藹儒宗。杏壇闕里，差有比蹤。一命作伯，慶我天封。

後漢南郡太守馬融，今封扶風伯。贊：崔遵度撰。
季長博洽，爲吉通儒。名立訓傳，善誘生徒。東觀文炳，南國化孚。躬圭之贈，明我弁服。
盧植，今封良鄉伯。贊：朝散大夫、行太常博士、直史館、輕車都尉臣路振撰。
堂堂子幹，學洞今古。業紹師聞，騁六四府。登朝抗議，排戈赴主。吉禮告成，遂聯圭組。
後漢大司農鄭玄，今封高密侯。贊：路振撰。
漢德云季，藝文乖舛。實生純儒，克明大典。學徒既盛，師道益顯。疏爵昌辰，允彰積善。
九江太守服虔，今封滎陽伯。贊：路振撰。
子慎清介，文采議□。博通經史，爰作□□。百吉之下，皇明□傳。登岱錫封，永□□睠。
後漢侍中賈逵，今封岐陽伯。贊：王曙撰。
猗歟景伯，爲吉通儒。發明左氏，富而不誣。禮成大報，澤浹中區。躬圭褒異，垂勸生徒。
後漢諫議大夫何休，今封丘城伯。贊：朝奉郎、太常博士、騎都尉、賜緋魚袋臣王曙撰。
何侯博達，含章履温。作爲墨守，是謂專門。仙閭接統，鷩冕推□。思樂膠序，儒風□□。
衛將軍、太常、蘭陵亭侯王肅，今贈司空。贊：王曙撰。
子雍秉彝，凛然正色。達學多聞，能空先識。益厚增高，崇儒尚德。介圭追榮，丹□載飾。
魏尚書郎王弼，今封偃師伯。贊：朝奉郎、守太常丞、直史館臣陳□撰。

易之爲教，絜静精微。卓犖輔嗣，極慮研幾。大才逸辯，元理發揮。慶成疏爵，用峻等威。

杜預，字元凱，今封司徒。贊：大理寺丞、充秘閣校。

博學多聞，昔稱傳癖。釋例既詳，異論斯斥。逮我慶成，布昭純錫。追寵公台，增芳疏佚。

漢豫章太守范甯，今封新野伯。贊：朝奉郎、大理寺丞、集賢校理臣宋綬撰。

豫章篤學，通覽墳籍。研講清婉，沈精善釋。準裁群疑，敷陳至頤。運偶慶成，疏封霈澤。

此與前《文宣王廟贊》皆嘉靖丙申重摹本也，末有蔡經《跋》云：『宋祥符間，真宗有事泰嶽，駐蹕闕里，躬率侍臣，虔修祀典。先聖諸賢，咸有贊述。勒珉建亭，用垂永久。迨元兵燹，文字剥落，至不可辯。茲加考校，重刻諸石。其有弗徵，姑闕以俟。』今碑中空處皆原闕也，文内『南宫縚進封龔丘侯』，誤作『襲丘』。《鄭國贊》『式旌遺美』，誤作『式精』。《馬融贊》『明我弁服』，『服』字與上文『儒』『徒』『孚』韻不諧。至顔噲、孔忠二贊，撰人皆『賜緋魚袋』，碑脱『袋』字，蓋摹刻之失也。先賢凡七十二人，先儒凡二十一人，其次序則左、右各列二碑，第一人從左碑起，第二人從右碑起，自此一左一右，以迄於終。今皆依原次録之，以存一代掌故云。

廣禪侯祠祭告文碑

無年月，行書，在泰安縣南亭亭山廣禪祠。

右碑下截闕損，前列封號敕，後列祭告文，凡十一行，字徑一寸。聶劍光《泰山道里記》云：『亭亭山在縣南四十餘里，宋真宗大中祥符元年封山神爲廣禪侯，遣秘書丞、直史館姜嶼致祭，有御製碑。』即此刻也，此事《宋史》失載。

張齊賢等祀文宣王廟題名碑

大中祥符元年十一月立，正書，碑高四尺二寸，廣二尺，在曲阜縣孔廟。

皇宋膺天命之三葉，大中祥符紀號之元年，奠玉泥金，封于岱嶽。慶成空五字廻蹕，錫宴兖州。十有一月朔，皇帝躬謁玄聖文宣王廟，特以太牢致祭。詔舊相吏部尚書張齊賢，攝太尉行禮，以元老而奉空四字。聖師，式彰國家崇儒術而厚群生矣。復命中貴人、内殿崇班李廷訓監肅祀事，蓋示蠲潔而嚴典禮也。自太尉而下，太常少卿陳象與，侍御史李虛己，兵部外郎、直史館張復，秘書丞初暐、涂鍊、蘇國華、張擑，殿中丞張延熙、趙遂良、陳延賞，太祝蔡文儼，奉禮王克正、李惟熙、康希齡，咸祇祀事，謹刻貞珉，歲次戊申仲冬四日辛酉記。

右碑文十行，字徑八分，刻於景德三年《修文宣王廟敕牒碑》陰，無標題及書人姓氏。《縣志》云：『《敕牒碑》陰有大中祥符元年《代祀闕里記》，孔勖撰。』案：真宗以大中祥符元年十月封禪泰山，十一月初一日戊午幸曲阜，謁文宣王廟，特以太牢致祭。則張齊賢奉命行禮，即在真宗謁廟之日，越四日辛酉，孔勖乃作此記也。

孔廟賜物敕牒二碑[七五]

大中祥符二年四月立，正書，二碑俱高三尺一寸，一廣三尺六寸，一廣三尺九寸，在曲阜縣孔廟同文門。

一昨降赴玄聖文宣王廟充供養器物等。

渾金渡銀香爐壹座，實重壹伯兩。

渾金渡銀香合壹具，實重伍拾兩，并揀香壹合。

渾金渡銀香匙壹柄，實重叁兩。

渾金渡銀稜椋子貳拾隻。

諸般香藥共貳拾袋子，封印全。

黑漆香藥匣子壹隻，鏁鑰全。

緋羅銷金帕子壹條，黄絹複壹[七六]條。

右一段上下二列，共六行，正書，徑七分，在右幅。

牒奉勑：國家尊崇師道，啓迪化源。眷惟鄒魯之邦，是曰詩書之國。𡵸山在望，靈宇增嚴。朕以登岱告成，迴鑾欵謁。期清風之益振，舉縟禮以有加。式資誨诱之方，更盡闡揚之旨。宜以所賜太宗皇帝御製御書與九經書并正義釋文及噐用䒭，並置扵廟中書樓上收掌，委本州長吏職官與本縣令佐䒭同共檢校在廟。如有講説釋奠，並須以時出納，勿令損污。此勑文仍仰刊之於石，昭示無窮。牒至准勑，故牒。

大中祥符二年四月日牒。

工部侍郎、叅知政事趙

尚書左丞、叅知政事馮

中書侍郎兼刑部尚書、平章事王

右敕牒一道，十五行，行十八字，行書，徑一寸三分許，在左幅已上一碑。

中書門下牒玄聖文宣王廟

入内内侍省内侍殿頭張文質，奉聖旨於御書院交割到裝褫太宗皇帝御製御書文字壹部，共伍拾柒件，計壹伯伍拾柒卷軸策，并内降金渡銀器物色等，并九經書及疏釋文，并三史書，管押赴兖州曲阜縣玄聖文宣王廟收掌。

一

太宗皇帝御製御書空二字。御製《十二願》壹卷，御製《心輪偈頌》壹部計壹拾壹卷，御製《逍遥詠》壹部計壹拾壹卷，御製《秘藏詮》壹部計叁拾卷，御製《緣識》壹部計伍卷，御製《金剛經宣演》壹部陸卷。

已上紫大綾絹夾褾子，五色經帶子，朱紅兩頭木軸子。

御草書《孝經》壹卷，御製御書《秘閣贊》壹卷，御草書《千字文》壹卷，御八分書《千字文》壹卷，御書大字《孤城詩》壹卷，御書法帖壹部計壹拾貳卷，御製《九紘琴阮歌》壹卷，御製喻言壹卷，御草書《急就章》壹卷，御八分書《真定王碑》壹卷，御書《三般大字詩》叁卷，御草書筆法壹卷，御顛草書壹卷，御製《聖教序》雙鉤書壹卷，御製四體五體書貳卷，御製《無名説》壹卷，御製《日行誡》壹軸，御八分書故實壹卷，御製《筆法歌》壹卷。

已上紫大綾絹夾褾子，五色經帶子，黑漆兩頭木軸子。

御草書諸雜詩簇子貳拾軸，御飛帛書『帝佛』字貳軸，御飛帛書有注無注簇子貳軸，御飛帛書《遠看不假詩》貳軸，御製《心輪圖》壹軸，御草書故實柒軸，御製《有益無益銘》壹軸，御製《惠化行》壹軸，御篆書《孝經碑》陰額壹軸，御八分書《秘閣贊碑》額壹軸。

已上紫大綾絹夾褾子，黄絹帶子，黑漆兩頭木軸子。

御倣鍾繇書壹卷，御書小字法帖壹卷，御草書詩壹卷，御扎百官曆頭壹卷，御草書《自述》壹卷，御書《大言賦》壹卷，御製《聖教序》壹卷，御製《怡懷詩》壹卷，御製今體律言詩壹卷，御製古調十韻詩壹卷，御製七言詩壹卷，御製喻言壹卷，御製五言詩壹卷，御製御書五言詩壹卷，御製《碁譜》壹卷，御製《碁勢譜》壹卷，御製《碁勢》壹卷，御製《廻文心輪圖》壹卷，御製御書《秘閣贊碑》壹庁，御草書

《孝經碑》壹厅。

已上紫大綾絹夾褾子，五色經帶子，黑漆兩頭木軸子。

御製《動懷篇》壹策，御製廻文詩壹策。

已上紫大綾單褾子裝。

右牒一道，共二十九行，行字多寡不等，並正書。首行徑寸二分許，入内已下並六七分。已上碑。

按《縣志》載：『大中祥符元年十一月，賜孔子廟經史，又賜太宗御製御書一百五十卷，藏於廟中。』此碑牒書『二年四月』者，蓋降敕在上年十一月，而賜物在此年四月也。其中御製御書，多可補《宋史·藝文志》之闕。碑云『渾金渡銀』，案《廣韻》：『鍍，金飾物也。』通作『塗』，又作『度』，此碑作『渡』，又字之變也。

封祀壇頌碑[七七]

大中祥符二年七月立，行書，篆[七八]，碑高一丈一尺，廣四尺六寸，在泰安府城東南四里。

大宋封祀壇頌額二行，字徑三寸。

大宋封祀壇[七九]，天書儀衛使、封禪大禮使、推忠協謀同德佐理功臣、金紫光禄大夫、中書侍郎兼刑部尚書、同中書門下平章事、集賢殿大□□[八〇]、監修國史、上柱國、太原郡開國公、食邑四千七百户、食實封貳千壹百户臣王旦奉空三字。敕撰。

臣聞天地之文，著明含章，□□[八一]於庶物；禮樂之用，象功崇德，昭格於至神。空五字。王者宣淳耀之烈，建中和之極。於是錫空七字。天瑞，出坤珍，覺悟於蒸民；鮮不登泰山，□梁父，聿[八二]崇於明□[八三]。蓋天地之文闕，下民何以法象□[八四]？禮樂之□□[八五]，□□□□[八六]祖述焉？是知勤[八七]皇績，騰茂實，交三神之歡，著一王之法；述荷命，繼昭夏，中乎大報，示於無窮，極典章之備物，真帝王之盛節者也。粵自□□[八八]，□□[八九]書契，增高□□[九〇]，載九皇之德，朴略而難名。時邁省方，□[九一]六經之文，紬繹而可舉。沿襲之規寖廣，巡狩之儀□□，□□□[九二]於虞典，一紀因乎周制，所以彰善癉□[九三]，□民設教者矣。□[九四]後道非下濟，德異升聞，或緘秘祝之辭，或黜諸儒之議，先治兵而釋旅，乃肆□□□□□順□□□□殊爲民祈福之意。□[九五]武紀號，□石□□[九六]故封；開元陳信，□玉牒之不秘。典章□存[九七]，風烈□[九八]觀，□□難行，禮從茲絶。洎四方之俶擾，屬五代之□[九九]夷，但恣尋戈，不遑置器。俎豆之事，掃地將盡；塗炭之俗，籲天無辜。陰隲下民，誕□□□□□□□□□□□□聖，光啓丕運。空七字。□[一〇〇]宋三葉，在□天下五十載矣。太祖啓運立極英武聖文神德玄功大孝皇帝之創鴻業也，名膺帝籙，運契天飛，微軹道之降，鄙牧野之□[一〇一]。□□[一〇二]軒之神武，□漢□□□□□□□號，陟元后，集大勳，望風而海外駿奔，端扆而天下寧晏。太宗至□[一〇三]應道神功聖德文武大明廣孝皇帝之恢寶圖也，天縱多能，體膺上聖。侚[一〇四]齊濬哲，居質以成德；文明中正，開物以成□[一〇五]。凝□□□□□□□及策賢良，率土致覆盂之安，丕基成磐石之固。崇文廣武儀天尊道寶應章感聖明仁孝皇帝，聖道日躋，大明繼照。尹一[一〇六]邑也，神明之政，四方是則；踐承華也，元良之德，萬國以貞。圖□□釒，言□咸格。遵顧命而主神器，極孺慕而纂宗祊，守□□□□□□□於百王。熙庶政，敘彝倫，智周於萬物。□爵出祿，褒德念功，若臨照之代明，法雲雷之作解。繼志述事，樹經久之規；弛禁省官，布寬大之令。□張文理，薦視學於上庠；振舉武□[一〇七]，□□□□近甸。厚時風而敦世教，訓戎昭而數軍實。爾者邊吏致告，時巡□□□□□□檄猋□揚大[一〇八]聲，秉武節惇□□□□民繼好。一介交聘，靡宣金革之威；六師不陣，還於衽席之上。緩帶噎哺，而式和民則；弢弓□刃，而止嚴武備。於是修墜典，緝遺文，□□□□[一〇九]三王之禮，訓奉常考六代之樂。渴讜議則下周爰□詔，□□□則申□□□□□獄訟，申飭王[一一〇]官，簡孚而用平刑，□□而行輕典。敦敘公族，立建戚藩，犬牙之制是崇，麟□[一一一]之詠斯洽。設獮狩□[一一二]禮，止於從時；修宴射之儀，于以觀德。勞身焦思，有□□[一一三]之憂勤；革履弋綈，邁漢文之恭儉。卜郊定位，案歷上陵，□□□□□久□[一一四]之□[一一五]，□[一一六]脂澤而哀慟，入石室而涕洟，至性感于人神，玄德格于上下。紫宸議政，勵精於日昃；金華侍講，不寐於宵分。校證蘭臺之書，增建石渠之閣，規模廣於麗正，典籍備於宣明，深味道腴，以資治本。帝堯稽古，虞舜好問，以聲身而爲律度，執規矩以定□□。百姓爲□，推恩而逮下；萬方有罪，引咎而在予。德教被□[一一七]無垠，皇明燭於有截。兵偃刑措，道茂化醇，百嘉阜昌，庶萌樂育。獨運陶甄之上，丕闡鴻均之祚。訪空峒之道，採康衢之謡。夷夏大和，天人交感，必彰嘉應，以□[一一八]玄通。門號承天，節臨獻歲。真官奉其丕□，□[一一九]以先期；秘檢焕於靈文，□□清旭。受釐宣室，躬□丹書，錫無疆之休，諭大中之理。繇是覃如春之澤，易紀年之號。且斯文未作，伏羲氏觀象以畫八卦，有神馬負圖之瑞；洪水方割，夏后氏底績以導百川，受元夷使者之命。比□□□[一二〇]，異代同符。□□□□之岷[一二一]，謳謡□[一二二]外；鴻筆麗藻之彦，頌美於内。於是東土者[一二三]艾、闕里諸生，連袂而來，抗章以請。洎思皇之士，即序之戎，藩嶽大臣，緇黄衆品，伏閤叩首請封禪者，無虚日矣。僉以爲祥瑞雜沓，天意也；中外傾矚，人事也。牂牁、越巂、朱崖、象郡之地，俱入於提封□；□□、東鯀、江□、鄗黍之類，悉從於班貢矣。群情悃愊，式佇於慶成；上帝顧懷，不可以謙拒。書上者至于五，空三字。上不得已而俞之。誕告庶邦，載形明詔，將以奉揚空三字。先烈，非謂告厥成功。申命輔弼之臣，諭以簡易之道，經始勿亟，無擾于民。且山爲嶽鎮之宗，地□□禮之國。周孔垂教，乃始封載誕之邦；陰陽相代，是育粹炳靈之府。當僝工之際，蕆事之初，明誠以孚，空三字。玄鑒先荅。應龍有翼，蜿蜒而下垂；醴泉無□[一二四]，瀵沸而自涌。芝含三秀，匝地而羅生；日麗九華，得天而絢采。麟介之細，草木之微，□異効奇，紛綸疊委，而□□[一二五]心粹清，凝思玄牝。乃因華胥之夢，再覿姑射之神。告以玉書，降於神房之麓；著之黄素，得於季夏之初。揆日奉迎，備禮祇若，爰疇咨於封祀，固脗合於空三字。穹旻。

亟命有司，草定大典，採摭清議，討論舊章。即事用希，其禮多闕，酌□[一二六]訓以革正，条制度以折衷。古文逸禮之靡記，議郎博士之未達。上資玄覽，洞析於精微；無望清光，悉臻於體要。穆卜涓日，掌故奏儀。申必告之誠，躬祠清廟；以就[一二七]盈之月，有事分[一二八]丘。先齋紫宸，載止禁籞。屏簫韶之備樂，以極静專；却太官之常膳，以御菲薄。清蹕式道，雲會星□，□□蹕之啓行，奉天書以先路。備設儀衛，增置官屬，極恭肅而尊天貺也。采章之盛，藻縟原隰；武衛之雄，震疊區寓。八方述職，萬旅騰裝；讓塗而行，外廬不閉。奔走會同之際，端肅而無譁；觱發栗烈之時，融和而可愛。民絶札瘥之患，物有蕃廡之詠。供帳不禾[一二九]而□，□□[一三〇]不戒而備。歷東郊之屬邑，抵澶淵之□□。軍國異□[一三一]，修文事而有武備；土誦夾侍，掌方志而道地圖。風伯清塵，招摇糸乘，周覽臨濮，少留汶陽。戒誓庶官，申嚴執□[一三二]，靖恭爾位，恪謹攸司。羽衛具陳，乘輿乃出。垂翠緌而鳴寒玉，載瓊□而擁雲罕。天□景從，禁旅前驅；八神齊奔，萬物咸覩。卿雲待族，仙禽成侶，俯法從而交蔭，覽德煇而翔澤[一三三]。□光下燭，□□[一三四]騰芒，觀□[一三五]式瞻，奏牘狎至。溢簡編而不可載，者[一三六]圖諜而未始聞。下詔肅祇，柴望而告至；儲精蠖濩，淵默而齋居。祀前一日，未質明，備法駕，至於山趾，更衣於帷殿。上乃乘輕輿，陟絶巘，躋日觀，出天門。築圜臺於山上，度地宜而循古制也。升山之前夕，曾雲蔚興，嚴飈暴起，達曙振野而未已，有司失職而是憂。洎空三字。寶籙先登，華蓋徐至，焚輪止息，寥泬清霽，若胚渾之初判，狀群靈之先置。辛亥，祀空五字。昊天上帝，設空三字。天書位於左次，登歌樂作，奉迎就位，顯奉符而錯事也。二聖嚴配，定位側向，以申恭事，表繼志而奉空三字。天也。亞獻、終獻，作之樂章，以爲禮節，一其儀而申昭事也。祝史正辭，秘刻勿用，黎元蒙福，孚祐是祈，克其已而厚勤卹也。裘冕俯僂，金石鏗越，捧珪幣，奠犧象，絡金繩而斯畢，飛紫燎而上達。舒遲暨禮，陟降盡恭。明德之馨，至誠之感，苾芬以薦，肸蠁如荅。通帝鄉之岑寂，接雲漢之昭回，協氣上浮，纖羅不動，神策錫靈長之祚，日卿奏殊尤之瑞。垂紳委珮，蹈舞齋室之前；鼇抃山呼，響震層霄之外。山下設壇四成，如圜丘之制。乃命茂親，以承大祭，崇□□羽以斯且，潔粢豐盛而在列。萬靈咸秩，四隩來同。空三字。九宫貴神，實司水旱，吾民是依，動繫慘舒，厥職尤重。命築壇于山下封祀壇東，率禮吉蠲，詔大僚以尸其事。壬子，祀空五字。□地祇於社首，百司承式[一三七]，慎之至也。三獻盡誠，禮無違者。翌日，朝□[一三八]壇覲群后，輯五瑞。千品成列，萬國胥洎。英莖韶夏以徧作，僸佅兜離而次設。風行赦令，雷動歡聲。祝網之仁普霑，蓼蕭之澤遐被。大明之照，徧燭於蔀家；崇朝之潤，周濟於天下。昭示空三字。聖作，以志空三字。元封。日星炳其天章，鸞龍奮其仙翰。感祚德空三字。玄貺，遂□□元[一三九]表之鴻猷。金玉其相，與典墳而並騖；神靈是保，揭日月以長新。復有道濟生民，名在祀典，功德兼茂，跡用□[一四〇]著者，焕乎空三字。睿文，特形贊□，刊於翠炎，貽厥方來。而乃祀喬嶽之靈，幸列真之□[一四一]，俾加賁飾，用極褒崇。□[一四二]老申合飲之私，勞□□□復之惠。命□□□[一四三]，採詩觀風，聘有道而省高年，平權衡而考制度。官克用乂，黜幽之典靡行；化洽可封，歸厚之民咸若。

惸嫠攸恤，幽隱咸達。乃翠華之旋軫，臨曲阜之故墟，升講肆之堂，屈□[一四四]風之拜，徘徊設奠，眷想遺風。□[一四五]聖之禮有加，卹後之恩靡渥。以[一四六]經□□□地載□□□□□[一四七]，周公旦啓真王之封，太公望進昭烈之號，咸建廟貌，領於祠官。按節迴鑾，軾閭表墓，徧走群望，罔不遺靈。河濟之區，海岱之壤，南暨淮漢，北際常趙，梯航萬國，冠帶諸酋，四遠雲來，千里星屬。聽清蹕□□□□得隮仁壽之□□覩□□□事，扶老□□□□□□□龍迴御，七萃解嚴，太史撰辰，近臣奉祀，藏侑神之金匱，上加謚之寶册。舉歸格藝祖之禮，親饗空四字。太宮；考飲[一四八]至策勳之典，惠綏列辟。盡空三字。聖人之能事，成天下之壯觀。前□所記，纔十二□；□□斯廢，僅三百□[一四九]。□□□□空三字。天命□□□□，□□□□[一五〇]時。烈祖造新邦，臻大定，經制而未遑。空五字。神宗求至理，致升平，業成而中罷。遺茲景烈[一五一]，屬在欽明，丕顯詒謀，奉成空三字。先□，□□太號，永□□名。□□□姓考瑞，□大統也；勒石垂□，昭茂功也。人神□[一五二]和，□□□□[一五三]，盛德也；空三字。□□定□[一五四]，祖考嚴配，大孝也。報本空三字。穹昊，歸功空三字。宗祏，謙尊而從衆欲，禮畢而受徽稱，克讓之風，高視於前古矣。下尺一之詔，嚴禁止之□□□□[一五五]葦，□□□□，好生之德，□□於群心矣。服純衣而在□，御□□□□□別謝[一五六]□□，致美黻冕，減乘□[一五七]服御之物，罷周廬次舍之制，則維新禮器，增飾壇壝，故空三字。翼翼之心，精意以享，有典有則，必躬必親，寅恭天至也。既如彼空三字。蒼蒼之意，惟德□□□□□□□□瑞報況神速也，□□此宜乎？擁鴻休，□繁祉，後空三字。□□[一五八]老，□[一五九]日之升，垂萬葉之耿光，爲百王之稱首者也。臣位冠台衡，親逢旦暮，承上公之乏，相空三字。盛德之事，與夫茂陵草遺忠之奏，周南興留滯之歎，非可同年而語矣。矧又恭膺□□□□□獲當□述。兹所以紹帝皇之墳素，表金石□[一六〇]篆刻，嗣丕空三字。天之大律，□□世之鴻範者也。寡韋、平之經術，無燕、許之才筆，大懼檮昧，不能發揮，徒躑躅於燥吻，實僶俛而塞空三字。詔。賡歌舜德，曷繼於皋陶；紀頌漢巡，有媿於亭伯。貽之來裔，以闡□[一六一]□。其辭曰：

增高益厚，王者上儀。制禮作樂，莫大於斯。應運接統，垂鴻逆鼇。兹事體大，惟聖難之。岱宗炳靈，巖巖峻峙。和鑾響絶，牲瑄禮弛。缺其神懽，邈踰星紀。□[一六二]聖挺生，乘時斯起。惟宋肇興，受天□□[一六三]。盡黜苛政，式敘彝倫。以洗污俗，乃弔匪民。革其不諰，被以至仁。威靈有赫，軌跡易遵。□[一六四]民更始，其命惟新。寶曆日隆，神武不測。厥□[一六五]獻琛，水讋陸□。惠澤滂流，皇猷允塞。陰隲下民，懋建□[一六六]極。□[一六七]被六幽，化行□□[一六八]。累盛重光，乾乾翼翼。展義省方，觀風耀德。偃伯靈臺，濟民壽域。寶鼎增重，永協大同。禎符荐錫，告厥成功。諭乎至理，迪彼玄風。保邦清浄，錫祚□□。化洽□[一六九]外，道惟大中。百度以貞，六符斯正。傾輸群心，稱述瑞命。僉議勒封，以期升侑。休烈日彰，神策天授。徇民從欲，展宷告成。屬車時邁，法從天行。濟濟鵷序，噦噦鸞聲。星言汶上，雲會岱亭。穹崇絶巘，宓邇圓靈。躬陟□[一七〇]封，聿申昭事。祖考來格，禮樂昭備。感以至誠，享其精意。款謁歸功，謙謙益□[一七一]。嚴配克誠，蒸蒸不匱。柔祇昭報，毖祀聿修。

二儀訢合，百神懷柔。帝容載穆，靈貺殊尤。肆覲輯瑞，端委凝旒。萬國以朝，四夷接□[一七二]。《行□》□[一七三]仁兮敦洽，空三字。《蓼蕭》之澤兮周溥。空三字。茂遂群生，浸漬萬寓。□[一七四]集丕圖，風還遂古。騰茂飛英，超三邁五。赫赫顯號，穰穰鴻禧。百禄是荷，萬壽無期。遂及黎庶，永洽淳熙。法昊穹兮剛健不息，踵黄軒兮清浄無爲。空三字。□□[一七五]之錫，百世承之。

大中祥符二年七月十五日立，翰林待詔、朝散大夫、國子博士、同正騎都尉臣裴瑀奉敕書并篆額。

右碑文及標題、年月凡四十四行，徑七分。所紀禮節始末多與《宋史·禮志》合，惟《王旦傳》不載『太原郡開國公』，其『天書儀衛使』，《傳》作『天書儀仗使』，爲不同也。文中『升講肆之堂』，『肆』作『肄』。案《禮·玉藻》『肄束及帶』，注云『「肄」讀爲「肆」』，蓋二字形聲相近，故易致誤也。《縣志》云：『碑陰尚有題名，拓者遺之。』

封禪朝覲壇頌碑[一七六]

大中祥符二年七月立，行書，篆額，碑高一丈一尺，廣四尺三寸，在泰安縣城南里許。

大宋封禪朝覲壇頌額二行，字徑三寸五分。

大宋封禪朝覲壇頌，并序。封禪鹵簿使、推忠協謀佐理功臣、金紫光禄大夫、行尚書左丞、知樞密院事、修國史兼群牧制置使、上柱國、潁川郡開國公、食邑二千三百户、食實封捌伯户臣陳堯叟奉下闕。

臣聞配侑尊嚴，王者所以敦其孝也；朝宗覲遇，空三字。聖人所以明其禮也。又若因名山而遂封，煥先業而跡著，踵七十二君之遐武，永萬八千歲之□[一七七]□。□輯五玉，壇賓諸侯，巍巍煌煌，事之大者。非命夫通博之士，□[一七八]蓬□□□之學，庑□□□□重九經之思，又安可藻潤功德，流播徽懿？臣顥蒙寡聞，黯淺無取，稟詔滌慮，拜手而颺言曰：空三字。宋受空五字。天命，帝六合，子萬姓，以空三字。聖繼聖，垂五十載。稽神道而設教，感民生之歸厚。烈祖空三字。神考，耀武振德，罄□[一七九]維而張宇，盡坤倪而畫野。夷暴削壘，黜僭盪僞，懷生胥□，滋液玄化。上帝降鑒，昌大洪緒。崇文廣武儀天尊道寶應章感聖明仁孝皇帝之御天下也，三葉嗣統，重离繼明，恭敏□□[一八〇]，徇齊而允迪。青宫主鬯，承天序而寅畏；黄屋正位，奉先志而夕惕。若乃敦乎要道，刑于率土，始則謹色養□□賢□□□□□□□[一八一]之至□[一八二]。郊丘者三，竭精□□□獻朝；□□者一，鬱悽感於霜露，祀之大也。六御宸陛，精較□□，振滯淹於韋布，罄逋潛於巖穴，文教之隆也。再駕革輅，觀省朔野，貞師律以威亮，□戎□□[一八三]禮樂。武經之著□□□□□□□□□車□□實情達幽仄，欽恤之深也。體玄功之藏用，爲而勿有；推赤心而與物，坦然無間，誠明之廣也。友于天族，敦乎教也；惠綏耇年，勉夫養也。斫雕復朴，必始于宫室；劭農禁□，率先乎稼穡，昭夫儉也。黄□一□□□□□□□助編□□室務得□而□，謹乎授也。六職交乂，百揆時序，猶復仿古無怠，論學彌益，遜覽乎九皇之道，畢講乎三代之訓。□厖黎獻，勤恁方轂。烝烝之德，既格于神明；生生之仁，終達于麛卵。太初遂布於景氣，靈臺遽偃於師節。混一文□，□□[一八四]壇場，□□□□□易戰□措兵者也。於是河海夷晏，巖廊穆宣。瑩玄覽□宅衷，操斗極而播憲。□天常，立民經。清浄之鄉，御乃六氣之辯；富壽之域，隆乎三登之祥。四隩納誠，五緯遵軌，日星薦祉而訢合，草木効靈而□[一八五]見。千品萬類，乃綸□□。□□冲□□□□□□天意若曰：振古絶德，夐無與讓，軼世靈契，允宜□荅。繇是真介來儀，空三字。寶命申錫，抒三篇淵默之訓，啓萬禩綿長之兆。普天罄世，靡不欣戴。惟蒼旻登□之祐，乃□□垂鴻之慶。□馬[一八六]之祥，祇載其異；雨□□貺，何□□□。□□□□自天之秘，實獲御邦之緼。于是洙泗諸生，龜蒙□□[一八七]，發詠歎於庠塾，□謳吟於衢路。掎裳連襼，波屬鱗萃。既而宰衡幃幄之輔，能羆羗雁之列，迨于千夫長、百夫長，黄冠緇衣，台背兒齒，相與不約而信，不謀而同。伏觀□□□□□□□封□□□□陛下系纂聖統，光闡丕業，立隆以爲極，執契而司會。□斯成□[一八八]，□□平矣，□□和矣。昆蟲草木，罔不孚矣。所宜鋪鴻藻而熙帝載，飛英蕤而振絶禮。遵空三字。昊天之成命，慰東魯之徯后。觀風□□□之業，展□□□侯之□。允謂□德□□錫符奉符以行事，顒顒之請，不爲進越。空三字。皇帝虔鞏敦諭，四讓不獲。既而垂旒深念，前席而言曰：『惟空五字。我二聖，付以大寶，海内海外，悉主悉治。□□[一八九]錫羡之慶，丕冒詒翼□[一九〇]教。一變□□，□[一九一]何有焉。又敢款介□□告□功□□□揚耿光，奉遺懿，宣景鑠，報嘉瑞。斯事□體，乃朕之□[一九二]。且夫無懷已降，夷吾所記，迨建武之儀，開元之制，綿□[一九三]草具，宜削其靡，無煩民，無黷神。恭朕之禮，罔憚□溥[一九四]；奉禋之容，姑務豐大。□□有□□錫厥職。』□[一九五]

是□□□□□□□□□□之説，紬漢室優游之議。順以□〔一九六〕制，閲嘉言於既往；修紹丕典，黜空文之無謂。既歷古而肄習，乃折衷於睿聖。輔臣先事而祇命，崇嶽駢日而薦瑞。醴泉□〔一九七〕湧，神龍倏見，靈芝三秀而絡野，嘉穀合潁而充畝。星弁□掖忽□〔一九八〕□□□□□□□寥泬之書再降。既告空三字。廟而成禮，□□□□戒吉〔一九九〕。卿雲先後而觸布，遼鶴翩翻而旅集。空三字。玄貺益重，坤珍愈出。月孟冬，日赤卯，空五字。皇帝乃闢宸居，清康衢，儼金輿鍯衡之御，肅寢兕弥龍之制。都人山立而辰□〔二〇〇〕，□□□□□□□。神撿先路，真士前道。九葩之蓋，蔽寥廓以徘徊；十極之音，含正始而容與。俄而常伯陪乘，大丙弭節，千官扈蹕而星拱，九龍劾駕而飈舉。萬騎雜沓，洶洶兮海運；九旂繽紛，烈烈兮雲布。歷河沂，棨□〔二〇一〕湛乎百丈；戾嶽趾，愛□□乎四彗。猛士□〔二〇二〕□□□元〔二〇三〕髦轇轕而彌隰。周廬徼道，植鎩懸蔽。既□闢齋宮之靖冥，滌清衷於蠖濩。雲罕儼路，鈎陳榑壍。奉空三字。寶符而先置，儼宸仗而延屬。大風示異，當□石而遽止；寒谷應感，將裂膚而俄燠。倏忽之變，陰陽不測。空三字。皇帝於是登高□〔二〇四〕，陟天□，□玉輦，步巖際，俯曜靈於渤澥，觀衆山之培□〔二〇五〕。□〔二〇六〕臺冠空而崛岉，翠旌周阿而捷獵。辛亥昒爽，即事靈闕，登空五字。太祖以配空三字。天，奉空四字。太宗而侑饗。大圓軒豁，懸寓澄爽。列宿照爛於浮景，盛禮登降於□□。□□□□，□□□□。□音諧而大樂□〔二〇七〕變，百神降而玄酒三獻。蕭□□用，權火高舉。圭璧之序，嚴紫霄而有容；金石之文，凝絳烟而無際。秩衆靈而在下，命群官而分饗。備物□〔二〇八〕

盛，實列萬國；錫年之祥，乃過億世。既即次而燎幣，旋復□而檢玉。肹蠁□□□□□，□□□[二〇九]鴻明之報。白雲起封，始氛氲於膚寸；神光□礮，實炳蔚而五色。翌日，迴明鑾，禪空三字。社首，禮遂畢於登降，誠乃格于上下。復本反始，二儀之氣始和；執圭奉璋，肆覲之禮攸舉。且夫壇壝三成，蕭大□小之制；侯氏□□，□君勞臣□□。□□□□次，掌舍設梐，司儀辯等，卓馬具禮。始貶館而穆穆，俄就旂而濟濟。空五字。皇帝乃登清壇，翳雲芝，負斧扆，明章施。臚句□□而交達，琛賮述職而□平。九儀櫛比，萬□麏至[二一〇]，航海告傳圭之符，毛□慶千呂之瑞。巍□□□□□[二一一]隆，□□□虎之□□□□業，鷄竿竚施。籥歌以詠德，佾舞而象事。禮憲備成，訖無遺者。既而王公庶尹、岳物[二一二]群長胥進而言曰：『夫祚德者空三字。天，合符者聖。空三字。陛□[二一三]以大業鉅封，對越空三字。景命，區域竦化，人祇協慶。禮物具八方之產，祀□□千□□盛。□何山郭□□□獻海鰈之充貢哉。父天母地之孝，于以之備；君臨子事之義，於是乎盡。洋洋乎，蕩蕩乎，民無得而稱焉。謹伏壇□，上千萬壽。』帝曰：『异□！□[二一四]籩静嘉，器之文也；牲牷肥腯，祭之餴也。非朕所以請空三字。□□[二一五]，於下民之意也。□朕□薦，薦于□□；□神之□，享于惟馨。庶乎盡物首義，用缶納□□旨，無以異□[二一六]。』又曰：『咨爾有方之衆，明聽予誥：先王克謹天戒，臣人克有常憲。肆朕祗畏，荷□况施。爾其慎厥，終一乃心。弼予夙夜之治，□□元元之命。罔忽厥□，□速于戾。』□□□□九垓，□□□□，既禮止而樂闋，遽雷作而雨解。涣汗兮大□[二一七]，□休兮茂典。罝罦聿空，囹犴斯弛。

執熱者濯，居窮者遂；在逸者復，處幽者賁。員首方足，悉已□□；□〔二一八〕動翾飛，罔不顒跂。逸祥禽於空闊，遂珍獸於遐□。集百靈而受職，與□□而□〔二一九〕始。所謂□□□□景福，□□〔二二〇〕雨施，不崇朝而徧天下者也。覲之明日，摭彝章，□先古。太常陳詩而觀俗，典禮同律而考度。正班爵之上下，閱市器之良窳。勵守屏以□□，□〔二二一〕教條而咸舉。既而振空三字。皇儀而施軫，訪儒宮而□□，浸仁澤於遺□，合凱□於下國。歡□〔二二二〕□溢，□□□載揚。嘉氣鬱葱，擁宸輿兮歸格。策勳飲至，霈□樂胥。昭德垂休，邈乎無極。空三字。皇帝於是敷睿藻，紀雲闕。始則推□□□錫，終則讓空三字。祖宗之顯烈。羲畫增麗，堯文濬發。□□天經而昭布，表日□而高揚。至于□□□之□□，□祀典之清芬。上則教尊於世，次而功施於民。形褒□〔二二三〕而流永，增徽稱而益振。煥乎宸製，鏤之貞珉。信闕典而咸秩，垂聖範而□□。□□哉！懷庭之道，曠而復屬；空四字。盤維之基，亘而弥遠。□乎人和年登，而神降□吉。倪寬□□□□〔二二四〕之盛節，□□亦曰天下之壯觀。聖作物睹，不其然乎！太史臣曰：『空三字。主□有聖明而不宣布，有司之過也。』臣虔奉空三字。咫尺，參侍□□，□□揚厲，竊謂萬一。雖不足究宣空三字。□〔二二五〕德，光大隆業，蓋□□□，尊石〔二二六〕□辭，炳灼於無窮□□。□□□□謹爲頌曰：

於穆□□〔二二七〕，受天明命。烈祖造邦，神□〔二二八〕繼聖。靈旗指麾，洪基保定。神教誕敷，民德丕正。明明我后，集慶□□。稽古立訓，惟儉是宜。群方允迪，庶彙緝熙。天縱至□〔二二九〕，日用焉知。上□降鑒，□□□□。雙緡恭□，六□□□。周伯□□，老人効靈。乾□[二三〇]坤珍，溢于祥經。上德不德，謙而益光。賁奉祖考，肅祇玄黃。天迪□□[二三一]，盛歷洪長。真介荐至，元符屢彰。濟濟多士，蚩蚩蒸民。填衢溢郛，□[二三二]于紫宸。□啓伊□，□功至□[二三三]。□□伊何，□□□□。□□[二三四]不獲，玄□[二三五]□□。□命有位，蕆事岱宗。虞巡効駕，周邁宣風。八極四海，雲□□□[二三六]。巖巖魯詹，高軼乾宇。既祓既登，以禋以旅。二聖克配，三辰□[二三七]處。六變成□[二三八]，□靈□□。蒼璧玄酒，□□齋栗。肸蠁禋燎，飄飄鍾律。翌日降□，□[二三九]祇是出。允猶翕河，百神咸秩。禪之明日，乃嚴壇壝。于□[二四〇]肆覲，□[二四一]以陳儀。梐枑載列，笴簾攸施。儼爾珪組，翼乎熊羆。王公庶尹，再拜稽首。磬□□□，上千萬壽。□曰欽哉，□[二四二]德斯懋。元首股肱，惟爾佐佑。慶澤遂敷，宥民赦獄。渙汗涵濡，滋液滲漉。洗滌頗纇，發揮亭毒。□[二四三]及夭胎，罔不生育。乃程律度，乃齊日時。升擢方穀，懲艾不祇。凡百有□[二四四]，以悅以□。大禮克舉，□□□□。□乎哉！登靈封兮報玄功，禪厚地兮薦清衷。揭方明兮車服以庸，覃慶澤兮罘網遂空。□聖宋之光宅兮與黃比崇，宜乎金聲之玉振之萬斯年兮無窮。

大中祥符二年七月十五日立，翰林待詔、朝散大夫、國子博士、同正騎□尉臣尹熙古奉空三字。敕書并篆額。

右碑及題銜年月凡三十八行，字徑八分。《縣志》云：『舞鶴臺東爲封祀壇，宋真宗所築，封祀壇西爲朝覲壇，宋真宗東封群臣朝覲地，今改爲山川壇。陳堯叟碑即在壇側。』堯叟官階與《宋史》本傳同，獨未載封潁川郡開國公。書碑者尹熙古，其官與書《封祀壇碑》裴瑀相同，書法亦似出一手，可異也。

禪社首壇頌碑[二四五]

無年月，并額俱正書，碑高六尺六寸，廣二尺七寸，在泰安縣高里山神祠内。

大宋禪社首壇之頌額四行，字徑三寸二分。

禪社首壇頌，并序。天書儀衛副使、封禪禮儀經度制置等使、推忠協謀佐理功臣、金紫光禄大夫、禮部尚書、知樞密院事、修國史、上柱國、太原郡開國公、食邑三千五百户、食實封一千四百户臣王欽若奉空三字。勅撰。

涒灘御歲，應鍾旅月，空三字。國家建號之四十九禩，皇帝紹統之十有二載。燔柴喬嶽，成禮於勒封；廻蹕方丘，薦誠於厚載。人神交感，禄[二四六]祉來宜，爰命下臣，式揚嘉頌。粤自聖明御極，寰宇大和，民知教而措刑，俗致禮而偃武。熙熙庶彙，如陟於春臺；惕惕宸心，若臨于秋駕。玄德上達，空三字。乾文下垂。方純嘏以誕膺，故至神而合贊。見於乙夜，同日星之揚輝；告以先期，若寒暑之不忒。履端之月，成魄之辰，晝漏初傳，朝暾未耀，仰蒼龍之内闕，覩黄素之竒文。豈必玄龜負圖而出洛，何須赤雀銜書以及豐？空三字。上沖厲内增，寅恭外積。克勤精意，仰荅空三字。靈心。感應冥[二四七]符，祺祥不絶。雲成五色，表嘉瑞於太平；星見离方，薦殊徵於萬壽。由是索前王之令躅，秩祀典之無文，思大饗於季秋，用昭告於空三字。上帝。咨爾之詔，將戒於有司；徯予之謡，爰興於東土。鄒魯之士，海岱之民，竭乃一心，若律吕之相召；來於千里，如符契之不愆。述盛禮於元封，獻露章於魏闕。以爲有唐之季，天步艱難；朱梁已還，寓縣離析。蒸黎塗炭，兵甲日尋，薦紳無仁義之談，鈇鉞肆虔劉之患。空三字。上天悔禍，肇啓於昌期；百姓與能，勃興於空三字。明主。太祖啓運立極英武聖文神德玄功大孝皇帝，炎靈應統，緑錯膺圖，奉唐侯之固辭，避陽城而罔獲。克安九服，成不陣之功；祗事百靈，受無疆之福。太宗至仁應道神功聖德文武大明廣孝皇帝，大明繼[二四八]世，至德在人，文告以懷柔，武威而震讋。憲章號令，俯洽於殊方；文物聲明，仰踰於往古。崇文廣武儀天尊道寶應章感聖明仁孝皇帝，稟粹二儀，鍾靈五運。紹成基於累盛，荷景貺於重熙。通於神明錫類之孝，格于上下廣覆之仁。若乃弋綈爲袠，書囊爲帳，恭儉之至也；泣□[二四九]于市，扇暍于塗，慈惠之隆也；仄席掄才，反支受訟，聽政之勤也；齋居議刑，弛懸決獄，慎罰之深也。至若恭默思道，勵翼求賢，振恤惸嫠，諮詢讜直。昚徽五典，昭明百官。禮無大而不揚，情無小而不達。道彌高而思彌下，業愈盛而志愈微。故得鳥獸可窺，水火不奪，萬民以治，五教在寬。空三字。天降之祥，物安其所，所謂集玄黄之景祐，攬步驟之上儀者也。夫登岱宗，禪梁甫，對越天地，嚴配祖宗，擦玉以禮神，刻石而紀號。千八百后，其道皆同；七十六君，其蹟可視。矧夫盛德大業，巍乎若斯；天瑞人謀，昭然如彼。誠宜荅三靈之祐[二五〇]，順九域之心。考時日於歷官，詢制度於宗伯，肆覲羣后，懷柔百神，蒼辟以祀天，黝犢以祭地。發惟新之大號，受不已之厖褫。豈獨一方區區之誠，實亦六合顒顒之望。空三字。上於是臨法坐而延見，命謁者而喻旨。嘉其將順之心，示以惕厲之意。以爲禎祥[二五一]申錫，但荷於洪休；封禪告成，難居於盛美。故當徐議，無復過談。莫不瞻珠旒，伏文石，期於得請，然後□□。克讓之詔雖行，敦執之言益固。於是鈞衡之元輔，帷幄之碩儒，三臺之具臣，五營之列校，郡國之上計，庠序之横經，班白緇黄之儔，椎髻文身之衆，相與集閶闔，趨鈎陳，述庶民徯后之談，叙歷代不刊之訓。且曰天高地下，大禮生其中；君令臣行，百度遵其治。罔蹈道而無福，罔失政而無□。道莫大於奉明神，政莫隆於興茂典。故遂古而下，方冊所標，未有長發真源，永孚休命，歷數在已，美利及人，而不宗祀空三字。昊穹，昭配祖禰，奉符東岱，展采仙閭者也。而况巡狩之文，毛舉於虞典；登封之義，囊括於周詩。六經著其讜言，百王以爲盛則。衰世思之而罔克，治世避之而不能。□□武、隋文，其讓也正；世祖、玄宗，其修也宜。陛下高邁羲農，俯視舜禹。空三字。天鑒厥德，赤伏之符既膺；后來其蘇，東人之念方積。觀民展義，今也其時；錯事增高，辭之豈獲？雖復輿情可却，宸慮難廻，其如空三字。三神之景命何？空三字。一[二五二]聖之盛烈何？優詔不許者四，封章固請者五。於是答空三字。玄穹之顧諟，徇黔首之勤求，俯而從之，蓋不獲已。乃頒明命，戒有司曰：『自天之休，既鍾于空三字。列聖；累洽之慶，復屬于沖人。若乃登名山，朝萬國，雖盛德之事，其何以當？而率土之情，復無以拒。蓋將申於大報，敢云告厥成功。咨爾有位之臣，曁于藏役之者，犧牲、玉帛禮於神，則極□□[二五三]，□[二五四]輅、旂常奉於吾，則從其儉。』委樞近之佐以先置，密授其成謀；聚文儒之士以撰儀，洞稽乎舊制。其令也至當，故下無以干；其工也不繁，故衆思自勵。德音一發，民望如春，誠感上通，神心若契。至乎聖賢之祖述，禮樂之沿襲，或有舊史失傳，精義莫續，羣臣極慮，靡究其端，空三字。睿旨發□，□盡其理。凡所刊正二十餘條，於是奉常遵爲彝訓。又若秘牒有一，信册有六，燔瘞俯□，追琢難成，將以貞珉，代乎温玉。雖復有司固請，俞詔勉從，在乎宸心，惕然罔措。果於内府，訪得其真，蓋往日之所營，僅朞月而乃就。取之琢刻，用於神祇，克集厥功，靡愆于素。足以見空三字。先聖有開□□，空三字。吾君善繼之孝也。且夫空三字。天之臨也不貳，空三字。天之鑒也至明。聽之□[二五五]聲，吉凶見乎象；斆而降命，善惡基乎人。盛德之興，巍巍乎其莫述；鴻休之至，紛紛乎其無窮。當夫揆日有期，鳩工在始，地不愛寶，吐素液以流甘；龍飛在天，騰卿雲而絢彩。神葩焜燿，挺秀而朝敷；瑞氣□□[二五六]，揚輝而晨映。眈目鷙獸，匿蹟空山；螫手毒蟲，潛形蟄户。在井之鮒，粲百鍊以成鱗；繞樹之禽，凝六出而挺質。沃日漲海，既遏其驚波；航葦巨河，復遵其故道。九穗兩岐之秀，四犢一角之奇，或駢實而共枝，或先秋而告稔。班虎衮丈之繭，靈雲共蒂之瓜。玄鶴羣臻，聽笙鏞而自若；慈烏獨□[二五七]，□[二五八]畚鍤而有常。瀼瀼沆瀣以如飴，趯趯明視而呈素。中天之月，露焕發之重輪；曲沼之泉，澄相鮮之麗色。一封使者，告慶交馳；六藝書生，頌美載路。蓋已無得而踰也，矧又甚於斯焉。昔者五老告期，但聞一至；兩騎受職，豈復重來。未有眷佑彌昭，殊休再降。巍然岱嶽，密邇岜泉，頒[二五九]空三字。緑字之文，述空三字。蒼元之意。於是備時乘之駕，迎空三字。寶命之符。是月大雨霶霈，密雲葱鬱，潤甫田而雖洽，治馳道以方勤。及乎瑞諜爰來，乘輿將出，則煩陰並散，杲曜徐昇。紫氣覆於離宮，白雲映乎廣殿。時億之福，豈易測乎？於萬之[二六〇]年，必可保也。瞻言南域，舊産靈茅，方志雖存，郡人罕識。及夫詔書採擷，耆老營求。絶世之珍，故蕃[二六一]殖而久廢；不貢之責，方寤寐以爲憂。遽生三脊之奇，用資五天之籍。夷吾曩記，斯實同符；開元舊文，諒多愧色。既而協良日，薦虔誠，寅奉空三字。靈文，祗見空三字。祖廟，謝會昌之純錫，告配侑之崇名。于時人集八方，塵飛九陌。齋明之夕，澍雨以清皇衢；裸鬯之辰，裔雲以覆世室。非煙燭野，瑞日流空。肅肅金飆，襲星罕而徐轉；翩翩玉羽，扈河□[二六二]而翬嬉。空三字。二后在天，降鑒於至治；百世觀德，協慶於無垠。猶謂斯禮不行，其來已久，雖感蒐於闕典，慮未盡於至誠。乃復屈黄屋之崇高，習泰壇之薦享。恭畏之色，罔異於奉祠；闕疑之文，並從於折衷。官師聳勵，神鑒益歆。既而令旦戒辰，鳴鑾遵路，百工承式，七萃啟行。八校止齊，聞蕭蕭之鳴馬；九斿時動，見習習之祥風。鼓吹不喧，率由舊則；金石咸寢，肇自空三字。聖謀。至若念封禮之方陳，矜嚴是務；慮有司之弗給，簡易爲先。乃損屬車，別名鑾駕。虚大輅以安空三字。祕籙，見奉空三字。天之誠；御步輦以出國都，形愛民之志。連甍感抃，接壤歡謡。四望則衣袂成帷，中塗□[二六三]壺漿若市。豈資諫諍，已罷乎從畋；何待討論，動歸乎至賾。葷茹咸却，誠玉食以齋心；草木不傷，法蒲車而育物。若乃次舍所設，菲薄攸安；棟宇之基，未嘗改作；閈閎之勢，罔或增新。唯玄幕以環周，或下[二六四]□[二六五]而躬處。頌祇之庭在邇，接神之冊儲靈。屬夜漏之未央，視榮光之欻見。瑞蹢沈璧，祥協□□。至乃命庶官，走羣望，專印后土，別祀九宮，禮瀕海之諸神，饗射牛之列帝。所謂闡皇猷於罄宇，昭上德於億年者也。暨夫屆廣魯，臨岱宗，庶民奉迎，罔不率舞；東后來覲，靡有後其。八表之民，駿奔競至；未名之寶，櫛比咸臻。壇壝以陳，簠簋以具。申誡於百執，必信而必誠；昭感乎萬靈，有儼而有翼。越以孟冬之月，庚戌之朝，望秦之高峯，昧爽而陟；比黃之大典，次日而修。其或俯曾[二六六]崖，履危磴，慮人之勞也，乃降輦焉；及乎款雲封，望齋室，想神之在也，亦躧步焉。徒御繼登，罔逢乎驟雨；羽衛成列，俄息乎終風。乎視太虛，下觀旭景，静將地接，動與天偕，澄宸慮以杳冥，望法象而髣髴。於是被玄衮，搢大圭，神六變而來思，色三獻而彌厲。侑以空三字。宗祖，祦乎天經。空三字。丹書載陳，表儲休於空三字。上帝；玉牒不祕，示無私於下民。而又饗彼羣神于兹山下，準圜丘之式，伸偏祀之心。謹晷度以合時，望煙燎而交影。衣冠在列，笙磬同音。是夕也，天門之巔，士虞載渴，甘醴忽湧，無源自澄，侁侁奉宸，飲之而不竭。日觀之上，人莫能升，明神斯臨，有儀可象，濟濟在列，覩之而相目。此又感召之章灼，休嘉之殊尤也。翌日，禮空三字。皇祇，禪社首，方澤之形泰折，廣樂之音八成。象其色則黃牲，昭乎絜則玄酒。岳鎮海瀆，靡不格思；墳衍郵畷，罔不咸在。眷乃空三字。坤元之德，配乎柔克之尊，生植羣倫，包函方夏。廣大博厚，所以養材；流謙居貞，於焉載物。伸兹大報，在乎至虔。肅若奠獻之儀，祇率空三字。

穹昊之制。勤恭勵翼，盛典由是無違；雜遝紛綸，柔靈以之薦祉。清蹕將至，倏振驚飆；冕服纔升，俄爲霽景。權火之影，邈在雲霄；登歌之聲，散於坰野。唯誠明而是竭，忘陟降之爲勞。於是昭仁心，從物性，楚夏所貢，羽毛之衆，莫不出於苑囿，放之郊原。次復詔秩宗，修勤禮。三帛二牲，執贄以見；右賢左戚，辨等而居。玄冠蒼佩者充庭，魚甲貝冑者列侍。空三字。宸顔穆若，安可望其清輝；能事巍乎，徒得觀於洪烈。既而布大令，均渥恩，禮高年，修墜典，幽蟄咸振，密網並蠲，霈慶賜而春行，覃徽鑠而日麗。采詩察俗，遠協於夏書；納賈觀民，式遵於王制。興廉舉孝，崇德報功。鰥寡惸獨之流，罔不咸恤；律度量衡之法，由是得中。復除之恩，浹於四極，酺醵之惠，際於九圍。當其御郡樓，宴鄉老，有在沼之介族，附游童之衣裾，色奪金英，狀微榆莢。壽蓋踰於千載，祥實冠於四靈。昔者聞韶而鳳來，拊石而獸舞，言其善應，豈復殊塗？罷萊蕪之鐵官，貰龜陰之曠土，襁負相屬，菑畬盡開。至於邈想古賢，緬懷神道，增文憲昭烈之稱謂，伸仁聖炳靈之封崇。以爲列上清而監觀者真仙，故加保生、廣生之號；育良材而利用者疊嶂，故修靈巖、廣禪之祠。惠洽於人，雖小不捨，新玉女之像是也；福流於物，雖大必營，創會真之宫是也。猶且枉星旄，降玉軑，幸闕里，祀孔堂。琬琰[二六七]之刊，載揚芬德；璽綬之薦，用益徽名。祓飾廟庭，增修禮器，出幣帛以賜宗黨，頒經史以聚學徒。下自諸生，咸膺其進爵；上暨先正，肇荷其追封。好賢之心，周於百世；尊儒之道，形於萬方。豈止序門人以陪祠，蠲齊甿而給役也？昔天寶以治平在運，崇五廟之洪名；大中以惔復成功，加二宗之尊謚。而皇上孝思不匱，至德潛符，展禮空三字。太宮，歸尊偉號。始以寶册，親授三公，拜手而遣，肅祇之至也；復以蕭薌，躬謝空三字。六室，涕洟而進，追慕之積也。足以薦空三字。乾坤之祐，增空三字。宗祐[二六八]之美，慰空三字。昊天罔極之感，伸明發不寐之懷。既而王公協辭，夷夏同志，遵順美之前訓，增可久之徽稱，始固守而不從，旋曲成而俯受。懿夫！法乾剛而覆下，是謂儀天；用玄默以居中，故爲尊道。叶吉而圖書開奥，寶應攸昭；上封而河嶽效祥，章感斯著。典禮備舉，簡册載光。軒曰徇齊，彼何尚也；湯云甚武，兹豈遠而猶復。紀空三字。錫符之辰，建覃慶之節。郡國清醮，以答於明威；士庶縱遊，用樂乎神運。生成則禁乎屠宰，隱惻則止乎刑辟。古今之盛節殫矣，皇王之休聲備矣。臣學乎舊史，偶乎昌辰，敢商榷於前脩，竢揄揚於景鑠，竊再拜而言曰：『在昔帝嬀，其臣有五。夏興於禹，商始於离。宗周建邦，本於后稷。有唐命氏，肇于庭堅。而伯益既典朕虞，亦佐禹績。秦德不競，天禄未窮。故我空三字。聖朝，集兹大統，宜乎比隆於三代，垂裕於萬齡者焉。洪惟陛下纂承寶圖，建用皇極，含道德之甘實，具慈儉之馨香，煦然發榮，可得而述。昔者河流載湛，里社方鳴，列緯集於降婁，三統在乎單閼。曁夫再歲，果誕空三字。眞人。蓋奎爲魯分之星，乃司文物；泰實兖州之鎮，爰主發生。豈非運屬空四字。文明，化符生育，法從臨於洙泗，祀典修於云亭之應乎？此蓋受命之殊貺也。御辨之初，維藩之域，緑龜薦瑞，元輔矢謨。以爲至柔者毛，至剛者介，今則以至柔之物，附至剛之姿。天何言哉，民胥效矣。必將武事休偃，文德懷柔。是時也，戈甲方馳，封疆尚聳，既而玉帛繼好，書軌大同，罷尉候之官，成鞬櫜之治，此又嗣統之丕祥也。夫感人心而致和平，莫先於孝；興王道而致雅頌，無尚於仁。昔者主器震方，辭宮臣之常禮，則成帝之避馳道也；宅憂倚廬，終三年之通制，則高宗之在諒闇也。按［二六九］元辰之歷，行哭而朝陵，則顯宗之伸永慕也；覽後庭之籍，動容而出娉，則文皇之召至和也。寬一成附重之刑，制三流惟輕之典，則高帝之約法也；升北辰、魄寶之座，創先蠶、壽星之祭，則孝文之重祀也。修前代之園寢，訪功臣之子孫，則武王下車之事也；絶番禺之藥矢，毀尚方之獵具，成湯祝網之心也。再駕戎輅，則周宣之治兵也；三郊吉土，則虞舜之肆類也。順時令，閲車徒，因三時之閑，習五申之法，神武之用也；臨便座，幸上庠，較藝以掄材，談經以興學，時文之化也。蓬閣翬飛，牙籤雲矗，寶南風之聖作，聚東壁之羣書，聿修之美也。親視簨虡，躬聽笙竽，新甲令以募工師，製升歌以詠詒訓，述作之大也。絶域之民，留滯未返，測然軫慮，豐給而遣，仁及於懷土也。司貨之吏，掊克爲能，涣乎出令，寬政爲先，道濟於溥天也。紀祥符之寶歷，元狩之故事也；新儀衛之庶僚，太微之彝制也。明照於前古，覩其失而不揚，德之盛也；辭高於往代，有其善而不伐，謙之至也。孝德著矣，仁聲洽矣。積是純懿，發爲茂功，則巨禮之行，殊禎之應，由空三字。天意也，非人力也。矧復兩漢而來，建都於雍，五嶽之地，皆在於東。居異於辯方，方理且殊於師古。今空三字。國家宅梁宋之域，當空三字。穹壤之中，禮得其宜，事歸於正，故可以仰遵五典，高繼九皇。抑又嬴秦上登，僅至中路，空三字。天有所不佑也。漢武祕祝，不示羣臣，道有所未廣也。光武欲其速成，將竄封於玉檢，力有所未豐也。高宗黷茲巨典，接神以椒房，禮有所不肅也。玄宗建議在初，輔臣殊志，出爵伊始，庶尹興言，人有所未允也。若乃篤空三字。天祐，迓神釐，遠邇協心，上下交泰，唯精唯一，盡善盡美，未若今日之備也。又不以成而自大，治定而自矜，炳空三字。乾文，號神嶽，仰懷空三字。天貺，不敢以怠遑，俯述世功，用歸乎德美。此實歷代之所未有，上聖之所獨臻也。下臣不佞，恭獻頌云：

惟空三字。天祐空三字。聖，惟空三字。聖奉空三字。天，寶命隆兮。惟空三字。辟治民，惟民戴空三字。辟，萬國同兮。空三字。祖武空三字。宗文，重規疊矩，建大中兮。奉空三字。符錯事，登封降禪，告成功兮。報空三字。本反始，爲民祈福，示至公兮。空三字。洪猷盛德，高視古昔，垂無窮兮。

右碑文及題銜凡五十一行，字徑五分，王欽若撰文。系銜皆與《宋史》本傳合，惟封太原郡開國公，《傳》未載也。封祀、朝覲諸碑皆有書人姓名，此碑獨無，而書體甚精整。其中，譌字如『弋綈』作『弋綈』；『蒼璧』作『蒼壁』；『禎祥』作『禎詳』；『咸蒐闕典』，『咸』作『感』；『平視太虚』，『平』作『乎』；『煥乎天經』，『煥』作『涣』；『覲禮』作『勤禮』；『璽綬』作『璽緩』；『恢復』作『惔復』；『宗祏』作『宗祐』；『簨簴』作『簨虚』，『東壁』作『東璧』；『惻然』作『測然』；『天祜』作『天祐』，皆是。又『辯方方理』句，似亦有誤。錢辛楣少詹云：『文稱：「涒灘御歲，應鐘旅月，國家建號之四十九祺，皇帝肇統之十有二載。」真宗以至道三年丁酉即位，至大中祥符元年戊申，實十二歲，上距太祖建隆元年庚申，蓋四十九歲矣。又云「履端之月，成魄之辰」，「仰蒼龍之內闕，覲黃素之奇文」，謂是年正月三日天書降左承天門也。又云：「巍然岱嶽，密邇[二七〇]毖泉，頒緑字之文，述蒼元之意」，謂六月乙未天書再降于泰山醴泉北也。又云：「升北辰、魄寶之座，創先蠶、壽星之祭。」案《本傳》，欽若嘗請置先蠶并壽星祠，升天皇、北極帝坐于郊壇第一龕，故述其事于碑刻也。』元又案：此碑别無年月，惟『涒灘御歲，應鐘旅月』二語，爲大中祥符元年舉行封禪之期而立碑，要與三壇同時，故並列焉。

天貺殿碑[二七一]

大中祥符二年十一月立，行書，篆額，高一丈二寸，廣四尺五寸，在泰安縣岱廟。

大宋天貺殿碑額二行，字徑四寸五分。

大宋天貺殿碑銘，并序。翰林學士、中大夫、行尚書兵部員外郎、知制诰、同修國史、判史館事、柱國、南陽郡開國侯、食邑一千一百户、賜紫金魚袋□[二七二]楊億奉空四字。勑撰，翰林待詔、朝奉大夫、國子博士、同正□[二七三]都尉臣尹熙古奉空四字。勑書并篆額。

臣聞玄天之覆物也，陰隲而無私；上帝之臨下也，高明而有赫。倬昭囬而成體，其聽孔卑；杳寂寞以希聲，厥應如響。故《周書》紀其輔德，《羲易》載其益謙。百禄咸宜，于以隆其永命；庶徵時若，于以降乎嘉生。斯皆自我民而聰明，表其道之貞觀者也。至乃秉陽而健，垂象於日星；得一以清，成章於雲漢。東辟列位，主圖書之秘文；魄寶淪精，握河洛之命紀。盖乹之緼至賢矣，天之文有爛矣。眇覿太古，鋪觀往諜，三五之世，德化醇茂，故伏犧受龍圖以作八卦，軒轅得龜篆以朝萬靈，放勛獲玉泥青繩之文，帝舜膺赤文緑錯之瑞。夏商以降，績用昭明，故大禹夢蒼水之符，□[二七四]乙拜玄玉之字，西伯之赤雀止户，武王之白魚入舟，皆盛烈通於神祇，茂勳格於穹厚。繇是□[二七五]物□□[二七六]以効質，珎圖炳焕以告休，宣純禧而奮景炎，形寶訓而示靈眷。斯固殊尤絶迹，曠千載而罕逢；卓異倜儻，爲百祥之稱首。不然者，又何以運契於中和之極，兆𨁈乎至治之期？雜□□□[二七七]，寂寥而無紀；合符之盛，啓迪而必先者哉。崇文廣武儀天尊道寶應章感聖明仁孝皇帝陛下之御天下十有二載也，纂空八字。二聖之丕基，擥八紘之鴻緒。中□[二七八]底定，庶邦協和，玉燭陽明，珠躔軌道。頌聲載路，□[二七九]氣横流，百工惟時，五兵不試。仁風衍於無外，洪化馳而若神。品物茂遂而由儀，羣黎富庶而知教。徽纆之形幾措，弦誦之聲相聞。人自謂於羲皇，家悉爲於鄒魯。行葦勿踐，忠厚之性成；天網弥踈，寛大之德著。淳源載復，治具畢張。皇上方端居穆清之中，獨運陶甄之表，執粹精而思道，宅清明而在躬。極深研幾，淵默雷震，揚豨絢景，煇光日新，固已濬哲之懿升聞，憯怛之愛敦洽。金玉其度[二八〇]，追琢而惟精；雲日之表，就望而無極。當其愛景長至，陰魄下弦，斗城靚深，虎闈窅窱。建章萬户，管籥之有嚴；衛□□[二八一]屯，誰何而載肅。銀漢左界，玉繩西傾，挈壺之漏屢移，膝席之對云罷，方將凝神於蠖濩，寧體於清閒。静慮合於希微[二八二]，嘉應通於肹蠁。俯及乙夜，聞乎嚴扃，焕發靈光，燦若白晝。乃有真□[二八三]降於霄極，臚語示乎休徵。將求衣而走[二八四]對，忽乘飈而滅迹。空五字。天子於是申以齋戒，致其精明，爰乃獻歲𨁈春之初，祇受大中祥符之錫。九賔宿設，親拜於廣庭；八神前驅，奉引[二八五]於黃道。寘之恭館，藏於東序。乃復肆眚於緜寓[二八六]，易號於初元。惠賚浹於五管，爵秩加于羣后。均合飲之澤以尚齒，推給復之典以貴農。皇明誕敷，純嘏均被。繇是徇東人之勤請，考乾封之舊章，將以陟介丘，禪社首，奉符而行事，刻號以告成。揚空五字。二聖之休光，爲天下之壯觀。列城除□[二八七]，□[二八八]司講儀，龜筮告猶，雲氣呈瑞。□[二八九]象物之咸□[二九〇]，徯□[二九一]后以來蘇。三神眷懷，萬邦和會，而靈心昭荅，玄應沓臻。以爲庶人靡常，猶畢星之好雨；羣小多辟，或夏蟲之疑冰。雖況施之殊倫，□□[二九二]之成□，猶復□[二九三]甲而申告，□[二九四]儆于清衷；方將應期而紹至，以彰乎絶瑞。惟元年仲夏既望之後夕，上復夢神人，諭以諄諄之意，期以來月錫符於泰山。於是濬發德音，中儆執事，有依類託寓之異，□[二九五]疾置飛馳以聞。粤□[二九六]鍾紀□[二九七]，釒[二九八]渾叶度，肇自初吉，以及生明，惟兹巖巖之峯，荐發穰穰之瑞。祥光夜燭，成十煇之姿；卿靄朝躋，結九葩之狀。是月之六日也，粤有梓匠，晨詣靈液亭，給斤斸之役。草露□[二九九]渥，人迹罕至，忽得黃素於灌莽之上，其文有空三字。『皇帝崇孝育民，壽曆遐歲』之言。周章震駭，魂定飛越，亟以白引進使曹利用、宣政使李神福。即共捧持，以詣封禪經度制置使臣欽若、臣安仁，緘縢載嚴，騎置來獻。空五字。皇上周旋欽翼，夙夜齋明，醇粹内充，典章兼舉，命廊廟之元宰，暨左右之信臣，分授使前，奉導靈貺。駬傳云至，詔蹕出迎，羽衛星陳，官師景從。弁冕端委，親拜受于苑中；玄圖祕文，復徧示于羣下。先是，陰雲待族，大雨濯枝，需泥治道之是艱，霑服廢禮之為懼。是日也，懸寓澄霽，佳氣鬱葱。杲杲〔三〇〇〕之馭上躋，光華在旦；蘂叢之姿迭媚，紛郁垂文。五弦之風載薰，九光之霞成綺。□□〔三〇一〕胥悦，戩穀來同。矧乃綿□□〔三〇二〕儀，素已草具；翠葆之駕，乃先啓行。既備物以吉蠲，俾有司而翊衛，載以威輅，入于應門。星旄先驅，金奏並作。天子方復弭鸞旗而税龍馭，撫氊案而坐巾〔三〇三〕宫，穆穆皇皇，以俟夫元符之至也。□〔三〇四〕而步自閶闔，率先羣司，納之殊庭，是爲秘寶。且復討論前載，追求遺範。煇景下燭，秦既作畤；珎瑞云獲，漢亦起宫。其後因軌迹而增崇，建名稱而不朽者，非可以悉數也。乃詔魯郡，申飭攸司，爰就靈區，茂建清宇。授規於哲匠，董役以廷臣，樸斲前施，塈塗咸備，法大壯而取象，曾不日以克成。直寒門□□之庭，鎮阿閣神房之麓。雲封崛起，廻對於軒木〔三〇五〕；□□〔三〇六〕冽清，載環於階墄。祏〔三〇七〕若天睨，表以徽〔三〇八〕名。既而慎擇靈辰，揭之題榜，乃有玄鶴集于雕甍，清唳□〔三〇九〕之，墜羽而去。斯又九皐之仙質，千歲之純精，挺胎化之姿，告壽昌之兆者也。及親封泥檢，載揚槱燎，降□〔三一〇〕陰道，禪于方丘，會朝明堂，肆覲東后，□〔三一一〕澤及于四海，神化馳于六幽。天子乃撫節盤桓，憑軾游豫，周爰博覽，以届于兹。瞻堂構以改容，臨清流而⿱丵矢歎。金爐朱□〔三一二〕，□〔三一三〕潛德以升聞；羽盖清塵，彰健行之不息。旋軫飲至，天成地平，□〔三一四〕時計功，金相玉振。且以爲古之哲后，襃紀瑞命，方牘所述，踵武可徵。至若甘露黄龍，標於年曆，芝房朱雁，播於樂章。或作繪以彰施，或緝經以論著，皆所以昭荅報降，垂示方來。爰詔下臣，頌兹徽烈。恭惟空五字。紫書祕諜，荐錫于玉晨，福應之大者也；靈宫真宇，列峙于坰野，制作之盛者也。非有遷、雄之博物通達，崔、蔡之業⺮〔三一五〕清麗，鄒、枚之□〔三一六〕辨，曹、王之氣質，又曷能敷陳空四字。景鑠，述宣鴻明，著之金□□〔三一七〕刻，流乎億萬之祀？如臣膚淺，豈能演暢？拜命之下，□□〔三一八〕惟勤。頌歎游揚，雖豁於素蘊；博約温潤，寧企於前脩。伏紙怔□〔三一九〕，□□□。銘曰：

太始權輿，邃古之初。結繩而治，斯文闕如。三五迭興，受命合祛。河洛開奥，乃出圖書。歧周發祥，鳳止高岡。火流於屋，魚□〔三二〇〕於航。靈眷諄諄，赤文煌煌。金策之賜，剪□〔三二一〕啓疆。卯刀□〔三二二〕言〔三二三〕，□□□□。祕圖玄契，曠絶靡常。惟皇建極，與天合德。有開必先，神休叵測。清夜戒期，聖容斯覿。旭日朝躋，真符云獲。節彼崇巘，天帝之孫。剌經定議，發祉閭□。泉流毖涌，和景晏温。□元申錫，明靈有赫。雲篆騰晶，冰紈襞積。殊類嚮荅，奇應山沓。樵蒸禮成，蓼蕭慶洽。邃宇翬飛，揭榜雕楣。建茲顯號，式昭鴻禧。□□□□，翠帽揚□。福應之盛，輝光在茲。魯邦奕奕，秦觀巍巍。封雲薈蔚，浪井漣漪。巋然宏構，永鎮方祇。大中祥符二年十一月十七日。

右碑文三十二行，字徑九分。案：大中祥符元年六月，天書復降於泰山醴泉北，乃迎置含芳園。十月辛卯，帝發京師，以玉輅載天書先道，凡十七日至泰山，遂舉封禪之禮。此碑專紀其事，文極工麗。書碑者尹熙古，大中祥符六年《天齊仁聖帝碑》亦熙古書，惟彼碑系銜進階『朝散大夫、守司農少卿、上騎都尉』，與此碑『朝奉大夫、國子博士、騎都尉』不同也。碑立于大中祥符二年十一月，蓋在封禪禮成、天貺殿竣工之後矣。

東嶽天齊仁聖帝碑銘[三二四]

大中祥符六年六月立，正書，篆額，碑高一丈七尺四寸，廣六尺五寸五分，在泰安縣岱廟延禧殿門內。

大宋東嶽天齊仁聖帝碑額二行，字徑四寸五分。

大宋東嶽天齊仁聖帝碑銘，并序。翰林學士、中散大夫、守尚書工部侍郎、知制誥、同修國史、判昭文館事、護軍、南安郡開國侯、食邑一千五百户、食實封貳伯户、賜紫金魚袋臣晁迥奉空三字。敕撰，翰林待詔、朝散大夫、守司農少卿、同□□[三二五]騎都尉、賜紫金魚袋臣尹熙古奉空三字。敕書并篆額。

臣聞結粹爲山，麗無疆之厚載；升名曰嶽，表奠服之崇丘。至若根一氣以混成，媲四時而首出，作鎮東夏，實惟岱宗。辨乎五方，設位冠配天之大；畫爲八卦，建標當出震之區。邃深連空洞之宫，翕習號神霄[三二六]之府。夫其魁甲艮象，柅[三二七]制坤軸，巉嶙碕礒，穹崇岧嶤。天門路界於鬱蒼，日觀勢臨於杲曜。列仙遯迹，存棲真之石閭；永命儲休，閟與齡之金篋。滋殖百卉，函育庶類。畜泄雷雨，吐納風雲。封之所以合元符，登之所以小天下。近綴梁社，遠矚秦吴，控壓海沂，襟帶洙泗。鄒人所仰，魯邦是詹。肇生物之化權，蓋頤貞之壽域也。古先哲后，誕膺駿命，披皇圖，稽帝文，告成功，申大報，昭姓考瑞，封石紀號，自無懷氏迄唐明皇，登封展采，布在方策者，罔不于兹矣。開元十三年，始封空五字。神曰天齊王，禮秩加□〔三二八〕公一等。緜歷五代，寂寥無聞。爰暨空五字。皇朝，勃興嘉運，叶百姓與能之望，應空三字。真人革命之秋。太祖皇帝揔擥英雄，鞭撻宇宙，勤勞四征，削平多壘，方混一於寰中。太宗皇帝纂隆洪〔三二九〕緒，懋建皇極，斟酌道德，統和天人，乃綏懷於海外。然而艱難創業，緼蓄詒謀〔三三〇〕。勒崇□□〔三三一〕，將底績而未暇；開先遺大，知奕世而有歸。粤惟崇□〔三三二〕廣□〔三三三〕感天尊道應真佑德欽明上聖仁孝皇帝陛下，承鼎定之基，格盂安之世，顯仁以育物，廣孝以奉空五字。先。宣洽重熙，財成庶政，弭息戎旅，撫柔要荒。乘國步之密清，宅天衷於醇粹，因之以豐楙〔三三四〕，加之以阜康。席□〔三三五〕宗廟之重，游心帝王之術，長轡遠御，大道□夷〔三三六〕。天衢於是乎嘉亨，空三字。德教於是乎漸被。戴日戴斗，聿遵朝聘之期；太平太蒙，盡入車書之域。空三字。垂衣在上，擊壤在下。得以疇咨俊茂，博□〔三三七〕幽隱。講求典禮，包舉蓺文。接千歲□〔三三八〕統，可炳儀於封祀；□〔三三九〕萬物之盛，宜昭告於神明。然猶務謙尊而益光，體健行而不息。冲晦藏用，淵默思道。俄而天□〔三四〇〕震□〔三四一〕，上帝顧懷，空二字。真□〔三四二〕洊臻，靈心有懌，總集□〔三四三〕命，覺悟烝〔三四四〕黎。踰金簡〔三四五〕玉字之文，等河圖洛書之寶。承是秘檢，發爲蕃釐，霈澤開榮，普天受賜。新建元之號，易通邑之名，茂昭降祥，聳動群聽。是時東土耆老，湊〔三四六〕闕廷以上書；南司宰輔，率官師以□〔三四七〕表，願循考古之道，煥發升中之儀。弗獲固辝，乃徇勤請，且以增空三字。覆載之高厚，揚空三字。祖宗之純懿也。儲峙供億，悉出於縣官；經啓營繕，不煩於民力。大中祥符元年冬十月，具儀制，嚴仗衛，陳□〔三四八〕御，□〔三四九〕介丘。齋心服□〔三五〇〕，奉荷行□〔三五一〕。羣司奔走，百禮脩明。集巉巖之巔，凌顥英之氣。壇壝清肅，牲器純備，玉幣〔三五二〕式敘，樽彝在列。奠獻克謹，皦繹用張。□〔三五三〕娭交三神之歡，陟配崇□〔三五四〕聖之位。舉權〔三五五〕火，升高煙，示瑶牘□〔三五六〕環□〔三五七〕，□□□〔三五八〕而特起。□首□□〔三五九〕，抑又次焉。咸□□□〔三六〇〕，□□□〔三六一〕，朝會赦宥，涵濡盪滌。采輿誦，求民瘼，旌前烈〔三六二〕，衍徽章。參用王制，著明皇績。大猷克集，神貺幽贊。故□□〔三六三〕及末，見〔三六四〕象日昭，史氏之筆，殆不停綴。則有□〔三六五〕烟紛郁，太陽□□〔三六六〕。仙芝□〔三六七〕根，菌蠢以□〔三六八〕秀；醴泉無源，毖涌而善利。靈輝休氣，嘉穀奇木，鱗介之宗長，翔游之品類，表異駢出，曠代絶倫。豈非受職修貢，發祥介福之徵乎？人謂是山也，崇冠群□〔三六九〕，□〔三七〇〕侔造化，斯不誣□〔三七一〕。□〔三七二〕家稽虞書四巡之首，原漢氏五祠之重，述宣邦典，申嚴祭法。奉正直聰明之德，罄精虔嘉粟之誠，爲民祈禠〔三七三〕，與國均慶。封巒之後，復增懿號曰仁聖天齊王，蓋以形容靈造，舉褒崇之禮也，名稱之義□〔三七四〕矣哉。化功生物之謂仁，□〔三七五〕神妙用之謂聖，登隆顯赫，亦云至矣。復思嚴飾廟貌，彰灼威靈，責大匠之職，議惟新之制。於是命使屬役，協辰僝功，庀卒徒，給材用，興雲鍤，運□□〔三七六〕。程土物以致期，分國□□□□〔三七七〕。規畫盡妙，樂勸忘勞。□年而□〔三七八〕，不□〔三七九〕于素。棟宇加宏麗之狀，像設貢端莊之容。凡所對越，肅恭逾至。四年春，舉汾陰空三字。后土之祀，成天地合荅之禮。憲章明備，上下交感。空四字。純嘏既錫，大賚施及。圖首方足，式歌且舞。猗歟！□□□〔三八〇〕動，焜煌□□〔三八一〕，而皆擬空三字。聖明之□〔三八二〕作，從英茂以飛騰。灼敘慶靈，奉揚殊貺。紀諸盛節，悉以命篇。布日星之華，配雲雨之潤。並刊鳳藻，散跱龜趺。播洋溢之頌聲，垂極蟠之能事。而志求象罔，順拜崆峒。□〔三八三〕衆妙之□〔三八四〕，廣列真之宇。非止卜永年于郟鄏，是將納雅俗于華胥者也。又以□□□〔三八五〕佐本乎天，泰寧五鎮本乎地，其位參兩，鴻名可齊，特尊列嶽，咸加帝號。由是奉升泰山之神曰空四字。天齊仁聖帝。乃命案馳道之東偏，直宸居之巽位，辟地經始，別建五嶽帝宮，以申崇尚之禮焉。空三字。御製《奉神述》，詔中書召侍□〔三八六〕之臣，諭以制作之本意。觀夫聖文之梗概，以爲嶽鎮之大，輔于柔祇，動□□〔三八七〕所蕃息，泉源之所滋液。至靈允宅，陰隲攸司。鍾戩穀而有徵，緊黎元之是賴。舊史具載，前王式瞻。著册封之典，嚴祠祀之禮，增奉邑之教〔三八八〕，申樵蘇之禁，皆以□〔三八九〕不測之明威，顯無方之妙□□〔三九〇〕。方今兵□□〔三九一〕戢，華夷會□〔三九二〕，□獲順□〔三九三〕，□〔三九四〕無疵厲。率由丕應，冥助永圖，固當稽彼前聞，進其尊稱。謂乎唐虞曰帝，商周曰王。夫商周之王，爵人臣而有素；唐虞之帝，奉神道而何疑。況其容〔三九五〕衛等威，冠裳制度，極徽數以宿備，宜名體以相符。□□〔三九六〕成之，禮無違者。願□〔三九七〕景祐，普及舍〔三九八〕生。至乎哉！鼓動空三字。睿辭，無私廣大。坦然明白之理，沛然利澤之德。曲成司牧，俾臻富壽，有以見聖人之情矣。遂□〔三九九〕勒石，徧立于五嶽廟庭，從近臣□□□〔四〇〇〕。□〔四〇一〕歲冬，並命使介，分□〔四〇二〕諸嶽，定吉日，飭有司。空五字。皇帝被法服，御朝元殿，禮行樂作，而臨遣之。持節受册，衮冕相繼，次敘而出，觀者如堵，且歎文物聲明之盛，未嘗有也。使者奉詔訖事，率叶素期，於穆宏觀，敻超千古矣。越明年，詔五臣撰辭，各建碑于嶽廟。而臣浸漬空五字。皇澤，涵泳清徽，偶集鳬雁之行，遂塵龍鳳之署。預承綸旨，强叩蕪音，曷勝眷獎。上[四〇三]以慶幸，宣明盛禮，叨奉册於秦城；潤色貞珉，玷彌文於魯嶽。荷輝榮之稠疊，愧才學之空虛。燥吻濡毫，謹爲銘曰：

節彼泰山，皤亘大東。□□□□[四〇四]，五嶽推雄。勢并鳬繹，秀出龜蒙。崛起海表，目爲天中。高摩霄極，俯瞰暘谷。神策斯祕，昌圖可卜。物性鍾仁，民居獲福。魯邦是常，盛德在木。百靈淵府，三宮洞天。□□□□[四〇五]，芝童列仙。白□□[四〇六]駕，□[四〇七]龍命篇。宅其勝境，幾乎大年。嶽長曰宗，歲交曰岱。仰止巉巖，奠茲持載。壽域既優，神聰有賚。禱祀誕隆，寅威如在。千載興運，八紘開基。武功盪定，文教緝熙。封禪縟典，祖宗制宜。逮夫聖嗣，方畢宏規。惟帝奉符，惟神佑德。茂績其凝，皇猷允塞。嘉應沓臻，鴻禎靡測。芃芃豐衍，元元滋息。於赫靈廟，控帶名區。有詔改作，俾授全模。協心董役，豐資庀徒。技殫功倍，雷動星敷。大厦咸新，群黎改觀。窗寮靚深，峥嶸輪奂。肅穆威容，絜清几案。欽修允宜，肸蠁攸贊。功懋天作，澤從雲游。式諧民望，詔報神休。殊號斯荐，□□[四〇八]匪儔。庶安億兆，豈止懷柔。天帝之孫，復升以帝。出乎震宮，臨乎日際。事固莫京，理亦潛契。樹此翠碑，騰芳百世。大中祥符六年歲次癸丑六月辛酉朔十四日甲戌建，中書省玉册官、御書院、祇候潘進并謝望之刻。

右碑文及題銜年月凡三十五行，字徑一寸四分。撰文者爲晁迥，案《宋史》本傳敘迥歷官甚詳，獨未及判昭文館事。又奉敕撰文及碑所云『宣明盛禮，奉册秦城』，《傳》亦失載，皆可補其闕也。

太極觀題字二種

大中祥符八年三月立，正書，在曲阜縣太極觀。

右刻一題『金天玉紐』四字，左款，『汝南吴同春題，關西武成刻』，二行。一題『奉敕同監修兖州仙源縣景靈宮太極觀，于大中祥符八年三月一日，奉安聖祖天尊大帝玉石聖像，内侍省内侍殿頭楊懷德』，凡六行。《縣志》云：『景靈宮事惟見元人重修碑文，載曲阜縣城之東北曰「壽丘」者，相傳爲軒轅黄帝所生之地，即《寰宇記》所謂「窮桑」者也。宋既有國，推本世系，遂祖軒轅。大中祥符五年閏十月，詔曲阜縣更名曰仙源縣，從治于壽丘，祠軒轅曰「聖祖」，又建太極宫，祠其配曰「聖祖母」。越四年而宫成，歲時朝獻如太廟，儀學老氏者，侍祠而以大臣領之。』云云。得此亦足以見其概矣。金天似謂黄帝之子少皞金天氏，玉紐即綱紐、樞紐之義。

【校勘記】

［一］『三年』，原作『年月』。據碑跋可知，此應爲『建隆三年』。

［二］此碑現存曲阜孔廟十三碑亭南排東起第三亭内，殘泐嚴重，碑文亦載《金石萃編》卷一二五《兖州文宣王廟碑》、乾

隆《曲阜縣志》卷二四《重修夫子廟碑》，兹據此加以校證。

［三］「楛」，原作「楉」，據原碑正。「楛矢」，即用楛木做杆的箭。

［四］此字原碑僅存右半部分「皆」，《金石萃編》與乾隆《曲阜縣志》作「楷」。

［五］「望相」，原碑殘泐，《金石萃編》與乾隆《曲阜縣志》作「相望」。

［六］此闕字，原碑殘泐，《金石萃編》與乾隆《曲阜縣志》作「徽」。

［七］此闕字，原碑殘泐，《金石萃編》與乾隆《曲阜縣志》作「宸」。

［八］此闕字，原碑殘泐，乾隆《曲阜縣志》作「營」。

［九］「君」，原碑殘泐，《金石萃編》與乾隆《曲阜縣志》作「後」。

［一〇］此闕字，原碑殘泐，《金石萃編》作「品」。

［一一］此闕字，原碑無，《金石萃編》作「察」。

［一二］此碑現存曲阜漢魏碑刻陳列館西屋南起第一二石，碑文保存較爲完好，兹據此加以校證。

［一三］「住」，據原碑補。

［一四］此闕字，原碑殘泐，依據敕牒碑行文格式，當是「牒」。

［一五］此碑已毁，拓本載録於《北京圖書館藏中國歷代石刻拓本匯編》第三八册及「京都大學人文科學研究所所藏石刻拓本資料」第SOU0034A、SOU0034B、SOU0034C、SOU0034D與SOU0034E幅，碑文亦載《金石萃編》卷一二七《謝天書述功德銘》，兹據此加以校證。

［一六］「茂」，原作「茂」，據拓本正。

［一七］「遠」，原作「達」，拓本殘泐，但細審之，當爲「遠」。《金石萃編》亦作「遠」。

［一八］「場」，原作「塲」，拓本殘泐，但細審之，當爲「場」。

［一九］「茂」，原作「茷」，據拓本正。

［二〇］此碑現存曲阜漢魏碑刻陳列館東屋北起第二石，兹據此加以校證。

［二一］「升」，原作「升升」，衍一「升」字，據原石正。

［二二］據《宋史》卷一〇五《禮八》載：「真宗大中祥符元年，封泰山，詔以十一月一日幸曲阜，備禮謁文宣王廟。……復幸孔林，以树擁道，降輿乘馬，至文宣王墓，設奠再拜，詔追謚曰「玄聖文宣王」。」可見，《山左金石志》「十二月」有誤，應爲「十一月」。

［二三］此碑凡四石，現存曲阜漢魏碑刻陳列館東屋北間北起第二、三、五、六石，殘泐嚴重，碑文亦載《闕里文獻考》卷三八《藝文·大中祥符二年廷臣奉敕分撰諸賢贊》，兹據此加以校證。

［二四］此闕字，原碑殘泐，《闕里文獻考》作「聖」。

［二五］此闕字，原碑殘泐，《闕里文獻考》作「稱」。

［二六］此闕字，原碑殘泐，《闕里文獻考》作「垂萬」。

［二七］此闕字，原碑殘泐，《闕里文獻考》作「惟」。

［二八］此三闕字，原碑殘泐，據《聖門志》卷一記載：顓孫師，「唐玄宗開元二七年，從祀，封陳伯」。故此三闕字，應作「人，贈陳」。

［二九］「與」，原作「有」，據原碑正。

［三〇］此闕字，原碑殘泐，《闕里文獻考》作「天」。

［三一］此三闕字，原碑殘泐，《闕里文獻考》作「考古褒」。

〔三二〕「侯」，原闕，據原碑補。

〔三三〕此闕字，原碑殘泐，《闕里文獻考》作「克」。

〔三四〕此闕字，原碑殘泐，《闕里文獻考》作「殊」。

〔三五〕此闕字，原碑殘泐，《闕里文獻考》作「名」。

〔三六〕此闕字，原碑殘泐，《闕里文獻考》作「勤」。

〔三七〕此四闕字，原碑殘泐，據《聖門志》卷一記載：「顔辛，字子柳，兖州府曲阜縣人。」故此四闕字，當爲「顔辛，字子」。

〔三八〕此闕字，原碑殘泐，《闕里文獻考》作「音」。

〔三九〕此闕字，原碑殘泐，《闕里文獻考》作「湄」。

〔四〇〕此二闕字，原碑殘泐，《闕里文獻考》作「允矣」。

〔四一〕此二闕字，原碑殘泐，《闕里文獻考》作「式賁」。

〔四二〕此五闕字，原碑殘泐，據《聖門志》卷一記載：「秦祖，字子南，陝西西安府人。」《闕里文獻考》卷四二《聖門弟子一三》云：「秦祖，字子南，秦人。」故此五闕字，當爲「字子南，秦人」。

〔四三〕此闕字，原碑殘泐，《闕里文獻考》作「驅」。

〔四四〕此闕字，原碑殘泐，據《聖門志》卷一記載：「石作蜀，字子明，陝西鞏昌府人，唐玄宗開元二十七年追封邱邑伯。」故此闕字，當作「邱」。

〔四五〕此闕字，原碑殘泐，《闕里文獻考》作「得」。

〔四六〕此闕字，原碑殘泐，《闕里文獻考》作「爲」。

〔四七〕此闕字，原碑殘泐，《闕里文獻考》作「乃」。

［四八］此四闕字，原碑殘泐，《闕里文獻考》作「永代流芳」。

［四九］此闕字，原碑殘泐，《闕里文獻考》作「服」。

［五〇］此二闕字，原碑殘泐，《闕里文獻考》作「奉聖」。

［五一］此二闕字，原碑殘泐，《闕里文獻考》作「終古」。

［五二］此闕字，原碑殘泐，《闕里文獻考》作「興」。

［五三］此闕字，原碑殘泐，《闕里文獻考》作「言」。

［五四］此闕字，原碑殘泐，《闕里文獻考》作「下」。

［五五］此闕字，原碑殘泐，《闕里文獻考》作「俾」。

［五六］此闕字，原碑殘泐，據《聖門志》卷二記載：「顔之僕，字子叔，山東兖州府曲阜縣人。唐玄宗開元二十七年追封東武伯。」故此闕字當爲「東」。

［五七］此二闕字，原碑殘泐，《闕里文獻考》作「信圭」。

［五八］此闕字，原碑殘泐，《闕里文獻考》作「方」。

［五九］此闕字，原碑殘泐，《闕里文獻考》作「庠」。

［六〇］此闕字，原碑殘泐，《闕里文獻考》作「皆」。

［六一］此闕字，原碑殘泐，《闕里文獻考》作「學」。

［六二］此闕字，原碑殘泐，《闕里文獻考》作「儒」。

［六三］此闕字，原碑殘泐，《闕里文獻考》作「令」。

［六四］此闕字，原碑殘泐，《闕里文獻考》作「上」。

〔六五〕此二闕字，原碑殘泐，《闕里文獻考》作「名彰」。

〔六六〕此闕字，原碑殘泐，《闕里文獻考》作「邦」。

〔六七〕此闕字，原碑殘泐，《闕里文獻考》作「昭」。

〔六八〕此闕字，原碑殘泐，《闕里文獻考》作「勤」。

〔六九〕此闕字，原碑殘泐，《闕里文獻考》作「美」。

〔七〇〕此闕字，原碑殘泐，據《闕里文獻考》卷四二《聖門弟子一三》記載：「邽巽，字子斂……魯人。」故此闕字當作「魯」，《山左金石志》殘作「日」。

〔七一〕此二闕字，原碑殘泐，《闕里文獻考》作「矣子」。

〔七二〕此闕字，原碑殘泐，《闕里文獻考》作「模」。

〔七三〕「公西輿」，原碑殘泐，據《聖門志》卷一記載：「公西輿如，字子上，山東兗州府人。」故《山左金石志》於「公西輿」後漏一「如」字。

〔七四〕此闕字，原碑殘泐，《闕里文獻考》作「服」。

〔七五〕此碑現存曲阜孔廟十三碑亭院東北部北墻下層西起第二石，碑文部分殘泐，兹據此加以校證。

〔七六〕「壹」，原作「一」，據原碑正。

〔七七〕此碑原立於城東南封祀壇故址，後移置於岱廟天貺殿前東碑臺，銘文多殘泐。碑文載録於《金石萃編》卷一二七《封祀壇頌碑》、《泰山志》卷一六《封祀壇頌》與《岱覽》卷一三《封祀壇頌碑》，兹據此加以校證。

〔七八〕據文意與文例，此處當闕一「額」字。

〔七九〕兹爲碑之首行，當與碑額同，此處當闕一「頌」字，《金石萃編》《泰山志》《岱覽》亦有「頌」。

［八〇］此二闕字，《金石萃編》《泰山志》《岱覽》作「學士」。
［八一］此二闕字，《金石萃編》作「炳焕」，《泰山志》與《岱覽》作「焜焕」。
［八二］「聿」，《金石萃編》作「幸」。
［八三］此闕字，《金石萃編》作「祀」，《泰山志》與《岱覽》作「德」。
［八四］此闕字，《金石萃編》作「焉」，《泰山志》與《岱覽》作「乎」。
［八五］此二闕字，《金石萃編》作「用廢」，《泰山志》與《岱覽》作「興廢」。
［八六］此四闕字，《金石萃編》作「後世何以」，《泰山志》與《岱覽》作「後世所以」。
［八七］「勤」，《金石萃編》《泰山志》《岱覽》作「勒」。
［八八］此二闕字，《金石萃編》作「邃初」，《泰山志》與《岱覽》作「遂初」。
［八九］此二闕字，《金石萃編》《泰山志》《岱覽》作「始造」。
［九〇］此二闕字，《金石萃編》《泰山志》《岱覽》作「益厚」。
［九一］此闕字，《金石萃編》作「垂」。
［九二］此三闕字，《金石萃編》《泰山志》《岱覽》作「五載際」。
［九三］此闕字，《金石萃編》《泰山志》《岱覽》作「惡」。
［九四］此闕字，《金石萃編》作「爾」，《泰山志》與《岱覽》作「自」。
［九五］此闕字，《金石萃編》《泰山志》《岱覽》作「光」。
［九六］此二闕字，《金石萃編》《泰山志》《岱覽》作「礪於」。
［九七］「典章□存」，《金石萃編》《泰山志》《岱覽》作「典章斯在」。

［九八］此闕字，《金石萃編》《泰山志》《岱覽》作『可』。

［九九］此闕字，《金石萃編》《泰山志》《岱覽》作『陵』。

［一〇〇］此闕字，《金石萃編》《泰山志》《岱覽》作『皇』。

［一〇一］此闕字，《金石萃編》《泰山志》《岱覽》作『誓』。

［一〇二］此二闕字，《金石萃編》《泰山志》《岱覽》作『以帝』。

［一〇三］此闕字，《金石萃編》《岱覽》作『仁』。

［一〇四］『佝』，《金石萃編》作『狗』。

［一〇五］此闕字，《金石萃編》《泰山志》《岱覽》作『務』。

［一〇六］『一』，《金石萃編》《泰山志》《岱覽》作『京』。

［一〇七］此闕字，《金石萃編》《泰山志》《岱覽》作『經』。

［一〇八］『大』，《金石萃編》作『天』。

［一〇九］此四闕字，《金石萃編》《泰山志》《岱覽》作『命秩宗講』。

［一一〇］『𤣩』，《金石萃編》《泰山志》《岱覽》作『理』。

［一一一］此闕字，《金石萃編》《泰山志》《岱覽》作『趾』。

［一一二］此闕字，《金石萃編》《泰山志》《岱覽》作『之』。

［一一三］此二闕字，《金石萃編》與《泰山志》作『文飾』，《岱覽》作『文命』。

［一一四］此闕字，《金石萃編》《泰山志》《岱覽》作『廢』。

［一一五］此闕字，《金石萃編》《泰山志》《岱覽》作『禮』。

〔一一六〕此闕字,《金石萃編》《泰山志》《岱覽》作「易」。

〔一一七〕此闕字,《金石萃編》《泰山志》《岱覽》作「於」。

〔一一八〕此闕字,《金石萃編》作「表」。

〔一一九〕此闕字,《金石萃編》作「告」。

〔一二〇〕後二闕字,《金石萃編》《泰山志》《岱覽》作「相慶」。

〔一二一〕「岷」,《金石萃編》《泰山志》《岱覽》作「氓」。

〔一二二〕此闕字,《金石萃編》《泰山志》《岱覽》作「於」。

〔一二三〕「耆」,原作「著」,據《金石萃編》《泰山志》《岱覽》正。

〔一二四〕此闕字,《金石萃編》《泰山志》《岱覽》作「源」。

〔一二五〕後一闕字,《金石萃編》作「游」。

〔一二六〕此闕字,《金石萃編》《泰山志》《岱覽》作「義」。

〔一二七〕「就」,《金石萃編》作「既」。

〔一二八〕「分」,《金石萃編》《泰山志》《岱覽》作「介」。

〔一二九〕「禾」,《金石萃編》《泰山志》《岱覽》作「移」。

〔一三〇〕此二闕字,《金石萃編》《泰山志》《岱覽》作「儲供」。

〔一三一〕此闕字,《金石萃編》《泰山志》《岱覽》作「名」。

〔一三二〕此闕字,《金石萃編》《泰山志》《岱覽》作「事」。

〔一三三〕「澤」,《金石萃編》作「舞」。

[一三四]此二闕字，《金石萃編》《泰山志》《岱覽》作「抱珥」。
[一三五]此闕字，《金石萃編》《泰山志》《岱覽》作「雲」。
[一三六]「者」，《金石萃編》《泰山志》《岱覽》作「考」。
[一三七]「式」，《金石萃編》《泰山志》《岱覽》作「戒」。
[一三八]此闕字，《金石萃編》《泰山志》《岱覽》作「覲」。
[一三九]「□□元」，《金石萃編》《泰山志》《岱覽》僅作一「光」字。
[一四〇]此闕字，《金石萃編》《泰山志》《岱覽》作「尤」。
[一四一]此闕字，《金石萃編》《泰山志》《岱覽》作「宇」。
[一四二]此闕字，《金石萃編》《泰山志》《岱覽》作「養」。
[一四三]此三闕字，《金石萃編》作「方納賈」，《泰山志》《岱覽》作「市納賈」。
[一四四]此闕字，《金石萃編》《泰山志》《岱覽》作「順」。
[一四五]此闕字，《金石萃編》《泰山志》《岱覽》作「褒」。
[一四六]「以」，《金石萃編》作「既」。
[一四七]最後一闕字，《金石萃編》《泰山志》《岱覽》作「邦」。
[一四八]「飲」，《金石萃編》作「攸」。
[一四九]此闕字，《金石萃編》《泰山志》《岱覽》作「載」。
[一五〇]此三闕字，《金石萃編》《泰山志》《岱覽》作「實惟其」。
[一五一]「烈」，《金石萃編》《泰山志》《岱覽》作「鑠」。

[一五二]此闕字，《金石萃編》《泰山志》《岱覽》作「以」。

[一五三]此四闕字，《金石萃編》《泰山志》《岱覽》作「禮□□備」。

[一五四]此闕字，《金石萃編》《泰山志》《岱覽》作「位」。

[一五五]最後一闕字，《金石萃編》《泰山志》《岱覽》作「行」。

[一五六]「謝」，《金石萃編》作「滌」。

[一五七]此闕字，《金石萃編》《泰山志》《岱覽》作「輿」。

[一五八]此二闕字，《金石萃編》《泰山志》《岱覽》作「天而」。

[一五九]此闕字，《金石萃編》《泰山志》《岱覽》作「象」。

[一六〇]此闕字，《金石萃編》《泰山志》《岱覽》作「之」。

[一六一]此闕字，《金石萃編》《泰山志》《岱覽》作「丕」。

[一六二]此闕字，《金石萃編》《泰山志》《岱覽》作「乃」。

[一六三]此二闕字，《金石萃編》《泰山志》《岱覽》作「顧諟」。

[一六四]此闕字，《金石萃編》《泰山志》《岱覽》作「與」。

[一六五]此闕字，《金石萃編》《泰山志》《岱覽》作「角」。

[一六六]此闕字，《金石萃編》《泰山志》《岱覽》作「皇」。

[一六七]此闕字，《金石萃編》《泰山志》《岱覽》作「照」。

[一六八]此二闕字，《金石萃編》《泰山志》《岱覽》作「蠻貘」。

[一六九]此闕字，《金石萃編》《泰山志》《岱覽》作「無」。

［一七〇］此闕字，《金石萃編》《泰山志》《岱覽》作「上」。

［一七一］此闕字，《金石萃編》《泰山志》《岱覽》作「至」。

［一七二］此闕字，《金石萃編》《泰山志》《岱覽》作「武」。

［一七三］此二闕字，《金石萃編》《泰山志》《岱覽》作「苐之」。

［一七四］此闕字，《金石萃編》《泰山志》《岱覽》作「慶」。

［一七五］此二闕字，《金石萃編》《泰山志》《岱覽》作「自天」。

［一七六］此碑現已不存，亦未見拓本傳世，碑文載於《金石萃編》卷一二七《封禪朝覲壇頌碑》、《泰山志》卷一六《朝覲壇頌》、《岱覽》卷一三《朝覲壇頌碑》，兹據此加以校證。

［一七七］此闕字，《金石萃編》《泰山志》《岱覽》作「丕」。

［一七八］此闕字，《金石萃編》《泰山志》《岱覽》作「繹」。

［一七九］此闕字，《金石萃編》《泰山志》《岱覽》作「乾」。

［一八〇］此三闕字，《金石萃編》《泰山志》《岱覽》作「而克仁」。

［一八一］最後一闕字，《金石萃編》《泰山志》《岱覽》作「孝」。

［一八二］此闕字，《金石萃編》《泰山志》《岱覽》作「也」。

［一八三］此二闕字，《金石萃編》《泰山志》《岱覽》作「人以」。

［一八四］此二闕字，《金石萃編》《泰山志》《岱覽》作「敕載」。

［一八五］此闕字，《金石萃編》《泰山志》《岱覽》作「始」。

［一八六］「馬」，《金石萃編》《泰山志》《岱覽》作「烏」。

［一八七］此二闕字，《金石萃編》《泰山志》《岱覽》作「群彦」。
［一八八］此闕字，《金石萃編》《泰山志》《岱覽》作「矣」。
［一八九］後一闕字，《金石萃編》《泰山志》《岱覽》作「懷」。
［一九〇］此闕字，《金石萃編》《泰山志》《岱覽》作「之」。
［一九一］此闕字，《金石萃編》《泰山志》《岱覽》作「朕」。
［一九二］此闕字，《金石萃編》《泰山志》《岱覽》作「志」。
［一九三］此闕字，《金石萃編》《泰山志》《岱覽》作「葩」。
［一九四］「罔憚□溥」，《金石萃編》作「罔憚菲薄」。
［一九五］此闕字，《金石萃編》《泰山志》《岱覽》作「繇」。
［一九六］此闕字，《金石萃編》《泰山志》《岱覽》作「創」。
［一九七］此闕字，《金石萃編》《泰山志》《岱覽》作「崧」。
［一九八］此闕字，《金石萃編》《泰山志》《岱覽》作「恍」。
［一九九］「吉」，《金石萃編》作「告」。
［二〇〇］此闕字，《金石萃編》《泰山志》《岱覽》作「抃」。
［二〇一］此闕字，《金石萃編》《泰山志》《岱覽》作「光」。
［二〇二］此闕字，《金石萃編》作「鬘」。
［二〇三］「元」，《金石萃編》作「廟」。
［二〇四］「高□」，《金石萃編》《泰山志》《岱覽》作「喬岳」。

［二〇五］此闕字，《金石萃編》《泰山志》《岱覽》作「塿」。

［二〇六］此闕字，《金石萃編》《泰山志》《岱覽》作「崇」。

［二〇七］此闕字，《金石萃編》《泰山志》《岱覽》作「六」。

［二〇八］此闕字，《金石萃編》《泰山志》《岱覽》作「之」。

［二〇九］最後一闕字，《金石萃編》《泰山志》《岱覽》作「於」。

［二一〇］「萬□磨至」，《金石萃編》作「兼寓磨至」。

［二一一］最後一闕字，《金石萃編》《泰山志》《岱覽》作「穹」。

［二一二］「物」，《金石萃編》《泰山志》《岱覽》作「牧」。

［二一三］此闕字，《金石萃編》《泰山志》《岱覽》作「下」。

［二一四］此闕字，《金石萃編》《泰山志》《岱覽》作「豆」。

［二一五］此二闕字，《金石萃編》作「上帝」。

［二一六］此闕字，《金石萃編》《泰山志》《岱覽》作「矣」。

［二一七］此闕字，《金石萃編》《泰山志》《岱覽》作「號」。

［二一八］此闕字，《金石萃編》《泰山志》《岱覽》作「蠕」。

［二一九］此闕字，《金石萃編》《泰山志》《岱覽》作「更」。

［二二〇］此二闕字，《金石萃編》《泰山志》《岱覽》作「雲行」。

［二二一］此闕字，《金石萃編》《泰山志》《岱覽》作「章」。

［二二二］此闕字，《金石萃編》《泰山志》《岱覽》作「聲」。

［二二三］此闕字，《金石萃編》《泰山志》《岱覽》作『議』。
［二二四］此四闕字，《金石萃編》《泰山志》《岱覽》作『所謂帝王』。
［二二五］此闕字，《金石萃編》《泰山志》《岱覽》作『駿』。
［二二六］『石』，《金石萃編》作『名』。
［二二七］此二闕字，《金石萃編》《泰山志》《岱覽》作『我宋』。
［二二八］此闕字，《金石萃編》《泰山志》《岱覽》作『宗』。
［二二九］此闕字，《金石萃編》《泰山志》《岱覽》作『聖』。
［二三〇］此闕字，《金石萃編》《泰山志》《岱覽》作『符』。
［二三一］此二闕字，《金石萃編》《泰山志》《岱覽》作『其德』。
［二三二］此闕字，《金石萃編》《泰山志》《岱覽》作『集』。
［二三三］『□功至□』，《金石萃編》《泰山志》《岱覽》作『武功至仁』。
［二三四］後一闕字，《金石萃編》《泰山志》《岱覽》作『讓』。
［二三五］此闕字，《金石萃編》《泰山志》《岱覽》作『章』。
［二三六］此三闕字，《金石萃編》《泰山志》《岱覽》作『蒸霞從』。
［二三七］此闕字，《金石萃編》作『散』，《泰山志》《岱覽》作『攸』。
［二三八］此闕字，《金石萃編》《泰山志》《岱覽》作『文』。
［二三九］此闕字，《金石萃編》《泰山志》《岱覽》作『皇』。
［二四〇］此闕字，《金石萃編》《泰山志》《岱覽》作『是』。

〔二四一〕此闕字，《金石萃編》《泰山志》《岱覽》作「毖」。

〔二四二〕此闕字，《金石萃編》《泰山志》《岱覽》作「一」。

〔二四三〕此闕字，《金石萃編》《泰山志》《岱覽》作「施」。

〔二四四〕此闕字，《金石萃編》《泰山志》《岱覽》作「位」。

〔二四五〕此碑現已不存，拓本收録於《北京圖書館藏中國歷代石刻拓本匯編》第三八册《禪社首壇頌》，碑文亦載《金石萃編》卷一二七《社首壇頌碑》、《泰山志》卷一六《社首壇頌》、乾隆《泰安府志》卷二五《藝文六・社首壇頌》、《岱覽》卷二〇《宋社首壇頌碑》，兹據此加以校證。

〔二四六〕「禄」，原作「祚」，據拓本正。

〔二四七〕「冥」，原作「宜」，拓本有所漫漶，但細審之，當爲「冥」字，《金石萃編》與乾隆《泰安府志》亦作「冥」。

〔二四八〕「繼」，原作「經」，據拓本正。

〔二四九〕此闕字，拓本殘泐，《金石萃編》、《泰山志》、乾隆《泰安府志》與《岱覽》均作「辜」。

〔二五〇〕「祜」，拓本殘泐，《金石萃編》、《泰山志》、乾隆《泰安府志》與《岱覽》均作「祐」。

〔二五一〕「詳」，原作「祥」，據拓本正。

〔二五二〕「二」，原作「三」，據拓本正。

〔二五三〕此二闕字，拓本殘泐，乾隆《泰安府志》作「其豐」。

〔二五四〕此闕字，拓本殘泐，乾隆《泰安府志》作「玉」。

〔二五五〕此闕字，拓本殘泐，乾隆《泰山府志》作「無」。

〔二五六〕此二闕字，拓本殘泐，乾隆《泰安府志》作「氤氳」。

［二五七］此闕字，拓本殘泐，乾隆《泰安府志》作『哺』。
［二五八］此闕字，拓本殘泐，乾隆《泰安府志》作『見』。
［二五九］『頒』，原作『頌』，據拓本正。
［二六〇］『之』，原作『斯』，據拓本正。
［二六一］『蕃』，原作『繁』，據拓本正。
［二六二］此闕字，拓本殘泐，《泰山志》、乾隆《泰安府志》與《岱覽》作『圖』。
［二六三］此闕字，拓本殘泐，《金石萃編》與乾隆《泰安府志》作『則』。
［二六四］『下』，拓本殘泐，《金石萃編》作『正』。
［二六五］此闕字，拓本殘泐，乾隆《泰安府志》作『房』。
［二六六］『曽』，原作『層』，據拓本正。
［二六七］『琰』，原作『炎』，據拓本正。
［二六八］『祐』，原作『祐』，據拓本正。
［二六九］『按』，原作『案』，據拓本正。
［二七〇］『邇』，原作『爾』，據碑文正。
［二七一］此碑現存泰安岱廟天貺殿前，殘泐較爲嚴重，拓本收録於《北京圖書館藏中國歷代石刻拓本匯編》第三八冊《天貺殿碑》，碑文載於《金石萃編》卷一二七《天貺殿碑》、乾隆《泰安縣志》卷一一《天貺殿碑銘》、《泰山志》卷一六《天貺殿碑銘》、民國《重修泰安縣志》卷一三《藝文志·金石二上·天貺殿碑銘》，兹據此加以校證。
［二七二］此闕字，拓本殘泐，《金石萃編》《泰山志》作『臣』。

［二七三］此闕字，拓本殘泐，《金石萃編》《泰山志》作「騎」。

［二七四］此闕字，拓本有所殘泐，但細審之，當是「帝」字，《金石萃編》、乾隆《泰安縣志》、《泰山志》與民國《重修泰安縣志》亦作「帝」。

［二七五］此闕字，拓本殘泐，《金石萃編》、乾隆《泰安縣志》、《泰山志》與民國《重修泰安縣志》作「奇」。

［二七六］此二闕字，拓本殘泐，《金石萃編》、乾隆《泰安縣志》、《泰山志》與民國《重修泰安縣志》作「譎詭」。

［二七七］此三闕字，拓本殘泐，《金石萃編》、乾隆《泰安縣志》、《泰山志》與民國《重修泰安縣志》作「霸已還」。

［二七八］此闕字，拓本殘泐，乾隆《泰安縣志》、《泰山志》與民國《重修泰安縣志》作「道」。

［二七九］此闕字，拓本殘泐，《金石萃編》、乾隆《泰安縣志》與民國《重修泰安縣志》作「協」。

［二八〇］「度」，當爲撰文者或刻工之誤。《詩經·大雅·棫樸》：「追琢其章，金玉其相。」

［二八一］此二闕字，拓本殘泐，《金石萃編》、乾隆《泰安縣志》、《泰山志》與民國《重修泰安縣志》作「尉千」。

［二八二］「微」，拓本殘泐，乾隆《泰安縣志》、《泰山志》與《重修泰安縣志》作「夷」。

［二八三］此闕字，拓本殘泐，《金石萃編》、乾隆《泰安縣志》、《泰山志》與民國《重修泰安縣志》作「靈」。

［二八四］「𡕒」，拓本殘泐，《金石萃編》、乾隆《泰安縣志》、《泰山志》與民國《重修泰安縣志》作「趨」。

［二八五］「引」，原作「申」，據拓本正。

［二八六］「寓」，原作「寓」，據拓本正。

［二八七］此闕字，拓本殘泐，《金石萃編》、乾隆《泰安縣志》、《泰山志》與民國《重修泰安縣志》作「道」。

［二八八］此闕字，拓本殘泐，《金石萃編》、乾隆《泰安縣志》、《泰山志》與民國《重修泰安縣志》作「有」。

［二八九］此闕字，拓本殘泐，《金石萃編》與《泰山志》作「宜」，乾隆《泰安縣志》作「觀」，《泰山志》作「協」。

[二九〇]此闕字，拓本殘泐，《金石萃編》、乾隆《泰安縣志》、《泰山志》與民國《重修泰安縣志》作「若」。

[二九一]此闕字，拓本殘泐，《金石萃編》、乾隆《泰安縣志》、《泰山志》與民國《重修泰安縣志》作「我」。

[二九二]此二闕字，拓本殘泐，《金石萃編》、乾隆《泰安縣志》、《泰山志》與民國《重修泰安縣志》作「輿情」。

[二九三]此闕字，拓本殘泐，《金石萃編》與《泰山志》作「先」。

[二九四]此闕字，拓本殘泐，《金石萃編》、乾隆《泰安縣志》、《泰山志》與民國《重修泰安縣志》作「以」。

[二九五]此闕字，拓本殘泐，《金石萃編》與《泰山志》作「當」。

[二九六]此闕字，拓本殘泐，《金石萃編》、乾隆《泰安縣志》、《泰山志》與民國《重修泰安縣志》作「勒」。

[二九七]此闕字，拓本殘泐，《金石萃編》、乾隆《泰安縣志》、《泰山志》與民國《重修泰安縣志》作「銘」。

[二九八]「釒」，拓本殘泐，《金石萃編》、乾隆《泰安縣志》、《泰山志》與民國《重修泰安縣志》作「鑄」。

[二九九]此闕字，拓本殘泐，《金石萃編》與《泰山志》作「方」。

[三〇〇]「杲杲」，原闕，據拓本補。

[三〇一]此二闕字，拓本殘泐，《金石萃編》、乾隆《泰安縣志》、《泰山志》與民國《重修泰安縣志》作「神人」。

[三〇二]此二闕字，拓本殘泐，《金石萃編》、乾隆《泰安縣志》、《泰山志》與民國《重修泰安縣志》作「蕞之」。

[三〇三]「巾」，拓本殘泐，《金石萃編》、乾隆《泰安縣志》、《泰山志》與民國《重修泰安縣志》作「帷」。

[三〇四]此闕字，拓本殘泐，乾隆《泰安縣志》、《泰山志》與民國《重修泰安縣志》作「既」。

[三〇五]「木」，拓本殘泐，《金石萃編》作「楹」，乾隆《泰安縣志》、《泰山志》與民國《重修泰安縣志》作「檐」。

[三〇六]此二闕字，拓本殘泐，《金石萃編》、乾隆《泰安縣志》、《泰山志》與民國《重修泰安縣志》作「泉流」。

〔三〇七〕「袥」，原作「秙」，據拓本補。

〔三〇八〕「徽」，原闕，據拓本補。

〔三〇九〕此闕字，拓本殘泐，《金石萃編》、乾隆《泰安縣志》、《泰山志》與民國《重修泰安縣志》作「引」。

〔三一〇〕此闕字，拓本殘泐，《金石萃編》、乾隆《泰安縣志》、《泰山志》與民國《重修泰安縣志》作「自」。

〔三一一〕此闕字，拓本殘泐，《金石萃編》、乾隆《泰安縣志》、《泰山志》與民國《重修泰安縣志》作「靈」。

〔三一二〕此闕字，拓本殘泐，《金石萃編》、乾隆《泰安縣志》、《泰山志》與民國《重修泰安縣志》作「火」。

〔三一三〕此闕字，拓本殘泐，《金石萃編》、乾隆《泰安縣志》、《泰山志》與民國《重修泰安縣志》作「修」。

〔三一四〕此闕字，拓本殘泐，《金石萃編》、乾隆《泰安縣志》、《泰山志》與民國《重修泰安縣志》作「因」。

〔三一五〕「⺮」，拓本殘泐，《金石萃編》作「揮」。

〔三一六〕此闕字，拓本殘泐，《金石萃編》、乾隆《泰安縣志》、《泰山志》與民國《重修泰安縣志》作「論」。

〔三一七〕此二闕字，拓本殘泐，《金石萃編》、乾隆《泰安縣志》、《泰山志》與民國《重修泰安縣志》作「石之」。

〔三一八〕此二闕字，拓本殘泐，《金石萃編》、乾隆《泰安縣志》、《泰山志》與民國《重修泰安縣志》作「燥吻」。

〔三一九〕此闕字，拓本殘泐，《金石萃編》、乾隆《泰安縣志》、《泰山志》與民國《重修泰安縣志》作「忡」。

〔三二〇〕此闕字，拓本殘泐，《金石萃編》、乾隆《泰安縣志》、《泰山志》與民國《重修泰安縣志》作「躍」。

〔三二一〕此闕字，拓本殘泐，《金石萃編》、乾隆《泰安縣志》、《泰山志》與民國《重修泰安縣志》作「殷」。

〔三二二〕此闕字，拓本殘泐，《金石萃編》作「之」，乾隆《泰安縣志》作「日」。

〔三二三〕「言」，拓本殘泐，《金石萃編》、乾隆《泰安縣志》、《泰山志》與民國《重修泰安縣志》作「譔」。

〔三二四〕此碑現存泰安岱廟正陽門内西碑臺上，殘泐較爲嚴重，碑文載於《岱史》卷七《天齊仁聖帝碑銘》、乾隆《泰安縣志》卷一一《東岳天齊仁聖帝碑銘》、《岱覽》卷六《大宋東岳天齊仁聖帝碑銘并序》、《泰山志》卷一六《封東岳天齊仁聖帝碑》與民國《重修泰安縣志》卷一三《藝文志·金石二·東岳天齊仁聖帝碑銘》，兹據此加以校證。

［三二五］此二闕字，《岱覽》作「□上」，《泰山志》作「正上」。

［三二六］「霄」，《岱史》、乾隆《泰安縣志》、《岱覽》作「靈」。

［三二七］「柅」，《岱史》、乾隆《泰安縣志》、《岱覽》及民國《重修泰安縣志》作「握」。

［三二八］此闕字，《岱史》、乾隆《泰安縣志》、《岱覽》、《泰山志》作「三」。

［三二九］「洪」，《岱覽》作「鴻」。

［三三〇］「緼蓄詒謀」，《岱史》、乾隆《泰安縣志》、《岱覽》作「緼畜貽謀」。

［三三一］此二闕字，《岱史》、乾隆《泰安縣志》、《岱覽》、《泰山志》作「奮炎」。

［三三二］此闕字，《岱史》、乾隆《泰安縣志》、《岱覽》、《泰山志》作「文」。

［三三三］此闕字，《岱史》、乾隆《泰安縣志》、《岱覽》、《泰山志》作「武」。

［三三四］「棶」，《岱史》、乾隆《泰安縣志》、《岱覽》及民國《重修泰安縣志》作「懋」。

［三三五］此闕字，《岱史》、乾隆《泰安縣志》、《岱覽》、《泰山志》作「慶」。

［三三六］「□夷」，《岱史》、《泰山志》作「坦夷」，乾隆《泰安縣志》、《岱覽》作「坦彝」。

［三三七］此闕字，《岱史》、乾隆《泰安縣志》、《岱覽》、《泰山志》作「訪」。

［三三八］此闕字，《岱史》、乾隆《泰安縣志》、《岱覽》、《泰山志》作「之」。

［三三九］此闕字，《岱史》、乾隆《泰安縣志》、《岱覽》、《泰山志》作「當」。

［三四〇］此闕字，《岱史》、乾隆《泰安縣志》、《岱覽》、《泰山志》作「休」。

〔三四一〕此闕字,《岱史》、乾隆《泰安縣志》、《岱覽》、《泰山志》作「動」。

〔三四二〕此闕字,《岱史》、乾隆《泰安縣志》、《岱覽》、《泰山志》作「籙」。

〔三四三〕此闕字,《岱史》、乾隆《泰安縣志》、《岱覽》、《泰山志》作「峻」。

〔三四四〕「烝」,乾隆《泰安縣志》、《岱覽》作「蒸」。

〔三四五〕「簡」,乾隆《泰安縣志》、《岱覽》作「檢」。

〔三四六〕「湊」,《岱史》作「凑」,乾隆《泰安縣志》、《泰山志》作「奏」,《岱覽》作「輳」。

〔三四七〕此闕字,《岱史》、乾隆《泰安縣志》、《岱覽》、《泰山志》作「抗」。

〔三四八〕此闕字,《岱史》、乾隆《泰安縣志》、《岱覽》、《泰山志》作「屬」。

〔三四九〕此闕字,《岱史》、乾隆《泰安縣志》、《岱覽》、《泰山志》作「隮」。

〔三五〇〕此闕字,《岱史》、乾隆《泰安縣志》、《岱覽》、《泰山志》作「形」。

〔三五一〕此闕字,《岱史》、乾隆《泰安縣志》、《岱覽》、《泰山志》作「事」。

〔三五二〕「幣」,乾隆《泰安縣志》、《岱覽》、民國《重修泰安縣志》作「帛」。

〔三五三〕此闕字,《岱史》、乾隆《泰安縣志》、《岱覽》、《泰山志》作「晏」。

〔三五四〕此闕字,《岱史》、乾隆《泰安縣志》、《岱覽》、《泰山志》作「二」。

〔三五五〕「權」,乾隆《泰安縣志》、《岱覽》、《泰山志》作「爟」。

〔三五六〕此闕字,《岱史》、乾隆《泰安縣志》、《岱覽》、《泰山志》作「以」。

〔三五七〕此闕字,《岱史》、乾隆《泰安縣志》、《岱覽》、《泰山志》作「觀」。

〔三五八〕此三闕字,《岱史》、乾隆《泰安縣志》、《泰山志》作「建雲台」,《岱覽》作「見雲台」。

[三五九]『□首□□』,《岱史》、乾隆《泰安縣志》、《岱覽》、《泰山志》作『社首之禮』。

[三六〇]此三闕字,《岱史》、乾隆《泰安縣志》、《岱覽》、《泰山志》作『秩無文』。

[三六一]此四闕字,《岱史》、乾隆《泰安縣志》、《岱覽》、《泰山志》作『奉行故事』。

[三六二]『烈』,《岱史》、乾隆《泰安縣志》、《岱覽》作『列』。

[三六三]此二闕字,《岱史》、乾隆《泰安縣志》、《岱覽》、《泰山志》作『自始』。

[三六四]『見』,乾隆《泰安縣志》、《岱覽》作『光』。

[三六五]此闕字,《岱史》、乾隆《泰安縣志》、《岱覽》、《泰山志》作『非』。

[三六六]此二闕字,《岱史》、乾隆《泰安縣志》、《岱覽》、《泰山志》作『晏温』。

[三六七]此闕字,《岱史》、乾隆《泰安縣志》、《岱覽》、《泰山志》作『無』。

[三六八]此闕字,《岱史》、乾隆《泰安縣志》、《岱覽》、《泰山志》作『含』。

[三六九]此闕字,《岱史》、乾隆《泰安縣志》、《岱覽》、《泰山志》作『岳』。

[三七〇]此闕字,《岱史》、乾隆《泰安縣志》、《岱覽》、《泰山志》作『功』。

[三七一]此闕字,《岱史》、乾隆《泰安縣志》、《岱覽》、《泰山志》作『矣』。

[三七二]此闕字,《岱史》、乾隆《泰安縣志》、《岱覽》、《泰山志》作『國』。

[三七三]『褫』,《岱史》、乾隆《泰安縣志》、《岱覽》、《泰山志》及民國《重修泰安縣志》作『福』。

[三七四]此闕字,《岱史》、乾隆《泰安縣志》、《岱覽》、《泰山志》作『大』。

[三七五]此闕字,《岱史》、乾隆《泰安縣志》、《岱覽》、《泰山志》作『至』。

[三七六]此二闕字,《岱史》、乾隆《泰安縣志》、《岱覽》、《泰山志》作『風斤』。

〔三七七〕此四闕字，《岱史》、乾隆《泰安縣志》、《岱覽》、《泰山志》作「工而聘藝」。
〔三七八〕「□年而□」，《岱史》、乾隆《泰安縣志》、《岱覽》、《泰山志》作「逾年而成」。
〔三七九〕此闕字，《岱史》、乾隆《泰安縣志》、《岱覽》、《泰山志》作「愆」。
〔三八〇〕此三闕字，《岱史》、乾隆《泰安縣志》、《岱覽》、《泰山志》作「間歲順」。
〔三八一〕此二闕字，《岱史》、乾隆《泰安縣志》、《岱覽》、《泰山志》作「景鑠」。
〔三八二〕此闕字，《岱史》、乾隆《泰安縣志》、《岱覽》、《泰山志》作「述」。
〔三八三〕此闕字，《岱史》、乾隆《泰安縣志》、《岱覽》、《泰山志》作「闢」。
〔三八四〕此闕字，《岱史》、乾隆《泰安縣志》、《岱覽》、《泰山志》作「門」。
〔三八五〕此三闕字，《岱史》、乾隆《泰安縣志》、《岱覽》、《泰山志》作「太一五」。
〔三八六〕此闕字，《岱史》、乾隆《泰安縣志》、《岱覽》、《泰山志》作「從」。
〔三八七〕此二闕字，《岱史》、乾隆《泰安縣志》、《岱覽》、《泰山志》作「植之」。
〔三八八〕「教」，《岱史》、乾隆《泰安縣志》、《岱覽》、《泰山志》及民國《重修泰安縣志》作「數」。
〔三八九〕此闕字，《岱史》、乾隆《泰安縣志》、《岱覽》、《泰山志》作「仰」。
〔三九〇〕此二闕字，《岱史》、乾隆《泰安縣志》、《岱覽》、《泰山志》作「迹也」。
〔三九一〕此二闕字，《岱史》、乾隆《泰安縣志》、《岱覽》、《泰山志》作「革偃」。
〔三九二〕此闕字，《岱史》、乾隆《泰安縣志》、《岱覽》、《泰山志》作「同」。
〔三九三〕「□獲順□」，《岱史》、乾隆《泰安縣志》、《岱覽》、《泰山志》作「歲獲順成」。
〔三九四〕此闕字，《岱史》、乾隆《泰安縣志》、《岱覽》、《泰山志》作「物」。

［三九五］「容」，乾隆《泰安縣志》、《岱覽》作「榮」。

［三九六］此二闕字，《岱史》、乾隆《泰安縣志》、《岱覽》、《泰山志》作「因而」。

［三九七］此闕字，《岱史》、乾隆《泰安縣志》、《岱覽》、《泰山志》作「延」。

［三九八］「舍」，《岱史》、乾隆《泰安縣志》、《岱覽》、《泰山志》及民國《重修泰安縣志》作「含」。「含生」是指一切有生命者。如晋傅玄《傅子·仁論》：「推己之不忍於饑寒以及天下之心，含生無凍餒之憂矣。」

［三九九］此闕字，《岱史》、乾隆《泰安縣志》、《岱覽》、《泰山志》作「志」。

［四〇〇］此三闕字，《岱史》、乾隆《泰安縣志》、《岱覽》、《泰山志》作「之議也」。

［四〇一］此闕字，《岱史》、乾隆《泰安縣志》、《岱覽》、《泰山志》作「是」。

［四〇二］此闕字，《岱史》、乾隆《泰安縣志》、《岱覽》、《泰山志》作「詣」。

［四〇三］「上」，《岱覽》作「且」。

［四〇四］此四闕字，《岱史》、乾隆《泰安縣志》、《岱覽》、《泰山志》作「一氣凝神」。

［四〇五］此四闕字，《岱史》、乾隆《泰安縣志》、《岱覽》、《泰山志》作「稷丘真隐」。

［四〇六］此二闕字，《岱史》、乾隆《泰安縣志》、《岱覽》、《泰山志》作「鹿方」。

［四〇七］此闕字，《岱史》、乾隆《泰安縣志》、《岱覽》、《泰山志》作「飛」。

［四〇八］此二闕字，《岱史》、乾隆《泰安縣志》、《岱覽》、《泰山志》作「前古」。

卷十六

宋石

聖壽寺石壁題字

天禧四年四月刻，正書，碑高一尺三寸，廣一尺，在嘉祥縣七日山聖壽寺佛龕左壁。

右題『天禧四年，千秋鄉七日村□□修造佛足蓮花之事』，凡七行。又石佛後壁有『文老□□□正月十日來遊』，行書二行，未詳時代，坿記于此。

仰天山應真造像記四十八種

天禧等年刻，俱正書，在臨朐縣仰天山白雲洞。

案：仰天山白雲洞舊有石鑿五百應真，明永樂初鎚毁，存者無幾。乾隆乙卯春，段赤亭同季廉夫訪碑至洞，擇其題字可辨者，拓得四十八種，紀年不出天禧五年、乾興元年、天聖元年，皆是男女供養之詞，無他敘述也。

靈岩塔院尊勝經幢

天聖二年十月立，正書，高五尺，凡四面，圍四尺，在長清縣靈岩寺塔院。

右幢前刻序文，次尊勝真言，後列合寺僧衆凡一百二十四人。

壽聖寺塔記

天聖七年閏二月立，正書，凡四面，俱高一尺四寸，廣二尺，在諸城縣白龍山壽聖寺。

右一面刻天聖七年閏二月施主題名八行，字徑五分；左刻明人登白龍山佛閣詩二首。一面刻施主題名凡十二行，字徑五分；左刻記文，行書五行，字徑寸許。又二面，一刻邑人張世則詩二首，一刻孝廉王化貞詩一首，又和韻一首，俱草書，皆無年月。

大奎山摩崖

天聖十年九月刻，正書，在淄川縣南大奎山石壁。

右刻未詳尺寸，諸生高中謨記略云：石壁高峻不可摹拓，首題『天聖十年九月一日記□□□住高□□公起建大寺九座，塔兩座，内石峰高四萬二千尺大尺，開河一道□□』，凡四行，字徑二寸。

孔道輔祖廟祭文碑〔一〕

景祐二年六月立，正書，高二尺二寸，廣三尺四寸，在曲阜縣孔廟。

祖廟祭文，道輔撰。

維景祐二年歲次乙亥六月癸丑朔九日[二]辛酉，四十五代孫龍圖閣直學士、朝請大[三]夫、右諫議大夫、知兖州軍府事兼管内勸農使及管勾仙源縣景靈宫太極觀、提舉兖鄆濮齊州清平軍兵馬衣甲巡檢公事、上輕車都尉、魯郡開國侯、食邑一千一百户、食實封貳伯户、賜紫金魚袋道輔，謹以清酌庶羞之奠，敢昭告于祖聖至聖文宣王：道輔早持邦憲，黜典淮城，方數月間，遷守徐域。大君之惠，樂諫旌忠，亦以祖聖慶餘，能守直道，不寘於法。儒者進則事君，退則事親，忠孝之道，祖教之本，後嗣弗能守，其孰能行之？昔曾子耕山無禄，能事父母。今道輔位爲大夫，權任方面，嚴父慈母不能歸養，豈聖意乎？因西鄉拜章，天從其欲，詔守故魯，對敭休命。且厚於親者薄於位，深於道者淺於利，脩其身者尊其祖，明於禮者先乎祀。道輔不佞，敢事親守道，恭祖致祀，將無忝祖聖之慶。夫日月之運，天地之久，不言之化也。賛日月之明，合天地之功，言成其化者，祖聖之教也。明天子北面事之如親弟子禮，固不假後昆辭而尊之，然后爲貴也。今授魯之政，至治之初，灑掃祠壇，蠲潔牲幣，粢盛庶品，祈享厥誠，惟福流於親，益永其齡。以兖公顔子七十二賢、二十一先儒從祀配神。尚饗。

將仕郎、試秘書省校書郎張宗益奉命書，沈昇刻。將仕郎、前守徐州彭城縣主薄良輔，將仕郎、守將作監主簿彦輔，將仕郎、守國子監主薄、襲封文宣公宗愿，朝奉郎、行太常寺太祝宗亮，宣德郎、行太常寺奉禮郎宗翰，通奉大夫、守秘書監、分司南京、主管祖廟事、上柱國、會稽縣開國伯、食邑八百户、賜紫金魚袋勗。

右碑文及題銜凡二十八行，字徑八分。案《宋史·孔道輔本傳》載：明道二年十一月，召爲右諫議大夫，嗣以争廢后事出知泰州。景祐元年，徙徐州。碑稱『早持邦憲，黜典淮城，方數月間，遷守徐域』是也。《傳》又云：景祐四年，徙兖州，近臣有獻詩百篇者，執政請除龍圖閣直學士。帝曰：是詩雖多，不如孔道輔一言。乃進道輔龍圖閣直學士。今據碑是景祐二年知兖州，因祭祖廟，且系銜已有『龍圖閣直學士』，其乞養一事，亦史傳所闕載。末列銜名三行，名『㬎』者，道輔之父，故書體較大，别爲一行。良輔、彦輔皆道輔之弟，宗翰乃道輔之子，見《本傳》。宗愿、宗亮皆其從子也。

孔廟新建講學堂記

景祐四年七月立，正書，篆額，碑高六尺六寸，廣二尺，在曲阜縣孔廟奎文閣西。

右碑額題『講學堂記』，字徑五寸，文十九行，字徑八分。文體淺陋，不足録也。

鄆州新學記

景祐五年七月立，正書，篆額，碑高七尺五寸，廣三尺二寸五分，在東平州學。

鄆州新學之記額三行，字徑五寸。

鄆州新學記，宣德郎、守太子中允、直集□院、通判軍州兼管内河堤勸農同郡牧事、借□□□弼撰，朝奉郎、光禄□□□□□□縝書并篆額。

景祐四年丁丑夏六月，丞相沂國公出鎮天平。其□政成，民安厥居，頌聲遠聞，庶邦皆取則於我。

空三字。公曰：『應務之治，足以幹時，未足□持久，吾其樹本原，教人行仁義，信讓□，去故俗，爲萬世法。』明年戊寅，占郡廨西南陬，建學舍一區。空四字。手疏奏曰：『古者家術黨巷，皆有庠序，□可廢也。臣治所地方數百里，生齒十餘萬，實□空三字。京□輔郡，況鄒魯舊壤，顧缺然不聞絃頌之音，無以示四方。臣已議立舍，願空三字。賜名爲學，且授田五夫以圖經費，購辟雍書千九百卷以備習讀。』制旨從之。空三字。公喜形於色，乃下教曰：『學之不修，制度之不明，有司之過也；學與制度具而弗吾從，咎將誰執？今天子命之教，吾能承空三字。命，不敢追遑。吾與諸生約後十日會于學，□有不如約，吾則汝罰。』士人聞之，□禮器，挾書筴，浹□□，□者如雲，汲汲然惟恐居後。□□□□□□請以籍。空三字。公曰：『嘻！若是，可教也。』乃考幣玉之禮，聘諸生□□者以專講，謹厚者以尸事。程述作觀人之趣詣；□條教納，人□□□。□□物以□禮，立射堋以□武。□民之□異供，左右之器咸御。空三字。賜田不支，即命別市腴土以筭租，又廬於□□□□□地，利費惟羨，登事克修。舉□□□信，生徒益至，道常則勸，業履逾篤。每朔望，空三字。公夙駕稅於學，見僚屬已，召諸生，諄諄譬誘，若己子，□□□長之貴，而下與爲伍。諸生□□□□帥教，治麤爲良，化聾爲□。入其境，可以知俗；升其堂，可以知人。温柔而直，恭儉而不煩，翕然詩禮之邦也。昔仲尼居洙泗，孟子適齊梁，文中□遊河汾，時中主不興，天下□□焚潰，聖賢遁塞，皆不得位以行乎道，弟授業於其徒而傳於後。公遭時，得空三字。□□□尊道茂□至，猶以教學爲首善，其於聖賢之事，宜無愧□矣。案先王立學，所以誨人於道，三德爲上，四教其次，最下六藝也。業已著，則官之爵□，然後禄之。官爵出於君，故輕以先；禄出於民，故重以後。何則？事功既立，人受其賜，於是君始與共享民力之所出，示不敢空食，則□臣者豈徒爲禄而爲學哉？然□云：『學也，禄在其中。』盖夫子假是，誘中人以下不爲知道者發。嗚呼！此乃空三字。公興學之本意也。鄆人其識之□，構重□於中，棟宇甚偉，前以□□肆，後以列試席，虚庭對敞，脩廊迴合。内則延解律之士，外則待經術之仵。儲書有臧，遲賓有次，都養者有館，僕臣者有舍。爨于側，所以遠諱；廩于鄙，所以杜紛。既而闢東圃之廣，揭北亭之高，爲學者游息之所。别起小學于右偏，雖童□以求，而弗以拒也。最凡百三□□□初本道轉輸自陶，徙居鄆，鄆以新城，力甚屈，公宇多藁作取□，故使副之署，權東西而居者不以爲宜。至是，空三字。公益修東署爲二□，其□以就學焉。鄆自隨室名州，越五百祀，其間樂興事者衆矣，至於横校，俟空三字。公而成，以是知根道之難乎。粤始作，即選□署節度判官公事、殿中丞孫瑜，□節度掌書記蔡充，須城縣主簿郭勤聯弼以領其事。落成之日，空三字。公謂弼曰：『若知是本末，盍書之。』弼□：『諾。』退而實録，鐫諸石以誌汶陽一變之始云。景祐五年七月丙申朔二十一日丙辰記，承奉郎、試大理評事、權天平軍節度掌書記蔡充，朝奉郎、試大理司□兼侍御史、權鄆州觀察判官郭安世，右班殿直兵馬監押兼在城巡檢楊繼賨，東頭供奉官閤門祇候、兵馬都監兼在城巡檢李文遠，朝奉郎、守殿中丞、簽署節度判官廳公事、騎都尉孫瑜，朝奉郎、尚書□部員外郎、通判軍州兼管内河堤勸農同群牧事、輕車都尉、賜緋魚袋潘承渥，京東諸州水陸計度轉運副使兼本路勸農使、都大管勾兖州景靈宫太極觀公事、朝奉郎、尚書兵部員外郎、直史館、護軍、賜紫金魚袋韓瀆，京東諸州水陸計度轉運使兼本路勸農使、都大管勾兖州景靈宫太極觀公事、朝散大夫、尚書刑部郎中、上護軍、賜紫金魚袋陳杲，推誠保德崇仁守正協恭忠亮翊戴功臣、資政殿大學士、開府儀同三司、行尚書左僕射、判鄆州軍州事兼管内河堤勸農司群牧使、上柱國、沂國公、食邑一万二千五百户、食實封伍阡□陌户王曾。

右碑文二十七行，字徑八分。東平之有廟學，自王沂公始。碑稱手疏於朝，『賜名爲學』，是當時郡縣尚未有學舍之名也[四]。

孔道輔重建五賢堂記

無年月，行書，篆額，碑高八尺九寸，廣三尺八寸，在曲阜縣孔廟金絲堂前。

右碑額題『五賢堂記』，字徑六寸，文二十一行，字徑一寸。《闕里文獻考》載其文，而不詳撰碑年月，據《縣志》云：『景祐五年，孔道輔撰并書。』今案碑撰書銜名，衹存『直學』二字。攷道輔以景祐四年内知徐州，徙兖州，進龍圖閣直學士，是其證也。

朝城孔子廟記[五]

慶曆四年五月立，八分書，碑高五尺五寸，廣二尺四寸，在朝城縣學。

大名府朝城縣孔子廟記，建康劉之圖言，三般王樂書，太原霍處約篆額。

韓愈正孟軻之言，以孔子得萬世之祀。天子有北面之禮，道過扶[六]舜者遠，其進萬世之心，以高天下之取者乎。當時天下復正韓愈之言，深尊孔子之道，廟儀祀制之外，九大學生之館。獨魏博間爲搏兵之國，其祀闕然。韓愈死叁百年，歷五代之虐，事益不振。故嘉士豪才，軒衣而四去，或得壹貳之傑，皆非本地之學，豈孔子之道有遺、韓愈之言不進[七]哉？抑主地者之辠也。宋統天下，奄正前古，民經吏務，一澤於孔子之道。大丞相文正王公出鎮于魏，魏博之學始有漸焉。慶曆壬午之紀，著□[八]佐郎田君諒，爲魏朝城事之初年，狄人趫勇，磨牙以摇，南呑之欠，大河之北，賦調紛急，以虞不常，逋剽之殘，乘虚外策。君□[九]教之失也，民胡爲而罰哉？吾當百里地，其無愧畏乎？宜□[一〇]正乎，本以寧之，遹[一一]復流亡，以綏内外，號令事物之制，安□[一二]衰稚之衆。未期歲，而號大龢。空三字。君曰：『教可申也。』即召邑民之良者，而諭之曰：『振世之貴，儒爲首涂，有衣冠禮樂之盛，孝弟文章之美，得以慶叁靈，走萬怪[一三]，鼂灤[一四]而朝，百夷窟穴，桀黠膝行。奉[一五]首之道，疇若大猷。先尊廟學，俾汝子孫億萬斯年爲錮道之民，汝其圖之。』民被君之化忢佢[一六]而深，令下之日，有以殿位廊廡而告者，有以聖像禮器而告者，有以講堂學舍而告者，有以賓館厨厩而告者，畢力壹致，讙然告成。噫！學者致道之器也，天下之亂，猶器之不立焉。空三字。田君，青之有道者也，嘗與天章侍講趙君師民講學于青，時稱山東之冠，立朝之賢，而豪者多出門下。初命永静軍東□[一七]簿，不鄙[一八]其俗，率子弟以教之，登仕籍者數有焉。凡爲他官，一先斯道，以懷四方，其亦慮天下之亂者歟。其亦韓愈之心，以高天下之取者歟。劉之圖懼來人之不脩，作一詩以永之。

伊昔政人，有昧[一九]斯章。俾我魏北，民心以殤。干戈悔生，日月其將。有哲田君，曰時之良。寶庇生聚，高規黨庠。矧制一邑，實懷四方。廟貌軒然，德義之堂。春秋之奠，靈其迪嘗。恢于永來，以流化光。後之不承，亦孔之傷。聖宋慶曆四年歲次甲申五月壬戌朔二十日辛巳建石，張秀刊，文林郎、守縣尉藥令德，文林郎、守主薄張仲華，承奉郎、守秘書省著作佐郎、知縣事田臨。

右碑文及題銜凡十九行，字徑八分。文序縣令田諒興建縣學，又云：田君嘗與天章侍講趙君師民講學於青，賢豪多出門下，惜其名不見史傳。益都雲門山治平丙午題名中有太常少卿、直史館田諒，疑即其人也。武虚谷云：諒後歷官又見《興州新開白水路記》，題銜『利州路諸州水陸計度轉運使兼本路勸農使、朝奉郎、守尚書工部郎中、充集賢校理、輕車都尉、賜緋魚袋』，其時當嘉祐二年，距慶曆壬午十有六歲矣。諒於白水路亦爲踵修，實司其成，蓋所在皆有績狀如此。趙師民，《宋史》有傳，云青州臨淄人[二〇]，又遷天章閣侍講，與《記》合。

張從訓東安廟設醮記

慶曆六年六月刻，正書，石高一尺六寸，廣二尺，在臨朐縣東鎮廟。

右刻首題『内侍省内侍殿頭、勾當法酒庫張從訓，奉宣爲登州地震，差於沂州東安公廟設醮』云云。凡十二行，徑五分。案《宋史·仁宗本紀》載：慶曆六年三月庚寅，『登州地震，岠嵎山摧，自是屢震，輒海底有聲如雷。至五月甲申，京師地震』。蓋其時災異疊見，故有東安廟建醮之舉也。

富弼等雲門山題名

慶曆八年十月刻，正書，在益都縣雲門山洞南。

右刻朱朗齋自友人處借録，題云：『慶曆八年十月十二日，東路安撫使、知青州事洛陽富弼彦國，暇日肅賓，逮仲弟儀彦容，遊雲門山大雲頂，題記洞壁，咸□成奕延祖、富春孫周子密、河南張宗益仲巽、彭城劉槩孟節、清河張續禹功從。』凡七行，字徑四寸，末行『從』字下小注『宗艹吿命題』五字。段赤亭云：鄭公以慶曆五年因夏竦之誣出知青州，八年河北、京東大水，河決商河，流民徙入境内，公勸所撫八州之民，出粟賑給，益以官廩，凡活五十餘萬人。當此飛鴻滿目，晷不寧處，而乃有暇清遊，從容若此，豈謀之有素，固能處之裕如邪？劉孟節，本壽光人，少師种放，鄭公爲築室治原泉上，餞之以詩，所謂『先生已歸隱，山東人物空』者。此題『彭城』，乃其舊籍。張宗益，殆即熙寧初充遼國賀生辰、正旦使者。

李若清等泰山王母殿題名

皇祐五年四月刻，石高二尺六寸，廣二尺七寸，在泰安縣王母殿重門外西偏。

右題云：『道正賜紫李若清等，大宋皇祐五年歲次癸巳四月一日庚午記。』凡七行，左讀，字徑一寸五分。其前又有『元祐八年重修王母殿及刱置花園記』四行，是後來續題者。

觀音經石刻

皇祐六年二月立，正書，在濟寧州浣筆泉後八蜡廟。

右碑自黄小松處借録，正面上鐫佛像，下刻《觀音經》一卷，凡二十八行，末年月題名二行，碑陰字皆磨泐。

譚清等崇聖寺造象記

至和元年八月刻，正書，石高一尺七寸，廣一尺三寸五分，在臨朐縣崇聖寺。

右記及施主姓名凡十五行，字徑八分，文庸字劣，皆村俗所爲也。

天齊廟碑

至和元年十二月立，正書，篆額，碑高五尺七寸，廣二尺六寸，在諸城縣相州集天齊廟。

右碑額題『仁聖帝碑』四字，徑三寸二分，文二十行，字徑六分。因遭磨治，大半無字，惟年月尚存耳。末數行刻村社人姓名。

興化寺寶乘塔碑

至和二年十一月立，正書，篆額，碑高七尺四寸，廣二尺五寸，在菏澤縣左山興化寺。

右碑額題『曹州重修寶乘塔碑銘』三行，字徑三寸，文二十三行，字徑八分。末行銘詞下小注書碑、刊石人姓名，撰文者爲錢明逸，其系銜與史傳所載各有詳略不同。

靈岩寺杜堯臣詩刻[二一]

至和□[二二]年九月刻，正書，石方廣一尺六寸，在長清縣靈岩寺。

留題靈岩寺，知鄆州軍州事杜堯臣。

四糸[二三]精藍冠古今，千山影裏寺難尋。年來蹤跡如萍梗，不[二四]得登臨恨更深。

先祖侍郎天聖六年中被詔自齊移鄆，□[二五]過靈岩川時，以赴上[二六]有期，不暇登寺遊覽，乃留題於寺莊。彭壽比[二七]者獲領是邑，因[二八]案民田，抵下院，恭觀□□[二九]，□□[三〇]歲久，文字晦缺，遂命工刊石，至和□[三一]年九月一□[三二]，孫通直郎守、太子中舍、知齊州□□[三三]縣事兼兵馬都監彭壽再拜立石。

右刻前詩五行，字徑一寸五分。後跋八行，字徑九分，乃天聖中杜堯臣留題靈岩寺之下院，至其孫彭壽，於至和中摹勒上石也。

郭聖澤靈岩寺題名

無年月，正書，在長清縣靈岩寺后土殿側。

右題『郭聖澤因設水陸到此，丙申孟冬十七日題，男□侍行』三行，左讀。朱朗齋定爲嘉祐初所刻。

靈岩寺辟支塔題名

嘉祐二年三月立，正書，凡十石，俱高一尺八寸，廣三尺二寸，在長清縣靈岩寺。

右刻及後二種，朱朗齋自他處借録，未見拓本。題名十石皆嘉祐二年、三年間刻，所列男女姓氏約三千人，皆助錢修塔者。

山僧守忠立願齋僧記

嘉祐三年四月刻，正書，崖高三尺五寸，廣四尺，在益都縣雲門山。

右記二十三行，字徑寸許，文詞蕪雜，殊不足觀。

寶相寺石幡竿題字

嘉祐三年九月立，正書，凡二石，俱高五尺四寸，廣二尺，厚九寸，上圓下平，首端有穿，在汶上縣寶相寺。

右二石，一題字六行，一題字三行，字體大小不一，多記施主及寺僧姓名。

王懿臣雲門山題名

嘉祐四年正月刻，正書，在益都雲門山洞南。

右題云：『平山王舉元懿臣，權領東秦，率府僚某某等同遊，嘉祐己亥正月十九日題，男詡、讓、護，并門人汶陽張伯奮從。』凡八行，字徑三寸。末行下又有小字，題：『孫男璞，崇寧壬午歲守官青社，恭覽祖父己亥中率府僚遊山題記，先人、二叔從，歲月推遷，逮今四十四年矣。仲冬望日，曾孫良憲謹書。』凡三行，字徑八分。段赤亭云：『案《宋史》，王化基，鎮定人，與二子舉正、舉元俱有傳。此題曰「平山」者，沿唐稱也。舉元以上父章賜進士出身，知潮州，轉河陰發運判官，歷仕轉運鹽鐵等使，終給事中。不言其權領東秦者，史略之也。舉元子詔，以蔭補官，躋位通顯，史亦有傳。此云『詡、讓、護』，知舉元必有四子，詔居其長耳。崇寧壬午爲徽宗即位之二年，舉元卒於神宗朝，相去已二十餘年。孫男璞復官青社，覩物懷人，無異鄭述祖之對白雲堂諸刻也。王詔子疇使京，西攝伊洛，父子相望，人以爲榮。讀此刻知舉元諸孫不獨一疇能肯堂構矣。後稱『曾孫良憲書』，其書頗有家法。史稱『王氏多賢子孫』，洵然。

洪山嘉祐題字

嘉祐五年正月刻，在嘉祥縣洪山頂。

右題『嘉祐五年正月二十八日記山□修堌子』一行，字體大小不等，不記書者姓名。所稱『山□堌子』，今無攷。

靈巖寺千佛殿碑

嘉祐六年六月立，并陰及額俱正書，碑高一丈，廣四尺，在長清縣靈巖寺。

右碑自他處録寄，未見拓本。額題『靈巖千佛殿記』，字徑六寸，文二十三行，碑陰刻施主姓名及元祐、靖康題名二段。

張掞留題靈巖寺詩刻[三四]

嘉祐六年七月立，正書，石高二尺九寸，廣一尺六寸，在長清縣靈巖寺。

留題靈巖寺

龍圖閣直學士、尚書兵部郎中、充真定府路都部署兼安撫使、知成德軍府事張掞。

再見祇[三五]園樹，流光二十年。依然山水地，況是雪霜天。閣影移寒日，鍾聲出暝煙。龕官苦奔走，一宿亦前緣。

嘉祐六年辛丑歲七月一日，齊州靈巖寺主講經、賜紫沙門重淨上石，京兆府普淨、賜紫僧神俊書，真定府郭慶刊字。

右詩及題銜、年月凡六行，字徑五分。張掞題銜稱『尚書兵部郎中』云云，史傳皆略而未載。碑刻于嘉祐六年，時掞年六十七歲。詩云『再見祇[三六]園樹，流光二十年』，以《傳》證之，當是明道中知萊州掖縣時曾到此也。

章丘重修夫子廟碑

嘉祐六年閏八月立，正書，篆額，碑高六尺七寸，廣三尺一寸，在章丘縣學。

右碑額題『重修夫子廟碑』二行，字徑三寸，文二十一行，字徑一寸二分。文爲宣德郎、守尚書都官員外郎、充清平軍使兼知章丘縣及管内勸農河堤事、騎都尉、借緋郭灝撰。案《宋史·地理志》：

『景德三年，以章丘縣置清平軍。熙寧二年廢軍，即縣治置軍使。』此碑郭瀨系銜已稱『充清平軍使』，則此官非置於熙寧間矣。書此者，賜紫僧神俊，筆力圖勁，頗得魯公遺意，宜乎以儒學鉅碑借重於方外也。

蘇唐卿書《醉翁亭記》

嘉祐七年十月立，并額俱篆書，碑高七尺，廣三尺一寸，在費縣署儀門下。

右碑額題『滁州琅琊山《醉翁亭記》』，三行，字徑三寸餘。記及年月凡十六行，字徑二寸，額左有明楊惠正書題跋六行。蘇唐卿不見史傳，據跋稱其知費時，歐公已去滁而位相，以此記請于歐公篆而立石者。

雲門山題名四種

年月、書體詳後，並在益都縣雲門山。

一題：『嘉祐八年七月二日，□令張稚圭、稚游、稚賓、稚恭，同尉趙世寧來。』凡三行，左讀，正書，徑三寸五分。案張稚圭，見《宋・職官志》注宗正丞：『以都官員外郎張稚圭爲之，神宗疑用異姓，王安石言：前代宗正固有用庶姓者，乃録春秋時公族大夫事。神宗於是召稚圭，對而命之。』陶南村《古刻叢鈔》云：『嶺南張公洞壁題名，有「治平四年九月張稚圭、稚游」十一字』。讀此，知稚圭嘉祐末曾令益都，後即轉官于粤，至熙寧中乃内遷矣。

一題：『治平丙午四月念六日，東路安撫使、知青州盧士宗，提點刑獄、度支外郎蔡延慶，太常少卿、直史館田諒，通判職方郎中楊申同遊。』云云。凡四行，左讀，正書，徑一寸五分，末行徑六分。案《宋史》列傳，盧士宗字公彥，濰州昌樂人。舉五經，歷審刑院，授天章閣侍講，進龍圖學士。以論仁宗祔廟添展一室事，與禮官孫汴不合，出知青州。蔡延慶字仲遠，乃蔡齊之子[三七]，舉進士，通判明州，轉提點京東、陝西刑獄官。丙午爲英宗嗣位之三年，二公蒞青，史皆不記年月，得此可補其闕。

一題：『尚書虞部外郎宋立仁，男中正、任安州司理中告、中孚侍行，乙巳仲夏八日記。』凡二行，左讀，正書，徑二寸，與盧士宗題名並列。盧題『治平丙午』，知此爲治平乙巳也。

一題：『皇城使、康州團練使、京東路[三八]都鈐轄、青州駐泊時明，路分都監文思王繼遠，於治平四年十月初一日同遊雲門山記。』凡二行，正書，徑寸許。段赤亭云：『宋制，皇城使再轉授遥郡團練使、鈐轄，爲時明本官，上乃其前銜也。路分都監，掌本路禁旅、屯戍、邊防、訓練之政令，不聞並設二員，「文思」二字豈繼遠文思使之銜名耶？』

張慶等蓮花洞題名

嘉祐九年正月立，正書，石高八寸，廣一尺，在長清縣五峰山蓮花洞。

右題名六行，字多殘闕，惟存匠人張慶等名。乾隆乙卯季夏，段赤亭親至洞内，與隋末造象記三十種同時拓歸。

仰天山李寧等造象記

治平元年四月刻，行書，在臨朐縣仰天山觀音洞。

右題『青州臨淄縣辛□□、劉□村、李寧糾衆人，刊觀音菩薩一尊于洞』云云，凡七行。其左又有『淄川縣人士翟小大、田昆□』，正書一行，右有『大德十一年五月一日，單齊賈同遊記』，正書一行。此亦段赤亭親至山間拓歸者，因並録之。

慧日院金剛經幢

治平四年正月立，正書，石高七尺二寸，凡八面，圍五尺六寸，在臨邑縣慧日院。

右幢八面，首刻經文，次記文、年月，餘皆施主姓名，字徑七分。

泰山麓白龍池題名二十九種

年月書體詳後，在泰安縣泰山麓白龍池石壁。

一題：『八内供奉官李舜舉，被命禱祀帝岳，奉香勝概，于壽聖節日，先款青帝宫，次詣白龍潭，治平四年題，書吏李恭從行。』凡六行，正書，徑二寸。

一題：『兖州劉衮，奉詔祈雪于岱宗，登絶頂，翌日謁白龍池之祠。元祐丁卯孟春初四日，奉符令林會題。』凡八行，正書，徑二寸六分。此段前六行上又有題字云：『回自百丈泉烹茶鼓琴以終清興。』凡十三字。

一題:『府簽稽景華、邑尉安中立同遊白龍池,熙寧甲寅三月廿一日題。』凡五行,左讀,正書,徑一寸。

一題:『貫道建欄於此,以便遊者,元祐丁卯正月八日。』凡二行,正書,徑四寸。

一題:『誠中君寶德叔,崇寧二年八月廿六日,自王母池來訪此。』凡三行,左讀,正書,徑一寸。

一題:『山陽龔無黨被漕檄權宰奉高,因率兒姪輩遊此,時元祐庚午中冬十一日。』凡五行,正書,徑四寸。末行年月小字注於下方。庚午爲元祐五年。

一題:『汴陽無永居士任紹承祖朝嶽罷,同青帝觀主楊若冲遊太平頂,回瞻視白龍池聖跡,時大宋紹聖三年二月十五日謹記。』凡五行,正書,徑一寸八分。

一題:『德光忠玉,國寶文仲,紹聖丁丑三月。』凡五行,左讀,正書,徑三寸。末行年月字徑一寸二分。

一題:『董元康政和甲午重九日,携家來遊,質贇賁侍行。』凡三行,正書,徑二寸。甲午爲政和四年。

一題:『自恭□觀元康兄留字,政和乙未孟冬二十日。』凡四行,左讀,正書大小不等。

一題:『范陽正輔再遊,同魯國景元至,丁丑三月廿六日。』凡三行,字徑一寸七分。丁丑當是紹聖四年。

一題：『東之丁丑十一月望日遊，南正同至。』凡三行，左讀，字徑四寸五分。

一題：『元符三年十月一日，奉高人石匠吕仝、周通同游。』凡四行，正書，徑二寸。

一題：『古豐任良、孫嵩同陪，古沛邵禮同遊，建中靖國元年季春仲旬書。』凡六行，正書，徑一寸四分。

一題：『元符庚辰七月晦，趙習之、徐安國、弟居仁、孫正仲同遊。』凡三行，左讀，正書，徑三寸。

一題：『韓存中點檢岳祠修造，同王濟之一遊，庚辰十月廿七日。』凡四行，左讀，正書，徑二寸。

一題：『長清董元康、弟元發、元濟、元肅，男質，友人李勝之同遊，崇寧元年壬午季春旦日，新監海門税董直書。』凡六行，正書，徑一寸。

一題：『奉符令李珪，因捕蝗恭謁白龍祠，男彙侍行，崇寧壬午孟秋初七日。』凡五行，左讀，正書，徑二寸。

一題：『長清董自恭謁白龍池之祠罷，酌泉石上，時乙未孟冬中澣日。』凡四行，左讀，正書，徑二寸。乙未爲政和五年，已見前題。

一題：『莆陽陳國瑞，子玉，恭謁白龍池祠，俯洞酌泉，少憩而邁，政和丁酉夏前二日。』凡五行，正書，徑二寸。

一題：『李顯道、張公美、王仲興、張去塵，庚子孟夏十九日同遊池上。』凡四行，左讀，正書，徑二寸。庚子爲宣和二年。

一題：『姜子正、子方、李晉道、劉言可、刁文叔同來，庚子四月。』凡四行，左讀，正書，徑二寸。

一題：『鄄城李儹，弟俊、姪贑隨侍遊此，癸卯季春廿八日。』凡三行，正書，徑三寸。癸卯爲宣和五年。

一題：『許大希祈雨取水，嘗至此。』凡二行，正書，徑二寸。

一題：『東平陳正來遊此，□□□不已，端彥同遊。』凡三行，正書，徑四寸。

一題：『清河張天益，嘗謁嚴公于此。』凡四行，正書，徑三寸。

一題：『十三年春三日，弡子觀水于池。』凡二行，分書，徑三寸。

一題：『皇甫偁、徐端朝、孫□同遊，建中靖國元年三月廿六日題。』凡四行，左讀，字徑三寸。

朝賢送祥禪師住靈岩寺詩刻[三九]

熙寧三年八月刻，行書，額正書，碑高三尺二寸，廣一尺九寸，在長清縣靈岩寺。

宋朝賢贈行詩額三行，字徑三寸。

詩送靈岩法師　　安石

靈岩開闢自何年，草木神奇鳥獸仙。一路紫苔通窅窱，千崖青靄落潺湲。山祇嘯聚荒禪室，象衆低催想法筵。雲足莫辭重跰往，東人香火有因緣。

詩送詳禪師住靈岩　尚書司封員外郎、直史館、同修起居注、直舍人院兼同知審官東院事蔡延慶

戰士長戈[四〇]赴荔原，謀臣獻策廟堂間。吾師倜儻浮屠隱，不事王侯事經論。兩街推許住靈岩，百鳥銜花待師□[四一]。清風一振海潮音，曠刼曾蒙祖師印。窮秋别我欲何言，珍重詳師指一彈。

詩送靈岩法師　充

靈岩川上白雲深，十里青松晝自陰。遠寺幽佳傳已古，名山勝絶冠于今。群峰環翠凝秋色，危壁飛泉瀉暮音。此景去爲風月主，五湖應不起歸心。

詩送靈岩道光大師　尚書祠部郎中、新知饒州蔡冠卿

僧讀儒書舉世稀，惟師精學出塵機。上都香火安禪久，東國林泉徇衆歸。道在莫從形相索，身閑都覺利名非。靈岩到日秋應晚，還寫新詩遍翠微。

右碑分三列，上二列刻七律四首，下列有詩十三行，每行存三字，餘皆殘闕。弟一首款書『安石』，當是荆公斯時正參政也，然詩句頗不類。次首款書『充』，攷其時，有俞充者字公達，鄞人，熙寧中爲都水丞，或即其人。蔡延慶爲蔡齊之子，《宋史》有傳。

重修顔神廟碑

熙寧三年八月立，并額俱正書，碑高三尺九寸，廣二尺，在博山縣靈泉廟。

右碑額題『重修顔神廟記』三行，字徑二寸六分，文二十三行，字徑五分。詞句樸質，敘顔文姜靈泉事及奉祀建廟始末，惜有漫漶處。書甚不工，且多俗體。

張掞送靈岩寺僧詩刻〔四二〕

熙寧三年九月刻，正書，石高一尺七寸，廣三尺六寸，在長清縣靈岩寺石壁。

詩送新靈巖寺主義公上人　龍圖閣直學士、尚書工部侍郎、群牧使張掞上

峩峩日觀出雲層，西麓靈庵寄佛乘。金地闕人安大衆，玉京選士得高僧。霜刀斷腕群魔伏，錮軸存心奥義增。顧我舊山泉石美，湔除諸惡賴賢能。熙寧二年己酉歲中元日。

詩送勑差靈巖寺主大師詳公赴寺　朝散大夫、守尚書户部侍郎致仕張掞上

黄紙除書下九天，岱宗西麓鎮金田。鷲峯肅肅臻多士，蘭社熙熙撫衆賢。像室光華輝曉日，禪心清淨擢秋蓮。山泉自此增高潔，雲集十方繞〔四三〕勝緣。熙寧三年白虎直〔四四〕歲九月十三日。

右七律二首，字徑一寸三分。案《宋史》：張掞，字文裕，齊州歷城人，歷官户部侍郎致仕，熙寧七年卒，年八十。此刻第一首送義公詩在熙寧二年，尚是居官時作；第二首送詳公詩，在熙寧三年，是已致仕時作，距卒時袛四年矣。

靈岩寺勅牒碑

熙寧□□〔四五〕立，并額俱正書，碑高五尺四寸，廣三尺八寸，在長清縣靈岩寺。

右碑額題『敕賜十方靈岩寺碑』二行，字徑五寸，牒文下半殘闕，後有『熙』字，當是熙寧年號。又有王、韓二參政列銜，以《宋史・宰輔表》攷之，熙寧二年二月庚子，王安石自翰林學士、工部侍郎兼侍講，除右諫議大夫、參知政事。三年四月己卯，韓絳自樞密副使除兼參知政事。是年十二月，兩公皆同平章事，則此碑當立於四月以後、十二月以前也。

宮苑副使趙公墓志[四六]

熙寧四年九月刻，并額俱正書，石高三尺四寸，廣二尺四寸，在諸城縣超然臺上。

宋故宮苑趙公墓誌銘額三行，字徑四寸。

宋故銀青光禄大夫、檢校右散騎常侍、御史大夫、宮苑副使、荆湖北路駐泊兵馬都監兼知鼎州、灃州管内勸農事、充本州界沿邊氵氵都知務使、輕車都尉、□□縣開國男、食邑三百户趙公墓誌銘，將仕郎、□□□□、知制誥、□□編修中書條例兼檢正□[四七]房公事、□□□□敕令□判司農□、賜紫金魚袋□□撰。

公諱□，字宗□。曾大父鈞，大父延[四八]，紹世家密州之諸城，爲著姓。父□[四九]常，舉明經。至公與兄皆舉進士第，□官至尚書駕部員外郎。公起家爲□州慶義軍判官，用□□監□州商税、杭州酒務，遷著作佐郎、秘書丞、知衢州之江山、眉州之青神縣，以太常博士通判邢州。程簡肅公留守北京，薦其材，可任武事，改内藏庫副使，用明堂，恩遷宮苑副使，辟爲大名府路兵馬都監、嶺南用兵、龍圖閣直學士。李□之官荆州，請公爲荆湖北路駐泊都監，兵罷，□兼知鼎州，鼎扌接溪洞，擇材武[五〇]之，□□□[五一]吏爲守臣，自公始然。未行，而公卒於荆州矣，享年五十八，皇祐六年五月二十三日也。公慷慨有志節，□□吏事無劇易，處之有餘裕。青神縣有冤[五二]民，訟久不直，公□爲辯而伸之。又籍豪右之家，得隱丁□[五三]數，以給[五四]貧民之役，縣人相與詠歌之。大臣有欲薦公爲御史，後又欲以爲提點刑獄，公皆辭不就。性樂施予，事其兄與□，其□□之子□盡其道，未嘗以生事爲意也。母齊氏，福昌縣太君，夫人弭氏。子男三人，長晉卿，資州盤石縣令；次徽卿，開封府開封縣尉；次端卿，澧州軍事判官。女三人，孫男四人，女孫二人。公之子以熙寧四年九月二十五日，奉公與夫人之喪，葬於諸城縣盧山鄉諸□保王滿村西。徽卿嘗與予仕同郡，述公之行如此，以來請銘，予不得辭，銘曰：

代爲聞人，孰謂之窮。有韞無施，孰謂之通。懷材韜奇，莫窺其中。維傳無窮，□□幽宮。姪孫晏書并題蓋，孫閏刂[五五]。

右刻文二十一行，字徑六分。《縣志》云：此碑自乾隆六年出土，爲邨民椎鑿，故有闕字。趙公失名，惟存其三子晉卿、徽卿、端卿之名，書法秀勁，有唐人風度，殊可法也。

龍興寺佛經石刻

熙寧五年九月立，并額俱正書，在兖州府龍興寺。

右碑朱朗齋自他處借録，未詳尺寸。額題：『剏修彌勒佛堂一十五事，并雋下生經卷，故永記。』凡四行，字徑一寸餘。經文廿九行，字徑五分。碑側刻姓氏二行，皆殘缺。

韋驤等靈巖寺題名

熙寧六年十月刻，行書，石高二尺一寸，廣一尺四寸，在長清縣靈巖寺韋駝殿石柱。

右題：『秘書丞韋驤，著作佐郎張謂，衢州判官楊于從，諫院舍人鄧公，察訪東川，便道靈巖，過夜遂宿，熙寧六年十月中休。』凡五行，左讀，字徑一寸五分。『中休』，本張衡賦『速燭龍兮令執炬，過鍾山而中休』[五六]，東坡詩『中休得小菴，孤絶重雲表』。此云『十月中休』，似皆同義。

王紳衮靈派侯廟題名

熙寧七年八月刻，正書，石高一尺八寸，廣一尺六寸，在泰安縣靈派侯廟。

右題：『再謁靈派神祠，請雨故也。熙寧甲寅秋八月，右瑠王紳衮儀父題。』凡五行，字徑一寸五分。

尚書祝惟岳神道碑

熙寧七年□月立，正書，碑高四尺九寸，廣三尺，在城武縣。

□□銀青光禄大夫□□□□□神道碑，宣德郎、擢右正言、充集賢下闕。將仕郎□、大理寺丞、充館閣校勘編下闕。朝奉郎□□□人□集賢院□□□□□儀事□□□□□□□□□都尉下闕。

□州之成□有譙郡録事□□□□□西南□□者，□□□□部尚書□□所□□□郡北其□□□□□□□載□□□□成武郡□□□□□□□六世□功授爲□□豪□□□□初□□人冠□□博□□□□□□□□□□柳□而死之□□□□□大□□□□□□□□□□□□□□□□大□□。公諱惟岳，字周輔，少□□父，居有孝行。景德二年□□□□爲陵州司法□□陵州□高□□井舊吏□二□□□□□□□□□□□□□□□□□□□軍秀州監□□□州□四十餘人□□上天□□形□□□盜畢不肯□，久之□□□□□□□□□□得活，吏部□□□□□□□□□□□□□□□使□□擇□□川頗喜公□□□州□辟□州觀察□□□□□□如□家人無所□時□□□□□□□敦□□□□□□□□□□□□□□公□□□□良人□□晝夜不息，而□公□□破□□□□□□□□□□□□身言書判，試選者三千人，□□□就四人□□□□□□□□寺□□河中府龍門縣。縣名多訟，縣是鋤梗□□□□□□不敢□待御□□□□□□□□□諸人曰：『善□□□□□□□在□□□□□□□□□□□□□和糴蓋獨被一鄉□率而□□□□可比户計□□□□□□□□□□□而下□任□□□□□□□□涇溪水□□□□□□□□□□□以引其源旁鍥而斯之遂均□□□□□□既□□□□相扌亻其□□□□□□□公權通判□□至□□□□□詔天□□□□公領諸□□□□□□可以識□□大通三許遼州□忻州□□百選□□□□□公□河□□□□□五□教于乃□□□□□□□□□□□□□□□而□□□城□□□陽□□□縣言供億幸取給一切賦民□□

□□□□□□□□□□□□□□皆以格受而公徧□□□□□□□□□□□□□□□□以□□□通判成德軍府。於是，官四遷至尚書禮部員外郎。空三字。朝廷多公有□□□□□恩賚敕代□□外知州以□□□以□內□□□□□□□□□□□人議呼□□吏持府案□抱訟書叩□□道路□近□人戌時使於其□□□念□貧民以閒數之□凡數年知□□天章閣待制□□□□□□冤於朝命公□□□公往問後事。公曰：幸以□所爲民□之□□其扌。以景祐□年八月丁酉卒，遂□□□嘉祐三年□月丙戌□□□□□□□□□贈□户部尚書、□銀青光祿大夫。娶清河房氏，河内縣君，追封□昌縣太君□□蔡氏京兆縣君，再封□昌縣太君□□□開□□□□□□□以□□□□□□□□□□□□惟□諮□爲太常少卿□□□□□□□□□□□□□□□□□□□供奉官□□□□□□□□多魯□□□□□□□□□□□□□□□□□□唱名以明法獨爲後科昔曰教□當□辶□耶有□□□□後皆擢進士□而□□□□皆其□□勝成公□□□獨□所謂有陰□□□□□□□□□改刑部，又爲大理□刑詳斷詳議官太常君□權□□□□提點河北淮南刑獄□□□□部，而張□亦□詳覆□□法官□□□□□□□□□□□□□□教授康以義試律令而賜明經及第，擢刑部□□□□□後其以此輿□銘曰：

□□于周，□爲□丘。□□□□，□周諸侯。□□□□，□□雍州。其後試郡，□此成武。三□□□，□□□□祖[五七]。□有西□，□□□□。西□□□□，□□□□。□□□□，明□之□。□公世仕，遂□諸祝。如彼作室，自堂徂基。□□有□，□□□□。□□之宗，□公□□。手笏□□，二世公承。

□□之艱，惟艱其繼。□在其身，□□□□。□□□□，□□能□。□□有□，□□□□。

熙寧七年□月□日建。

右碑文及題銜、年月凡二十八行，字徑七分，大半磨滅不可句讀。案《縣志·鄉賢傳》云：『祝惟嶽字同甫，咸平中中明法科，爲陵州司理參軍。秀州盜掠官粟，捕盜十餘人，論死，趨就刑，惟嶽詧其言貌舉止，疑非真盜，爭不肯決。既而真盜果獲，十餘人乃得全活。其燭物發奸，明允篤實，即張釋之、于定國不能過也。曹瑋知渭州，素善維嶽，俄易知秦州，遂奏拜惟嶽秦州觀察推官，屬以事。時唃厮羅數犯邊，惟嶽轉餉助瑋出入邊境，多建奇謀。祥符九年秋八月，唃厮羅與宗哥族連結入寇，使謀[五八]者聲言以某日下秦州會食，以激怒瑋。維嶽勸瑋勒兵不動，坐俟其至。大破之日，毀其族帳，斬首千餘級。自是，唃厮羅勢蹙，退保磧中，惟嶽之力也。遷大理寺丞，既而出知河中府龍門縣。縣多健訟，惟嶽剔蠹，奸惡消沮不敢犯。宰相王旦薦之，方論遷於朝，而惟嶽卒。贈銀青榮禄大夫、户部尚書。子四人，皆登進士。長諫，終屯田員外郎；次誥，蔡州輿令；次許，并州軍事推官；次懿，太常少卿。』志乘所載大略多本於碑，今驗拓本，惟嶽字周輔，景德二年中明法科，爲陵州司法，秀州監捕盜四十餘人，卒贈銀青光禄大夫，子諮爲太常少卿，皆與志異，當據碑以正之。《宋史》不爲惟嶽立傳，即《曹瑋傳》亦無一字及惟嶽，得此可補其闕矣。

馬熙岱頂題名

熙寧八年二月刻，正書，崖高二尺，廣二尺四寸，在泰安縣泰山碧霞祠西石壁。

右題：『新兗守尚書外郎馬熙，自仙源來謁帝祠，是日登嶽，徧遊東西絶頂，新宿州掌嶽掾林會從，大宋熙寧八年二月二十四日。』凡七行，左讀，字徑二寸。

滕甫等雲門山題名

熙寧八年三月刻，正書，崖高四尺，廣三尺，在益都縣雲門山洞北石壁。

右題：『南陽滕甫、張擇賓，樂安孫奇，昌黎韓晉卿，京兆史宗範，晉安謝季成，河東裴景，范陽盧仲甫，武都章傳，汝南頓起，熙寧八年三月丁丑。弟中書、男甜卩從行，門人方鎮。』凡八行，字徑四寸。段赤亭云：案《宋史》，滕元發，初名甫，字元發，以避高魯王諱，改字爲名，而字達道，東陽人。范仲淹[五九]見而奇之，舉進士第三人，授大理評事，遷御史中丞。直言敢諫，神宗知其誠蓋。以論新法，出知鄆州，歷青州。後以老力求淮南，乃以龍圖學士復知揚州，未至，卒，贈銀青光禄大夫，謚曰『章敏』。公敭歷中外，備見忠悃。吾青宋多賢太守，十三賢而外復得公。公家東陽，而題曰『南陽』者，舉族望也。《宋史》及《東都事略》俱不書公之子嗣，而此石『南』字下復有缺文，惜哉！韓晉卿，密州安丘人，在《宋史·循吏傳》，此云『昌黎』，亦族望。晉卿字伯修，爲童子時，日誦書數千言。長以五經中第，由肥鄉主簿仕至大理寺卿，讞獄多平反，史不言宦於青州，乃與達道題名於兹者，豈假歸而相偕來遊歟？

靈泉廟賜額勑牒碑

熙寧八年六月立，正書，石高一尺一寸，廣三尺，在博山縣靈泉廟。

右碑三十九行，字體大小不一，文後所列諸銜多闕姓名，惟末署『令史梁中立』『書令史唐師孟』二人名尚存。

諸城蘇子瞻題名

無年月，八分書，石方廣五寸，在諸城縣學明倫堂。

右題：『禹功、傳道、明叔、子瞻遊。』凡三行，左讀，字徑一寸二分。

案：『禹功』，喬敘字；『明叔』，趙杲卿字；『傳道』，章傳字。《東坡集》中並有唱酬之作，三人字在前，獨子瞻居後，是其所書無疑。王士正云：『坡迹徧天下，八分僅見此石也。』諸城縣宋時屬密州，東坡於熙寧七年自杭州通判除知密州，至九年十二月移知徐州，此碑不署年月，當在甲寅以後、丙辰以前也。」

蘇子瞻書讀書堂石刻

熙寧十年二月刻，正書，碑高四尺，廣一尺七寸，在歷城縣學橋門外。

右刻『讀書堂』三字，徑一尺。款題『熙寧十年二月朔，子瞻書』，徑七分。《縣志》云：『《張揆讀書堂碑》，明萬曆初掘地得之，乃宋龍圖張揆舊隱處也。』案《宋史》列傳，揆卒於熙寧七年，距東坡書碑時已三年矣。東坡以熙寧九年十二月離密州，此或是道經龍圖故里，感舊而書，未可知也。

靈泉廟敕牒碑

熙寧十年九月刻，正書，碑高一尺一寸，廣三尺，在博山縣靈泉廟。

右刻二十四行，字體大小不一，此是中書省所下之敕牒，與前碑分刻。《縣志》皆未詳及。

會真宫詩題跋二石

熙寧十年刻，俱高一尺八寸，廣三尺六寸五分，在泰安縣岱廟環咏亭壁間。

案《縣志》云：『《會真宫詩》，种放撰并書，久佚，今存題跋二石，移置岱廟。』又云：『會真宫在城東南隅，古之奉高宫也。宋真宗東封駐蹕，改今名。』據此碑，韓退跋稱：『會真在皇上未封祀前有「太平」之號，至回蹕始貺今額，是奉高宫又名太平宫矣，而志乘皆失之。』《宋史·种放傳》：『放，字名逸。』跋稱明逸先生，殆史訛也。錢辛楣少詹云：『題跋者二十餘人，或真或行，或篆或隸，或飛白。胡宗回、李宗諤、宋綬、韓退、李孝昌、邵餗、唐異、蘇子美、魏閑、范仲淹、王洙、歐陽修、蔡襄、程戡、梅堯臣、韓琦、沈遘、張伯玉、楊傑、皇甫遘，皆當時鉅公。其云越者，周越也；曼卿者，石延年也；秘演，則曼卿之友而僧者也；才翁者，蘇舜元也；不疑者，邵必也；廣淵者，王廣淵也。熙寧丁巳，譚逑敘而刊石。』

【校勘記】

［一］此碑現存曲阜漢魏碑刻陳列館西屋南起第一四石，有所漫漶，拓本收録於《北京圖書館藏中國歷代石刻拓本匯編》第三八册《祖廟祭文》，兹據此加以校證。

［二］「日」，原作「月」，據原碑及拓本正。

［三］「大」，原作「夫」，據原碑及拓本正。

［四］《山左金石志》跋云「當時郡縣尚未有學舍之名」，誤。碑中所説王沂公（王曾，封沂國公）手疏於朝、建造學舍之事，是在宋仁宗景祐四年（一〇三七），當時郡縣已有學舍之名。如《宋史·真宗本紀》記載：咸平四年（一〇〇一）六月丁卯，「詔州縣學校及聚徒講誦之所，并賜九經」。在筆者看來，碑中所言手疏於朝與賜名爲學，是指王曾建立鄆州「學舍一區」後上書仁宗，獲得朝廷認可，由此鄆州新學納入到官辦學校範圍之列，而并非《山左金石志》所言「郡縣尚未有學舍之名」。

［五］此碑現已不存，碑文載於康熙《朝城縣志》卷九《文類·建孔子廟學碑記》，兹據此加以校證。

［六］「扶」，康熙《朝城縣志》作「夫」。

［七］「進」，康熙《朝城縣志》作「信」。

［八］此闕字，康熙《朝城縣志》作「作」。

［九］此闕字，康熙《朝城縣志》作「曰」。

［一〇］此闕字，康熙《朝城縣志》作「將」。

［一一］「迺」，康熙《朝城縣志》作「迺」。

［一二］此闕字，康熙《朝城縣志》作「恬」。

［一三］「怪」，康熙《朝城縣志》作「姓」。

［一四］「灤」，康熙《朝城縣志》作「藻」。

［一五］「奉」，康熙《朝城縣志》作「拳」。

［一六］「忎㐰」，康熙《朝城縣志》作「悉信」。

［一七］此闕字，康熙《朝城縣志》作「光」。

［一八］「鄙」，康熙《朝城縣志》作「圖」。

［一九］「昧」，康熙《朝城縣志》作「時」。

［二〇］「人」，據《宋史》卷二九四《趙師民傳》補。

［二一］此碑現存濟南長清靈岩寺御書閣前，漫漶殆盡，碑文載於《濟南金石志》卷四《宋至和三年靈岩寺杜堯臣詩刻》，兹據此加以校證。

［二二］此闕字，《濟南金石志》作「三」。

［二三］「糸」，《濟南金石志》作「絶」。

［二四］「不」，《濟南金石志》作「二」。

［二五］此闕字，《濟南金石志》作「路」。

［二六］「上」，《濟南金石志》作「土」。

［二七］「比」，《濟南金石志》作「此」。

［二八］「因」，《濟南金石志》作「以」。

［二九］此二闕字，《濟南金石志》作「手澤」。

〔三〇〕此二闕字,《濟南金石志》作「慮其」。

〔三一〕此闕字,《濟南金石志》作「三」。

〔三二〕此闕字,《濟南金石志》作「日」。

〔三三〕此二闕字,《濟南金石志》作「長清」。

〔三四〕此碑現存濟南長清靈岩寺般舟殿前西側,拓本收録於《北京圖書館藏中國歷代石刻拓本匯編》第三八册《靈岩寺詩刻》,兹據此加以校證。

〔三五〕「衹」,原作「祇」,據拓本正。

〔三六〕「衹」,原作「祇」,據拓本正。

〔三七〕據《宋史》卷二八六《蔡齊傳》記載:蔡延慶字仲遠,乃蔡齊之從子。

〔三八〕「京東路」,《益都金石記》卷二《宋雲門山時明等題名》作「京東東路」。

〔三九〕此碑存濟南長清靈岩寺般舟殿大門壁,碑文載於《岱覽》卷二五《朝官送詳禪師詩刻》、《濟南金石志》卷四《宋熙寧三年朝賢贈行詩刻》,兹據此加以校證。

〔四〇〕「戈」,《岱覽》作「歌」。

〔四一〕此闕字,《岱覽》作「信」,《濟南金石志》作「顔」。

〔四二〕此碑存於濟南長清靈岩寺般舟殿前,拓本收録於《北京圖書館藏中國歷代石刻拓本匯編》第三九册《送靈岩寺主義公詳公詩刻》,漫漶殊甚,碑文亦載《岱覽》卷二五《宋張掞詩刻》、《濟南金石志》卷四《宋熙寧三年張學士送靈岩寺僧詩刻》,兹據此加以校證。

〔四三〕「繞」,拓本殘泐,《岱覽》與《濟南金石志》作「結」。

〔四四〕『直』，拓本殘泐，《濟南金石志》作『守』。

〔四五〕對於《靈岩寺敕牒碑》的刻立時間，《濟南金石志》卷四《宋熙寧三年靈岩寺敕牒碑》作『三年』。

〔四六〕此碑現存狀況不詳，碑文載於乾隆《諸城縣志》卷一四《宫苑副使趙公墓墓志銘》，兹據此加以校證。

〔四七〕此闕字，據《宋史》卷一六一《職官一》記載，門下省設檢正官檢正諸房公事，故當爲『諸』。

〔四八〕『延』，乾隆《諸城縣志》作『廷』。

〔四九〕此闕字，乾隆《諸城縣志》作『淵』。

〔五〇〕『武』，乾隆《諸城縣志》作『試』。

〔五一〕此三闕字，乾隆《諸城縣志》作『□武大』。

〔五二〕『冤』，乾隆《諸城縣志》作『皂』。

〔五三〕此闕字，乾隆《諸城縣志》作『繇』。

〔五四〕『給』，乾隆《諸城縣志》作『及』。

〔五五〕『刂』，乾隆《諸城縣志》作『刊』。

〔五六〕此句有誤，張衡《思玄賦》本作『速燭龍令執炬兮，過鍾山而中休』。

〔五七〕『□□□□祖』，當衍一『□』。

〔五八〕『諜』，道光《成武縣志》卷九《人物志·鄉賢·祝惟嶽》作『諜』。

〔五九〕『淹』，原作『陽』，據《宋史》卷三三二《滕元發傳》正。

卷十七

宋石

龍洞韓鐸題字三種

年月、書體詳後，崖高二尺，廣一尺四寸五分，在歷城縣龍洞東崖。

一題：『元豐戊午仲冬廿六日，度支郎中、知齊州韓鐸奉朝命，以冬旱躬詣龍洞祈雪，大理評事、知歷城縣趙齊賢、前潁州團練推官李毅同拜祠下。』凡六行，左讀，正書，徑二寸。

一題：『元豐二年二月八日，知齊州事韓鐸再奉朝旨，以春旱禱雨靈祠，前潁州團練推官李毅、歷城尉李景隆陪謁，鐸題，男文炳、文尉、文通、文仲侍行。』凡八行，正書，徑二寸。右角有『劉守新刻』四字，左角有『院主智全上石』六字，亦正書，徑八分。

一題『誠應岩』三字，篆書，徑一尺四寸左右，刊款云：『尚書兵部郎中、知軍州事韓鐸命名，元豐二年夏四月，何拱辰奉命書。』亦篆書，徑一寸五分。末行小字正書：『院主智全上石，劉守新刻。』

案：韓鐸以元豐元年十一月奉朝命祈雪，二年二月再奉命禱雨，皆有應，於是題字此崖，以昭誠應，仍奏請朝廷賜額『順應』，事詳《壽聖院敕牒碑》。

黑龍潭殘碑

元豐元年十二月刻，正書，石方廣一尺九寸，在范縣黑龍潭妙應侯廟。

右殘碑前有『元豐元年主簿』等銜名三行，字徑一寸三分，姓名皆殘闕。後刻『元符二年，濮州守□奎續題』。十一行，字徑七分，文亦斷裂不全。

高里山廟長脚竿記

元豐三年三月立，正書，篆額，碑高四尺五寸，廣二尺，在泰安縣高里山相公廟。

右碑額題『重建長脚竿記』三行，字徑二寸五分。碑分二列，上列凡十八行，下列凡二十八行，字徑四分。碑敘高里山祀聖帝輔相之神及舟賈張平等糾資建長脚幡竿以祈福佑，後皆施主姓氏。

王臨重摹郭恕先『神在』二字石刻

元豐三年四月刻，草書，石高五尺四寸，廣三尺二寸，在濟南府城舜井前。

右刻『神在』二字，字徑二尺七寸，筆畫轉折處皆間以雙鉤黑線，旁有『元豐三年四月望日，尚書兵部郎中、直昭文館、知軍州事、上柱國王臨題字』三行，行書，徑一寸。

王臨讀書堂詩刻

元豐三年五月刻，正書，碑高五尺八寸，廣三尺，在歷城縣王舍人莊路旁。

題故龍圖侍郎張公舊隱讀書堂　魏國王臨

熙寧逸老舊門牆，少日窮經歷水陽。負笈便爲稽古地，躬耕兼是養親堂。已將賢業歸青史，尚有陳編秘縹囊。嗣子穀難承世學，至今人愛鄭公鄉。

元豐庚申五月廿日，興德平易堂大觀書。

右刻八行，字徑三寸五分。《縣志》所載尚有篆額，今失拓。

王臨書『靈巖道境』石刻

元豐三年刻，飛白書，石高四尺六寸，廣三尺六寸，在長清縣靈巖寺。

右『靈巖道境』四字，二行，字徑一尺七寸。左題『元豐庚申，尚書兵部郎中、直昭文館、知軍州事、上柱國王臨氈筆』，正書一行，字徑一寸。案張懷瓘《十體書斷》謂：『蔡邕待詔鴻都門，見垩帚成字，歸作飛白，是垩帚爲飛白筆之始也。』唐宋諸家能飛白書者皆不言用何筆，此云氈筆，可補見聞未及。《宋史》列傳：王廣淵，字才叔，大名成安人。弟臨，字大觀，起進士，元豐初，自皇城使擢爲兵部郎中、直昭文館，後嘗知齊州。而無一語及其能書，亦史文之略也。

李公顔遊靈岩題記〔一〕

元豐三年十月刻，正書，石高一尺五寸，廣二尺，在長清縣靈岩寺。

右題：『治平中，家君判官還□〔二〕永嘉，道過錢塘〔三〕，僧惠從來告曰：「廬舍金像成矣，欲歸齊之靈巖，而未有託也，願附舟而北。」家君從之。後十五年，余□[四]其寺，徘徊瞻仰，因識其事。元豐庚申孟冬，李公顔才甫題。』凡七行。後有明人方豪題字九行。豪性喜遊覽，所到必有題字。浙中西湖諸山摩崖殆徧，率皆拙劣。此段行書圓勁，頗不類其平日所書，因坿識之。

普安寺幼公經幢記

元豐四年四月立，正書，篆額，碑高四尺，廣二尺，在淄川縣普安寺。

右碑額題『葬幼公經幢記』二行，字徑二寸五分，文二十四行，字五分。案碑文云：『文幼師，字夙悟，淄川甘泉人。天禧四年，爲僧披鬀。嘉祐四年，丞相賈魏公鎮忠武，明年奏賜紫方袍。通經律，精百法，論究一行法，占宅誉兆，其通内外學。』大致如此。賈魏公即賈昌朝，嘉祐三年以鎮安軍節度使、右僕射、檢校太師、侍中兼充景靈宫使出判許州。英宗即位，進封魏國公。《宋史·地理志》：許州屬京西路，爲忠武軍節度使。幼公爲僧，徧遊四京，故魏公在許州與之相識。碑與史較，事多合也。

范純仁龍洞題名

元豐四年四月刻，正書，崖高五尺，廣二尺四寸，在歷城縣龍洞獨秀峰。

右題：『元豐辛酉四月二十日，朝散大夫、直集賢院、知齊州范純仁，朝請大夫、通判州事閭丘孝修，同謁順應侯祠。朝奉郎張起權，齊淄二州都巡檢康詡，承事郎、知歷城縣趙齊賢，觀察支使孫述，前潁州團練推官李堅，歷城縣尉李景隆從至。』凡七行，字徑二寸五分。范純仁，《宋史》有傳，神宗朝嘗知齊州，《府志·宦跡傳》以爲哲宗時者，由未細檢耳。

閭丘孝修等龍洞題名

元豐五年三月刻，正書，崖高二尺，廣七尺，在歷城縣龍洞獨秀峰。

右題：『朝請大夫、通判齊州、權發遣軍州事閭丘孝修，宣德郎、知歷城縣事單鎔，觀察支使、權通判軍州事孫述，節度推官田備新，定陶縣丞范處厚，司法參軍陶聖臣，同詣順應侯廟祈雨，因遊龍洞至此。男前濱州録事參軍頔、新晉州司法頌、壻進士高元溥、孫男郊社齋郎琳、次孫璋、璪、瓌、琥侍行。元豐五年三月廿□日，元溥書。』凡二十一行，字徑三寸。

加封孟子敕牒碑

元豐六年十月立，正書，碑高二尺，廣五尺，在鄒縣孟廟。

右碑文及年月、銜名凡三十五行，字徑一寸，末有刊字姓名一行。《縣志》載：『宋景祐四年，龍圖閣學士孔道輔知兖州，訪孟子墓，得於鄒縣東四基山，因於墓旁建廟，薦孟子四十五代孫孟寧，授鄒縣主簿，孟子奉祀自此始。』《宋史·神宗本紀》：元豐六年十月戊子，封孟軻爲鄒國公，即曾孝寬所奏請也。結銜云『中大夫、守右丞李』者，清臣也；『中大夫、守左丞王』者，安禮也；『太中大夫、守右僕射』者，蔡確也；『銀青光禄大夫、守左僕射』者，王珪也。並據《本紀》知之。

皆紀助修男女姓名。

聖壽寺羅漢座題字

元豐六年十月刻，正書，在嘉祥縣七日山聖壽寺。

右題字二列，一高三寸五分，廣一尺五寸，凡十九行。一高四寸五分，廣一尺四寸五分，凡十八行。

名義墩石橋記

元豐七年正月立，在蒙陰縣公家城名義墩大道之東。

右碑，朱朗齋云：『額刻佛象，往來人皆見之。』未及尺寸、字體，想亦從他處借録也。

報恩寺智清靈骨記幢

元豐七年四月立，石高四尺二寸，凡八面，圍三尺二寸，在青州府城外文昌祠。

右幢記文六行，經文二十行，字徑五分。段赤亭云：此幢書法端嚴，文亦簡净，《陀羅尼經》題曰加句，與今藏本不同，然他幢多注逗留，此獨無之。《記》云『師姐』『師姑』，今南方稱『比丘尼』，多沿此。

靈派侯廟重修木帳記

元豐八年六月刻，正書，篆額，碑高三尺六寸五分，廣一尺七寸，在泰安縣靈派侯廟。

右碑額題『重修靈派侯木帳記』四行，字徑二寸，文十八行，字徑六分。

母孝子考父墓碣銘

元豐八年八月刻，正書，額隸書，石高五尺一寸，廣三尺，在安丘縣西三里。

右刻額題『宋母孝子考父墓碣銘』三行，字徑三寸五分。文及標題、年月凡二十二行，字徑一寸。

蘇子瞻海市詩刻[五]

元豐八年十月作，正書，石高二尺八寸，廣六尺，在蓬萊縣蓬萊閣。

海市詩并引。　眉山作[六]

余聞登州海市舊矣，父老云：常見於春夏，今歲晚，不復出也。余到官五日而去，以不見為恨，禱於海神廣德王之祠，明日見焉。乃作是詩。

東方雲海空復空，羣仙出没空明中。蕩摇浮世生萬象，豈有貝闕藏珠宫。心知所見皆幻影，敢以耳目煩神工。歲寒水冷天地閉，為我起蟄鞭魚龍。重樓翠阜出霜曉，異事驚倒百歲翁。人間所得容力取，世外無物誰為雄。率然有請不我拒，信我人厄非天窮。潮陽太守南遷歸，喜見石廩堆祝融。自言正直動山鬼，不知造物哀龍鍾。信眉一笑豈易得，神之報汝亦已豐。斜陽萬里孤鳥没，但見碧海磨青銅。新詩綺語亦安用？相與變滅隨東風。元豐八年十月晦書，呈全𣏌承議。

右刻凡二十五行，字徑二寸，末行有翁覃溪閣學題八分小字云：『此皇統間重勒原迹。』凡二行。此詩載《東坡詩集》，惟《序》中有數字互異處。如『常見』，《集》作『常出』；『出也』，《集》作『見矣』；『祠』，《集》作『廟』；『是詩』，《集》作『此詩』是也。案《年譜》注引《紀年録》云：『元豐八年，哲宗即位，復朝奉郎，八月十七日得旨除知登州，十月十五日至登州，二十日召爲禮部員外郎，蓋五日而别登州。』此碑以十月晦書，當是奉詔還朝在途之筆也。

蘇子瞻天堂山殘刻

正書，石高五尺二寸，廣一尺四寸，在掖縣東南十五里天堂山。

右刻云：『開[七]封劉君季孫，自高郵來過滁，滁守河南王君詔請以滁人之意，求書於軾。軾於先生爲門下士，不可以辭。十一月乙巳。』凡三行，字徑三寸，乃歐公《醉翁亭記》不全跋語也，近時新出土，故《縣志》未載。碑無紀年可系，以坡公于元豐八年嘗知登州，姑坿於元豐之末。

漢武帝廟碑

無年月，并額俱正書，碑高六尺二寸，廣二尺，在新泰縣新甫山西麓。

右碑額題『漢武皇帝廟碑』二行，字徑二寸，『漢武』『碑』三字尚可辨，餘存影跡。碑文惟存下截，每行二三字，幸中有『元豐』字，可定爲宋刻也。

米芾孔子手植檜贊[八]

無年月，行書，碑高四尺五寸，廣一尺九寸，在曲阜縣孔廟同文門下。

孔聖手植檜贊　宋太常博士米□[九]

煒東皇，養白日。御元氣，昭道一。動化機，此檜植。矯龍恠，挺雄質。二千年，敵金石。糺治亂，如一□[一〇]。百代下，□[一一]圭璧。

右刻舊在手植檜樹旁，歲月既久，再罹火災，殘缺更甚。乾隆辛未，孔中翰繼涑得襄陽墨跡於華亭張文敏家，結體較小，而風神骨格無異，因重摹一石，移舊刻於同文門下。

妙應侯敕牒殘碑

無年月，并額俱正書，石高一尺八寸，廣二尺一寸，在范縣黑龍潭妙應侯廟。

右殘碑額題『妙應侯廟碑』五字，横列，字徑二寸五分，文二十三行。祇存上截，下皆殘闕，前段是熙寧降封敕牒，後段記文末行『元』字完好，『豐』字僅存上數筆，因坿元豐末。

蘇子瞻詩刻

無年月，草書，石高四尺，廣二尺一寸五分，在長清縣靈岩寺石壁。

右詩刻云：『醉中走上黄茅岡，滿岡亂石如群羊。岡頭醉倒石作床，仰觀白雲天茫茫。歌聲落谷秋風長，路人舉首東南望，拍手大笑使君狂。蘇軾。』凡五行。案：坡公此詩乃元豐元年守徐州時登雲龍山之作，並非題靈岩寺也，《濟南府志》誤入於『寺觀』條下，《縣志》亦相沿採入。今玩其筆意，全不類蘇跡，大抵後人所爲，寺僧不知，遽以刻石者，姑坿存之。

重修孟子廟牒碑

元祐元年三月立，正書，碑高二尺三寸，廣四尺二寸，在鄒縣孟廟。

右牒文四十五行，字徑六分。碑載朝奉郎、權發遣兖州軍州事兼提舉濟單州兵馬巡檢公事李梃，奏請重修孟廟，牒行於元豐七年，而碑立於元祐元年，殆廟工既畢而刊石也。《縣志》於此碑及元豐脩廟事皆略而未載。

高永亨等興化寺題名

元祐元年三月刻，行書，石高四尺八寸，廣二尺六寸，在曹縣左山興化寺。

右題：『皇城使、曹州鈐轄高永亨，簽判張孝友，濟陰縣宰徐興宗，尉曹溉，兖州奉符令、宣德郎林會，壽春令、州教授周諝送餞，劉宜甫誼於興化禪院留題。元祐丙申上巳後二日，楊隨刊。』凡六行，左讀，字徑二寸。

劉袞岱頂題名

元祐二年正月刻，正書，崖高二尺二寸，廣三尺，在泰安縣岱頂碧霞祠西。

右題：『兖海守劉袞，奉詔祈雪，次謁玉女祠，率巡山劉孟、邑令林會，登二絶頂，臨四觀，徧覽勝概。元祐丁卯孟春三日。』凡八行，字徑三寸。案《宋史·哲宗本紀》：元祐元年十二月戊申，『詔以冬温無雪，決繫囚[二二]』。是以二年正月三日兖守有奉詔祈雪之舉。林會於熙寧八年官掌嶽掾，見馬熙題名，似即其人。

羅公神道碑[一三]

元祐三年立，正書，碑高五尺七寸，廣二尺四寸，在淄川縣南十里道旁。

宋故贈金紫光禄大夫羅公神道碑，鄉貢進士王積[一四]中撰，承議郎、新差知大名府元城縣事、武騎尉蘇□□[一五]書丹，朝奉郎、通判淄州軍州兼管内勸農事、護軍、賜緋魚袋邵奎篆額。

元豐八年春，天子新即位，乃大賚郡臣，雖已告□扌[一六]、退休里閭[一七]者，咸增秩□[一八]，既又推寵其親，無[一九]問存亡。於是，朝議大夫致仕羅公得遷爲中散大夫，中散之皇考工部尚書得加贈爲金紫光禄大夫。中散公既已榮上[二〇]之賜，且思有以發揚光禄之清[二一]德，迺屬於里人王積中曰：『吾父雖生不見知於世俗，而殁乃見褒稱於天子，雖昔無一命，而今乃官列二品，爲善之報，亦可亡憾矣。唯是墓隧之間，令得有碑，以昭示後世。求銘於人，無如子宜，謹狀其行實之一二以告，子其爲吾父銘之。』積中辱知於中散公甚厚，乃不能辭。唯光禄公諱仲宣，字粲臣，密州諸城人。曾祖潛，祖浩，父巨源，皆不仕。公少朴重，喜讀書，不以書資進取，而獨取聖賢要語以履之。敦慈和惠，孝於親，睦於宗族，忠信於其朋友。鄉人皆愛敬之，爲善人君子。父死既葬[二二]，廬於墓側，哭晝夜不止。親友不堪其哀，數勸還舍，不從。合閭里懇請之，不得已，□[二三]三月□[二四]歸，毁瘠以終其喪。嘗有日者告公曰：『公他日必貴，何不求仕？』公曰：『吾於世物一無所嗜，惟嗜爲善，况聲利本亡[二五]意，安得貴？吾有二子，當教之使就科舉，其成與否，有不在己者，吾不責，吾所以責[二六]之者，第使不爲不善耳。』故嘗[二七]擇師儒，以教其子。其後，二子皆以經術獲第。長曰希古，即中散公也，屢爲大理審刑官，明達□[二八]恕，多有陰力[二九]在人。出貳雄藩，典名城，休聲美實，洋溢中外，所至有遺愛，人皆頌歌之。次曰希道，調恩[三〇]州清陽主簿，未赴而卒。公於景祐元年十一月六日以疾終於家，享年四十有六。夫人孫氏，先公而殁，今贈高密郡太夫人。孫三人：長曰民先，光州軍事判官；次曰孝直，早亡；次曰孝先，應天府寧陵尉，任滿□[三一]亡。孫女四人：長適建州閩□[三二]縣令卜早，次適進士張祐父[三三]，次適龍州江油縣令宋良弼，次適鄉貢進士李堯臣。曾孫二人：長曰居正，次曰安祖，皆太廟齋郎，而居正早亡。公始窆於諸城，中散公後家於淄，乃於熙寧元年八月庚申，舉公與夫人之喪并三世族屬之喪，皆葬於淄川之孝感鄉柏多里。公始亡，時中散公方爲海州朐山尉，享[三四]子之禄未久，而又年未及□[三五]，鄉人咸呼天曰：『報德何約也。』至皇祐三年，中散公登朝，始贈公爲大理評事，鄉人已爲榮矣。中散公後益貴顯，公之封典日益加。今則金紫重號，上亞三公，寵厚恩隆，耀榮幽顯。又得紀德豐碑，以暴白爲善有子之慶，然後知天之報公者大而無窮也。嗚呼！今人之冒恥競進，觸刑禍不知止，貪得苟取，裒貲殖産，務爲不可撼動計者，其實皆爲子孫慮爾[三六]。然或顛踣以死，不得厭所欲，幸得所欲，而身死名滅，子孫不能[三七]有，至轉没[三八]爲溝中瘠者，皆是也。光禄公獨能不樂聲利，而唯以善遺其子，其子卒爲當世名卿，以大其門。未嘗爲不朽計，卒能垂榮不朽，其賢於人也遠矣！

烏得不銘？元祐三年□[三九]，碑具，乃刻詞而銘焉。銘曰：

邈哉羅國，顓帝之裔。厥後子孫，因國爲民[四〇]。至唐有聞，□□□□[四一]。五代紹威，乘時振發。或齊或魏，播遷東北。公出諸城，潛光晦德。以善遺子，不詰其成。卒能有成，爲世名卿。邦有寵光，章金綬紫。天子贈公，榮動閭里。始疑其約，今享其豐。揭銘以碑，□[四二]耀無窮。刊石徐□□[四三]。

右碑二十三行，字體一寸，文體卓犖，宋碑中之出色者，因全載之，篆額失拓。

蘇子瞻題布袋真儀石刻

元祐三年七月刻，正書，碑高三尺七寸，廣二尺，在濰縣石佛寺。

右題：『熙寧間，畫公崔白示余布袋真儀，其筆清而尤古妙，乃過吳矣。元祐三年七月一日，眉山蘇軾記。』凡五行，字徑一寸，書於畫象之上。

陳守道等岱頂玉女溝題名

元祐四年四月刻，正書，石高二尺，廣一尺一寸五分，在泰安縣岱頂玉女溝。

右題『陳守道、陳中裕、劉子肅』，凡三行，字徑三寸。末行下分注『元祐四年四月十二日遊』，字徑一寸。

鄆州州學新田記[四四]

元祐五年九月立，并額俱八分書，陰行書，碑高五尺六寸，廣二尺三寸，在東平州學。

鄆州州學新田之記額二行，字徑二寸二分。

鄆州州學新田記

鄆有學，其盛□[四五]沂國王文正公。其時，天下郡國庠序未設，鄆雖有之，而小陋貧□[四六]，儒雅缺然。王文正公以故相爲吾州，□[四七]爲士不知道義，果不足用，道義顧安出？則大作學，買田聚書，所□[四八]就士爲多，而學遂以盛，吾州之人歌祠之至今。其後亦數有名守臣，頗寵厲士學，然學舍之不治則久矣。能慨然悲其廢，復廣□[四九]新之者，自澶[五〇]淵井公季能之爲轉運使於東部也。井公既作新學，閎碩邃麗，居者悅喜。其明年，改元元□[五一]，詔以龍圖□[五二]學士、光禄大夫吴郡滕公爲鄆州。公熙寧初嘗以翰林侍讀學士□[五三]爲吾州矣，能教民使□[五四]西漢爲文章[五五]，拔孝秀之民一人曰王大臨，爲學者迎師使授經，增弟子之數，實得[五六]其人心。去且十年，上知東人之思公也，復以爲鄆。公下車即入學，延見耆舊、諸生，問政所設施。諸耆老、儒生争言新學成，顧苦在貧，有田磽瘠，食不能百生，游學之士或自罷去。公聞，太息曰：『教學養徒而無食，可乎？』則厚爲廪餼諸生，問其所無而與之。歲時，齎金錢、衣物，載殽酒從之，勞饗爲禮，相與周旋。士更感勸，貧無歸者得卒學，欣欣紓樂。其翹然秀出者，使學官以其業來，書其姓名府中，將薦寵之。故一時英卓悉出，俗化粲然興於學。先是，汶水之陽、東山之下有美田，畝一金，宜桑柘麻麥，官與大豪而薄其賦，□[五七]根深牢，旁小民歲歲訟不解。公曰：『吾學適貧，不若盡以與之。』即爲奏請，得田二千五百畝有奇，與民耕，□[五八]歲輸錢百萬，是爲新田。諸生言：凡新田之入，實三倍於其舊，亦盛矣。又舊田滆久遠，籍[五九]書散亡，昧不可□[六〇]。公使明直吏行視，盡得之，田益開治豐好，出粟賦錢皆厚以饒。遷嘗承乏學官，略計一歲大槩新田□[六一]入已足供之，而舊田正可爲齋祠釋菜、鄉射飲酒、投壺絃歌、間燕獻酬之費耳。始公請田，章五卻而士不知，其後詔可，諸生德公而不謝，知公非以爲名也。公以文章忠孝爲天下弟一，兩爲吾州，學是以□[六二]興。既去，又自大書學榜，以榮邦人。士至學門趨而入，如望見公，無敢不敬者。是歲東郡大飢，公活流人□八萬□，急農事，務德厚，屏盜賊，輕刑辟，哀貧窮。褒詔亟下。其大功傑美又數十，皆可頌歌。然遷方記新田，得略而不書。公諱元發，字達道，五年九月十五日，門人須句尹遷謹記，趙郡李伉書。

碑陰

呂公明父謁先聖記額正書，二行，字徑三寸。

謁先聖文

齊魯好學，出於□性。汶陽介乎其間，其俗尚氣重□，□□厚有古風，宜若易化而□□□□□□□□□厖盜□□□前爲守者務，欲以威力□之歲殺數百人，而抵冒如故，豈□人之不可化□？殆□

術有未至□□□□□□□□。熙寧間，□□□□究宣主澤，案發姦吏，□績之著聳聞於時，使還復命于上。先帝嘉歎曰：『近□奉使未有如卿者。』擢升朝序，恩禮優渥。方是時，威聲德望，實在民間。□□□□□□□事始至境上□□屬邑奔走駭汗，承奉□教，惟恐不及。粗治强□，群姦怗服，盜發諸郡，命捕立得，豫謀先慮前知□□□□月會鄆帥□因攝府政，視事一日決牒訴之，淹□者數百條，繫獄蔓延，疑不敢斷者，談笑之間，□處如流。吏承命不暇，蠢愚□□□人，諭而遣之，雖大縱□□□□度察其敗，群亂□者，杖而號於市。撫柔良，恤孤寡，條約嚴明，品式修具。越五日，民相戒以勿□□□勤吾父也。踰十日，□□□□曹以獄空聞府□事，相與燕坐終日，胥史拱手橐筆，□未□歸休于家。公每行山塗父□□□道，前後以手加額，歎□□□溢閭巷。公以□化之本，莫先學校，乃以九月二十五日率官屬□文宣王廟。既畢，□禮事揖，教官升堂講説，敘諸生于坐，以勸誘之。□具豆觴，倣古鄉飲□□□□益知所趣，而民益知□□□□。公攝事凡八□餘日，以六邑之廣、數十萬户之衆，而庭無争□，獄□□□險陂暴□□□□□愷悌之俗成，始三院□□將賞獄吏，俾閲故牘□此數十年無例可據。嗚呼，何其盛也。昔公孫宏爲□帝言：期年而□□□□□之故，太公□齊五□□□□以爲速，今公於□旬，倉猝之間，變風易俗，其應如響。課功比□□人不及，雖道德□□□□□□不□□度其□□□□崇禮義、緩刑罰之□也。公問學，文章妙絶，當世始□。□年受知先帝，勸講帷幄，崇雅黜浮，一變士習，此縉紳所共知者。推其所學，發於政□□□□□□□□□□其所蘊將何□□□□□□書其實以從諸生之請，將告於太史氏。云云。紹聖四年十二月二十三日，雄州□□□□□□□□□□縣事、充京東路□□司管勾帳司王公彦記，進士方輈書，□州□司下闕。程詵下闕。

南安軍下闕。

宣義郎、新差知湖州安吉縣權監鄆州城西賣下闕。

通直郎、簽書天平軍節度判官下闕。

奉議郎、充京東路轉運司下闕。

右碑文二十行，字徑一寸。案《宋史》本傳：滕元發，浙之東陽人也。初名甫，字元發，以避諱改字爲名，而字達道。哲宗登位，除龍圖閣直學士，復知鄆州。學生食不給，民有争公田二十年不決者，元發曰：學無食，而以良田飽頑民可乎？乃請以爲學田，遂絶其訟，蓋即此碑所記之事也。錢辛楣少詹云：『尹還撰文，簡質有法度，而李伉分書，方整古雅，深得漢人筆法。宋世言分隸者，未能或之先也。』碑陰刻紹聖四年吕公謁先聖記凡二十四行，字徑六分。文中記吕公善政甚詳，可補志乘之遺。

顔魯公新廟記[六三]

元祐七年四月立，正書，篆額，陰行書，碑高六尺五寸，廣三尺一寸，在費縣顔魯公祠内。

唐魯郡顔文忠公新廟記額五行，字徑五寸。

唐魯郡顏文忠公新廟記，左承議郎、尚書職方員外郎、雲騎尉、賜緋魚袋曹輔撰，明州定海縣主簿、秘書省校對黄本[六四]書籍秦觀書，左宣德郎、知開封府雍丘縣、同簽書兵馬司公事鄧袑篆額。

唐魯郡顏文忠公有廟在琅邪之費，距縣治東北五十里，曰諸滿村。室宇卑陋，歲月將圮，祀典弗著，神不顧享。元祐六年，洪農楊君元永爲邑之二年也，建言于州曰：『按[六五]《祭法》：能禦大災，能捍大患，則祀之；以勞定國，以死勤事，則祀之。方魯公守平原，時禄山逆狀未萌，公能燭其端。及反，河朔盡陷，獨平原城守具備，與其從兄常山太守杲卿首倡大順，河北諸郡倚之以爲金城，可謂能捍大患矣。其後爲姦臣所擠，臨大節挺然不屈，竟殞賊手，可謂以死勤事矣。今廟宇不能芘[六六]風雨，願聞諸朝，少加崇葺，俾有司得歲時奉祠。』知軍州事安定梁侯彦深下車未久，起廢更弊，州既以治，睹是舉也而樂之，即具以聞。太常議典禮，以上春官氏[六七]，曰宜如請。公之遠祖青、徐二州刺史盛，始自魯，居於琅邪之臨沂孝悌里，故今子孫之在琅邪者衆。其十一世孫安上者言縣，謂廟地僻左荒棘，跨嶺谷、絶河澗者六七而後至，祈自出緡錢，買地祊河之東，以徙置之，庶幾子子孫孫與其邦人奔走承祀弗懈。是年十二月二十四日廟成，楊君以書抵京師曰：『史氏稱顏公英烈，言言如嚴霜烈日可畏而仰，其信然。今廟碑將立，無文以刻之，懼不足以表忠義，勸來世，夫子其毋辭焉。』余考顏氏蓋出於邾武公之後，武公字顏，其子友，别封郳，爲小邾子，遂以『顏』爲氏。孔子之門人達者七十有二，而顏氏有其八，回以殆庶幾得《復》之初九『不遠復，無祇悔』之義，以爲門人之冠。其後衣冠不絶，間出聞人。

然則公之知義、明信、道篤，其淵源有自來矣。夫人之於死生之變亦大矣，而君子處之裕然得其所者，蓋有以權其義之輕重而已。若夫義有重於生，則不必幸其生；生有重於義，則不必致其死。故曰非死之難，處死之難。若魯公者，學行内外，充衍宏肆，以發見於事業，非獨一時奮不顧死以取名。故前抗禄山之師，後拒希烈之命，不惑於死生之際，而以明君臣之大義，可謂真知輕重，大丈夫者哉！百世之下聞其風者，雖亂臣逆夫，將消縮摧沮，不復牙孽於其心矣。楊君欲發明公之義烈，以詔後世，不諉於文學之士，而猥以見屬，豈以余爲知言哉！乃爲志其事而系之以銘。銘曰：

屹屹魯公，剛實積中。學奥問博，涵演擴充。孝友施家，發爲公忠。直道以行，孰顧我躬。讒口猰貐，往齒其鋒。禄山一呼，逆焰熾天。炎于崑岡，沸于百川。杯水輿薪，勢且莫抗。屹屹魯公，忠誠是仗。大義凛然，奮裾首倡。一清土門，數斬僞將。十有七州，同風順嚮。力窮功隳，英聲獨暢。屹屹魯公，不戒于剛。婉孌娟[六八]嫉，假手虎狼。公在鮠凮，得困之義。有嚴分守，卒遂吾志。屹屹魯公，風于百世。太山之祊，魯廟翼翼。孰作新之，守令其職。禋祀苾芬，子孫是食。惟廟暨孫，有圮有息。屹屹魯公，與山無極。九世孫温。

右通直郎、知沂州費縣事楊元永立石。

右承議郎、通判沂州軍州兼管内勸農事、雲騎尉、賜緋魚袋常士温。

右朝散郎、知沂州軍州兼管内勸農事、上輕車都尉、賜緋魚袋、借紫梁彦深。

元祐七年四月二十七日建。

碑陰[六九]

魯公為盧杞所忌，李希烈反，杞首議遣公，諫者甚衆。德宗問杞，對曰：『真卿，朝廷重臣，忠義聞天下，誰不慴服？臣常父事之，今遣使不為賊憚，則辱國，紛紛之言豈足聽？陛下當自斷之，無惑衆意。』德宗不能奪，遂遣之。人知公不還矣。親族餞於長樂坡，公既飲，乃躍上梁跳躑，謂餞者曰：『吾昔江南遇道士陶八八，得刀圭碧霞餌之，自此不衰。嘗云七十後有大厄，當會我于羅浮山，此行幾是歟！』次汜水，怳遇陶，笑謂曰：『吉，吉。』指嵩、少而去。後公死于賊。賊平，家人啓瘞，狀有金色，爪髮皆長如生人，歸葬偃師北山先塋。後有賈人至羅浮山，遇二道士奕，即而觀之，問曰：『子何所來？』賈人曰：『洛陽。』其一笑謂曰：『幸託書達吾家。』許諾，即扎書付之，其題曰『至洛都偃師縣北小顔家』。及往訪之，則塋也。守塚蒼頭識公書，大驚，問狀，皆公也。因與至其家，白之家人，大哭。卜日開壙椄棺，已空矣。嗚呼！杞欲害公之人，而不能害公之仙也。希烈、杞芛賊耳，賊之殺人有常刑，公死且不朽，又況仙耶？元祐三年九月，余遊吴興，適覩郡人新公之祠，因得謁拜公像，其英氣仙骨，凛然如在。嘗閲《洛中紀異》，載公前事，考史所載杞拜公于中書與對德宗之言，姦人表裏無迮，則公之仙復何疑焉？公之大節紀載甚多，而論次于林公之文為備，固已激忠義之頽風，沮陰邪之羞魄。至仙真事，吾又以刻于碑陰，以貽續仙傳者。襄陽漫仕米黻記。

右碑文凡三十行，字徑八分，撰文者爲曹輔。案輔字子方，華州人，登嘉祐八年乙科，歷官至朝奉郎、守司勳郎中，常與蘇、黄遊，號静常先生，見厲樊榭鶚《宋史紀事》［七〇］。書碑者爲秦觀，史稱其始登第，調定海主簿、蔡州教授，元祐初除太學博士、校證秘書省書籍。此碑系銜不列蔡州教授、太學博士，略之也。淮海書，世所罕見，今玩其筆意瘦勁，深得二王遺法。碑陰刻米襄陽記文十八行，字徑一寸三分。

姜三校洪山頂題字

元祐七年七月立，正書，在嘉祥縣洪山頂石坡上。右題：『姜三校書記，元祐七年七月廿四日夜半，鹿山上龍鬬，下大雨一二丈，衝滂十八村。』凡二行，字體大小不一。朱朗齋親至洪山絶頂拓得之。

蔡安持靈岩詩刻

元祐七年十月刻，行書，石高三尺五寸，廣二尺五分，在長清縣靈岩寺。

四絶之中劇最先，山圍宫殿鏁雲烟。當年鶴馭歸何處，世上猶傳錫杖泉。元祐壬申十月中澣，睢陽蔡安持資中題。

右詩并年月、姓名凡六行，字徑三寸。年月上又有正書題：『北安劉德亨安禮，携家之泗水任，飯僧於此，正隆二年三月十有七日書。』凡四行，字徑五分。

重修臧大夫廟殿記

元祐八年立，正書，額八分書，碑高七尺三寸，廣三尺二寸，在壽光縣城西三十里臧臺。

右碑額題『重修臧大夫廟殿之記』，三行，字徑二寸五分，文二十三行，字徑一寸。碑爲寺僧海宴撰文并書，紀年上不曰『大宋』，而曰『巨宋』，亦作者好異使然也。

廣福寺經幢殘刻

元祐八年六月立，正書，石高一尺八寸，凡八面，圍三尺二寸，在益都縣廣福寺。

右殘幢八面，内題記三面，凡十行，字徑寸許，書者爲僧守慶。

仰天山羅漢洞題字二種

紹聖元年四月刻，正書，在臨朐縣仰天山羅漢洞。

一題：『韓國程□、河間劉世□，紹聖元年四月二十四日同遊洞下。』凡六行，左讀，字徑一寸六分。其旁又有『政和癸巳初二日』，行書二行，左讀，字徑二寸。又有豐溪老人題七言絶句詩云：『過盡千岩與萬岩，亂山深處得精藍。我來非止窮幽勝，更向禪宗欲細參。』草書，五行，左讀，字徑二寸，皆無姓氏。

一題：『縣令陳子□祈雨，拜洞下。盧無悔偕行。甲戌孟夏初八日題。』凡四行，字徑二寸。

泰山振衣岡題名三種

年月詳後，俱正書，在泰安縣泰山振衣岡。

一題：『京兆上官均，以使事扺奉高，同靖恭楊昇遊嶽頂，觀日出，攬歷代遺跡，紹聖二年十月七日。』凡五行，字徑一寸五分。案《宋史·上官均傳》：元祐末，提點河北東路刑獄。紹聖初，召拜左正言，以忤章惇怒，遷工部員外郎，尋提點京東、淮東刑獄。此碑以紹聖二年使事扺奉高，遂遊岱頂，當是提點京東刑獄之時。惟史稱均爲『邵武人』，此云『京兆』，應以碑爲正也。

一題：『開封趙令緋，紹聖改元，濟南從事罷官，敬謁帝祠。時窮冬不能遊岱宗，怏恨而去。明年爲東魯别駕，□得以職事思造祠下，遂登絶頂，東望日出，徧觀古跡，巡山張佖、邑尉劉迹同行。紹聖三年四月朔。』凡十一行，字徑二寸。

一題：『開封張佖、宛陵梅昌符同登太平頂，介卞虞老侍。丙子四月十七日。』凡五行，左讀，字徑二寸五分。丙子是紹聖三年，張佖時方巡山，故四月朔日與趙令緋同遊，至十七日復來也。

梁子諒等仰天山題名

紹聖四年二月刻，正書，崖高九寸，廣一尺五寸，在臨朐縣仰天山石壁。

右題：『汶陽梁子諒叔忱，并子貢、孫靈運，率莆田黄顥景儒、萊蕪于天隱仲符，紹聖丁丑二月二十七日同遊。』凡八行，左讀，字徑一寸，旁有『董政刊』三小字。

盧山紀異詩碑[七一]

紹聖五年正月刻，行書，額八分書，碑高四尺四寸，廣三尺六寸五分，在黄縣盧山延真宫。

登州黄縣盧山延真觀紀異詩額十二字，横列，陽文，字徑二寸五分。

登州黄縣盧山延真觀紀異詩

東牟郡屬縣曰黄，黄之西南廿里山間有觀名延真，隋沖禧盧真君煮藥登仙之地也。觀有池，直聖母殿，鄉閭歲時祈禱，嘉應非一。紹聖四年十二月初七日夜，大寒，池冰凝合。遻[七二]旦視之，冰中有色，纍纍如貫珠玉，皆成物形，細鎖不可殫數。其間層級隱映爲佛塔、爲香鑪者，狀殊明察，雖神理眇緜[七三]不可詰，然奇祥美瑞渠[七四]無自。而至明日，蓋興龍節也。以人占天，其端可見。先是，真君座側生異草，細莖柔蔓，縈紆詰曲，覆被神像，上引宗[七五]棟，旁緣壁堵，葱蒨蓊鬱，歷歲始枯，去今且三十載矣。當時莫紀其事，因兼述焉，告諸未聞。縣人徐三畏。

芝陰舊是神仙宅，駕鶴泠風[七六]著前籍。青冥倒影不可尋，間有遺靈表奇跡。往時瑞草出西楹，蟠莖引蔓緣[七七]屋壁。蓊鬱青葱浄點塵，覆被仙容周幄帟。通人備考《神農經》，無説無名終不識。傳之[七八]于今三十年，目睹[七九]耳聆猶歷歷。邇來復見古砌下，冰結池面堅鐵石。中有鎖細百千狀，貫玉聯珠相倚植。鑪形塔影最明察，儼如天匠窮彫刻。堵觀魄動駭且疑，試爲求端一推覈。有道致祥聞自古，諒由叶氣潛薰炙。川珎嶽貢惟恐後，器車丹甑何由惜。舜廊淵默正垂衣，鴻[八〇]塞清夷方[八一]偃伯。宜哉殊像發重□[八二]，□[八三]應興龍靡差忒。至聖謙沖美不居，瑞合圖書禁牋册。草茅爵躍賦巴□[八四]，竊與堯民喧壤擊。

正月五日從德儉大夫遊盧山聖境坐中作，以紀一時異事，錫山野逸子守億。

明庭事業青雲上，暫屈鳴絃非所望。聞有靈蹤在境中，何從[八五]揮鞭時一訪。石路盤紆[八六]入道家，老松偃蹇枝槎牙。昔年煮藥盧童子，嘗聞白日乘雲霞。紅塵不到神仙窟，殿宇荒涼古突兀。海近幽[八七]深春未來，寒風吹池水生骨。厚冰無文印沈冥，一泓斜卧雲母屏。屏底有物色如玉，隱隱結就浮圖形。澄澄照眼琉璃瑩，還同倒影落明鏡。殆非人巧出天工[八八]，聾俗安知凡與聖。吾皇德澤被四夷，産此正是興龍[八九]時。畫圖難展丹青手，聊作升平瑞應詩。

盧山事跡甚著，始予欲爲之記，會同遊二子遺詩，所以敘致略盡，因不復作。姑爲手寫刻之，置觀壁中，歲月則既見右方矣。汶水任廣題，東武劉燾隸，濟南陳炳、萊陽張右德立。

右詩并前後記跋凡二十五行，字徑一寸二分。案《宋史·禮志》，哲宗以十二月八日爲興龍節，哲宗本七日生，以避僖祖忌，故後一日。此碑所紀時日正與史合。

李廸遊靈岩詩刻

紹聖五年三月刻，正書，石高一尺九寸，廣三尺七寸，在長清縣靈岩寺。

大丞相文定公遊靈巖詩

靈巖山勢異，金地景難窮。塔影遮層漢，鍾聲落半空。千峰羅雉堞，山如城壁之狀。萬仞聳屏風。飛鶴來清竇，有雙鶴泉。刳魚挂古桐。名曾參四絕，封合亞三公。在泰山後。勢徹河壖遠，形差嶽鎮雄。仙閭隣峻極，日觀伴穹崇。邃洞連蓬島，重巒鑿梵宮。山面有證明功德嵌。望應銷俗慮，登喜出塵籠。獻壽嵩衡並，分茅海岱同。艮方標出震，午位對升中。嵐滴晴烟碧，崖鋪夕照紅。巍峨齊太華，奇勝敵崆峒。鍊句供詩客，摸真怯畫工。天孫分怪狀，神化結全功。吟賞慵迴首，雲泉興愈隆。

先丞相天聖間嘗留詩寺壁，後主僧刻石，逮今歲久，字畫刓缺，因命工再刊於石。紹聖五年三月中澣日，姪曾孫新滑州白馬縣主簿李侃敬書，正監寺講經論沙門□□□。

右詩十七行，字徑二寸，後有李侃行書跋四行，字徑八分。案《宋史》列傳，李廸字復古，卒謚文定，天聖初出知兖州、青州，此詩殆作於是時也。

回回翁會真宮詩刻[九〇]

紹聖五年三月刻，字體詳後，石高二尺七寸，廣一尺七寸八分，在泰安縣會真宮故址關帝廟西壁。

右詩二首，分上、下二段。一題：『昔日曾遊此，如今九十春。紅塵多少客，誰是識予人。回回翁題。』正書五行，字徑二寸五分。末有『紹聖戊寅三月二十一日留題，□□□上』，正書一行，字徑五分。一題：『昔年留字識曾來，事滿華夷[九一]遍九垓。無賴蛟虬知我字，□留蹤跡不沉埋。回公再書[九二]。』行書五行，字體大小不等，『回公』下二字不可識。末有『政和丙申六月十八日題□王母池北』，正書一行，字徑七分。此行之右又有『大定二十一年』六小字，乃後人續刻。《縣志》稱：『王母池上有洞，相傳純陽子鍊丹於此。』額曰『呂公洞』，頗疑此碑必是當時道俗託爲仙跡以炫人者。

元又見長清縣靳莊有《仙跡碑》，凡十字，相傳爲純陽子所書。案其字體，全似符籙，此亦是道流僞作也。坿記於此。

小蓬萊題名二種

年月詳後，俱正書，在泰安縣泰山小蓬萊王母池北。

右刻一題『□□劉晦叔、姑蘇陳子安、都下向致恭同遊，元符三年正月初四日』，凡五行，後有『景復季和甄師德，政和改元三日同遊』，凡三行，皆左讀，字體大小不等。一題『□□□□□□洛孚、邑人王履道、平原鄭紹先、濟南張韋庭、□楊存三來遊，暮而歸，小雨□□容行大觀下泐。』，凡六行，左讀，字體大小不等，文皆漫滅。末行存『大觀』二字，當是紀年也。

元豐敕封順應侯牒碑

元符三年六月立，正書，篆額，碑陰及額俱正書，石高九尺六寸，廣三尺七寸，在歷城縣龍洞壽聖院。

右碑額題『敕封順應侯碑』二行，字徑五寸。碑文前列太常禮院奏狀十一行，字徑一寸；後列敕文五行，字徑二寸五分；惟首行『中書門下牒』五字，牒文內兩『敕』字皆作大行書，字徑四寸。敕文後列銜三行，曰『右諫議大夫、參知政事蔡』者，蔡確也；曰『禮部侍郎、平章事王』者，王珪也；曰『工部侍郎、平章事吴』者，吴充也。敕下於元豐二年七月，至元符三年六月始爲立石。碑陰額題『順應侯碑陰記』二行，字徑四寸二分，文二十行，字徑一寸五分。記爲决曹掾李元膺所撰，中敘立碑事甚詳，云：『歷城令歐陽大春，夢旌旗、戈甲、輿衛甚威，言是順應侯，見大春，正色曰：『吾受天子封爵，而制書吾不得見，何也？』大春深駭之，不能對。覺而語其夢，同僚莫有知者。久之，得於州軍資庫中，塵埃弊壞，乃元豐間守臣韓鐸以侯之事請於神皇帝而賜者，蓋於今二十年矣。即歸制書於廟，且購大石刻之，云云。又有元人張泰亨重摹本，亦在院中。

岱頂題名十一種

倶正書，年月詳後，在泰安縣泰山頂開元摩崖之東。

一題：『元符三年九月二十三日，孫𣚥[九三]、楊景、李堯臣、李敏能同登泰山三頂，觀歷代遺跡。』凡四行，左讀，字徑三寸，在紀泰山頂東側。

一題：『建中靖國元年三月二十四日，楊舜賓、李子儀、趙公立、吕君禮同遊。』凡四行，字徑一寸，在孫𣚥題名之右，其旁有陳臺人韓真題名，不記時代。

一題：『郝㮘年、田國材、許遜、程康，崇寧初元季春念六日，同登岱三峰。』凡四行，左讀，字徑一寸三分，在孫𣚥題名之下。

一題：『王宜，崇寧元年。』凡二行，字徑一寸，在郝糉年題名之右，字爲明刻所掩，兹就隙處諦視，露此六字，餘不能辨。

一題：『趙子和、趙君安、□□源，崇寧四年乙酉季秋同登泰山三峰，刻石磨崖側。』凡四行，字徑一寸五分，在楊舜賓題名之右。

一題：『行宫至十月缺。宣令權且停罷缺。宣到岳缺。高昆監修東岳缺。興國七年。缺。』字徑七分，俱爲明刻所掩，僅辨此二十餘字。

一題：『太原王貽公□與天水趙明誠德父，政和三年閏正月八日同登。』凡三行，字徑一寸，在興國七年題名之右。

一題：『清和張大受、河南褚充善、昌黎韓通叟，政和五年九月六日同登。』凡五行，字徑一寸，在興國七年題名之下。

一題：『廣川董堯問缺。峰巒秀缺。祇恐黄笙盡不成。』字徑二寸，亦爲明刻所掩，題無年月，似亦宋刻，坿録於後。

一題：『皇姑濮國大長公主，奉命同駙馬濬州防禦蒲察，敬詣岱嶽，焚香致禮畢，明日遂登絶頂，拜于玉仙祠下，時明昌元年三月十二日。』凡五行，字徑一寸，在郝糉年題名之右。此與後一種皆金人所題，因不便别出，并坿録之。

一題：『石城徐鐸被符度修諸祠工費，因登絶頂，周覽而還。大定丙午三月十七日。仝遊蒲陰趙七斤、男鄭和尚侍。』凡五行，字徑一寸，在郝樗年題名之下。

蔡卞書經偈石刻

崇寧元年十一月刻，行書，凡四石，各高一尺二寸五分，廣五尺，在長清縣靈岩寺。

右偈前段書於元符二年十二月，後段續書於建中靖國元年十一月至崇寧元年十一月，鄱陽齊迅施刻於靈岩寺，寺僧仁欽立石。空處有明人方豪題字及觀者張振采、胡纘宗、高奎、石九奏、丘坦諸人名。案《宋史·蔡京傳》：弟卞字元度，與京同登熙寧三年進士。哲宗朝，官至尚書左丞，專托紹述之説，中傷善類。徽宗即位，諫官陳瓘等陳其大罪有六，以資政殿學士知江寧府，連貶少府少監，分司池州。纔逾歲，起知大名府，徙揚州，召爲中太乙宫使，擢知樞密院。此碑前段所書正官尚書左丞、中傷善類之時，後段續書已貶少府少監、分司池州，與款題『池陽慧陽院』合。逾年改元崇寧，至十一月靈岩刻石，卞已知樞密院矣。

郭異觀海詩刻

崇寧元年十二月刻，行書，石高二尺，廣二尺六寸，在掖縣海神廟。

洶洶瀾無際，滔滔勢欲東。百川容莫量，三島杳難窮。天淡祠堂古，雲低客路通。暫來回首懶，歸轡逐西風。余奉使本路，因謁海神，幸得一觀，時崇寧壬午十二月十四日，郭異世英記，外甥壻掖縣尉鄭世昌同來，男左侍行。崇寧元年十二月二十日，萊州掖縣尉鄭世昌立石，劉玉模刻。右詩刻并記凡九行，字徑二寸，後有縣尉鄭世昌立石及刻者姓氏二行，正書，字徑五分。

天齊廟碑

崇寧二年正月立，正書，碑高五尺，廣二尺，在滕縣和傅村。右碑文十六行，字徑七分。

張頡等龍洞題名

崇寧二年六月刻，正書，崖高二尺四寸，廣一尺六寸，在歷城縣龍洞。

右題：『月晦日，張頡子與李倚良輔、范庭堅悦道、劉琮元方、李佳美仲，聯轡來游，大宋[九四]崇寧二年六月。』凡五行，左讀，字徑三寸。

普照寺石柱題字

崇寧二年十月刻，正書，在濟寧州普照寺。

右石柱上刻佛象，下題字三行，柱爲道泰坊彭氏與女婿黄評捨財建立，以祈福佑者。朱朗齋自他處借録，未見拓本。

徽宗賜辟廱詔書碑

無年月，并額俱正書，碑高一丈，廣三尺六寸，在陵縣學。

皇帝賜辟廱詔額二行，字徑五寸。

朕嘉在昔，善天下之俗，勸功樂事，尊君親上，莫不受成於學。命鄉論秀，比其德行，而興其賢能，崇德黜惡，人有成材。逮至後世，士失所養，家殊俗異，未之有革。惟我神考，若稽先王，建置校學，罷黜詩賦，訓釋六藝，首善於京師矣。朕追述先志，夙興夜寐，罔敢墜失。思與有德有造之士共承之。遂詔所司，推原熙豐三舍之令，播告之修，誕彌率土，即國之郊作辟廱。廢科舉以復里選之制，非聖賢之書與元祐術學，悉禁毋習。乃涓日之良，臨廱視學，延見多士，縻以好爵，朕心庶幾焉。傳不云乎，以善養人者服天下。朕之廸士至矣，其丕應徯志，以從上之欲。則將一道德，同風俗，追成周之隆，以駿惠我神考，豈不韙歟？付辟廱，四日。

皇帝賜辟廱詔後序，承議郎、試大司成兼侍講、武騎尉、保寧縣開國男、食邑三百户、賜紫金魚袋臣薛昂，奉聖旨撰并書。

崇寧元年，上總覽庶政，慨然欲大有爲，將躋斯民，咸底于道，迺下詔曰：『學校崇則德義著，德義著則風俗醇，其大興黌舍于天下。』又詔即國近郊，建置辟廱。匠臣抗圖，上曰：『古者學必祭先師，兹聚四方士多且數千，宜增殿像于前，徙經閣于後，布講席于四隅，餘若爾規。』厥既得空三字。旨，則經營，越三年迺告成，車駕幸焉。祇見空三字。夫子于大成，又詔國子司業臣絪、臣静曰：『朕攄至懷，親著翰墨，賜之璧水，申勸無窮。』小大之臣，下逮韋布，鼓舞頌咏，咸以覩所未嘗爲幸，藏之層構，勒之翠炎。明年，臣静又請序其後，上命臣昂曰：『汝其爲之。』臣不獲辭，乃拜手稽首言曰：『唐虞三代尚矣，歷世既遠，教法不存，然上下之庠，東西之序，左右之學，與夫東膠虞庠，或在國，或在郊。又曰成均，曰米廩，曰瞽宗，曰辟廱，蓋皆設於王都者如此。至於鄉遂，則又各爲庠序學校。』嗚呼，何其詳且至也。秦漢而降，治失本原，禮樂化微，師友道喪，人才卑陋，有媿成周，蓋無足怪。於皇神考，稽古御時，闢太學，建三舍，論選有法，士變宿學而新美矣。皇帝陛下祖述憲章，咸在先帝，收科舉於學校，推三舍於四方。肇立司成，專遣膚使，燕見訓諭，載色載笑，叡意所屬，可謂至矣。於是時也，士患不學，不患無所於學；人患不才，不患無以成其才。方策所傳，歎不可得，於今親見，如出其時，豈不盛歟！然昔備成於積世，今掩迹於一時，昔大比于王畿，今實興乎海寓，非天錫聖上勇智，照於理而不惑，斷以義而必行，則希世墜典，豈易悉舉哉！臣待罪從官，以總領師儒爲職，誠不自揆，仰聖政之丕成，慶多士之幸會，忘其淺陋，昧冒稱述，姑以塞明詔焉。若夫《雲漢》之章，河洛之畫，顧豈筆舌所能形容！彼目擊心諭，得法象焉，則無爲而成，其猶天地歟！臣謹序。奉議郎、試辟廱司業、武騎尉臣何昌言，承議郎、守國子司業兼同編修國朝會要、武騎尉、賜緋魚袋臣强淵明，朝請郎、守國子司業、雲騎尉臣汪澥，奉議郎、試辟廱司業臣余深，朝散郎、試中書舍人、雲騎尉、賜紫金魚袋臣蔣静，朝散郎、試中書舍人、飛騎尉、賜紫金魚袋臣吴絪，司空、尚書左僕射兼門下侍郎、上柱國、衛國公、食邑六千八百户、食實封二千户臣蔡京，奉敕題額。從事郎、知德州安德縣丞、專切管勾學事、教閲保甲、權州學教授臣葛長卿，通直郎、通判德州軍州、管勾學事、察視保甲兼管内勸農事、借緋臣牛公達，右中散大夫、知德州軍州、管勾學事兼管内勸農使、上騎都尉、滎陽縣開國男、食邑三百户、賜紫金魚袋臣賀宗賢，奉聖旨立石，教練使臣孫延太、臣耿著模刊。

右碑上截刻詔書十五行，字徑一寸，末行祇『四日』二字。下截刻後序及銜名凡二十九行，字徑一寸。碑無立石年月，朱朗齋云：『據序稱：三年告成，車駕幸焉，詔國子司業臣絪、臣静，云云。攷《宋史·徽宗本紀》：崇寧三年十一月甲戌，幸太學，遂幸辟廱，賜國子司業吴絪、蔣静四品服，學官推恩有差。則此碑當系之崇寧三年十一月也。《宋史》無賜詔明文，得此可補其闕。』《詔》内『建置校學』應是『學校』之誤[九五]；『播告之條』，『條』誤作『修』。

明道寺題名

崇寧四年刻，正書，石高二尺九寸，廣二尺三寸五分，在臨朐縣城南九十里明道寺，俗名下寺院。

右題『慎微子中，崇寧乙酉同遊』，凡三行，字徑三寸五分。又有『彦鎮若虚，戊寅來遊，二月初吉』，題名三行，字徑四寸。戊寅不著年號，未可臆定，姑坿於此。

吴拭靈岩寺詩刻

崇寧五年四月刻，正書，在長清縣靈岩寺。

余赴治歷下，謹拜香于靈巖道場。靈巖固東州勝絶處，余聞之舊矣，然不知與武夷昇真洞天相若也。余既幸供佛飯僧，又經行宴坐之地，了了然如家山間。住山仁欽師初不與余接，問之，蓋鄉人也。

因作三小詩以誌其事。

丹崖翠壑一重重，香火因緣古寺鐘。若有金龍隨玉簡，武夷溪上幔亭峰。

一庵邂逅得東秦，憶別家山六度春。何意眼看毛竹洞，主人仍是故鄉人。

大士分身石罅開，輕煙微雨證明臺。洒然一覺鄉關夢，換骨崖高好在哉。

崇寧五年丙戌夏四月甲戌，建安吴拭顧道題。

右詩序年月凡十六行，字徑一寸。朱朗齋云：『筆法秀勁，鋒穎如新。』

靈澤廟封敕殘石

無年月，行書，石方廣一尺六寸，在臨朐縣。

右封敕存字八行，字徑一寸六分，已爲居民改作石器。據《府志》載：『靈澤廟在仰天山黑龍洞側，宋神宗初賜額靈澤，後加封豐濟侯。』則此碑原在仰天山，所祀者即黑龍神也。末行年號存一『崇』字，今從《縣志》，列於崇寧五年。

東平州學御筆手詔碑額

行書，石高三尺六寸，廣二尺，在東平州學杏壇前。

右額題『御筆手詔』二行，字徑八寸。案《宋史·蔡京傳》云：宋制，凡詔令議自中書門下，方命學士爲之。熙寧中，有内降詔不由中書共議，蓋京患言者議己，故作御筆密進，而乞帝親書以降，謂之御筆手詔，違者以違制坐之。即有不類帝書者，群下莫敢言矣。又徽宗崇寧五年二月丁丑，詔前降御筆手詔模印成册，頒之州縣，不遵奉者監司按劾，監司推行不盡者，諸司互察之，蓋皆蔡京所爲也。此碑詔書未見，不能定爲何年，姑坿於崇寧之末。

黄石公祠石香爐款識

大觀元年正月刻，正書，在東阿縣黄石公祠。

右題『鄆州東阿縣秦村左班殿直、前訓練博州軍馬公事王中立，同母杜氏、妻張氏，造石香爐一座』云云，凡六行，字徑一寸。

范致君泰山麓后土殿題名

大觀元年正月刻，正書，石高一尺四寸，廣一尺六寸，在泰安縣泰山麓后土殿壁間。

右題：『武夷范致君久慕仙風，自楚之魯，遂登泰山，以望八極之表，有宋大觀元年正月廿三日記于是碑。』凡七行，字徑二寸。又小字一行，存『后土聖母殿』五字，乃後人續刻也。

濟州金鄉學記

大觀元年六月立，并陰俱正書，在金鄉縣學。

右碑未見拓本，今據朱朗齋所録者存之。文二十一行，後題『安定胡世將記，隴西李浩書，彭城劉暘題額』，皆不系官階，列名文後，與他碑異。胡世將、李浩，《宋史》皆有傳。最後系銜『奉議郎、知縣事兼管句宗室財用學事尹熙立石』。管句宗室財用學事，他刻未見。武虚谷云：『金鄉接壤南京，此地蓋有宗室疎屬願居在外者，于時亦當置宗學於此矣。』又考《宋朝事實》，蔡京乞隨所在諸官置學、添教授、立法教養，則教授主學事而以知縣事者管句，實爲史志所略，得此補之，信有徵也。碑陰記崇寧間移建講堂事，凡十二行。

臨朐縣學大觀聖作碑［九六］

大觀元年九月立，并額俱正書，碑高一丈，廣三尺九寸，在臨朐縣學。

大觀聖作之碑額三行，字徑五寸。

學以善風俗明人倫，而人材所自出也。今有教養之法而未有善俗明倫之制，殆未足以兼明天下。孔子曰：『其爲人也孝悌，而好犯上者，鮮矣；不好犯上，而好作亂者，未之有也。』蓋設學校，置師儒，所以敦孝悌。孝悌興則人倫明，人倫明則風俗厚，而人材成，刑罰措。朕考成周之隆，教［九七］萬民而賓興以［九八］六德六行，否則威之以不孝不悌之刑。比已立法，保任［九九］孝、悌、婣、睦、任、恤、忠、和之士。去古緜邈，士非里選，習尚科舉，不孝不悌有時而容，故任官臨政，趨利犯義，詆訕貪污，無不爲者，此官非其人，士不素養故也。近因餘暇，稽周官之書，制爲法度，頒之校學，明倫善俗，庶幾於古。

諸士有善父母爲孝，善兄弟爲悌，善内親爲睦，善外親爲婣，信於朋友爲任，仁於州里爲恤，知君臣之義爲忠，達義利之分爲和。

諸士有孝、悌、睦、婣、任、恤、忠、和八行，見於事〔一〇〇〕狀，著於鄉里。耆鄰保伍以行實申縣，縣令佐審察，延〔一〇一〕入縣學。考驗不虛，保明申州如令。

諸八行，孝、悌、忠、和爲上，睦、婣爲中，任、恤爲下。士有全備八行，保明如令，不以時隨奏，貢入太學，免試爲太學上舍。司成以下引問考驗，較定不誣，申尚書省取旨，釋褐命官，優加拔用。

諸士有全備上四行，或不全一行而兼中等二行，爲州學上舍上等之選；不全上二行而兼中等一行，或不全上三行而兼中二行者，爲上舍中等之選；不全上三行而兼中一行，或兼下行者，爲上舍下等之選；全有中二行或有中等一行而兼下一行者，爲內舍之選；餘爲外舍之選。

諸士以八行中三舍之選者，上舍貢入；內舍在州學半年不犯第二等罰，升爲上舍；外舍一年不犯第三等罰，升爲內舍，仍准上法。

諸士以八行中上舍之選而被貢入太學者，上等在學半年不犯第三等罰，司成以下考驗行實聞奏，依太學貢士釋褐法，中等依太學中等法待殿試，下等依太學下等法。

諸士以八行中選在州縣，若太學皆免試補爲諸生之首選，充職事及諸齋長諭。

諸以八行考士爲上舍上等，其家依官户法，中下等免户下支移、折變、借借、身丁。內舍免支移、身丁。

諸謀反、謀叛、謀大逆子孫同。〔一〇二〕以及大不恭，詆訕宗廟，指斥乘輿，爲不忠之刑。惡逆、詛罵、告言祖父母、父母，別籍異財，供養有闕，居喪作樂、自娶、釋服匿哀，爲不孝之刑。不恭其兄，不友其弟、姊妹，叔嫂相犯罪杖，爲不悌之刑。殺人、略人、放火、强姦、强盜，若竊盜杖及不道，爲不和之刑。謀殺及賣略緦麻以上親，毆告大功以上尊長，小功尊屬若内亂，爲不睦之刑。詛罵、告言外祖父母與外姻有服親、同母異父親，若妻之尊屬相犯至徒，違律爲婚，停妻娶妻，若無罪出妻，爲不媚之刑。毆受業師，犯同學友至徒，應相隱而輒告言，爲不任之刑。詐欺取財，罪杖告囑，耆鄰保伍有所規求避免，或告事不干己，爲不恤之刑。

諸犯八刑，縣令佐、州知通以其事，目書於籍報學，應有入學，案籍檢會施行。

諸士有犯不忠、不孝、不悌、不和，終身不齒，不得入學。不睦十年、不媚八年、不任五年、不恤三年，能改過自新不犯罪，而有二行之實，耆鄰保伍申縣，縣令佐審察，聽入學。在學一年又不犯第三等罰，聽齒於諸生之列。

大觀元年九月十八日，資政殿學士兼侍讀臣鄭居中奏乞，以御筆八行詔旨摹刻于石，立之宫學，次及太學、辟廱、天下郡邑。二年八月二十九日，奉御筆賜臣禮部尚書兼侍講久中，令以所賜刻石。

通直郎、書學博士臣李時雍奉敕摹寫，承議郎、尚書禮部員外郎、武騎尉臣葛勝仲，朝散郎、尚書禮部員外郎、雲騎尉臣韋壽隆，承議郎、試尚書禮部侍郎、學制局同編修官、武騎尉、隴西縣開國男、食邑三百户、賜紫金魚袋臣李圖南，朝請郎、試禮部尚書兼侍講、實録修撰、飛騎尉、南陽縣開國男、食邑三百户、賜紫金魚袋臣鄭久中，太師、尚書左僕射兼門下侍郎、上柱國、魏國公、食邑一萬一千二百户、食實封參千捌伯户臣蔡京題額。

右碑文及年月、銜名凡二十七行，字徑一寸。筆細如髮，全以瘦勁行之。是碑山左學宫往往有之，蓋當時諸州學皆奉令刻石者。

泰安縣學大觀聖作碑

大觀元年九月立，并額并正書，碑高一丈四尺，廣四尺，在泰安縣學。

菏澤縣學大觀聖作之碑

大觀元年九月立，正書，碑高八尺八寸，廣三尺六寸，在菏澤縣學。

城武縣學大觀聖作碑

大觀元年九月立，正書，碑高六尺三寸，廣三尺七寸，在城武縣學。

諸城縣學大觀聖作碑

大觀元年九月立，并額俱正書，碑高一丈，廣三尺六寸，舊在諸城縣學，今移置超然臺上。

右四碑文及字體俱與《臨朐縣學碑》相同，兹不具録。

御製八行八刑條制碑

大觀元年六月立，正書，篆額，碑高七尺四寸，廣三尺，在觀城縣學。

右碑額題『御製八行八刑條制』，凡二行，字徑四寸，文三十二行，字徑六分。此碑首尾全是尚書省牒原文，後列令丞尉簿諸銜名。

富紹榮雲門山題名

大觀二年六月刻，正書，崖高二尺六寸，廣一尺六寸，在益都縣雲門山大雲頂洞南。

右題：『大觀二年戊子六月十二日，朝奉郎富紹榮，緣宗室財用事至青社，因過石子澗，來雲門山，讀伯父文忠公慶曆八年題石，今已六十一年，感念徘徊，向晚之昌樂。』凡五行，字徑一寸五分。此從他處借録，未見拓本。

靈岩崇興橋碑

大觀二年九月立，正書，篆額，碑高六尺六寸，廣三尺六寸，在長清縣靈岩山。

右碑額題『崇興橋記』，横列，字徑六寸五分，文及年月、銜名凡二十三行，字徑九分。後又有施主姓名並本寺僧衆名二列。

博山肖蓬瀛記碑

大觀三年九月立，行書，篆額，碑高三尺，廣一尺六寸，在博山縣玉皇宫。

右碑額題『肖蓬瀛記』，二行，陽文，字徑三寸，文十五行，字徑五分。

李導等靈岩觀音洞題名

大觀三年刻，正書，石高九寸，廣八寸，在長清縣靈岩山觀音洞。

右題：『甘陵皇沂同李導陟此峰，遊於是洞，自□□入之□□，時大觀三年□□□□記。』凡六行，字徑一寸三分，皆漫滅難辨。末行祇存『記』字。此刻未見拓本，朱朗齋自他處録之。

鄭秉德等神通寺題名

大觀四年三月刻，正書，石高八寸，廣一尺二寸，在歷城縣神通寺。

右題：『平原鄭秉德、濟南沈君正，同弟天粹，自四禪寺登奉春岩洞，詣靈岩道場，虔天門東□是□大觀庚寅三月廿三日。』凡九行，左讀，字徑一寸。

僧仁欽五苦頌碑

大觀四年八月立，并額俱正書，碑高四尺三寸，廣二尺一寸，在長清縣靈岩寺。

右碑額題『五苦之頌』，横列，字徑二寸四分，文十二行，字徑一寸，皆釋氏常談，無足録也。

【校勘記】

［一］此碑現存濟南長清靈岩寺御書閣下門洞内西側墻壁上，拓本收録於《北京圖書館藏中國歷代石刻拓本匯編》第三九册《李公顔遊靈岩寺題記》，碑文亦載《岱覽》卷二五《李公顔題名》、《濟南金石志》卷四《宋元豐三年李公顔遊靈岩題記》，兹據此加以校證。

〔二〕此闕字，原碑及拓本殘泐，《濟南金石志》作「自」。

〔三〕「塘」，原作「唐」，據原碑及拓本正。

〔四〕此闕字，原碑及拓本殘泐，《濟南金石志》作「至」。

〔五〕原碑已毁，蓬萊閣現藏爲後來摹刻，拓本收録於《北京圖書館藏中國歷代石刻拓本匯編》第四六册《海市詩刻》，兹據此加以校證。

〔六〕「作」，原僅存「亻」部，據拓本補。

〔七〕「開」，據陸耀遹《金石續編》卷一五蘇軾書《醉翁亭記》跋補。

〔八〕此碑原存孔子手植檜前，現存曲阜漢魏碑刻陳列館東屋北間北起第三石，拓本收録於《北京圖書館藏中國歷代石刻拓本匯編》第四一册《孔子手植檜贊》，漫漶較爲嚴重，碑文亦載乾隆《曲阜縣志》卷五二《宋米芾孔子手植檜贊碑》，兹據此加以校證。

〔九〕此闕字，原石及拓本殘泐，但稍存痕跡，爲「芾」字無疑。

〔一〇〕此闕字，原石及拓本殘泐，乾隆《曲阜縣志》作「昔」。

〔一一〕此闕字，原石及拓本殘泐，乾隆《曲阜縣志》作「廕」。

〔一二〕「囚」，原作「因」，據《宋史》卷一八《哲宗二》正。

〔一三〕此碑現存狀况不詳，亦未見拓本傳世，碑文載於乾隆《淄川縣志》卷七《羅公神道碑》、《濟南金石志》卷三《宋元祐三年羅公神道碑》，兹據此加以校證。

〔一四〕「積」，據碑正文補，乾隆《淄川縣志》與《濟南金石志》亦作「積」。

〔一五〕此二闕字，乾隆《淄川縣志》與《濟南金石志》僅作一「企」字。

〔一六〕『□扌』，乾隆《淄川縣志》與《濟南金石志》作『於朝』。

〔一七〕『間』，乾隆《淄川縣志》作『閈』。

〔一八〕此闕字，乾隆《淄川縣志》與《濟南金石志》作『爵』。

〔一九〕『無』，乾隆《淄川縣志》作『亡』。

〔二〇〕『上』，《濟南金石志》作『土』。

〔二一〕『清』，乾隆《淄川縣志》作『潛』。

〔二二〕『葬』，《濟南金石志》作『墓』。

〔二三〕此闕字，乾隆《淄川縣志》與《濟南金石志》作『逾』。

〔二四〕此闕字，乾隆《淄川縣志》與《濟南金石志》作『乃』。

〔二五〕『亡』，乾隆《淄川縣志》作『無』。

〔二六〕『責』，乾隆《淄川縣志》作『貴』。

〔二七〕『嘗』，乾隆《淄川縣志》作『常』，《濟南金石志》作『當』。

〔二八〕此闕字，乾隆《淄川縣志》與《濟南金石志》作『平』。

〔二九〕『力』，乾隆《淄川縣志》與《濟南金石志》作『功』。

〔三〇〕『恩』，原作『思』，誤。據《宋史·地理志》記載：清陽縣，宋慶曆八年屬恩州，熙寧四年省清陽縣併入清河縣。乾隆《淄川縣志》與《濟南金石志》亦作『恩』。

〔三一〕此闕字，乾隆《淄川縣志》作『而』。

〔三二〕『闔□』，據《宋史》卷八九《地理五》、乾隆《淄川縣志》與《濟南金石志》，當爲『關隸』。

〔三三〕「父」，乾隆《淄川縣志》與《濟南金石志》均無，當爲衍字。

〔三四〕「享」，乾隆《淄川縣志》作「膺」。

〔三五〕此闕字，乾隆《淄川縣志》與《濟南金石志》作「倦」。

〔三六〕「爾」，乾隆《淄川縣志》作「耳」。

〔三七〕「能」，乾隆《淄川縣志》作「得」。

〔三八〕「没」，乾隆《淄川縣志》作「落」。

〔三九〕此闕字，乾隆《淄川縣志》與《濟南金石志》作「春」。

〔四〇〕「民」，乾隆《淄川縣志》與《濟南金石志》作「氏」。從韵脚來看，作「氏」是。

〔四一〕此四闕字，《濟南金石志》作「後裔垂烈」。

〔四二〕此闕字，乾隆《淄川縣志》與《濟南金石志》作「照」。

〔四三〕「刊石徐□□」，乾隆《淄川縣志》與《濟南金石志》作「刊者蘇從禮」。

〔四四〕此碑原存東平州學，後毁損不存，拓本收録於《北京圖書館藏中國歷代石刻拓本匯編》第四〇册《鄆州州學新田記》，文字部分殘泐，碑文載於《金石萃編》卷一三九《鄆州州學新田記》、乾隆《泰安府志》卷二五《鄆學新田記》、光緒《東平州志》卷一九《鄆學新田記》，兹據此加以校證。

〔四五〕此闕字，拓本殘泐，乾隆《泰安府志》、光緒《東平州志》作「始」。

〔四六〕此闕字，拓本殘泐，乾隆《泰安府志》、光緒《東平州志》作「空」。

〔四七〕此闕字，拓本殘泐，乾隆《泰安府志》、光緒《東平州志》作「以」。

〔四八〕此闕字，拓本殘泐，乾隆《泰安府志》、光緒《東平州志》作「成」。

［四九］此闕字，拓本殘泐，乾隆《泰安府志》、光緒《東平州志》作「而」。

［五〇］「澶」，原僅殘存「亶」，據拓本補。

［五一］此闕字，拓本殘泐，《金石萃編》、乾隆《泰安府志》與光緒《東平州志》作「祐」。

［五二］此闕字，拓本殘泐，乾隆《泰安府志》、光緒《東平州志》作「閣」。

［五三］此闕字，拓本殘泐，乾隆《泰安府志》、光緒《東平州志》作「來」。

［五四］此闕字，拓本殘泐，《金石萃編》、乾隆《泰安府志》與光緒《東平州志》作「本」。

［五五］「章」，原僅殘存「立」，拓本有所殘泐，但仍存「章」字之迹。《金石萃編》、乾隆《泰安府志》與光緒《東平州志》亦作「章」。

［五六］「得」，原僅殘存「寸」，拓本稍有殘泐，爲「得」字無疑，乾隆《泰安府志》、光緒《東平州志》亦作「得」。

［五七］此闕字，拓本殘泐，乾隆《泰安府志》、光緒《東平州志》作「弊」。

［五八］此闕字，乾隆《泰安府志》、光緒《東平州志》作「民」。

［五九］「籍」，原作「藉」，據拓本正。

［六〇］此闕字，拓本殘泐，乾隆《泰安府志》、光緒《東平州志》作「究」。

［六一］此闕字，拓本殘泐，乾隆《泰安府志》、光緒《東平州志》作「之」。

［六二］此闕字，拓本殘泐，乾隆《泰安府志》、光緒《東平州志》作「大」。

［六三］此碑已毁，拓本收録於《北京圖書館藏中國歷代石刻拓本匯編》第四〇册《顔真卿新廟記》，漫漶較爲嚴重，碑文亦載《八瓊室金石補正》卷一〇七《唐顔文忠公新廟記》、《平津館金石萃編》卷一九《顔文忠公新廟記》、乾隆《沂州府志》卷三一《改建顔魯公新廟記》、光緒《費縣志》卷五下《改建顔魯公新廟記》，兹據此加以校證。

［六四］『本』，原作『木』，據拓本正。

［六五］『按』，原作『案』，據拓本正。

［六六］『芘』，拓本殘泐，乾隆《沂州府志》作『蔽』，光緒《費縣志》作『庇』。

［六七］『氏』，原作『民』，據拓本正。『春官氏』是禮部的别稱，宋王讜《唐語林·補遺四》載：『春官氏每歲選升進士三十人，以備將相之任。』

［六八］『娟』，拓本殘泐，《八瓊室金石補正》、《平津館金石萃編》、乾隆《沂州府志》與光緒《費縣志》作『娼』。

［六九］此碑陰拓本載録於《北京圖書館藏中國歷代石刻拓本匯編》第四〇册《顔真卿新廟記碑陰記》，碑文亦載《金石萃編》卷一四〇《魯公仙迹記》、光緒《費縣志》卷一四上《魯公仙真記》，兹據此加以校證。

［七〇］厲鶚著有《宋詩紀事》，此『《宋史紀事》』當爲阮元誤記。

［七一］此碑現已不存，亦未見拓本傳世，碑文載於光緒《登州府志》卷六五《宋登州黄縣盧山延真觀紀异詩石刻》、同治《黄縣志》卷一二《盧山紀异》及卷一四《徐三畏盧山紀异詩序》，兹據此加以校證。

［七二］『鐆』，同治《黄縣志》作『黎』。

［七三］『眇緜』，同治《黄縣志》作『渺邈』。

［七四］『渠』，同治《黄縣志》作『詎』。

［七五］『宋』，同治《黄縣志》作『梁』。

［七六］『泠風』，同治《黄縣志》作『凌雲』。

［七七］『緣』，光緒《登州府志》作『延』。

［七八］『傳之』，光緒《登州府志》作『轉首』，同治《黄縣志》作『博問』。

〔七九〕「睹」，同治《黄縣志》作「覩」。
〔八〇〕「鴻」，光緒《登州府志》作「雁」。
〔八一〕「夷方」，同治《黄縣志》作「彝亦」。
〔八二〕此闕字，同治《黄縣志》作「淵」。
〔八三〕此闕字，同治《黄縣志》作「侯」。
〔八四〕「草茅爵躍賦巴□」，同治《黄縣志》作「華祝雀躍賦一詩」。
〔八五〕「從」，光緒《登州府志》作「惜」。
〔八六〕「紆」，光緒《登州府志》作「迂」。
〔八七〕「幽」，光緒《登州府志》作「山」。
〔八八〕「工」，光緒《登州府志》作「功」。
〔八九〕「興龍」，光緒《登州府志》作「龍興」。
〔九〇〕此碑現存泰山梳洗河吕祖洞内壁，兹據此加以校證。
〔九一〕「夷」，原作「聲」，據原碑正。
〔九二〕「再書」，原闕，據原碑補。
〔九三〕「櫛」，原作「㮣」，據題名第二種正。
〔九四〕「宋」，原作「宗」，誤。
〔九五〕《臨朐縣學大觀聖作碑》：「頒之校學，明倫善俗，庶幾於古。」可見，「校學」未必訛誤。
〔九六〕此碑已毁，北宋大觀年間各府州縣學均刻立《大觀聖作碑》，碑文内容相同，兹以西安碑林博物館藏《大觀聖作碑》

及《金石萃編》卷一四六《大觀聖作之碑》爲據加以校證。

［九七］「教」，原作「敎」，據西安碑林藏碑碑文及《金石萃編》正。

［九八］「以」，原作「之」，據西安碑林藏碑碑文及《金石萃編》正。

［九九］「任」，原作「伍」，據西安碑林藏碑碑文及《金石萃編》正。

［一〇〇］「事」，原作「士」，據西安碑林藏碑碑文及《金石萃編》正。

［一〇一］「延」，原作「遥」，據西安碑林藏碑碑文及《金石萃編》正。

［一〇二］「同」，原作「免」，據西安碑林藏碑碑文及《金石萃編》正。

卷十八

宋石

曹夫人遊靈岩題記

政和元年三月刻，正書，碑高二尺二寸，廣一尺五寸五分，在長清縣靈岩寺。

右題『大寧夫人韓氏，朝拜東嶽，回遊靈岩觀音道場』云云，及『政和改元季春念五日，孫男左侍禁曹洙、三班奉職深、右班殿直注侍行，使女憙奴等從行，洙奉命題記岩石，徐儀刊』。凡十三行，字徑一寸。夫人爲曹洙等祖母，洙兄弟皆官居右階，《宋史》無傳可考。

張蕡等白雲洞題名

政和元年八月刻，正書，崖高一尺一寸，廣八寸，在臨朐縣仰天山白雲洞。

右題：『張蕡同定慧真朗程節來遊，政和辛卯中秋。』凡四行，字徑一寸五分。

趙德甫等沂山題名三種

年月、書體詳後，俱在臨朐縣沂山。

一題：『余以大觀戊子之重陽，與李□德□同登茲山。乙丑 罒□又□□□導甫□德□□肇元門、謝克明如晦同來。今歲中秋，□來遊頁□□□王蔚□□、李綵仲□傅察□□□，政和辛卯，趙明誠德父題。』凡八行，正書，徑一寸。字多漫漶，不能悉辨。

一題：『盧彦承、趙誠、明誠□謝克明，辛丑四月廿五日同遊。』凡五行，左讀，行書，徑二寸。

一題：『盧格之、趙仁甫、德甫、能父、謝叔子同遊，宣和辛丑夏四月廿六日。』凡四行，行書，徑三寸。

趙德甫等水簾洞題名

無年月，正書，石高七寸，廣五寸，在臨朐縣仰天山水簾洞。

右題：『趙仁約子文、趙明誠德父、謝克明卡子。』凡三行，字徑一寸二分。案山左趙德甫題名，現存者五種：一在泰山開元摩崖之東側，政和三年與王貽同遊；其三在臨朐沂山，政和元年與同人遊自書題名一，宣和三年與仁甫、能甫、盧格之、謝叔子五人同遊題名二，與此合爲五也。德甫事跡不載於《宋史》，案李易安《金石録後序》云：余建中辛巳始歸趙氏，侯年二十一，在太學作學生。後二年出仕宦，後屏居鄉里十年，復連守兩郡。至靖康丙午，侯守淄川。建炎丁未，奔太夫人喪，南來。明年十二月，金人陷青州，故第皆爲煨燼。戊申九月，起復知建康，己酉三月罷。五月知湖州，駐家池陽，獨赴召，八月以病痁而卒，計其享年當四十九歲。則是政和元年爲三十一歲，其遊沂山、泰山，正屏居鄉里十年時也。宣和三年再遊沂山，爲四十一歲，似連守兩郡之日。其守淄川，則年四十五矣。出處之可攷者，大略如此。

僧净照誡小師語石刻

政和元年刻，正書，石高三尺六寸，廣二尺，在長清縣靈岩寺。

右刻文凡十七行，字徑七分。

壽昌寺殘經幢

政和元年立，正書，石高一尺八寸，凡八面，圍二尺四寸，在青州府城東關壽昌寺。

右殘經幢未見拓本，據段赤亭《益都金石志》録之。

丘希仁等九龍山題名

政和二年九月刻，正書，崖高一尺，廣八寸，在鄒縣九龍山。

右題：『丘希仁、李于向，政和二年九月五日，孫光遠同來閑飲於此。』凡四行，字徑一寸。

巢鶴岩題名八種

年月詳後，俱正書，在長清縣靈岩寺巢鶴岩。

一題：『杜綰、裴彦回、劉永、施經□仲壽、沈邦傑、僧廣先、智思，登證明回，惕道旁，政和癸巳季秋十九日拜，傑書。』凡十行，左讀，字徑三寸二分。

一題：『東平宋安中，同張遠來遊，覽山景，□季春下旬。』凡二行，字徑二寸。

一題：『大名牛元直、張應之，庚子同登。』凡四行，字徑二寸八分。

一題：『潁州□奇、虢琮遊。』凡三行，字徑二寸五分。

一題：『博州高唐劉生，同妻索氏遊頂廻。』凡七行，字徑一寸七分。

一題：『宣和二□三月十九日，税户孫東元題。』凡四行，左讀，字徑一寸。

一題：『江南歙州程攴、濟州□□□邑縣安固李。』凡三行，左讀，字徑一寸五分。

一題磨滅殊甚，惟後二行存『□□郎、前守棣州厭次□州蔡禮□題』，字徑一寸。

右題名八種，有紀年者惟『政和癸巳』及『宣和二□』兩種耳。

穆氏墓表碑

政和三年九月立，并額俱篆書，跋行書，凡八石，在章丘縣文昌祠。

穆氏先塋石表額三行，陽文，字徑四寸五分，石高一尺三寸，廣一尺五寸。

有宋君子河南穆庭秀，諱賓，庭秀其字也。少卓越有志操，博通書史，尤明《周易》、老耽之道。性沖淡，不樂仕進，嘉遯養素，以終其身。鄉閭無長幼貴賤莫不愛，向謂之君子。熙寧元年二月五日卒，壽七十三。穆氏世爲河南人，唐秘書監寧之後。自其高祖徙居開封，至君挈其孥益東，遂占籍于齊州之章丘縣。殁葬女郎山之陽，以其配趙、劉二夫人祔。後四十有五年，當政和癸巳秋九月既望，刻石表墓，以著不朽云。洛陽王壽卿書，曾孫□模，工任升刻。

章丘有隱居篤行長者河南穆君，卒於熙寧丙辰，後三十七年，孫涘始録其先人宣德手疏君遺善，諉洛陽王壽卿以爲墓表。案：君諱端，字伯初，甫少力學剛毅，能尊其所聞，尤以孝著。皇考賓材其子，早以家付而喜散施。君傾資奉之，未嘗以有無爲言。逮執喪，焦毁過禮，臨窆號慟，屢至隕絶。廬守墓側，服竟始去。後每諱日孺慕涕泣，終其身而哀不衰。季弟客死京師，殯于中野，他日君迹之弗獲，迺招魂葬焉。自是歲時，與親朋遊集，輒悲思不樂。烏呼！君隱士也，其施設雖不大見於時，觀其内行脩飭，而居鄉友善，遇事造次必本於厚，則蓄而不發者，殆可知已。宣德君名翬，蓋君家嗣云。

右二表凡四石，各高四尺四寸，廣一尺四寸五分，字徑二寸五分。

王魯翁嗜篆，一以李監爲師。行於四方，聞李監石刻之所在，無風雨晨夜。余未識魯翁，見壁題曰：『是必陽冰之苗裔也。』已而果然。其論陽冰筆意，從老至少，肥瘦剛柔，巧拙妍醜，皆可師承，有味其言之也。余嘗戲魯翁：『杜元凱，左氏之忠臣；王魯翁，李監之上嗣也。』今世作小篆者凡數家，大率以間架爲主，李氏筆法幾絶。見魯翁用筆，可以酒酹陽冰之冢耳。山谷道人黄庭堅。

右跋語一則，凡三石，各高一尺二寸五分，廣一尺五寸，行書，徑一寸四分。第三石空處有『雷亨坤識』小楷書四字，此碑前爲《穆庭秀碑》，後爲《穆伯初碑》，總額曰『穆氏先塋石表』，後又有黄山谷跋，凡八石。《縣志》載：『穆庭秀墓，在女郎山之陽，有石表，洛陽王壽卿撰文并書篆。山谷美其篆，爲贊於上，今移置文昌祠。』朱朗齋云：『此碑篆法洵得陽冰之傳，山谷言之不謬，然世無傳者，不知山谷跋所稱之魯翁即王壽卿否耶？跋語只贊魯翁之篆，而不及穆氏事迹，則此跋不爲穆氏石表作矣。且攷《宋史·黄庭堅傳》，庭堅卒於徽宗即位之三年，此碑立於政和三年，距山谷之卒已及十年，是山谷未見書此碑也，當由穆氏曾孫慕山谷之譽，因附刻於石表之後，以增重耳。』

孔相祠堂記

政和四年三月立，正書，碑高四尺二寸，廣二尺，在濰縣孔北海祠。

右碑篆額未拓，文及標題、年月凡十八行，字徑八分，邵昂撰文，馮若德書，宋材篆額。

論古堂記

政和四年四月立，正書，碑高四尺，廣二尺，在濰縣治東。

右碑文及題銜、年月凡二十二行，字徑七分。《府志》載：『政和四年，太守安陽韓浩、通判汶陽慕容若禔建北海祠，祀北海相孔融。又西建堂五間，祀鄉賢逢紛庸等三十人，皆繪像。標其門曰「北海祠」，榜其堂曰「論古堂」，主簿劉杲卿爲記。』即此碑也。

元豐大觀詔書碑

政和四年六月立，并陰俱正書，篆額，碑高八尺八寸，廣三尺四寸，在東平州學。

元豐大觀詔書碑額二行，字徑三寸二分。

元豐五年五月二日，詔敕門下：先王以道在天下，列而爲事，陳而爲法。人各有分，然後安；官各有守，然後治。三代以降，累世相仍，寖迷本原，遂亂名實，餘弊斯積，其流及今。朕閔古弗還，因時改造，是正百職，建復六聯。先後重輕，粗獲條次。小大貴賤，迭相維持。差擇群材，分委成憲。佇觀來效，共致丕平。或有弗欽，將底厥罪。新除省、臺、寺、監官，詳定官制，所已著所掌職事，如被選之人不循分守，敢有僭紊，其申諭中外，違是令者執政官委御史臺彈奏，尚書已下聽長官糾劾以聞。故兹詔示，想宜知悉。

大觀三年二月五日，御筆手詔：朕稽若在昔，分職建官，分守不同，名實各異。大不陵小，卑不踰尊，故官脩其方，吏宿其業，祇遹先烈，董正治官。而士不知命，人不安次，越職干禄，昧利鮮廉，顛沛亂常，僥倖苟得。至或出位以害已行之令，犯分以興胥動之言，内外之臣更相侵紊。侍從官非己所職，乃輒干預省臺寺監，郡守監司更相侵越，曾莫之懲，欲使小大之情孚，義利之心定，其可得乎？夫人有常心，法有常守，則道德一而政治成。今法備令具，可以守成，而懷異侵官，靡遵彝憲。其齊乃位，黜乃心，各恭爾事，罔或不欽，以成天下之務。如或有違，在外委監司，在内仰御史臺彈劾以聞，罰及爾身，罪不汝貸。

碑陰

元豐大觀詔書後序，宣德郎、權發遣提舉京東西路學事、借緋魚袋臣程振撰。

政和三年四月有詔，許以元豐、大觀詔書，揭諸省臺、寺監、監司、守令治事之所，以戒内外，小大之臣各恭乃職，毋相侵紊。於是，臣孝純、臣純誠既承命，即所司中門之東，大書深刻，藏以層構，所以崇奉之者，極嚴且麗，出入顧瞻，必畏而仰。既即同列而言曰：神宗皇帝稽古建官，純如成周皇帝聖孝，繼述克謹，正名以定位，辨位以責實，明明德以照臨之。又丁寧重複，申以播告者，如此可謂至矣。而出位犯分，重煩有司之誅者，尚時有之。嗚呼！何其習之難變也。士幼而學，壯而欲行之，僅勝衣時知誦書，則聞聖賢之言曰：『不在其位，不謀其政。』又曰：『君子思不出其位。』及出而親逢聖神，相繼以興，堯舜三代之治，是宜精白，以承休德。而夸者喜權，貪者務得，更相侵越，鮮克靖共，視古昔爲有愧。此元豐、大觀之詔，渾渾噩噩，若合符節，而不可以已也。昔商制官，刑儆于有位。召南之國，化文王之政，在位皆節儉正直，説者謂政非獨躬行之效也，有慶賞刑威存焉。化文王之政，蓋有憚而從之者，神考戒以將底厥罪，聖上申以罰及爾身，彼誠夸且貪，是亦安得不化哉？孝純、純誠何敢自以爲能行？所學者特知榮太平之光耀，而幸今日之難，逢思嚴二聖之訓，奉以周旋，罔敢失隊，或免於戾而已矣。臣振實書之，以申勸來者，謹序。

朝議大夫、權京東路轉運判官臣張孝純，朝議大夫、京東路計度轉運使兼勸農使、借紫金魚袋臣沈純誠，政和四年六月初一日立石。

右二詔凡十二行，字徑一寸二分。一是元豐改官制，一是大觀戒言官。二帝法制紛更，權姦用事，其是非固不待論，然朝廷設官各有分守，出位越職原紊官常，非治世之所宜有，則其言亦不可盡非也。碑陰刻程振所撰後序，凡三十行，字徑七分。

蔡厚金山石壁題記

政和四年十月刻，行書，崖高一尺八寸五分，廣一尺五寸，在鉅野縣金山。

右題：『秦王洞，圖經所載久矣，無碑刻以紀其事，然鑱鑿之功殆非人力所能。説者謂唐太宗避暑於此，野老相傳，不知其果否。余因部食利夫，開修却諒河，來遊是洞，聊書之以紀歲月，俟博物者當證其實。政和四年十月二十一日，知鉅野丞蔡厚世德題。』凡八行，字徑一寸。

趙子明靈岩謝雨記

政和五年四月刻，行書，石高二尺一寸，廣三尺四寸，在長清縣靈岩寺。

右題：『政和乙未，經春不雨，百姓咨嗟，思欲禱于法定聖像。誠心一啟，甘澤隨降，遂涓吉辰詣靈光致謝。因覽諸泉，經日而還。向子千涓同至，縣令趙子明，孟夏廿一日，監寺僧昭戒立石。』凡十一行，字體大小不等。

報恩塔記

政和六年四月立，正書，石高一尺三寸，廣二尺一寸，在歷城縣龍洞東峰。

右刻凡二十行，字徑六分。

李堯文遊靈岩題記

政和六年閏正月刻，行書，石高一尺四寸，廣一尺九寸，在長清縣靈岩寺。

右題：『山陽李堯文，自汶以事至東武，由奉高祠嶽過靈岩，瞻禮觀音像，登證明龕，盡得遊覽之勝，政和六年閏正月十九日。』凡六行，字體大小不等。

孫覿墓誌銘[一]

政和六年十月立，正書，石方廣二尺八寸，在泰安縣婁德鎮萬壽宫。

宋故贈朝散郎孫公墓誌銘，朝奉郎、行祕書省校書郎兼國史編脩官、編脩六典檢閲文字、賜緋魚袋許翰撰并書，承議郎、祕書省著作郎、編脩六典檢閲文字李敦義篆蓋。

政和三年，余入校中祕書，所與並游往往鮮明辯麗，英發可喜。而魯國孫君聖求獨靖固淵塞，渾然難知。余心異之，曰：『此豈非曲阜闕里之風也哉！吾今乃知天以夫子之教興於魯者，因其質厚如此而文生之也。』後二年，謁其丈人大夫公於東郭私第，聽其議論，重德人也。又一年，其家卜葬其先大父，則狀其行與事而請銘於余。余既得交於聖求父子間，又得於此考觀其世德之經緯本末，喟然歎其積之遠矣，因益見魯多君子，足以發吾昔日之言爲不妄也，遂書其躅而銘以亂之：君諱覿，字明之，究之泗水人。曾祖諱程，祖諱榮，考諱達。世世以農服田，至君之考乃盡割膏腴[二]以與兄弟，而自取磽薄，力耕其中。君少而孤，食麄攻苦，事繼母撫諸弟以立家。母爲敕戒所生：『無得恃吾故亂兄治。

官府有政與勤其弟，吾寧以身往役，發於誠心。』以故上下依懷，閨門大和。歲惡，人爭貸粟於官，君獨不往，曰：『今自刻厲尚可以生，貸而不能歸，是欺國也。』其居鄉能以義槩動人，沈毅慨慷，時有俠氣。有惡少自以負君，妄意君心，結客數十撫刃從君。君正衣冠而叱之，惡少心震氣褫，失刃墮地，數以云云，不覺膝屈，請得改事。君因与講，不復蔕芥。巨寇將至，鄉人大擾，謀徙避之，君止之曰：『少竢，我即持牛酒造寇辟。』願見，因留與之醉飽，歌呼相樂，輸以其情，寇壯而義之，爲引去。有故家子嗜酒不覊，君見，戒以無頽家聲。發怒辱君，君謝遇之益厚，其人愧之，終身避君。縣吏與君不相能，薦數中以吏事。後敗困窮，君反賙之，吏愧亡匿，曰：『無面目見孫君矣。』蓋其能詘服人心如此。大夫罷官興元，聞魯大荒，或欲擇居它鄉，君不可，曰：『無年如此，族姻日夜望吾至以薦其飢，吾何忍擇利自營，而不此顧邺乎？』既歸弛檐，即内外千指仰食君，君市米官廩，雜糠覈藜藿，相與食之，無難色。有餘則以餉隣里之窮無告者，振施甚衆。大夫官蜀，計司取錢引之當毀官者復出之郡縣，大夫月受以爲俸，君曰：『以此與民爲市，是罔民也。』禁家人無得出，積爲錢五六十萬盡廢，其後有司建治，操空文以市於民者，官吏皆汙，而大夫獨皭[三]無有，蜀人賢之。大夫之爲循吏，君蓋多有力焉。其自蜀歸，則盡舉族人之無後與貧不克葬者，凡三十五喪，葬之。未疾數月，忽戒其子俭葬，與凣家事豫爲條理。大觀四年八月辛卯，卒於舒州官舍，年八十一。以其子恩爲通直郎，累贈至朝散郎。其治命曰：『必於先塋乎吾葬。』今以十月甲申葬菟裘東節義鄉里仁之原，與考同域。娶曹氏，贈太宜人。男女二人，男琪，朝散大夫、提點南康軍逍遥觀，女適邑人潘潛。孫凡四人，傅、俭、僖、儔。傅，奉議郎，以辭學兼茂高選爲祕書省正字，即余之所異同舍郎也。僖，將仕郎、鄆州刑曹掾。餘未官。初，君未嘗伏術爲學，而行事每與書合，又能縛紬自下，以延致士，教其子孫詩書，以故子孫彬彬，多以文行著云。銘曰：

暴興非祥墮神姦。慶積離久乃見端。根蟠源泆天所艱。擢爲脩林舒長瀾。孫氏世隱耕[四]寬閒。逮君負能不施官。人文不琢天守完。傒天我昌匪力干。裔冑袞袞方彈冠。謂君未顯非今患。昭詩佳城唯後觀。裴通、苗成、魏通摸刻。

右刻凡三十五行，字徑六分，撰書者爲許翰，其列銜未載，《宋史》本傳亦是闕略。孫傅，字伯野，《宋史》有傳。碑稱『傅以辭學兼茂高選爲秘書省正字』，正與《傳》合，惟《傳》稱傅海州人，而此碑稱其祖覲爲泗水人，殆覲與傅時隔三代，由泗水遷籍海州，未可知也。

張勱靈岩寺題記[五]

政和七年正月刻，正書，石高一丈四寸，廣二尺一寸，在長清縣靈岩寺功德頂石壁。

右題：『靈巖山，觀音菩薩昔所化現，天□□□跡，維時四大□。政和歲在丁酉首春甲午，朝請□□[六]、充右文殿脩□[七]、長[八]樂張勱來守濟南，爲題峯□著□名，以彰其實。』凡三行，字徑五寸。其左尚有正書『觀音道場』四大字，未及拓也。張勱守濟南，史志皆不書，故事跡莫攷。

崔大防等靈岩觀音洞題名

政和七年三月刻，正書，石高二尺二寸，廣二尺五分，在長清縣靈岩寺觀音洞。

右題：『博州崔大防、周君度同登證明□□□漢仙洞，時政和丁酉歲三月十四日題。』凡四行，左讀，字徑一寸五分。

衡元度等靈泉廟題名

政和七年三月刻，行書，石方廣二尺二寸，在博山縣靈泉廟。

右題：『淄川衡元度、王巨載、渤海任德充、陽丘高擇之、三城傅子容，政和七年三月十四日同謁祠下。』凡五行，字體大小不等。其下續題『明年二月十六日，巨載子容，同趙奉高，再謁祠下』，正書，三行。又『□勍同弟□□右，宣和元年二月初一日記』，正書，二行，字體皆大小不等。

楊昇等靈岩觀音洞題名

政和七年四月刻，正書，石高一尺五寸，廣一尺，在長清縣靈岩寺觀音洞。

右題：『博州楊昇，同楊善到此，政和七年□□□□□。』凡二行，左讀，字徑八分。後又題『汶陽梁西均挈家同遊，適潘女悟通侍行，政和丁酉孟夏旦。』凡二行，左讀，字徑一寸四分。

張勱禱雨題記

政和七年四月刻，正書，崖高二尺二寸，廣二尺六寸，在歷城縣龍洞獨秀峰石壁。

右題『長樂張勸深道，問農禱雨至龍洞』云云，凡十一行，字徑一寸二分。

王有道等龍洞題名

政和八年五月刻，行書，崖高一尺四寸，廣二尺，在歷城縣龍洞獨秀峰石壁。

右題：『華陽王有道、林□夏、侯景彦，同明慧大師來遊，政和八年五月十三日題。』凡七行，左讀，字體大小不等。案：徽宗以是年十一月改元重和，此題在五月，故猶稱政和也。

王喚靈岩飯僧題記

政和八年六月刻，行書，石高一尺五寸五分，廣二尺一寸，在長清縣靈岩寺。

右題：『王喚被旨，特許因職事到濟南，營治亡妣襄事。小祥前八日恭詣靈岩道場，禮觀世音，預設僧供，請如老陞座，飯畢出山，劉材、韓洵、王永夏、侯不群同行，政和八年六月廿有七日。』凡十一行，字體大小不等。

敕賜升元觀牒碑

政和八年閏九月立，行書，篆額，碑高四尺六寸，廣二尺，在泰安縣泰山南麓升元觀。

右碑額題『升元觀敕』二行，字徑三寸四分，文凡九行，字體大小不等。錢辛楣少詹云：『碑前載泰寧軍狀，稱「兖州奉符縣」，其右旁書「政和八年閏九月二十一日，襲慶府權措置升元知觀事、洞元大師、賜紫道士李仲昭立石」。案《徽宗紀》，政和八年八月乙亥，升兖州爲襲慶府，故先稱兖州，後稱襲慶府矣。』牒後列尚書省長官曰『起復太中大夫、守左丞王』者，王黼也；曰『特進少宰』者，余深也；曰『起復少保太宰』者，鄭居中也。皆有押字，曰『太師魯國公』，而不押者，蔡京也。陸游《老學菴筆記》云：『自唐至本朝，中書門下出敕，其「敕」字皆平正渾厚。元豐後，敕出尚書省，亦然。崇寧間，蔡京臨平寺額，作險勁體，「來」長而「力」短，省吏始效之，相誇尚，謂之司空敕，亦曰「蔡家敕」，蓋妖言也。京敗，言者數其朝京退送及公主改帝姬之類，偶不及蔡家敕，故至今「敕」字蔡體尚在。』此碑『敕』字正所謂蔡體也。

政和御書手詔碑

政和八年十月立，正書，篆額，碑高一丈一尺，廣四尺五寸，在濟南府學。

政和御書手詔碑額七字，字徑八寸。

朕承祖宗遺休餘烈，崇經術，設學校，興賢能，以待天下之士。高爵重禄，承之庸之，以待士之任官者，蓋與之修政事，理人民，以立太平之基，致唐虞三代之隆。宜有豪傑特立之材，忠信志義之人，比肩相望，焜燿一時，爲世盛事。而比年以來，懷僭亂之異謀，干殊死之極憲者，如趙諗、儲倅、王寀、劉昺之徒，或賢科異等，勳閥世冑，或出入禁闥，侍從之領袖，爲搢紳士大夫之大辱。閭巷無知愚夫愚婦之所憤疾，武夫悍卒未嘗知書者，咸羞道而喜攻之，其故何也？豈利心勝而義不足以動之歟？抑勸導率勵之方有所未至歟？夫經傳所載，君臣之分，忠義之訓，榮辱禍福之戒，豈不深切著明？今誦其言，而不能效之，行事深慮，薄俗浸漬，士風陵夷，失崇養之指，害教化之原，爲天下後世笑。卿當師儒之任，以學行致大官，其思所以勸勵興起，畀知尊君親上之美，無復暴厲邪僻之行，以居德而善俗，以化天下與後世，稱朕意焉。故兹詔示，奉行無怠，付李邦彦。政和八年夏六月，上親御翰墨，作訓于四方多士，以其空三字。詔屬臣邦彦，使奉行之。秋七月被旨，揭示于太學暨辟廱，仍著之石。九月，臣以職事進對便朝，上諭臣曰：『前日詔書，學者宜識所以訓廸之意，且暴戾邪僻，豈士人所爲？』臣頓首謝曰：『陛下興學造士，澤之入人深矣，孰不能惠上德而化之？』空三字。聖詔一頒，鼓舞丕應，咸目喻而心成，咨嗟誦詠者不可一二數，憤激而勸以義者慨然相先也。蓋教育之道素明，而理義之感人若是。其敏願空三字。詔儒臣作記，以揚厲休跡，俾天下後世無忘其章。越二日，御筆委臣識之，而臣疏逖一介，擢長師儒，毫髮未報，空三字。宸翰所及，奬飾踰分，空三字。眷任之意，不替益專，且不以蕪累取玷上寵，俾加序述，惟是不腆末學，固不足以辱空三字。命，而載名其下，有榮耀焉，臣之幸也。謹拜手稽首而言曰：『臣聞三代之學，皆所以明人倫。人倫，治化之本，義、命之大戒存焉。士之所學，學此者也；上之所教，教此者也。政事之興，風俗之醇，皆源於此。固監二代禮樂，庶事備矣，而教養之治，加詳法象所示，《雲漢》其章，人才之成，金玉其質，拔奇取異，序爵而官。使之名正分辨，咸懋嘉德，故服事其上，而下無覬覦羔羊，節儉正直之風，有辭于永世，知所以尊義而立命故也。治降叔末，君臣信義之論，策名委質，貳辟之責，猶行於區區戰國之間，時以爲美談，豈餘波遺澤燕及來葉，而人倫之教在人心者未熄耶？上以神明淵懿之資，發揮前聖光大之烈，勵賢崇化，一本於學。所以風天下而善萬世者，三代不足進也。邪謀弗臧，既底于憲，而空三字。訓辭諄切，以勤勤于庠序。師儒之官，空三字。宸慮所圖，至深且遠矣。譬猶慶霄清明，白日中照，有目有趾者，待是焉。顧非甚愚，孰不知嚮，是宜革心滌慮，祇奉明德，戒懼而不敢少易也。嗚呼！士之取重於世者，以義命在我，物無得而移之，故尊君親上之心，常存而不喪。嗜逐末者，義以利勝；樂干時者，命以故滅。陵夷漸漬，始失其常心，越乃誕作狂僭矯誣之行，而階之爲禍，屨校之施、金柅之戒，罔不在厥初。則天心仁愛之篤，刑於詔諭，其爲惠可勝既耶？《書》曰：『王言惟作命，不言，臣下罔攸稟令。』夫以空三字。九重之近，斡制四海之遠，德意志慮，非言弗宣，稟令之臣所當奉以周旋，靡遑夙夜，矧空三字。奎章洛畫昭布于上下，而又勒諸翠炎，垂範將來。顧疇敢不力□績文末工，愧無以形容。空三字。聖作之萬一，然空三字。戒告之嚴，空三字。委寄之重，尚俾來者，勿怠于成，以奉揚空三字。丕顯休命，於億萬斯年之永，則是記也，豈特侈上之賜，使後世歆艷其美而已哉？冬十月己卯朔十五日癸巳，朝議大夫、試大司成、同修國史、隴西縣開國子、食邑五百户，賜紫金魚袋臣李邦彦奉御筆記并書，保和殿直學士、朝請大夫、提舉上清寶籙宫編類御筆兼禮制局詳議官校證内經同詳定官、汝陽縣開國子、食邑六百户、賜紫金魚袋臣蔡翛，奉聖旨題額，奉議郎、試辟廱司業臣李鷩，奉議郎、試辟廱司業臣程振。

右碑上截刻手詔二十二行，字徑一寸四分，末行付李邦彦，下有御璽文曰『御省之寶』，方二寸二分；下截刻李邦彦記文二十九行，字徑一寸。碑中李邦彦系銜朝議大夫、試大司成、同脩國史，《宋史》本傳俱失書。當時邦彦有『浪子宰相』之號，太學諸生目爲社稷之賊，而此碑勵賢訓士，君臣褒頌，雖古之聖君賢相，不是過也。文辭餙美，不足取信於後世，大率類是。題額者蔡儵，即蔡京之子，本傳祇載其以恩澤爲親衛郎、秘書丞，至保和殿學士，未及提舉上清寶籙宮等銜，是其略也。

何亭玉等靈岩寺題名

宣和元年三月刻，正書，石高一尺四寸，廣二尺，在長清縣靈岩寺。

右題：『何亭玉、唐□儀來遊，宣和元年三月廿五日。』凡三行，左讀，字徑二寸。其前尚有『開封□□□』題名四行，漫漶難辨。

程伯常洪山頂題名

宣和元年重九日刻，正書，在嘉祥縣洪山頂石坡平面。

右題：『宣和己亥，濟人程伯常登高於長嶺山西崖，重九日題。』凡三行，左讀。朱朗齋親至其處拓歸。

岱頂避風臺題名十二種

俱正書，年月詳後，在泰安縣岱頂避風臺。

一題存『□積真記、青州何子通，詣頂獻香紙』，凡三行，字徑一寸四分。

一題存『□□□彭用、張忠、李順、許成宗』，凡三行，字徑一寸二分。

一題存『德王彦重，三月遊』，凡二行，字徑一寸二分。

一題存『州左獄楊式立、楊政□□和次歲三月□遊此』，凡四行，字徑一寸二分。

一題存『□張恭文□，宣和庚子三月日』，凡三行，字徑一寸二分。

一題存『東京馬祥、陳七娘、奴兒同遊，人燕』，凡三行，字體大小不等。

一題：『饒陽鎮田完、仝史賽、李千，遊□頂，庚子三月六日記，張進□。』凡四行，字徑一寸五分。

一題：『青州臨朐縣時村保、賀密、韓全子母二人、李辛、保順、劉信，德州王周妻同武氏記遊，趙氏、趙諄。』凡八行，字體大小不等，皆殘缺。

一題殘缺殊甚，存『劉政、李□□□遊，林□子□王文』，凡五行，字體大小不等。

一題：『鉅野薄文叔、劉子□、張恭文，遊頂廻，宣和庚子三月十五日。』凡四行，字徑一寸二分。

一題：『千乘縣□河□陳文錫，宣和二年遊頂記。』凡三行，字體大小不等。

一題：『沂州沂水縣張買奴遊頂，宣和二年三月七日記，嚴清。』凡五行，字體大小不等。

黄石公祠詩刻［九］

宣和二年九月刻，草書，篆額，石高五尺一寸，廣二尺九寸，在東阿縣北郭黄石公祠。

八行劉先生詩額六字，横列，徑二寸二分。

我昔讀漢史，心師張子房。從容輔漢室，功成復翱翔。皆由受師黄石翁訓，知進退存亡。我本田舍兒，本志在退藏。因緣遇真王[一〇]，招聘助發揚。五年寄京國，心夫[一一]不皇皇。亦由宿志定，萬事皆粃糠。今日得歸來，素志今得償。艤舟河[一二]縣下，騎馬達祠堂。伏行仙遺像，我志愈激昂。誓歸東郚住，心祈契空蒼。庶可見張子，侍翁入帝鄉。

宣和二年九月廿四日，厭次劉採仙、尉張思、范陽范朴、羽人張昌道，聯駟同來。敕差知東平府濟北穀城黄□[一三]山靈顯觀事兼京東西路傳授科教師、賜紫艾知筌立石，忠訓郎、東平府博州夾河巡檢兼東阿縣巡檢譚，修職郎、東平府東阿縣主簿張，通直郎、知東平府東阿縣管勾勸農事宋，迪功郎、東平府東阿縣丞吴世英，李全刊。

右詩刻及年月、題名凡十行，字體大小不等，後列銜三行，正書，字徑一寸。末有『李全刊』三小字。案：徽宗大觀元年詔立八行取士科，凡孝、悌、忠、和、睦、婣、任、恤爲八行，全備者耆隣保伍申縣、申州、申尚書省，釋褐命官。此劉先生殆亦以八行舉而留京師者歟？

三殿廟幡竿石座題字

宣和二年十月刻，正書，石高一尺五寸五分，廣七寸，在泗水縣城内。

右題字六行，字徑八分。碑記承信郎杜某爲其母七十壽辰，因獻幡竿，以申祝延之意。

趙璧白雲洞題名

宣和三年三月刻，正書，崖高二尺七寸，廣四尺，在臨朐縣仰天山白雲洞。

右題：『安陽趙璧祇奉赦音，祀豐濟侯，既畢，同汴陽耿融二禪老自白雲亭禮羅漢洞，宣和辛丑季春十九日，閩僧慈逕命工刻。』凡九行，左讀，字徑三寸二分。

董正封等雲門山題名

宣和三年八月刻，正書，崖高四尺，廣七尺，在益都縣雲門山洞南。

右題：『雍丘董正封彦國、開封高掞富文、萬泉裴汝明仲述、福唐王澤伯光同遊，晚過石子澗，宣和三年中秋後三日，澤題。』凡六行，字徑六寸，據段赤亭《益都金石志》録之。

重脩城隍土地廟記

宣和三年十月刻，正書，篆額，碑高五尺，廣二尺五寸，在博平縣城隍廟。

右碑額題『重脩城隍土地廟記』，四行，字徑二寸，文二十六行，字徑七分。《縣志》載：『城隍廟在縣治東南隅儀門之右，有士地祠，創于宋政和初者，邑人劉寘記之。』即此碑也。

真相院舍利塔銘[一一四]

宣和三年十月刻，正書，石高一尺七寸五分，廣一尺八寸，在長清縣真相寺。

齊州長清縣真相院釋迦舍利塔銘并引。

翰林學士、朝奉郎、知制誥、上騎都尉、武功縣開國男、食邑三百户、賜紫金魚袋蘇軾詞并書。

洞庭之南有阿育王塔，分葬釋迦如來舍利。嘗有作大施會出而浴之者，緇素傳捧，涕泣作禮。有比丘竊取其三，色如含桃，大如薏苡[一五]，將寘之他方，為衆生福田，久而不能，以授白衣方子明。元豐三年，軾之弟轍[一六]謫官高安，子明以畀之。七年，軾自齊安恩徙臨汝，過而見之。八年，移守文登，召為尚書禮部郎。過濟南長清真相院，僧法泰方為塼塔十有三成，峻峙蟠固，人天鬼神所共瞻仰，而未有以葬。軾默念曰：『子弟所寶釋迦舍利，意將止於此耶？』昔予先君文安主簿、贈中大夫諱洵，先夫人武昌太君程氏，皆性仁行廉，崇信三寶。捐館之日，追述[一七]遺意，捨所愛作佛事，雖力有所止，而志則無盡。自頃憂患，廢而不舉，將二十年矣[一八]。復廣前事，庶幾在此。泰聞踊躍，明年來請於京師。探篋中，得金一兩，銀六兩，使歸求之衆人，以具棺槨。銘曰：

如來法身無有邊。化為丈六示人天。偉哉有形斯有年。紫金光□[一九]飛為煙。惟有堅固百億千。輪王阿育願力堅。役使空界鬼與仙。分置衆刹奠山川。棺槨十襲閟精圜。神光晝夜發層巔。誰其取此智且權。佛身普現衆目前。昬者坐受遠近遷。冥行黑月墮坑泉。分身來化會有緣。流轉[二〇]至此誰使然。并包齊魯窮海壖。獷悍柔淑[二一]冥愚賢。願持此福逮我先。生生世世離垢纏。元祐二年八月甲辰。宣和三年十月日，住持真教大師文海立石。

右刻銘序及標題、年月凡二十三行，字徑四分。案《東坡年譜》及《紀年録》：元豐八年五月，復朝奉郎、知登州。八月十七日得旨，十月十五日到登州，二十日台爲禮部員外郎。其過濟南長清真相院，《年譜》不載在何時，而但系作塔銘於元祐元年。今案碑文，是二年，則非元年矣。據《海市詩刻》，公自登州入都已近十月之晦，過真相院事當即在觀海市之後。據《銘序》云『泰聞踴躍，明年來請於京師』，自當是元祐元年事，或者施金在元年，書碑在二年也。碑書於元祐二年，至宣和三年始爲刻石，相距已三十四年矣。

李唐臣等靈岩觀音洞題名

宣和四年四月刻，正書，石高一尺五寸，廣七寸，在長清縣靈岩寺觀音洞。

右題：『清平李唐臣、范庭珪[二二]、鄭伯温、王秀姬、田汝霖遊此，宣和四年四月三日。』凡三行，左讀，字徑一寸。

孟子廟碑[二三]

宣和四年十月立，正書，篆額，碑高七尺三寸，廣三尺五寸，在鄒縣南門外道左。

先師鄒國公孟子廟記額三行，字徑四寸。

孟子葬鄒之四基山，旁冢為廟，歲久弗治。政龢四年，部使者以聞，賜錢三百萬新之。列一品戟於門，又賜田百畝以給守者。而廟距城三十餘里，先是，嘗別營廟於邑之東郭，以便禮謁。元豐六年詔封鄒國公，明年又詔配食孔子廟，又詔更新廟貌，而地頗湫隘。宣龢三年，縣令宣教郎邵□[二四]朱缶，歎其土圮木摧，不稱虔恭尊師之意，欲出己奉完之。縣士徐戴曰：『廟瀕水亟壞，不四十年凡五更修矣。若許改卜爽塏，則諸生願任其事，不以累公私也。』令許之。戴遂以私錢二百萬，徙廟於南門之外道左。鄉人資之錢者又數十萬，而後廟成。總四十二楹，中為殿，安神棲，繪群弟子像於兩序。又為孟氏家廟於其東。以揚雄、韓愈嘗推尊孟子也，又為祠於其西。重門夾廡，壯麗閎偉，與山中之廟輪奂相輝矣。於是，求文以記之。夫聖人之道，甚易知，甚易行，充之至不可勝用，而其極可以參天地、贊化育者，其唯誠乎。堯、舜、禹[二五]、文王、周公、孔子，相傳者一道。孔子之没，其孫子思得之，以傳孟子。故孟子之道以誠身為本，其治心養氣、化人動物，無一不本於誠。凡箸書立言，上以告其君[二六]，下以告於人者，必本仁義，祖堯舜，亦無一言不出於誠也。故於滕文公則言必稱堯舜，而於齊王則非堯舜之道不敢陳。蓋其智誠足以知堯舜，又自知誠可以行堯舜之道，又知果得行其志，則誠可使吾君為堯舜，而吾民皆爲堯舜之民。故以此自任，不敢有豪分之偽以欺人，而造大□[二七]。其論君臣之際則曰：欲為君，盡君道；欲為臣，盡臣道，二者皆法堯舜。其論什一之法，則曰：重於堯舜者，大桀小桀；輕於堯舜者，大貉小貉。其論仁智，則□[二八]：堯舜之智急先務，堯舜之仁急親賢。稱伊尹能以此道覺此民，而謂殃民者不容於堯舜之世。非誠□□□□[二九]能言之乎？雖□□[三〇]之君尚權謀，相□[三一]奪，上下交趨於利，而未嘗橈一言以求合焉。非天下之至誠篤於自信者，能之□[三二]？中□□□□[三三]，道失其傳。至□□[三四]其說而以偽言堯舜者，始說其君以帝道，則既不合而之王；

説其君[三五]以王道，則又不合而之霸，是[三六]於□□□[三七]以僞欺□□□[三八]也。□[三九]堯舜之説以賈其高，躬申商之術以濟其欲，是以僞欺天下而賊其君者也。昔之為從衡之説者，不□□[四〇]君以利害□□□[四一]勢爾，其僞易見。若夫假帝王堯舜之説，使人君慕其高而不虞其姦，則其僞難知。作於心，害於政，其禍天下□□□□[四二]，□□□□[四三]辯，以監天下後世竊孟子之説以為不義，而自比於孟子者。宣龢四年十月十五日，朝奉郎、監察御史苑□□□□[四四]，□□□□□[四五]學正闕里孔端朝書，承議郎、祕書省校書郎長安樊察篆額，魏信刊。

右碑文凡十八行，字徑一寸。《縣志》載撰文爲孫傅，《府志》又作『孫復』，今碑中姓名已磨滅，惟銜存『朝奉郎、監察御史』，證之史傳，當以孫傅爲近。

高士疃等孔廟題名

宣和四年十二月刻，正書，石方廣二尺，在曲阜縣孔廟。

右題：『提點刑獄高士疃，宣和四年十二月十四日，恭拜祠殿，鹽司管句文字張觀復、弓箭社長官趙子侃同行，男公河、公漢侍。』凡七行，左讀，字徑二寸二分。

朱濟道遊靈岩詩刻

宣和五年二月刻，篆書，石高二尺三寸，廣三尺七寸，在長清縣靈岩寺。

二年催遣向東州，見盡東州水石幽。不把尋常費心眼，靈岩消得少遲留。右一。

東州山水亦堪遊，及至靈岩分外幽。會有定師能指示，直須行到寶峰頭。右二。

宣和五年二月初九日，朱濟道偶書呈如公妙空禪師。

□□法定禪師，乃觀音化身。初居靈岩□□神寶峰，作釋迦石像，良有深旨。

右詩七言絶句二首并款凡十四行，字徑二寸七分。末有小字二行，亦篆書，徑八分。

靈岩寺海會塔記

宣和五年七月刻，正書，石高一尺五寸，廣三尺一寸。

右刻凡二十八行，字徑七分，僧祖英撰書。朱朗齋云：『書體圓勁，絶似《景龍觀銘》。』

重修東嶽廟碑[四六]

宣和六年三月立，并陰俱正書，篆額，碑高一丈九尺，廣五尺八寸，在泰安縣岱廟。

宣和重修泰嶽廟記額二行，字徑五寸五分。

翰林學士承旨、正奉大夫、知制誥兼侍講、修國史、南陽郡開國侯、食邑一千五百户、食實封壹伯户臣宇文粹中奉空三字。敕撰，朝散大夫、充徽猷閣待制、知襲慶軍府事、管句神霄玉清萬壽宫兼管内勸農使兼提舉濟單州兵馬巡檢公事、陳留縣開國男、食邑三百户、賜紫金魚袋臣張漴奉空三字。敕書篆。

宣和四年九月，有司以空四字。泰嶽宫廟完成奏功，空四字。制詔學士承旨臣宇文粹中紀其歲月。臣粹中辭不獲空四字。命，退而移文有司，盡得營建修崇空四字。詔旨本末與庀工鳩材、因舊增新之數，謹再拜稽首而言曰：臣聞自昔受空四字。命而帝者，咸有顯德，著在空四字。天庭，合四海九州之懽心，以爲空四字。天地社稷百神之主。故有壇場圭幣以象其物，有宮室祠宇以猶[四七]其居，有牲牢酒醴以薦其潔，有祝册號嘏以導其誠。其漠然而意可求，僾然而誠可格，殆與人情無以異。是以黄帝建萬國而神靈之封七千，虞、夏、商、周文質迭救，雖所尚不同，而事神以保民，其歸一揆。故其書曰：『望于山川，徧于群神。』又曰：『山川鬼神，亦莫不靈[四八]。』其詩曰：『懷柔百神，及河喬嶽。』又曰：『墮山喬嶽，允猶翕河。』河東曰兖州，其山鎮曰岱山，自開闢以來，尊稱東嶽。其穹崇盤礴，雖號爲一方之鎮，而觸石膚寸，不崇朝而利及天下。是以歷代人君，昭姓考瑞，盛登封之禮，告祭柴望，五載一巡守，必以空四字。岱宗爲首。而空四字。神靈烜赫，光景震耀，載在書史，接于耳目者，奕奕相屬也。空四字。宋受空四字。天命，建都于汴，東倚空四字。神嶽，遠不十驛。章聖皇帝肇修空四字。封祀，蓋嘗躬款空四字。祠下。欽惟空四字。神靈饗荅之異，念唐開元始封王爵，禮加三公一等，未足以對揚空四字。休應，遂偕空四字。五嶽，咸陞帝號。自是宮廟加修，薦獻加厚，四方萬里，士民奔湊，奠享祈報者，蓋日益而歲新也。皇帝聰明仁孝，光於天下，空四字。神動天隨，空四字。德施周溥。既已躋斯民於富壽，迺空四字。申敕中外，凡所以禮空四字。神祇、崇顯祀，盡志備物，畢用其至。歲在辛巳，迄于壬寅，詔命屢降，增治宮宇，繚墻[四九]外周，罘罳分翼，巋然如空四字。清都紫極，望之者知其爲空四字。神靈所宅。凡爲殿寢、堂閣、門亭、庫館、樓觀、廊廡，合八百一十有三楹。財不取于賦調，役不假于追呼，而屹然崇成，若空四字。天造地設，空四字。靈祇燕豫，福應如響。烏[五〇]呼！真空四字。盛德之事也。惟古聖王先成民而後致力於神，故奉牲以告曰『博碩肥腯』，謂民力之普存也；奉盛以告曰『潔粢豐盛』，謂三時不害而民和年豐也；奉酒醴以告曰『嘉栗旨酒』，謂上下皆有嘉德而無違心也。臣竊伏覩[五一]皇帝陛下臨御以來，空四字。夙宵之念，無一不在於民者。發號出[五二]令，以誠以告；頒恩施惠，以生以育；設官擇人，以長以治；制法垂憲，以道以翼，以訓以齊。政成化孚，中外寧謐。於是國有暇日，以修典禮，民有餘力，以事神祇。咸秩無文，周徧群祀，自古所建，上下遠邇，靈祠吉祝，于今莫不畢舉。觀是宮廟，土木文采，輪奐崇麗，則知郡邑之富庶；帷帳熒煌，衮冕璀璨，則[五三]之盈溢；牲牷充庭，醪醴日御，則知耕牧之登衍；簫鼓填咽[五四]，歌呼係[五五]道，則知氣[五六]俗之和平。空四字。神之聽之，迺底[五七]陳于上，空四字。帝用降鑒，錫茲祉福，則空四字。社稷之安固，空四字。歷數之綿遠，蓋方興而未艾也。臣既書其事，又再拜稽首而獻頌曰：

於皇空四字。上帝，□[五八]觀九有。孰贊空四字。天綷，山川封守。帝欲富民，俾阜貨財。溥潤澤之，俾司風雷。東方岱宗，是爲天孫。體仁乘震，生化之門。昔在章聖，崇以帝號。發册大庭，五雲前導。施于子孫，格是神保。歲在攝提，新宮載考。皇帝慈儉，愛民自衷，不侮鰥寡，不廢困窮。神鑒其仁，錫之婁豐。皇帝神武，赫然外攘。馴服悍戾，以蓄善良。神予其義，助之安彊[五九]。仁義既洽，民有餘力。還以報神，神居是飭。峨峨神居，作鎮于東。有來畢作，庶民所同。惟此庶民，惟皇作極。丕應傒志，偏爲爾德。祝皇之壽，泰山同久。握圖秉籙，歷箕旋斗。祝皇之祚，泰山等固。鎮安二儀，混同萬宇。下逮群黎，偏敷錫之。億載萬年，惟神是依。匪神獨依，惟天無私。有謡康衢，述是聲詩。

宣和六年歲次甲辰三月己酉朔十八日丙寅建，胡寧刊。

右碑文凡二十六行，字徑二寸。案：《徽宗本紀》既無制詔撰碑之文，《禮志》嶽瀆條亦不詳重修祠宇之事。而此碑文體、書法皆極壯觀，實爲岱廟宋碑之冠。惜宇文粹中、張漴，《宋史》皆無傳，莫能攷其事跡耳。碑陰列嶽廟職事人員凡二十行，字徑八分。

孟仲錫雲門山題名

宣和六年三月刻，正書，崖高三尺五寸，廣三尺，在益都縣雲門山洞南。

右題：『東平孟仲錫備員憲事，緣監捕至雲門，因率撿法樂安仁子正、□事濟南董元康議□□來，里人夏懿辯□，宣和六年三月。』凡六行，字徑三寸。此碑未見拓本，據段赤亭《益都金石志》録之。

靈岩寺施五百羅漢記

宣和六年八月刻，正書，石高三尺一寸，廣二尺八寸五分，在長清縣靈岩寺。

右記文二十三行，字徑一寸。書碑者張克卞，官居郎職，『郎』字上磨滅難辨。

鍾宗直等晉陽山題名

宣和六年九月刻，正書，石方廣四尺五寸，在濟寧州晉陽山石壁。

右題：『鍾宗直、陳延孺、晁升道、息道、虞道、決道、榮道、王原甫，以甲辰九月來遊，遂登絶□，□望大澤，瞰平□□，盡觀覽之興。』凡七行，左讀，字徑五寸。『甲辰九月』上無年號，朱朗齋定爲宣和六年。

徽宗奬諭敕書碑

無年月，并額俱行書，碑高五尺八寸，廣二尺五寸，在兖州府。

奬諭敕書額二行，字徑五寸。

敕畢漸等：省京東西路提刑司奏，契勘本路九州軍府四十二縣，舊係重法地分，民夥訟繁，素多盜賊，狴犴囚繫倍於他路。轄下刑獄官司共六十處，自政和三年歲終并今年正月一日，至今不住。據州縣報到，獄空共五十六處，總計四千三十八日事。朕播刑之廸，非訖於威，惟德之勤，亦克□勸，爰簡孚於有衆庶，明清於單辭。眷言東州，素號獷俗。奏封來上，囹圄屢空。爰暨迺僚，克祇厥職。實爾明慎之效，洽于民心；故使欽恤之恩，期于予治。載省勞勤，深用歎嘉，故兹奬諭，想宜知悉。冬寒，汝等各比好否？遺書，指不多及。二十二日敕。從事郎、兖州刑曹掾兼工曹及管檢法議刑臣孔尊數，將事郎、兖州儀曹掾兼兵曹及管右推勘公事臣婁寅亮，將仕郎、兖州士曹掾兼户曹及管左推勘公事臣董煒，承直郎、兖州司刑曹事臣崔勴，朝散大夫、通判兖州軍州兼管内勸農事臣趙齊賢，朝請郎、權知兖州軍管句學事兼管内勸農事兼提舉濟□□巡檢公事、借紫金魚袋臣畢漸。

右刻獎諭七行，字體大小不等。首行『敕』字上有御璽文曰『書詔之寶』，後列銜名五行，正書，徑四分。朱朗齋云：『碑無建立年月，惟文内有「自政和三年歲終并今年正月一日」，「總計四千三十八日」，今以政和四年正月爲始算，至四千餘日當是宣和七年正月二十二日也。京東奏報獄空事，《宋史》無攷。』

靈泉廟續翁婆因地記

年月闕，正書，篆額，碑高五尺，廣二尺四寸，在博山縣靈泉廟。

右碑額題『續翁婆因地記』三行，字徑三寸，文二十四行，字徑七分。殘泐幾盡，記年惟存『歲次乙巳正月辛酉朔二十五日』。朱朗齋列於宣和七年，姑仍之。

玉皇宮四帝御押石刻

宣和七年重九日刻，碑高一尺八寸，廣一尺一寸，在博山縣玉皇宮。

右刻凡二列：上列首篆書二字，徑一寸，祇露右旁，不可識；次御書二字，亦篆書，徑六分；其右太祖御押『[illegible]』，太宗御押『[illegible]』，其左真宗御押『[illegible]』；此下已闕泐，微露御押末筆，當是仁宗也。下列題云：『四代皇帝御書御押，命工再摸□上石，朝夕瞻仰，上荅聖恩，宣和乙巳重九日，神霄玉清□□□□紫道士□□□記。』凡七行，正書，徑七分。

靈岩功德龕題名二種

靖康二年正月刻，正書，石高二尺，廣一尺四寸，在長清縣靈岩山頂。右題名二種，據朱朗齋所録存之。一題：『長清宰趙邦美子相□拉楊叔應、李充道同遊金僊。靖康丁未正月廿二日。』凡四行。一題『禮同恭拜』四字，分列其下。又有『曹積』等題字三行，年號漫滅。

兗州造像殘刻

無年月，正書，石高一尺八寸，上廣九寸，下廣五寸，在兗州府牛氏。右刻上截鐫佛像三軀，下刻字七行。首行存『波羅僧揭諦』五字，乃《心經》末句；次行存『大宋兗州博陵』六字，賴此知爲宋時兗州造象之殘石也。

杜綰等靈岩觀音洞題名

無年月，正書，石高三尺八寸，廣二尺，在長清縣靈岩寺觀音洞。右題：『杜綰、裴彦回、劉永、施經、王仲甫、□□□、沈邦傑、僧廣先、智恩。』凡四行，左讀，字徑三寸五分。此與後二種皆無年月，姑從朱朗齋所録坿於宋末。

盧亮等仰天山白雲洞題名

無年月，正書，在臨朐縣仰天山白雲洞石壁。

右題：『營丘吏盧亮、董譯、李實、陳悦從侍，梁朝奉到此。』凡四行，左讀，字徑八分。

臨朐縣□希文題名

無年月，正書，石方廣一尺六寸，在臨朐縣。

右題字七行，左讀，字徑一寸，字多漫漶，可辨者有『□希文』字。

靈岩朗公傳摩崖

正書，崖高四尺，廣一丈五尺，在長清縣靈岩山可公牀石壁。

右刻文四十行，字體大小不等，書傳者爲僧曉如。不著年號，但題『戊子秋七月念七日』，姑坿宋碑之末。

博山咒水符石刻

無年月，石高二尺九寸，廣二尺二寸，在博山縣鳳凰山玉皇宫。

右碑左幅刻符陽文，旁題『神霄玉清萬壽□』正書七字。右幅刻咒文云：『此水出於孝，孝固可通天。吾道得於心，心與天同源。我今咒此水，利濟永無邊。若有沈痾者，一啜令可痊。更欲行大道，期可爲神仙。厭次劉支離。』草書五行。末有押字陽文，蓋即咒文也。碑無年月，以支離爲宋人，坿載宋末。

濟寧州學宋畫石刻

無年月，題字俱正書，石高二尺，廣三尺，在濟寧州學杏壇堦前。

右象圖戰船一，上有席篷四柱，中坐盔鎧一人，以手就几，似執物者。船頭一人持篙，尾立一人，俱有甲。面船迎立者二人。畫象左右題字四段：第一段，題七律一首，缺前三句，詩云：『旋復東秦舊版圖。動若汾陽年最少，戰如廣固勢同符。掀天勛烈磨崖勒，萬古英靈隘八區。』後書『王時拜□』四字。第二段，首題『翟公書門』四字，次書『翟公爲廷尉，時賓客填門。及廢，門外可設雀羅。後復爲廷尉，客欲往，公署其門曰：一死一生，迺知交情；一貧一富，迺知交態；一貴一賤，交情迺見。』第三段，首書『題翟公』三字，次五絶一首云：『三仕寧爲喜，一閑當自脩。世情今似古，何必謝交游。』後書『崔□□□』四字。第四段，首書『咏曹彬』三字，次七絶一首云：『王師競下九天來，□甕江城一戰開。蓋世榮華□不□，滿船同籍送軍臺。』後書『馬□敬題』四字。玩其畫法，證以詩語，必非宋以後石刻也。

殿中丞李君誌銘蓋

篆書，石方廣一尺五寸，在嘉祥縣紫雲山下。

右額題『宋故殿中丞李君誌銘』九字，稽之《縣志》，皆無攷。

【校勘記】

［一］此墓志現存新泰樓德鎮東村懷德書院的西墻壁間，有殘泐，拓本收録於《北京圖書館藏中國歷代石刻拓本匯編》第四二册《孫覲墓志》，兹據此加以校證。

［二］『腴』，原作『腴』，據拓本正。

［三］『嚼』，原作『嚼』，據拓本正。

［四］『耕』，原作『根』，據拓本正。

［五］此碑現存濟南長清靈岩寺，拓本收録於《北京圖書館藏中國歷代石刻拓本匯編》第四二册《靈岩觀音道場榜書并張勱題名》，碑文載於《濟南金石志》卷四《宋政和七年張勱靈岩寺題記》，兹據此加以校證。

［六］此二闕字，原碑及拓本殘泐，《濟南金石志》作『大夫』。

［七］此闕字，原碑及拓本殘泐，《濟南金石志》作『撰』。

［八］『長』，原碑及拓本殘泐，據歷城龍洞獨秀峰《張勱禱雨題記》及《濟南金石志》補。

［九］此碑現已不存，碑文載於《金石萃編》卷一四七《八行劉先生詩》、道光《東阿縣志》卷四《宋黄石公祠石刻詩》，兹據此加以校證。

［一〇］『王』，《金石萃編》與道光《東阿縣志》作『主』。

［一一］『夫』，《金石萃編》與道光《東阿縣志》作『志』。

［一二］『河』，道光《東阿縣志》作『阿』。

［一三］此闕字，《金石萃編》作『石』。

［一四］此碑現存濟南長清區博物館，拓本收録於《北京圖書館藏中國歷代石刻拓本匯編》第四二册《真相院釋迦舍利塔

銘》、《東坡全集》卷九七《真相院釋迦舍利塔銘并叙》，兹據此加以校證。

[一五]『苡』，原作『茨』字，據拓本正。

[一六]『轍』，據拓本補。

[一七]『述』，據拓本補。

[一八]『矣』，據拓本補。

[一九]此闕字，拓本殘泐，《東坡全集》作『聚』。

[二〇]『轉』，原作『傳』，據拓本正。

[二一]『淑』，原僅殘存『氵』部，據《東坡全集》補。

[二二]『珪』，原僅殘存『王』部，據《北京圖書館藏中國歷代石刻拓本匯編》第四二册《李唐臣等題名》及《濟南金石志》卷四《宋宣和四年李唐臣等靈岩觀音洞題名》補。

[二三]此碑現存山東鄒城孟廟，殘泐較爲嚴重，拓本載録於『京都大學人文科學研究所所藏石刻拓本資料』第SOU0291X幅《先師鄒國公孟子廟記》，但下部亦多殘泐。碑文亦載康熙《鄒縣志》卷一下《廟祠·孫傅記》。兹以拓本爲主要依據，結合康熙《鄒縣志》，對此碑文加以校證。

[二四]此闕字，拓本殘泐，康熙《鄒縣志》作『武』。

[二五]『禹』，原作『禹湯』，據拓本正。

[二六]『君』，原作『言』，據拓本及康熙《鄒縣志》正。

[二七]此闕字，拓本殘泐，康熙《鄒縣志》作『也』。

[二八]此闕字，拓本殘泐，康熙《鄒縣志》作『曰』。

〔二九〕此四闕字，拓本殘泐，康熙《鄒縣志》作「知堯舜者」。
〔三〇〕此二闕字，拓本殘泐，康熙《鄒縣志》作「當世」。
〔三一〕此闕字，拓本殘泐，康熙《鄒縣志》作「傾」。
〔三二〕此闕字，拓本殘泐，康熙《鄒縣志》作「乎」。
〔三三〕此四闕字，拓本殘泐，康熙《鄒縣志》作「孟子之没」。
〔三四〕此二闕字，拓本殘泐，康熙《鄒縣志》作「有假」。
〔三五〕「其君」，據拓本補。
〔三六〕「是」字後，拓本殘泐，康熙《鄒縣志》尚有「志」字。
〔三七〕此三闕字，拓本殘泐，康熙《鄒縣志》作「求合而」。
〔三八〕此三闕字，拓本殘泐，康熙《鄒縣志》作「其君者」。
〔三九〕「口」，原爲闕字符，據拓本正。
〔四〇〕此二闕字，拓本殘泐，康熙《鄒縣志》作「過林人」三字。
〔四一〕此三闕字，拓本殘泐，康熙《鄒縣志》作「强弱之」。
〔四二〕此四闕字，拓本殘泐，康熙《鄒縣志》作「甚於楊墨」。
〔四三〕此四闕字，拓本殘泐，康熙《鄒縣志》作「故不可不」。
〔四四〕此四闕字，拓本殘泐，劉培桂《孟子林廟歷代石刻集》作「裘孫傳記」。
〔四五〕此五闕字，拓本殘泐，劉培桂《孟子林廟歷代石刻集》作「迪功郎新泰」。
〔四六〕此碑現存泰安岱廟炳靈門外北側，漫漶殊甚，碑文亦載《金石萃編》卷一四七《宣和重修東岳廟碑》、乾隆《泰安府志》卷二五《宣和重修泰岳廟記》、《岱覽》卷六《重修泰岳廟碑》、《泰山志》卷一七《重修泰岳廟碑》，兹據此加以校證。

〔四七〕「猶」，乾隆《泰安府志》、《岱覽》、《泰山志》作「奠」。

〔四八〕「靈」，《金石萃編》、乾隆《泰安府志》、《岱覽》、《泰山志》作「寧」。

〔四九〕「墻」，《岱覽》作「垣」。

〔五〇〕「烏」，《金石萃編》、乾隆《泰安府志》、《岱覽》、《泰山志》作「鳴」。

〔五一〕「覩」，《金石萃編》、乾隆《泰安府志》、《岱覽》、《泰山志》作「觀」。

〔五二〕「出」，《岱覽》作「施」。

〔五三〕「則」字後，《金石萃編》、乾隆《泰安府志》、《岱覽》、《泰山志》尚有「知絲枲」三字。

〔五四〕「咽」，《岱覽》作「衢」。

〔五五〕「係」，《岱覽》作「滿」。

〔五六〕「氣」，《岱覽》、《泰山志》作「風」。

〔五七〕「底」，乾隆《泰安府志》、《岱覽》、《泰山志》作「祇」。

〔五八〕此闕字，乾隆《泰安府志》、《岱覽》、《泰山志》作「監」。

〔五九〕「彊」，《岱覽》作「强」。

卷十九

金石上

重修兖州宣聖廟碑

天眷三年十月立，正書，碑高六尺五寸，廣二尺五寸，在兖州府學。

重修兖州宣聖廟碑，登仕郎崔先之撰，州學録張待問書并篆額。

皇綱鼎固，鳳歷璣運。歲在上章涒灘，月次圉陽，朏魄既交，同知泰寧軍節度使趙公，諱牧。作新宣聖廟於魯城之巽維，即兖海觀察使劉公莒所卜之舊址也。魯邦孔子之鄉，廟祀之嚴，其來遠矣。粤自唐大中十三年歲次己卯，劉公始擇兹地以遷作之，更諸爽塏，以就文明之方也。後一百七十七年，至宋景祐三年歲次丙子，孔子四十五世孫龍圖公道輔，衣晝錦之榮，來守鄉郡，復革弊陋而增崇之。自景祐逮今，又一百五年，公被命臨鎮來兖。凡二百八十二年之間，或以功勳而授鉞，或以道藝而分符，牧守之賢不爲不多矣。知宗儒尊道，以報本反始，崇敬宣尼，留意廟貌者，前有觀察劉公，後有龍圖孔公。孔公即以其孫而崇祖廟，未若劉公之誠也。比之劉公，挺然特見于今者，其惟我公之賢乎！公世居幽都，碩儒繼代，幼舉神童，壯登桂籍，聲名烜赫，竦動四方。其敦本重道之誠，出於天性，景慕孔聖，以見願學之心焉。朝廷簡拔有德，撫綏疲瘵之民。爰自下車，講求民瘼，攘剔姦蠹，化洽千里，威震一郡，俗安其訓，吏畏其明。未及期月，闔境大治。乃臨黌舍，延見諸生，顧瞻堂室，頹□□甃，風雨弗除，函丈之間，凝塵滿席。喟然嘆曰：『亂世則學校不修，魯有泮宮，頌美於詩，時底清平，忍視其壞？』經之營之，鳩工僝材，不日而成。潭潭之宇，敞然爲弦誦□□之地，使芹茆可得而采焉。恭謁宣聖廟庭，荐歷兵凶之後，殿廡摧仆，榱棟橈折，瓦級破缺，丹雘漫漶，尤加措意。語人曰：『孔子之道，澤及萬世，教行八荒。生於魯，仕於魯，死而葬於魯。師□□貌之立，崇構華麗，宜爲四方之壯觀。學其道而爲其徒者，是爲我師也。廟貌弗飾，將何以見崇奉恭敬之心哉？』遂擇日肇造，親出俸入之餘以備費用。躬自督責，□行不倦，□飭匠氏，量徑輪，視廣袤，乃董役夫，供板築，奮作興，基址不移，繩墨不改。木無衣綈錦，土無被朱紫，上棟下宇，右平左城，煥然一新。脩廊廣廡，膠葛崢嶸，春秋□□，禮儀卒備，可以陳簠簋，可以列豆籩，可以鏘環珮，可以奏磬筦，升降周旋，無適不宜，則公之勤誠志嚮於此可見矣。嗚呼！美哉，魯之諸生，瞻載色載笑之容，□□□□言之教，咸願頌公之德，刊諸堅石，以傳永久。少効瓊瑶之報，俾先之敘其事而爲其文，自顧淺陋，何足以發揚公之懿？謹紀其實而爲之辭，以遂邦人之願焉。其辭曰：

皇流共貫，車書混同。洙泗教揚，八遐遂通。宣尼道行，天下爲公。光于四方，昭明有融。我公願學，昌時先覺。賢冠斗南，名重燕□。臨鎮魯邦，澤潤優渥。樂善不倦，爰苦孔卓。既修泮宮，魯侯之功。薄采其芹，回也屢空。闇闇秋□，□雩之風。春誦夏弦，教施無窮。作廟奕奕，尊崇聖德。報本反始，其儀不忒。匪刻匪雕，既華既飾。廟貌斯□，魯侯之力。以享以祀，神之聽之。工師告成，頌美於斯。其頌維何，金石可勒。光施前人，垂之罔極。

從仕郎、兗州司法參軍兼權州學教授李挺立石，胡寧鐫字。

右碑篆額失拓，文及題銜凡二十五行，字徑八分。不著年月，但云『歲在〔二〕上章涒灘，月次圉陽，朏魄既交』，又云『自景祐三年逮今，又一百五年』。案：景祐三年丙子，越一百五年庚申，在宋爲紹興十年，其時兗州已屬金人，是爲金之天眷三年也。趙謙牧，《金史》無傳，《府志·宦跡》亦遺之。

定光禪師塔銘

皇統二年十月立，正書，篆額，石高六尺四寸，廣三尺四寸五分，在長清縣靈岩寺。

右碑額題『定光塔銘』，横列四字，徑五寸，文三十四行，字徑七分。撰文者濮陽李魯，書丹者濟南高鯉，篆額者儒林郎、行臺大理寺丞韓詮，立石者起復昭武大將軍、陝西諸路轉運使劉益。武虚谷云：『行臺之制以别於中臺，天眷三年移置汴京。皇統二年，定行臺官品皆下中臺一等。然則此題「大理寺丞」，降於正六品，故書階儒林郎，僅依從七品之下，此皇統新制也。又攷《百官志》，轉運陝西有東、西路。《地里志》：天德二年，京兆府置陝西東路轉運司，平涼府置陝西西路轉運司。此當皇統二年，陝西轉運猶未分東西也，故劉益結銜以「諸路」舉之。」

妙空禪師塔銘

皇統二年立，正書，篆額，石高三尺，廣二尺八寸，在長清縣靈岩寺。

右碑額題『妙空禪師塔銘』三行，字徑四寸五分，文二十七行，字徑八分。祇存上截，末行存『皇統』二三字〔二〕，乃立碑之年也。

白雲菴禮塔會記

皇統三年四月立，并額俱正書，碑高四尺，廣二尺三寸，在歷城縣龍洞報恩塔側。

右碑額題『白雲菴主慶八十禮塔會碑記』六行，字徑一寸五分，文二十行，字體大小不等。

妙空長老自題像贊石刻

皇統三年八月刻，行書，石高二尺，廣一尺八寸，在長清縣靈岩寺。

拙頌奉别知事頭首兼雲堂諸禪衆，住山凈如拜呈。

七年林下冷相依，自愧鉛刀利用微。聚散莫云千里遠，輪天一月共同暉。

慈書〔三〕記寫予真求讚，漫書此以塞來意。

眉不脩疎頭突兀，鼻豐垂兮顴無骨。長憐百醜兼且訥，慈禪慈禪不我拙。名兮邈兮水裏月。咄！

宣和五年八月初三，方山老拙書。

妙空老師嗣法薦福英和尚[四]，出於大宗師門下，兩坐道場，僅四十載。凡示徒貴機用，唯棒喝可語言。知客道德，獲此二頌，囊之久矣。師今示寂，命工摹石，益傳不朽。皇統三年中秋日，監寺僧義由謹記。

右詩贊十一行，字徑一寸。後刻義由跋三行，正書，字徑五分。

沂州普照寺碑[五]

皇統四年十月立，正書，碑高一丈一尺八寸，廣四尺五寸，在蘭山縣治西南普照寺。

中□□□□尚撰，伊川□□暐篆額。

琅邪之佛祠，在郡治者凡六區，其五為毗尼，其□[六]為禪郍，今普照□□[七]。當子□[八]之西南，有□[九]臺巋[一〇]然出於城隅，臺之西□□□□[一一]，□□□[一二]焉。耆舊相傳，臺□[一三]『曬書』，池曰『澤筆』，其地蓋東晉右将軍王羲之逸少故宅也。昔晉祚中缺，元帝渡江，臨沂諸王去亂□[一四]遷，乃捨宅為□□[一五]。世祀緜邈，真偽莫考。□[一六]歲嘗得斷碑於土中，□[一七]雖漫滅，尚髣髴可讀。按招提復興之代，實自後魏，至有唐孝明皇帝即位之九年，始賜額曰『開□[一八]』。宋崇寧初，輔臣□□[一九]，請詔天下，每郡擇□[二〇]□寺一，更為禪林，遇聖[二一]上延祚[二二]之月，為祈延景命之地。制從之。郡以[二三]開元應選，自是改稱天寧萬壽禪寺。逮廢齊居攝，專用苛政理國，知衆□□[二四]，□[二五]狹中多忌，凡浮屠、老子之居，曩日所嚴奉以祈福者，一切□[二六]革，遂易天寧之號，榜□[二七]『普照』。開元遺址，因古臺為基，下偪闤闠，棟宇偏[二八]□[二九]，□□□□[三〇]當有□[三一]，皆廢缺未[三二]□[三三]，不稱寶坊□[三四]制。歲在丁巳，妙□[三五]禪師覺海始來住持。□[三六]院之四年，乃議改作。衆懼難成，姑欲因陋。經始之初，異論□[三七]起，拱[三八]手旁觀，待其自貝[三九]。師志[四〇]先定，屹如山□[四一]，終不可揺。□[四二]奉國上將軍渤海高公召和式，適守是邦，與師昔於過去刧在無量佛所曾□□[四三]因，至是機緣會遇，針芥相投。公命首墮雉堞，以達蔽阻，又架石為梁，跨望月湖，南臨廣路，於指顧間，已盡闢湫隘為空曠之境矣。復召百工，授以□□[四四]，自當陽聖位，次及方丈，下逮童隸所偃息，皆摽立區所，期盡新之。益出己貨[四五]力，往給經費，且示苦忍，降伏[四六]偷惰，畚鍤斤斧所嚮，輒以身□[四七]。於是郡人感其誠，莫不風靡。遠方檀施，亦破慳捨墮，助作大緣，憧憧往來，相踵於路。以故貲用□[四八]益，□[四九]失[五〇]其便[五一]。寒暑未幾，悉滿初願。師又於大雄殿之北，□□□[五二]廈，聚竺土所傳，調御所説五千四十八卷之經，為大轉輪藏，發機於地，棲匭於輪。鏤此岸旃檀諸□[五三]，□[五四]須弥山及阿耨池，八方龍鬼出於□[五五]際，各[五六]持金革，視[五七]護法相，諸□[五八]寶宮弥覆其上，一一天宮，有諸寶欄楯，一一欄楯，有諸寶□[五九]女執妙音樂歌舞讚佛。復有無量[六〇]□□[六一]如來坐□□[六二]座，為百億天衆放光顯瑞説無言法。機輪一動，聖凡出没，千變萬化，金碧相錯，耀人心目，如刧初時，風激水□[六三]，湧為七珍，蓮華藏世界不可説，宮殿次[六四]□□[六五]成微妙奇[六六]巧。工告訖事，□[六七]擇九月辛未，集山東十八郡〔六八〕大長老洎傳戒宿德，建龍華會七晝夜，以落其成。幢蓋鍾鼓，填溢衢市，緇素數〔六九〕萬人，遐迩咸會，覩〔七〇〕是勝相，皆讚歎□〔七一〕喜。請採石斵碑，紀述希有，傳信無窮。求文於中陶仲汝尚，以記其事。汝尚曰：先佛世尊，□□□□〔七二〕，□□□□〔七三〕。□〔七四〕東漢二葉，教流震旦。訖於梁氏，始宏闡有為，出世〔七五〕空術，盡成名相。我達摩初祖自天竺西來，救其末流，俾涅槃妙心，巍巍堂堂，猶星□〔七六〕月，益光輝〔七七〕□〔七八〕像法。自此天下之言禪者，皆以明道説理為宗，不泥教律。惟師□□〔七九〕西蜀，棄萬金之産，來為沙門，親近知識，求無上道，叅承咨決，已得法要，固當高提祖印，直指人心，乃建塔廟，嚴像設，同二乘小果，希人天福報，此禪流後學所以竊議致疑於師也。然汝尚嘗聞師之言曰：『實際理地，不受一塵；佛事門中，不捨一法。吾以如幻三昧，遊戲世間，雖化大千盡為佛刹，其中寶供最勝第一種種，具足吾之妙□〔八〇〕，未始有作也。昔真際之住東院，不聽大檀越動一□〔八一〕以廣其居，是誠古佛用心，然不可〔八二〕爲叢林法。吾懼末世比丘喜虛誕者，競爲大以欺佛，遂有假如來衣竊信施□〔八三〕，視法宇之成壞，若行路之過逆旅，曾不介意。或問其故，輙謬曰：『古之人固如是也。』以至上雨旁風，□〔八四〕壓是虞，乃挈鉢囊逡巡告去。有如諸方建化，率由此轍，則寶莊嚴道場，往往鞠為茂草，如來遺法，其能久住世乎？敢畏多言。』汝尚唯唯。乃序寺之廢興緣起，俾刻石以告來者。時皇統四年十月二十日記。

奉國上將軍、行沂州防禦使事兼管内安撫使、統押沂海路萬□〔八五〕兵馬高召和式，沂州普照禪寺住持傳法賜□□□[八六]大師覺海立石。

右碑篆額未拓，文二十四行，字徑一寸三分。錢辛楣少詹云：『碑集柳誠懸書，幾欲亂真，與懷仁《聖教序》可謂異曲同工。「檀」字右旁缺筆，避金熙宗諱也。』武虚谷云：『右碑斷裂，書撰人名氏僅有「中尚」二字可辨，案之文内所載，知爲中陶仲汝尚也。』于氏作《齊乘》去金未遠，其載此碑猶全具，然亦約舉，其云：『當子城西南有古臺，西有廢池，耆舊相傳臺曰「曬書」，池曰「澤筆」，東晉王右軍故宅也。往歲得斷碑于土中，謂招提復興于後魏，唐賜額「開元」，宋崇寧初詔改爲「天寧萬壽禪寺」。逮廢齊居攝，專用苛政理國，知衆不附，尤狹中多忌，凡浮屠、老子之居，一切廢革，遂易「天寧」爲「普照」云。』今案碑，皆與相符。後題銜『奉國上將軍、行沂州防禦使事兼管内安撫使、統押沂海路萬户兵馬高召和式』，即與覺海復葺此寺者也。《金史·廢帝紀》：正隆四年，『十二月乙卯，以樞密副使張暉爲尚書左[八七]丞，歸德尹致仕高召和式起爲樞密副使』。又《高彪傳》：彪本名召和失，辰州渤海人。爲武寧軍節度使，頗黷貨[八八]，嘗坐贓，海陵以其勳舊，杖而釋之，改忻州防禦使。以碑證之，『忻』當作『沂』，《傳》刻誤也。其階『奉國上將軍』及兼官，《傳》皆遺之。

傅大士梵相十勸石刻

皇統六年八月刻，正書，石高二尺一寸，廣一尺三寸，在長清縣靈岩寺。

右碑上層刻傅大士畫象，下層刻十勸詞及年月，凡十四行，字徑五分。

心經石刻

皇統六年十月立，正書，石高四尺，廣一尺六寸，在濟寧州晉陽山大張翟村。

右刻未見拓本，據朱朗齋所録載之。石分三層：上層鎸佛象，題『如來』二字，兩旁刻『皇帝萬歲，重臣千秋』八字；中層刻《心經》一卷；下層刻記文五行，後列先祖及己身、子女姓氏，大意立經碣於墓林，以祈福祐者。惜姓名皆泐，不能知爲誰氏之墓矣。

任瀛靈岩寺詩刻

皇統七年三月刻，行書，石高一尺一寸，廣一尺九寸，在長清縣靈岩寺。

濟南府推任公詩

詩呈堂頭雲禪師　瀛[八九]上

放開塵眼頓超凡，便覺棲真悟泐潭。碧障排空千仞矗，清泉漱頰十分甘。五花殿裹師因果，百法堂中問指南。若道爲官太拘束，三年三得到精藍。

皇統丁卯三月二十八日，監寺比丘子方上石，兖人胡寧刊。

右詩及標題凡十行，字徑九分。後年月二行，正書，徑五分。任瀛官濟南府推，志乘皆失載。

靈岩寺觀音聖跡碑

皇統七年七月立，正書，石高三尺一寸，廣一尺三寸五分，在長清縣靈岩寺。

右碑分二層，上層刻觀音聖跡像，下層刻序文二十七行，字徑三分。

靈岩寺面壁像記

皇統七年十二月立，正書，碑高三尺三寸，廣一尺六寸，在長清縣靈岩寺。

右碑分二層，上層刻面壁像，下層刻記文二十四行，字徑五分。碑末題『靈岩住持法雲募工重立』，蓋取少林舊碑重摹，非靈岩原有也。《記》中稱『知登封縣樓君異』，案：《宋史·樓異傳》不載其知登封縣，三十六峰賦石刻爲異所作，結銜與此合，蓋史文之略也。

康淵靈岩寺詩刻

皇統八年五月刻，正書，石方廣一尺六寸，在長清縣靈岩寺。

贈靈岩西堂堅公禪師，武安康淵

縈迴緑水遶春山，蝶舞鶯啼白晝閑。誰似西堂知解脱，不教憂色到朱顔。

伏覩甲兄都運觀察贈西堂禪師佳什，言超物外，奇逸清高，如閑淡煙雲，縈岩映岫，自生光彩耳。謹命工刊諸琬琰[九〇]，用久其傳。皇統戊辰歲五月初十日，住持僧法雲立石。

右詩刻七行，字徑一寸，跋四行，字徑五分。康淵此詩殊有風致，《中州集》未之收也。法雲跋云『伏覩甲兄都運觀察』，又《寂照禪師塔銘》亦稱『運使康公』，則淵嘗爲轉運使矣。『甲兄』未審何義，或以甲乙爲行次之稱耳。

金堆寺碑[九一]

皇統九年四月立，正書，篆額，碑高五尺八寸，廣二尺五寸，在福山縣金堆寺。

增修金堆院記額三行，字徑三寸。

增修金堆院記

□□□□□之□百有餘里，縣曰福山，阜昌時所置。舊爲鎮，曰兩水。兩水源所從出，東西相望湛[九二]遠，因地就下，並流於縣之東北，距縣數里，土人目之曰東西河。涉西河並涯而南十五里而近，得山曰金堆，凡河[九三]濱之山，類産鉛錫，則其巔必童焉，無復佳木。獨茲山松櫪翠茂，蒼然爲諸峰最。形勢雖不甚高，而平瞰西南諸山，穠纖遠近，疊見錯出，環峙騰赴，若皆出其下者。秋水時至[九四]，澗壑奔會，彌[九五]望數十里，驚湍駛浪，霆擊雷轉，怒嚙乎金堆之趾。氣衰力屈，然後循[九六]麓而北去，與所謂東河者合而入於海。大略如蜀江之奔峽，必喧豗震薄乎灩澦之下也。海山浮動，天境勝絶。自五代顯德時，有僧結廬於此。古刻略載其事，而失僧之主名，甲乙授受，殆且百年，蝸負蠖屈，其跡不顯。後有僧行容者，以十方之請主之，稍治堂殿十餘楹。自慶曆迄于今，蓋又百年矣。穿蠹欹腐，風雨不支，其徒拱手熟視，曾莫之或恤也。天眷庚申，登之戒壇，僧曰智隱，始來居之。隱謹於戒律，毫髮[九七]□[九八]敢叛其教。以故山之父老頗信而歸之，用能得其助，易弊扶傾，歲餘則苟完。乃鑿山腹，大闢其舊址，築堂曰華嚴，以□□事赴者方□□[九九]矣。未幾而隱化，其弟子曰義海，實嗣承之，克肖其師之勤，而加敏焉。於是修廊巨廈，重門複閣，焕[一〇〇]然相望，輪奂一新，若有鬼神陰相其役。道俗之人嘗去之期月而復至者，若不愕立駭視，意其爲化城佛土，且疑夫璇題貝闕，一旦涌出於海龍之宫也。而其聯清儲邃，窈窕靖深，幽花奇石，左顧右觸，扶疎蒼蒨，大抵如畫圖羅漢大士所居。數年之間，聲聞四遠。凡宦游旅至於東方者，以不一到爲平日之恨。又往往繪之屏素而去，以歸詫其鄉閭。嗚呼！是誠奇特，未始有也。余以皇統甲子到官，公事之隙，時至其所。因熟海之爲人持律嚴甚，未嘗見其怠，而又果於事功。意所欲爲，持之以決，而濟之以勇，雖寒暑風雨、胼胝暴露莫顧也，用是以能有成。後數年，余以疾請閒，而遂寓於此。凡海之經營鳩朔，至於一切大備，實盡請[一〇一]其本末，故海以記文見[一〇二]屬，且質於余曰：『吾營造之力勤矣，有功於吾教者不爲少矣，然吾竊有所病焉。夫佛祖之法，以空虚寂滅爲宗，安樂戀著爲戒，衲衣乞食，巖棲木槁，坐進此道，無所擇也。後世末學[一〇三]乃始飾其廬，美其服，甘其食，範金聚土，像設於其前，鳴魚擊鼓，講説於其後。齊民下士怵之以禍福，因以發其遷善遠罪之心，權也。顧獨無大善知識，議吾之後乎？』余曰：『是不然。夫道一而已矣，有本斯有末，有原斯有流。磬筦不陳，曷以知樂之和？玉帛不將，曷以知禮之節？言語文章不載諸簡編，學校庠序不設於邦國，曷以明聖人之教也？吾儒固爾，師亦何病？雖然，兩水之爲縣也，垂二十年。權輿之人，因陋就簡，迄今無所謂縣學者，春秋釋奠，寄之廨驛而已。縣有廢僧舍，毁之則重勞而可惜。余欲因其故治之，以爲夫子廟堂，而稍增其齋廡。然縣所不得專，嘗以是三請于郡，而不獲命。則喟然歎曰：「先聖通祀于天下，豈必待一福山之廟？而尊師重道者，顧豈少一汾晉野人也哉？」卒不遂所請而止。今師不持一錢，捐軀奮議，主張教法於空山荆棘間，乃克有就。如此，余之愧於師也厚矣，夫復何云。』皇統九年四月旦日，前縣令臨汾張邦彦記，住持僧義海立石，尹宥刻。

右碑文凡二十四行，字徑九分，前縣令臨汾張邦彦撰文。極似柳州筆法，其政績無攷，然其爲令時以縣學未建，三請於郡而未成，因於記中寓意寄慨，即此可見其概，故樂爲載之。

雲禪師塔銘

皇統九年五月立，正書，篆額，石高五尺八寸，廣三尺，在長清縣靈岩寺。

右碑額題『寂照禪師塔銘』三行，字徑五寸，文二十四行，字徑八分。正觀撰文，□□書丹，義詔篆額，皆出比丘之手。結構甚佳，惜下截殘闕，文稱『轉運使康公尤爲知遇』，即指康淵也。

靈岩寺寶公開堂疏碑

皇統九年八月立，并額俱正書，碑高五尺三寸，廣二尺九寸，在長清縣靈岩寺。

右碑額題『開堂疏』三字，横列，徑四寸。文及題銜凡十八行，字徑一寸三分。徵事郎、濟南府録事夏綽書，僧宗安立石。年月下有濟南府印，方一寸八分。疏後列銜五人：内府判官闕名、濟南府尹完顔篤化叔、同知濟南尹事韓爲股、濟南府少尹顔没良虎、濟南府推官權判官李德恭，皆未載《府志》。

程康年等登高題字

天德二年九月刻，在嘉祥縣洪山。

右刻未見拓本，據朱朗齋所録載之。首題籀文『天德[一〇四]庚午登高會』七字，後題會首程康年等二十四人，凡八行，正書。

伏羲廟碑

天德三年九月立，并額俱正書，碑高三尺七寸，廣二尺，在鄒縣鳧山西麓伏羲廟。

右碑書文皆俚鄙，其額題『伏犧二聖耶孃』六字，碑文首書『大金滕陽軍鄒縣鳧山天下槍劍武藝社記』，委巷人所爲，類如是也。《金史·地里志》鄒縣有鳧山，與記合。碑後書『天德三年九月立石』，文内空處又有正隆元年、二年、三年及大定七年、十二年、十四年、十五年、十七年等字，此爲後來續題。每行下往往有『賽』字，蓋爲賽社而作也。

靈岩山場界至圖刻

天德三年刻，題字正書，石高二尺，廣二尺八寸，在長清縣靈岩寺。

右圖刻首題『靈岩山場界至之圖』八字，横列，徑一寸一分。圖下刻寺僧裕顯記文十四行，字徑三分。

神農黃帝祠堂碑

貞元二年三月立，正書，碑高三尺九寸，廣二尺二寸，在滕縣城西雍傅村福勝院。

右碑文及標題、年月凡二十七行，字徑六分，前軍學經諭朱昺撰文并書。文辭鄙陋，無可稱述，惟系銜軍學有經諭，未見《金史·百官志》。蓋金立國初依宋制，地有軍名，至後盡升爲州，於是官亦裁易，而史文不備多矣。

重摹唐龔丘令庚公德政碑[一〇五]

貞元三年五月刻，并額俱篆書，碑高七尺二寸，廣三尺一寸，在寧陽縣署。

唐龔丘縣令庚公德政頌額五行，字徑二寸五分。

大曆五年九月三日建年月一行，字徑三寸。

荀蒍，古之良宰也，榆次碣之；庚公，今之賢百里也，龔丘頌之。姑無□□[一〇六]，□[一〇七]□□紀？議者謂庚公之政尤矣。公初告群吏曰：『昔孝宣憂元元，□[一〇八]爲經國□□[一〇九]，□□□[一一〇]長。』迺擇郎官御史，出宰縣邑。我自任城尉驟居五百石，非才何□□[一一一]之？□□□[一一二]穌疲人，祇若明命。迺崇禮讓，省刑罰，紓力役，闢土田。宣□□□[一一三]，□儉□□[一一四]，□[一一五]作時雨，咊爲春風。於是齊魯丕變，井閭咸復，三載考績，一方歸最。都□□□[一一六]御史清河張公曰：『昌牧伯之賢也。訓俗馭官，勸直沮枉，述職之地，類[一一七]能□[一一八]之□[一一九]：『方諸爽氣，日暮更清，比之松筠，歲寒轉茂。』題以上下之目，出乎群萃之□[一二〇]。□□[一二一]千里，異聲同歡曰：『以伯達之良牧，賞況[一二二]孫之茂宰，宜矣。』公名賁，字文明。其先□[一二三]川人，成周之時，世爲掌庾，因以命族，公其胄焉。公之考曰欽嗣，爲光[一二四]州别駕。□[一二五]王父曰元汪，爲尋陽令。曾王父曰師則，爲蜀王文學。楷模繼代，軀麟接□[一二六]。□[一二七]曆中，邑老彭滔等三十五人，以公攺柔[一二八]□[一二九]大，咸願刻石褒美，申于元戎，元□[一三〇]允答。縣人以陽冰與公周旋，備詳德行，□[一三一]之作頌，多媿能文。辭曰：

於穆庾公，宰字之良。化洽百里，風摛[一三二]一方。邑老上請，願言頌德。元戎嘉之，金石迺刻。

右文十三行，字徑一寸五分。

佑之聞《襲丘庾公德政碑》舊矣，自唐大曆五年歲在庚戌，至今貞元三年乙亥，已三百八十五年。善□□[一三三]芳塵孰嗣，而李公之文辭篆字，世所貴者。佑之到官之初，首加詢訪，乃於廳事之後糞土中，得其□□□[一三四]壞散亡，僅存其半。嗟青瑶之沈埋，懼磨滅之無日，思欲得完本，重刻于石，未易□[一三五]也。聞邑尉永□□珣[一三六]君瑞肯爲尋訪，於邑人彭鼐家，得蓄藏舊紙本一以示佑之。詳讀玩味，頗□頁[一三七]見。於是礱石命工，□刻舊記，庶乎庾公之德政與夫李公之辭翰爲不朽云。五月一日，承務郎、兖州襲縣令林□[一三八]宋佑之記，徵事郎、主簿孫思，忠武校尉、縣尉王景俊。

右記六行，正書，徑五分，在碑文左幅上層。

有唐庾公嘗宰是邑，當時治績昭著，而李公善□□□□正人之目，以頌其實□□既刻亦庶不朽□期記跋其□廿餘年來，再立德政，不絕如綫。縣令宋公下車之始，□□□□迺□□□勒□□□□□。宋公之爲治，有慕於庾公之治邪？不然，何以□□□□□公□□以□□□□而今者，往□□人歟？儒卿謂庾宋之治時□□而□□□矣，邑人鄉貢進士卜儒卿跋，管勾造碑□□耿□□。[一三九]

右跋六行，正書，徑六分，在碑文左幅下層。

此碑建於大曆五年，至金貞元三年，龔縣令宋佑之以舊本重摹於石，佑之自爲記，並卜儒卿後跋刻於碑之左方。碑文下截泐去三五字，餘俱可辨。其攷證已詳各家著録，黄小松司馬云碑陰尚有金貞元間給事郎、守令于象及典史單文等名，未見拓本。

張汝爲靈岩寺題記

正隆元年五月刻，正書，石高一尺八寸，廣二尺九寸，在長清縣靈岩寺。

右題：『余素好林泉之清勝，久聞靈岩名山，迺自昔祖師之道場也。所慊塵緣衮衮，未獲遊覽。比雖守官汶上，鄰封咫尺，亦無[一四〇]一到。兹因被檄賞勞徐、宿、邳州屯守軍兵，還，登岱宗，故不憚迂遠行役之勞，惠然而來，周覽上方勝概。』云云。後書：『正隆丙子歲仲夏初七日，同知東平總尹遼陽張汝爲仲宣題。』凡十八行，字徑一寸二分。末立石姓名二行，字徑五分。案《金史·張浩傳》，子名汝爲，浩籍遼陽渤海，故汝爲單舉其郡名也。汝爲歷官，史書不載，惟《中州集》稱爲河北東路轉運使，未知其先曾官同知東平總尹矣。武虚谷云：『《地理志》：東平府以府尹兼總管，此結銜稱總尹者，殆并二官名爲一與。』

釋迦宗派圖刻

正隆元年八月立，正書，額八分書，碑高三尺六寸，廣一尺八寸五分，在長清縣靈岩寺。

右碑額題『釋迦宗派圖』五字，徑二寸五分，横列於上。次總敘宗派，次宗派世系。下層刻牟尼佛象，右邊題云『西京嵩岳少室山少林禪寺洒掃比丘惠初，宣和二年九月晦編集』，左邊題云『正隆元年八月旦日，濟南府長清縣十方靈岩禪寺住持傳法沙門法琛立石』，皆正書，徑四分。

趙㬂仰天山詩刻

正隆四年五月立，行書，石高一尺七寸，廣二尺四寸，在臨朐縣仰天山觀音洞。

右詩刻九行，左讀，字徑一寸五分。後刻石年月二行，正書，徑五分。

草木霜餘度老黄，山川秋勁發新涼。壺中樂趨身疑到，物外塵勞頓覺忘。下瞰蒼莽盤地軸，上看咫尺對天光。可憐簿領催歸騎，回首西風日□央。西樓趙㬂題，住持傳法沙門，缺。正隆四年五月一日。

東鎮廟修瓦殿記

正隆四年六月立，并額俱正書，碑高四尺二寸，廣二尺一寸，在臨朐縣沂山東鎮廟。

右碑額題『東鎮修瓦殿記』三行，字徑二寸四分。文二十行，字徑六分。碑爲太學生沂水劉□撰。

案金制國子監，國子學、太學隸焉，銜稱『太學生』者，别於國子學也。

王整等登高題字二種

年月、書體詳後，在嘉祥縣洪山頂。

右刻未見拓本，據朱朗齋所録載之。一題云『正隆四年，登高社□社人王整』等名，行書，四行。一題『正隆五年，登高社首陳成』等名，正書，四行。此種之前有『宣和二年』四字。又一石題『承安二年七月十九日，□□村石匠』，下皆漫滅，亦坿載之。

任君謨表海亭詩殘刻

無年月，正書，碑高二尺八寸，廣三尺，在長清縣城三賢祠。

表海亭詩南缺。

營丘最高隅表缺。

兩城相對起□缺。

人家林壑間牕缺。

□上一增懷青缺。

南麓老人，天下奇才也。世人止以能書見稱，謂當爲本朝第一，然誠云確論，而尚不知先生所能者多矣，又豈止筆扎而已哉？下闕。國以忠貞，臨政以清白，至於騎射驍勇、音律琴瑟、丹青藝巧，靡所不下闕。翰墨皆所以大過人者，非天下之奇才，其孰能與於此？東坡嘗謂詩至於杜子美下闕。可以畢天下之能事，不其偉歟？噫！坡公仙去久矣，若使見先生全才如此，其許可豈。下闕。

右殘刻存詩五行，字徑四寸，跋語五行，字徑八分。段赤亭云：『是刻已缺下截，乃任君謨表海亭之作也。舊在西門外菜圃中，乾隆庚戌始移置三賢祠。』元案：碑中存字是五言古詩，凡四韻，後跋亦缺姓氏。元遺山《中州集》載南麓詩，不收此篇，南麓亦無專集可補，深爲惋惜。

穠芳亭石刻

無年月，正書，石高四尺四寸，廣一尺九寸，在鉅野縣治西北。

右刻題『穠芳亭』三字，正書，徑一尺一寸。左刻石九參跋三行，字徑四分。《縣志》載：宋時，邑人當秋成報賽，詣亭致祭，僉欲鎸石亭中，因延王維翰書額。未至，有妓女謝天香者，以裙裾濡墨大書『穠芳』二字，未竟而維翰至，續書『亭』字，如出一手。王、謝遂爲夫婦偕老。今案：『穠芳』二字，狀如飛帛，多燥鋒，『亭』字則渾然雄健，洵屬兩人書格，特字體大小相稱耳。碑無年月，朱朗齋以《縣志》載維翰舉大定間進士，爲永霸令，遂列於金大定之前。今從之。

廣岩院敕牒碑

大定二年二月立，書體詳後，碑高四尺九寸，廣二尺四寸，在城武縣北南魯村廣嚴院。

右碑上層刻『大定二年二月敕牒一道』，下層刻『廣嚴院記』，凡二十四行，正書，徑八分，鄉貢進士朱阜亨撰文，鄉貢進士、兗縣學齋長馬致遠書記。後列銜有忠顯校尉、武騎尉、權成武縣機察官曹佐。《金史·百官志》有機察使、機察副使。至九鼎大湯津渡惟置機察官一員，碑言『機察官』者是也，然未著其地。攷《史記·平準書》[一四一]：『宋太丘社亡，而鼎没於泗水彭城下。』單州與彭城相近，故有九鼎津之名，機察官殆設於此歟。

彼岸院敕牒碑

大定二年十二月立，字體詳後，碑高四尺一寸，廣二尺七寸五分，在博山縣後峪英山下彼岸寺。

右碑武虚谷官博山時曾親見之，並爲跋云：彼崖院敕牒石刻，今在寺内，龕置前院之西牆。孫文定公《顔山雜記》云『金世宗大定四年敕建，有尚書禮部牒文，刻石院中，餘文不可辨讀』者，此也。就文諦視，額題『重修彼岸院記』，篆書，六字。上層刻尚書禮部牒奉敕彼岸院，下有押字。另行正書『大定二年十二月』，中鈐一方印。後列銜四人，中憲大夫、行員外郎李，宣威將軍、郎中耶律，皆氏而不名，侍郎下無氏。末行筆畫重疊，結紐成文，半已殘闕，無從推諗，惟一『王』字，下有押。《金史·百官志》：禮部尚書一員，侍郎一員，郎中一員，員外郎一員。此題四人與官制符，其末書『王』字者，當爲禮部尚書王競也。文階正五品曰中憲大夫，而員外郎從六品，凡散官高於職事者帶『行』字，此牒『中憲大夫、行員外郎』可案也。宣威將軍在武階正五品之中，而帶于文職事官，文武階金制通用如此。下刻記文，正書二十九行，題『守法沙門沖□撰』，又題『淄州段』，當是書石者，惜名已缺。記文略可屬句，有村曰『掩底』，寺曰『彼岸』，大唐沼法師所建十大寺中之一。於是知寺固肇於唐，非金世宗創置矣。村曰『掩底』，今土人作『掩的』。案『的』誤音爲『滴』，轉上聲爲『底』，金時稱『寢殿小底』諸名，近僕人沿此自稱『小的』，亦猶是也。又有稱武略將軍、武功將軍者，徵諸史志，武階從六品下曰『武略將軍』，而不見有『武功』，及檢《大金國志》亦不載，於是又知此記足補金制所未備也。

福勝院敕牒碑

大定三年正月立，書體詳後，碑高五尺二寸，廣二尺三寸五分，在滕縣城西雍傅村福勝院。

右碑篆額未拓，上層刻大定三年正月敕牒一道，下層刻福勝院記二十一行，正書，徑七分，列銜五行，字徑四分。記爲隴西李傑撰，釋普深書并篆額。後列奉信校尉、滕陽軍司獄、權滕縣主簿、飛騎尉楊驤，儒林郎、滕陽軍滕縣令、武騎尉、賜緋魚袋李自牧。《百官志》：『正七品上曰承信校尉，下曰昭信校尉』。今案：碑又有奉信校尉，豈以『奉』與『承』義相近，因易『奉』作『昭』與？抑『奉信』即『承信』之初名與？後又有『從仕郎、前原州知法趙，宣差山東兩路捉殺、都統所差充、滕陽軍捉殺盜賊巡捕劉，山東東西兩路兵馬都統府差委、滕陽軍捉殺盜賊兼機察事王』，三人名皆不可見。案：都統之制，見于《兵志》者，收國元年及天輔五年並稱司，天會元年始易稱府。今此碑有都統府，又有都統所，當是府之次而未收於志。其捉殺盜賊巡捕及稱兼機察事，悉由府與所充委，則其官微矣，史不具録，殆以是與。

龍泉院碑

大定四年九月立，行書，碑高五尺五寸，廣三尺五寸，在濰縣龍泉院。

右碑文二十六行，字徑一寸。文爲沙門□□撰，王湛書，字體頗遒勁，惟文辭庸俗不稱耳。

普照寺敕牒碑

大定五年正月立，碑高二尺，廣三尺二寸，在泰安縣普照寺。

右碑據朱朗齋云：文已漫漶不能悉辨，敕牒銜名與後《大靈寺碑》相同，惜住僧請敕告詞存字無幾，爲莫攷耳。

興國寺敕牒碑

大定五年五月立，書體詳後，碑高六尺二寸，廣二尺六寸，在滕縣城西白蓼村興國寺。

右碑上層刻敕牒一道，下層刻興國寺記二十八行，正書，徑六分，鄉貢進士奚牟撰并書，篆額未拓。

普安禪院敕牒碑

大定五年八月立，碑高一尺六寸，廣二尺六寸，在淄川縣西南二十里普安禪院。

右碑未見拓本，據朱朗齋云：敕牒形式皆同普照寺及大雲寺二刻。

大雲寺華藏世界海圖碑

大定五年九月立，書體詳後，碑高六尺二寸，廣二尺四寸，在泰安縣大雲寺。

右碑額題『依大華嚴經録華藏世界海圖』篆書十二字，横列，徑一寸五分。上層佛象凡二十層，刻鏤極工，兩旁皆有題字。次海波蓮座及風輪六道，亦有題字。圖下刻宋元祐八年沙門法圓序文三十八行。下層施主姓名三十四行，俱正書，字徑三分。碑陰額題『大雲禪寺敕黄碑記』篆書八字，横列，字徑二寸。首層刻大定四年閏十一月敕牒文凡十五行，字體不一。次層刻公據文十二行，正書，大小不等。下層刻度僧名數，正書，徑五分。第一代海定度僧二十一名，第二代慧宗度僧十四名。案《金史·百官志》：凡設僧、尼、道、女冠，三年一次，限度八十人，試之經卷，皆以誦成句、依音釋中選者，試官給據，以名報有司。其額限如此。此碑爲刻給據，故并度僧名列之也。

遇仙園石刻

無年月，石高四尺六寸，廣二尺，在掖縣長生觀前。

右刻題『遇仙園』三字，草書，徑一尺五寸。陰題『遇仙樓』三字，正書，徑一尺五寸。旁注『長春子立』四字，正書，徑四寸。案長春子，姓丘名處機，棲霞人。碑無年月，朱朗齋據《縣志》所載劉長生遇王重陽事，列於大定九年。

王重陽畫象詩刻

無年月，石高一尺八寸，廣一尺四寸，在掖縣青蘿館受宣堂。

右畫象刻王重陽幅巾道袍曳杖而行，上題五絶云：『三冬游海上，六出滿天涯。爲訪神仙窟，經過道士家。』行書，徑八分。左刻『壬寅仲夏月丙午日，萊州丹陽觀立石』，正書一行，徑五分。此與上一種皆未見拓本，據朱朗齋所録存之。

文登縣新修縣學碑[一四二]

大定十二年七月立，正書，碑高五尺三寸，廣二尺八寸，在文登縣學。

文登縣新修縣學記

文登在漢為不夜縣，後併其地為牟平。至高齊天統間，析牟平置文登縣，取境内文登山為名。考諸傳記，縣東二里有山，古老相傳，秦始皇東巡召集文人登之，因號為文登山，後遂爲縣名。其地雖僻左，觀其命名之意，則知文風藹然，其來尚矣。自秦以還，歷漢、魏、晉、隋、唐、宋以迄于今，士好經術，俗尚禮讓，斑斑有典刑在。盖由家有塾、黨有庠、遂有序之所致也。粤自宋慶曆[一四三]中，敕天下郡縣建學，俾歲貢士一由此出。其後熙、豐、崇、觀，教養賓興之法備，廟學之興，溢乎四海之外。文登舊有學宫，在邑城東南隅。大觀初，復增大之，規模宏敞為諸邑冠。迄宋末齊初，雖文物掃地，而殿宇巋然仍舊。長倩為兒童時，尚記從先生長者遊於其間。不旋踵，盜起城陷，學舍悉為煨燼。兵革既息，再至其地，則鞠為園蔬，過者永歎而已。距今四十年，春秋釋奠、薦裸無所，權於縣廳事□□□□[一四四]，如齋宫望祭然。閲累政，莫克有作，往往以簿書期會為急，於俎豆之事，藐然不暇顧省。大定九年秋，聊城李君大成作邑於此。□□□□[一四五]，將喪[一四六]至于至聖文宣王，而無祠宇奠謁，迺喟然嘆曰：『學者真負於聖師也。吾起於諸生，當任是責，敢復因循熟視而不為乎？』越明年，政成訟理，威惠兩立，□□□□□[一四七]服。一日語同僚及諸秀造曰：『釋老之徒，各尊其師，崇大其居。道宫佛刹，相望於天下。今以萬室之邑，文獻尚可徵，而吾夫子廟食無地，吾徒服儒衣冠，學聖人之道，能無媿於緇[一四八]黃？今于縣治之東，得高明之地，□□□[一四九]其上，諸君其相我。』衆皆稟命而退。公於是首出圭俸，募工鳩役，市□[一五〇]材於西山，盡榱椽梁棟之美。又取南山之石，琢以爲柱，□□□[一五一]歲不朽計。邑中之士，爭相出力，左右其事。公每退食，即親督其役，以之為殿、為堂、為齋、為門庭，階序各以次舉。棟宇穹隆，屹起於海□□[一五二]嶠之間，衮服煌煌，廟貌一新。配食從祀之賢，像設繪事，焕然爭麗。經始於庚寅歲秋，落成於壬辰之三月。華牓一揭，萬目仰瞻，皆□□□[一五三]之材能立事也。於是縣[一五四]之耆舊及新進，以書抵京師，求文於長倩，將刻琬琰，以紀厥功。長倩抑嘗聞之，學校不修，《詩》有《子矜》之刺；□□[一五五]鄉校，《傳》載子産之譏。文翁為蜀郡守，以興學為先務；仇覽為蒲亭長，亦令[一五六]民子弟就學，皆知教化之本原也。今李君學古入官，天資秀逸，又以忠信豈第，化行一方，復能體朝廷尚文之意，立學以勸邑人，孜孜而不倦息，顧非俗吏之所能為也。使吾閭里秀傑之士，相與升降乎其中，仰視黼黻，俛見籩豆，觀禮識古，講先生之遺文，洋洋乎弦誦不絕，因之以射策決科，自致青雲之上。則李君之於吾邑，其功利可勝計哉！故愚樂為之書。大定十二年七月初吉，朝請大夫、行太常丞、騎都尉、汾陽縣開國男、食邑五百户、賜紫金魚袋邑人郭長倩記，縣丞高仲淵□[一五七]，進士郭榮祖書丹并篆額，縣丞高仲淵、主簿納懶阿覩、縣尉張任立石，孫仍刊。

右碑篆額未拓，文凡二十二行，字徑九分。文爲郭長倩撰，史稱：長倩字曼卿，文登人，登皇統丙寅經義乙科，仕至秘書少監兼禮部郎中，修起居注。而不載其行太常丞，是史略也。

興國寺新修大殿碑

大定十二年十月立，正書，碑高六尺二寸，廣二尺六寸，在滕縣城西白蓼村興國寺。

右碑上層刻記文二十八行，字徑七分，鄉貢進士、滕陽軍學録陸秉均撰并書。《金史·地里志》：『滕州，上，刺史。本宋滕陽軍，大定二十二年升爲滕州[一五八]。』今碑立於大定十二年，於時猶仍軍名。惟軍設學録，不見《百官志》，或軍既升爲州，其員遂并省改易，而史失載歟？下層刻舊大聖院存留公據二十六行，字徑七分，天眷元年八月二十五日，付僧圓義收執。列銜『文林郎、特差充軍事推官、權簽判孫，文林郎、權簽書判官廳公事孔，承務郎、特差充同知軍事、權軍事宋，知滕陽軍事孛堇』四人氏，而不名。以志證之，知滕陽軍事，即州刺史也；同知軍事，即同知也；簽書判官廳公事，即判官也；軍事推官，即專掌通撿推排簿籍司軍也。名雖易，其職可據如此。

清涼院敕牒碑

大定十四年五月立，正書，篆額，碑高五尺一寸，廣二尺七寸，在平陰縣西門外清涼院。

右碑額題『敕賜清涼之院』，三行，字徑三寸。上層刻敕牒一道，下層刻發賣所公據一道及記文十九行，字徑五分，前進士王去非撰，里人張彦摹刻并篆額。去非即醇德先生，党懷英撰墓表稱其『試有司，不合即屏去，後又用，年得官九品』。此碑署『前進士』，蓋金制凡試有司者，皆得謂之進士，積年亦可得九品官也。

寶公禪師塔銘

大定十四年七月立，正書，篆額，碑高四尺，廣三尺，在長清縣靈岩寺。

右碑額題『寶公禪師塔銘』六字，横列，徑三寸六分。文二十六行，字徑八分。下截爲土所掩，撰文者爲相州林慮縣仙岩梅軒居士翟炳，書丹者忠顯校尉、真定府醋同監閻崧。案《百官志》：税醋使司，視課多寡，蓋依酒課不及二萬貫爲院務，設都監、同監各一員。此稱『醋同監』，即是職也。文稱太師、尚書令、南陽郡王張公浩，與《金史·張浩傳》語合。康公淵爲運使，見《贈堅公禪師詩》。韓爲股同知濟南尹事，見《靈岩開堂疏》。此碑正敘皇統九年開堂事，而稱其爲正尹者，何也？後有濟南府尹與泰寧節度使及府判三人銜尚存，名氏皆不見。

福勝院敕牒碑

大定十六年正月立，書體詳後，碑高三尺九寸，廣二尺三寸，在青州府城西福勝院。

右碑額題『敕賜福勝之院』正書六字，横列，字徑三寸。上層刻大定四年敕牒一道，下層刻大定十六年施主題名二十七行，行書，徑五分。碑陰刻大定九年施主題名二十一行，正書，徑六分。段赤亭云：『《百官志》禮部尚書三年遺官試僧尼，通經者以度之，所試者名僧童、尼童。此碑有「童行李福聚」者是也。「進義校尉」，碑結銜皆作「進議」，誤。』

章丘縣重修宣聖廟碑

大定十六年八月立，并陰俱正書，篆額，碑高六尺五寸，廣三尺，在章丘縣學。

重修宣聖廟記額三行，字徑三寸五分。

重修宣聖廟記，濟南進士李坦之書丹，進士崔洋篆額。

學校之設，先王所以明教化、厚風俗、作成士類也。成周之時，家有塾，黨有庠，遂有序，國有學，其教養賓興之法，無一不具。故《采芑》詠于新田，《菁莪》歌于中沚，肆成人有德，小子有造，號稱譽髦者，藹如也。去古寖遠，上無明天子，下無賢方伯，先王之制，幾於掃地。春秋二百四十二年之間，諸侯之築宮室、營宗廟、爲臺榭、作門廐者，載在國史，莫不備書之。至於學校之制，獨無紀焉。漢唐以來，而稍稍復古，留意於兹。至永平、開元之際，亦不謂之不隆。然當時非特上之人有以倡導，而亦循良之吏如文翁、常衮者，爲之勸率焉。國家承平日久，兵革不試，年穀屢登，正右文之秋也。有官君子，不於此時主張吾道，增飾儒宮，是使文翁、常衮之徒專美於前也。陽丘，齊之巨邑，舊有學在城西南隅，歲月滋久，加以兵火之餘，廊廡門庭，蕭然一空，殿堂僅存，頹簷敗壁，不堪其憂。前後令丞，不知其幾人，視此而恬不知恤。大定歲次癸巳秋八月，從仕尹公莘致君以進士登乙科，來貳此邑，首謁殿下，四顧荒涼，不勝慨歎。然視事之初，未遑修也。洎三年有成，政適多暇，一日謀諸士大夫曰：『嗟乎！佛老異學，吾徒鳴鼓而攻之者也。今琳宮梵宇，遍滿郡邑；朱甍碧瓦，爛然相照。吾夫子有功萬世，吾徒之奉師，反不如異學之拳拳也，斯亦罪人矣。』迺出己俸，帥先邑人，相與鳩工度材，曾不踰時而告成。棟宇門牆，衣冠繪像，燦然一新。邦人愉愉，若覩闕里。俾春秋之祀，不適於野；豆籩之禮，有列於庭。將見蘭臺之英，金閨之彦，亹亹然由此而出，不其韙與？噫！郡邑之官，所使承流而宣化者也，豈徒弊精神、役思慮於簿書、獄訟而已哉！有能講先王之制，尊吾夫子之道，使教化之宮廢而復興，禮義之地荒而復闢，可不謂之賢乎？且公勇於義，果於政，至其章章治迹著民耳目者，則有輿人之誦，此不復紀。予與公爲鄉人，又同筆硯間，見聞其事爲詳，故於此亦喜書而樂道之。雖不吾請，猶握管以俟，況有請之勤者耶？大定十六年八月初一日，徵事郎、前滑州軍事判官姜國器記。

管勾修造進士趙洵仁仲龢，同管勾進士劉磐、李復古、尹天民，班祇進義王昌符，進士胡作均、李棏、趙佐聖、耿憲、王夢弼、公秉鈞、劉德昭、李天錫、陳善信、明泰、李祺、曹昌國、張嗣祖、郄觀、仲嗣、趙之才、趙瑀、姜昭、張百祥，鄉老王平、王暉同立石，田繼先刊。

碑陰

碑陰記

重修宣聖廟碑陰記

廟學基址僅存，歲久不葺，地勢侵削，日就狹隘，殿堂雖在，不足以庇風雨。予適承乏爲邑丞，且慮棄去不修，則寖至隳壞。迺出己俸，以帥先士大夫及邦人之好事者，量力相時，以助其費，至於不給，則繼以私財。易其弊陋，加丹雘而一新之，更飾廟貌，皆設漆帳，復爲前簷，□□東序、西序各五間，皆樹以叉木，繪畫速肖諸賢與左丘明以下從祀□像。儀門三間，以粉垣易之，畫戟度數，禮無違者。前門一間，東西築雉垣以限内外，周圍固之以大墉，其地則殿與臺門相去五十二尺强半，東西序相去四十尺，二門相去一十尺。門至南牆闢爲街一十八尺，南闊一百二十五尺，北闊一百一十二尺，南北長二百三十五尺，蓋侵削之外見存者耳。殿後舊有堂，今則易其名爲『明教』，其坊則榜之曰『崇聖』。又爲祭器二百餘事，春秋奠饗，粗亦充用。命工經始，在七月之初吉，洎八月上丁禮畢，張樂爲具，以落成之。是日，居人駢集，黄童白叟，争先覩之爲快，始知有禮義之風。已而，鄉老王暉者，施以豐碑，於是邦人共請，既爲□以刻之。予以謂後之來者，寧知無子産之徒，不惟不毁，必有以潤色之也。故鳩集其同力者，紀之碑陰云。從事郎、行縣丞尹莘記。以下助錢姓名不具録。大定十六年秋八月癸酉朔五日丁丑，疏首進士趙佐聖等同立石，木匠作頭李泉、高政，涩匠作頭楊定、陳興，督役韓直、夏靖、劉信、孟□，掌計王宇，管廟王庶。

右碑刻前滑州軍事、判官姜國器記文，十九行，字徑八分。末管勾等姓名二行，字徑四分。碑陰刻縣丞尹莘記及助資姓名凡二十六行，字徑八分。

釋惠才靈岩寺詩刻

大定十八年六月立，行書，石方廣二尺，在長清縣靈岩寺。

方山野人，因樂道自興，作《山居吟》，示諸禪者，當山監寺首座焚香禮求上石，余不能伏筆。靈岩方丈惠才書。

山僧樂道無拘束，破衣壞納臨溪谷。或歌或詠任情足，僻愛林泉伴麋鹿。水泠泠兮寒漱玉，風清清兮動疎竹。閑身悦唱無生曲，石鼎微烟香馥郁。幽居免被繁華逐，贏得蕭條興林麓。大道無涯光溢目，大用無私鬼神伏。知音與我同相續，免落塵寰受榮辱。浮生夢覺黄粮熟，何得驅驅重名禄。大定十八年六月旦日，當山監寺僧祖童，首座僧宗元立石。

右詩刻凡十二行，惠才書體全學山谷老人，詩格亦朴勁，《中州集》未採。

真相院重摹蘇子瞻施金帖石刻

大定十八年七月刻，行書，石高一尺三寸五分，廣三尺二寸，在長清縣真相院。

右刻蘇帖十行，字徑五分。後有大定十八年劉資跋及寺僧題名二十三行，正書，大小不等。

阿魯歡等雲門山題名

大定十八年七月刻，正書，崖高一尺八寸，廣二尺三寸五分，在益都縣雲門山陽洞南。

右題：『秋七月初六日，同遊兹山，登覽既久，遂刻姓名于石。』孛术魯阿魯歡，下注『懷遠大將軍、山東東西兩路統軍都監、同知益都尹兼兵馬都總管事』。永安張子衍，下注『中順大夫、前山東□□□□副使』。渾源雷志，下注『奉政大夫、山東□□□副使』。諸甲春，下注『明威將軍、山東東路都總管判官』。完顔漸，下注『廣威將軍、世襲千户』。□□□□，下注『□武校尉、□□縣□，大定十八年雷志題』。凡九行，字徑一寸五分。小注字徑一寸，題名六人，末一人姓名不可辨，每人大書里居、姓名，其銜以小字，分注于下，此亦題名中創見也。阿魯歡，意即《金史》孛术魯阿魯罕，由吏部侍郎除山東統軍都監，且益都府置山東東西路統軍司始於大定八年，本傳不言其判府事者，略之也。《中州集》：學易先生雷思，渾源人，弟志，字尚仲，亦第進士，仕至永定軍節度使。即此雷志也。

存留寺碑

大定二十年七月立，書體詳後，碑高四尺，廣二尺三寸，在鄒縣東北董家寨白泉寺。

右碑額題篆書『敕賜存留寺碑』三行，字徑四寸。中刻公據文，正書，徑三分。屋基年月，行書，徑七分。末結銜正字，徑二寸。此據朱朗齋所録載之，皆未及行數。碑載大定二十年聖旨，令寺觀無名額及無神佛像者悉令除去，聽易與俗人居住。其有神佛像者，不忍併毁，特許存留。此華嚴堂因有泗州大聖及十六羅漢像，准與存留，給據收執，額所謂『敕賜存留』者，以此。世宗毁寺觀，史無明文，惟《本紀》載：大定十九年三月，『上謂宰臣曰：「人多奉釋老，意欲徼福。朕蚤年亦頗惑之，旋悟其非。」』云云。想嗣是即命刑部行下州縣點檢，分别去留，而史不載也。僧道事應隸禮部，而此云刑部者，因聖旨内有所造罪犯，亦與免放，云云。應歸刑部，蓋其時新制創造寺觀，盡合斷罪也。

博州重修廟學碑

大定二十一年六月立，行書，篆額，碑高七尺七寸，廣三尺二寸，在東昌府學。

新修廟學之記額二行，字徑四寸。

博州重修廟學記

夫有國家者，欲成長久之業，建不拔之基，莫大乎厚風俗。厚風俗之道，莫大乎興學校。蓋學校者，教化所由出也。孟子曰：『夏曰校，殷曰序，周曰庠，皆所以明人倫也。』此之謂矣。昔孔子欲行是道，而不得其時，乃修六經以詒後人。孔子既没之後，雖復楊、墨于戰國，火于秦，佛、老于晉、宋、齊、梁，然其道揭日月，卒使天下尊之以爲先聖。自京師至郡縣，咸立廟學，春秋釋奠，與社稷通祀之，至今不能易者，何耶？蓋自暴秦之後二千有餘歲，其間願治之君有能尊夫子而行其道者，効著于當年，澤流于後裔故也。略以近古治化最隆者明之。漢唐之興，莫不敦尚經術、開設學校爲先務，而繼體承流者復能守而不失，間得人如文翁、常衮，由是漢唐之風忠信廉恥，庶幾三代。及其季也，先吏治而後德教，政令因而失敘，水旱緣以爲灾。是時，雖有外陵内侮之虞，而國祚猶能綿綿不絶，至于三四百年之久者，豈非人被先王之澤，情止乎禮義之効與？即是以觀，則崇學校以宣教化，有國者不可緩也。本朝興太學于京師，設祭酒、司業、博士之員，以作新人材。又興天下府學，州縣許以公府泉修治文宣王廟，舊有贍學田産經兵火没縣官者，亦復給于學，此國家崇儒重道之意也。州縣能體是意而奉行之，不無其人，而能如王公所居必興學、見諸生，以爲政先出于中心之誠者，幾何人哉？公由太子司經來倅博州兼提舉廟學事，既下車，謁宣聖廟。是時惟大成殿始新而未完，餘屋皆敝，塑像置平地土中。公因諸公侍坐而問其故，有對者曰：『始徐大夫興崇廟學，置贍學之資。逮兵火，廟學爲灰燼。天眷間，趙大夫爲學官，以此地創建幾于苟完。今弊若此，適太守完顔國公欲修崇之，既□新大成殿，俄去郡。厥功是用弗集。』公聞而歎曰：『今不嗣續其功，殆非體上意而昭吾道也。』於是確乎以興作爲己任，必欲凡所謂廟學者無一不具焉。乃請於州，賴太守金吾劉公賢明樂善，欣從其請。於是正其地而垣之，廣袤伍畝有奇，鳩材募工，自大成殿始，塗塈潤色，役不踰時，而制作粲然。宣聖之貌，則取乎闕里之像；顔、孟之容，則法乎秘閣之本，皆作藻井華蓋以尊嚴之。升堂之像，自衮而下，繪壁之像，自鶩而下，皆循其禮制而飾之。其贊則有唐名臣之文。講堂雖仍舊，增檁以廣其制，使寬而有容；儀門復改作，增土以高其基，使翼然其正。從祀畫像之廡，經籍祭器之庫，肄業之館，庖厨之室，高下相對，凡四十楹，皆創建而一新之，壯麗宏敞，合禮應圖。以至堦序之布列，垣墉之環繞，水竇之濬治，花木之栽植，一一如式。計其費，無慮五百萬，皆贍學之贏也。原空三字。公之意，以爲苟不如是，徒有修學之名耳。自非知教化之原惟在於學者，其誰能之？昔漢之文翁爲蜀郡守，乃選明敏有材者親自飭厲，每行縣，益從學官、諸生明經飭行者與俱，吏民榮之，由是大化蜀地，學比齊魯，于時人材有至郡守、刺史者。唐之常衮，由宰相出福建觀察使，治臨於粤，至爲設鄉校，民有能誦書作文辭者，與爲客主鈞禮，觀游燕饗與焉，俗一變，歲貢士與内州等。于時歐陽詹獨秀出，學既成，舉進士登第，與韓退之輩同中選，謂之龍虎榜。今王公東漢彦方之苗裔，家聲赫奕，文采風流，則與文翁、常衮不相上下，若乃勸學，則加于二人一等矣。若二人止能待士以禮，王公又能課諸生以文，奬其勤以勵其游，尚其能而勉其未至，其肯承口講指畫爲文者，皆有法度可觀，推此則過於二人爲不侔。博關號爲上州，從來服儒冠、道先王語、登科者舉不乏人，今又化王公之德，將見豪傑之士應時所選，比肩繼踵而出，豈如蜀、粤止稱文、常所得人材而已哉？去非耄矣，無能爲也，郡庠諸君屬之作記，去非既嘉王公之興學，又感諸君之知待，不敢以鄙拙辭。去非曰：自徐公之守是邦，當宋元豐戊午，距聖朝大定辛丑，蓋百有餘年矣。歷官者不爲不多，能推至誠興崇廟學者不可一一數。是知漢、唐之治數百年，史稱文翁、常衮興學校、移風俗，其美爲二人所專爲不妄。噫！王公方宣天子崇儒重道之德意，學者方嚮王公之化，風俗將益厚矣。博人何其幸哉！公名遵古，字元仲，好學守道，天下目爲遼東夫子。其爲政也，緣飾以儒雅，故所□稱治封壹伯户劉義立石。開國男、食邑三百户耿得中，金吾衛上將軍、充博州防禦使、上護軍、彭城郡開國侯、食邑一千户，食實云。石碶去非記，庭筠書，東平党懷英篆額，學正縉紳、信武將軍、□□州□[一五九]侯、騎都尉、高陽縣

碑陰

廟學碑陰之記

廟學碑陰記

博州廟學厥惟舊哉，宋元豐間，徐公爽以己俸置[一六〇]房廊，施於學以贍學者。厥後值宋季兵火，廟學被爇，學之故基因擾攘間保聚爲縣署所占，今聊城縣廨是也。聖朝天眷間，學正祁彪始謀指射舊都監廨基以議興建，學録尚戩輔之。適趙公愨來爲教授，公與正、録戮力規畫，以贍學之資。郡人之施建版堂三間，兩廡十六間，儀門三間，門樓一間，又塑宣聖、顔、孟三像。既成，郎中甄公格宅有舊十哲像施於學，又繪七十二賢像於兩廡，亦可謂之苟完矣。後十餘年，防判趙紹祖與學正成奉世創蓋講堂三間。至大定甲午歲，防判馮子翼爲釋奠行禮之隘，以作新大殿，請於州。方委正、録、晉紳路應辰以贍學錢，市材木，築基址。會太守完顔國公允節來守是邦，知書生當此重任，力不能勝，乃假以力，功未及成，移守於清。此數君子，有權興庠序者，有分禄養資者，有富貴而好禮者，宜專其美爲不朽之傳。而廣道諸儒歸功於僕，蓋欲使後來者用心益勤，將有大於是者。遵古惟墮成是懼，故孜孜然卒其事，安

敢有其功哉？若夫教化流行，風俗移易，人識廉隅，國興仁讓，然後語其成功，不負數君子之志。僕亦以此仰望於後來者焉。熊岳王遵古記，大定辛丑季夏晦，男庭筠書，門人李穀篆額，齊西王世永摸刊。

右碑文凡二十九行，字徑一寸。末題名二行，正書，徑七分。錢辛楣少詹云：『此碑東昌人謂之三絶碑，三絶者，王去非文，王庭筠書，党懷英篆額也。』三人，《金史》俱有傳，庭筠之父遵古，時爲博州倅，以興學自任。庭筠此書，結束殊有力，真可與米顛《蕪湖縣學記》抗衡。而去非作記時年已八十有一，耄而能文，亦可稱也。遵古字元仲，好學守道，當時稱遼東夫子，官至翰林直學士，而《庭筠傳》中衹一見其名，未免失之略矣。碑陰記文十四行，字徑一寸八分，記爲王遵古撰，庭筠書。

清涼洞記

大定二十一年七月立，書體詳後，碑高二尺五寸，廣八尺六寸，在鉅野縣秦梁橋清涼洞。

右記文六十六行，正書，徑七分。後刻韓跋十三行，行書，徑八分。梁跋四行，正書，徑一寸。撰記者爲宋人鄧御夫，自號『海山子』。記作於崇寧元年，未經刻石，至大定二十一年始有村落好義之士捐錢三十千，刻石於洞首山石，韓希甫爲跋記之。

重修東嶽廟碑[一六二]

大定二十二年四月立，正書，篆額，碑高一丈四尺一寸，廣五尺三寸，在泰安府岱廟。

大金重修東嶽廟之碑額三行，字徑六寸五分。

大金重修東嶽廟碑，翰林侍講學士、少中大夫、知制誥兼左諫議大夫、禮部侍郎、護軍、宏農郡開國侯、食邑一千户、食實封壹伯户、賜紫金魚袋臣楊伯仁奉敕撰，中憲大夫、充翰林待制、同知制誥、上騎都尉、江夏縣開國子、食邑五百户、賜紫金魚袋臣黄久約奉敕書，承務郎、應奉翰林文字、同知制誥兼充國史院編修官、武騎尉、賜緋魚袋臣党懷英奉敕篆額。

臣聞嗜欲將至，有開必先。天降時雨，山川出雲，明神之所以昭聖德也。墮山喬嶽，允猶翕河，敷天之下，裒時之對，聖人之所吕昭神功也，豈非幽顯之感通，報施之明驗歟？昔我始祖景元皇帝肇基王迹，遂荒大東。迄我太祖仁兵一舉，爰革遼命。及我太宗繼伐徂□，奄定華夏。我主上亦繇東都□纂大統，紹開中興，皆符帝出乎震之義也。迺睠岱宗之神，乘震秉籙，寔司東方。東方者，萬物之始，故爲群嶽之長。我國家受命之攸在，雖德自□[一六二]啟，亦惟神之陰相哉。□聖在位之十有□[一六三]年，内外晏清，禮樂修舉，□[一六四]帝于郊，而百神受職，民龢物豐，靡有災害。凡嶽鎮、海瀆、名山、大川，率命有司崇飾其廟貌，嚴寅其祀事，歲□[一六五]親署祝版，遣驛命守臣侍祠，皆首於岱宗。大定十八年歲在戊戌春，嶽廟災，雖門牆儼若，而堂室蕩然。□□[一六六]聞之，震悼不已，俾治有司不戒之辠。既而歎曰：『神其或者以宫廟故弊，欲作新者乎？』迺敕庀工度材以聞。明年，吕同知河北西路轉運使事徐偉就遷□[一六七]泰□□[一六八]，□[一六九]領其事。彰德軍節度判官王元忠佐之，皆選能也。命馳馹[一七〇]吕圖來上，入受訓誡，示之期約，且擇尚方良工偕往營之。出内帑錢吕貫計者

□[一七一]有□□[一七二]，黄金㠯兩計者二百四十有六，及民之願出資㠯助者幾十萬千。且運南都之材㠯足之，復詔其工役勿煩吾民，給㠯傭直，故皆悦而忘勞矣。二十一年辛丑冬告成，凡殿寢、門闥、亭觀、廊廡、齋庫，雖仍舊制，加壯麗焉。詔謂格神之道，所貴致潔，其當陽之像，毋用漆塑，以涿郡白玉石爲之。殿楹高敞，勿事□[一七三]障，殿閾□[一七四]□，設爲儲胥，俾四方士民遠致奠獻者，皆遂其瞻禱之心，而無褻黷之怠[一七五]。廟之西南隅，舊設舍館，賓客往來皆止焉。郡吏時率倡樂㠯娱之，因爲□□□□□□□□□洞啟，或終夜讙譁，詔以神靈静謐之宅，豈可使之汙嫚如此。即其地更置廟庫，俾門禁加嚴，蓋所以崇肅敬也。自三觀而下十里□[一七六]于□[一七七]，□□□□[一七八]。□□[一七九]二年四月，制詔翰林侍講學士楊伯仁記其事，臣伯仁承乏禁林，職在贊揚聖德，豈敢以鄙陋辭，謹書詔旨之始末與其經費之多寡□□[一八〇]，拜手稽首而作頌曰：

東方曰仁，萬寶資始。神惟空三字。岱宗，爰主張是。雞鳴見日，其高巖巖。兖州之鎮，魯邦所詹[一八一]。觸石生雲，合于膚寸。□□□[一八二]朝，天下膏潤。無懷而下，七十二君。咸登空三字。兹山，空三字。告厥成勳。於皇空三字。時金，空三字。肇迹東土。誕膺空三字。□□[一八三]，實乎空三字。神祐[一八四]。空三字。我后中興，出震應辰。禋祀空三字。上帝，空三字。懷柔百神。無文咸秩，矧此空三字。喬嶽。空三字。□□[一八五]制度，天子禮樂。災之所生，然在不虞。舊或未捨，新何以圖。洪惟空三字。聖明[一八六]，空三字。監此空三字。神意。空三字。親授規摹，選能興事。宸衷簡在，民願攸同。不愆于素，案圖奏功。臺門將將，如鳥斯革。廣殿巍巍，增陛㠯級。牲酒圭幣，薦羞㠯時。敢獻善祝，神之聽之。聖人之德，聖人之壽。泰山之高，泰山之久。聖人之業，聖人之基。泰山之固，泰山之維。神居孔安，□〔一八七〕饗是格。生甫及申，蕃宣方國。禮無不荅，神罔時恫。於萬斯年，福禄來崇。

右碑文二十八行，字徑一寸八分，楊伯仁奉敕撰文，黄久約書，党懷英篆額。案《金史》列傳：楊伯仁字安道，藁城人，仕世宗朝，由濱州刺史入爲左諫議大夫，遷侍講兼禮部侍郎。久在翰林，文詞典麗，世宗嘗稱賞之。黄久約字彌大，東平須城人，擢進士第，歷官至禮部員外郎兼翰林修撰，升待制。党懷英字世傑，馮翊人，由汝陰縣尹除國史院編修官、應奉翰林文字，工篆籀，當時稱爲第一。史於久約之善書獨闕而不書，觀此碑，結體展拓，筆格秀整，真不愧爲大手筆。三人之能萃於一碑，當與《博州廟學記》並論也。立碑年月已缺，文稱：大定十八年嶽廟災，明年興建，二十一年告成，二年四月楊伯仁記其事。今拓本二年上泐去七字，當是『大定二十二年』，碑即立於是年也。

馬丹陽普救歌碑

大定二十三年三月立，并額俱正書，碑高五尺三寸，廣二尺七寸，在福山縣積金山通仙宫。

右碑分二層，上層額題『登州福山縣□□□□師馬公先生藏頭折字普救歌』，凡十一行，字徑一寸五分。歌十二行，字徑一寸三分。後銜名五行，字徑五分。下層額題『登州福山縣黄籙大醮記』五行，字徑一寸五分。文二十六行，字徑八分，乃記馬丹陽主行醮事，其歌亦爲醮事而作也。

泰安縣重修宣聖廟記[一八八]

大定二十三年四月立，正書，篆額，碑高七尺二寸，廣二尺六寸，在泰安縣學。

大定重修宣聖廟記額四行，字徑四寸。

大定重修宣聖廟記

泰安之爲州也，有嶽祠以壯觀其中，有岱宗、徂徠、泮、汶、漕、濟以環抱其外，寔周公之封境、孔子之鄉國、帝王封禪之所也。亡宋開寶五年，徙乾封縣于此。大中祥符元年，改曰奉符。廢齊阜昌之初，改爲軍，曰泰安。本朝開國六十有八年，升之爲州。自其爲縣，以孫明復、石守道二先生山齋之故基建學，以柏林之地課養士，作成之材，故常有焉。魁乎天下者，則耿公昌世；顯於翰林者，則楊公用道，是其尤傑出者也。惜乎歲久，殿宇壞甚，震風凌雨，聖賢像弗克僅庇，黌舍顛漏，學者鮮肯居之。有司者吝出，竟不之葺，亦莫如之何矣。歲在戊戌，嶽祠被焚，朝廷命徐公中憲偉來守兹郡，尋蒙宣召指畫嶽廟營繕之制。公受訓誡以還，朝夕從事，再朞告成。上遣使來視，使者見其廟貌閎壯密麗[一八九]，甚稱賞之，因詢以嶽祠之弊。公迺□[一九〇]陳數事，又言有一於此爲害尤重。昔者嶽祠告修所壞，運司必先視之兖州，然後行之，故曠日持久而不能有成也。且如宣聖廟，日就傾圮，止請繕於運司，尚三年而不報，況夫嶽廟更當稟于兖州乎？稽滯之弊從可知已。使者還奏，得可其請，更其舊弊，所謂宣聖廟聽以嶽廟餘材修之。公遂以規繩授之匠者，大其廟度，柱以石，瓦以琉璃，長廊四迴，如拱如揖，聖賢之像皆倣闕里，而又講有堂，處有齋，以至庖湢，亦皆有所。委曲以盡心，期副國家崇儒重道之意。人特見其誠[一九一]，莫知其所以施設之方，可謂賢且能矣，朝廷可謂能擇人而任使之矣。經始於壬寅三月十有四日，落成於八月初四日，俾守純爲文以記之。守純以職在主善，不敢以淺陋辭，故敘其實，而復有説焉。夫事之廢興，殆非人力之所能也，天也。是學之壞久矣，諸生所望者，扶顛補漏而已，猶爾齟齬，願莫之遂。今日一新，甲于他郡，始知天意以聖上守成尚文之際，不欲有司草創而修，故使先難其事也。然則事之廢興，豈非天乎？處乎其中，被國家教育之恩者，當如何哉！固不可泥於章句而止也，當以致君澤民爲心，知其所以學者，而務進焉。所以學者何哉？曰道也。道之在人，則爲性；性之妙用，則爲神；散之□應物，則爲五常。如或好仁、好義、好禮、好智、好信，而未造乎道，則其應物也，雖勞心役慮，求合於五常而處之，然亦不能無蔽，孔子於是有六言六蔽之戒也。若乃造道之深，則居之安；居之安，則資之深；資之深，則取之左右逢其原。故其應物也，不待勞心役慮求合於五常，而自然合矣，孔子於是有『一以貫之』之語也。由此言之，學者之所當以道爲事也。子又曰：『朝聞道，夕死可矣。』豈非欲夫學者之以道爲事耶？猶恐乎未之能入，復示其所以入之之門，曰：『知幾其神乎？君子上交不諂[一九二]，下交不瀆，其知幾乎？』當是之時，顔子不幸，曾子獨得其傳。曾子傳之子思，子思傳之孟子。其子思之論道，則曰：『天命之謂性，率性之謂道，修道之謂教。』又曰：『至誠之道，可以前知，至誠如神。』孟子之論道，則曰：『存其心，養其性，所以事天也。』又曰：『大而化之之謂聖，聖而不可知之之謂神。』夫二子之立言，無少詭於孔子者。蘭陵荀卿反獨非之，謂□□□□[一九三]不知其統。嗚呼！荀卿胡爲而云爾也？是與二子同門而異户歟？是其學之淺，不足以知其深歟？徐以其所著之書考之，蓋其學之淺，不足以知深也。何則？荀卿有曰：『學者始乎爲士，終乎爲聖人。』觀乎其意，則是以聖爲道之極也。豈知子思、孟子以神爲道之極，而得孔子之所傳者歟？宜乎妄生詆訾而不顧也。守純以謂儒家者流，必欲助吾君明教化，不先造孔子之道，則難矣。必欲造孔子之道，不先踐子思、孟子之言，亦難矣。而荀卿之説，反使天下後世有惑于二子，失其所趨嚮，故爲辯之，俾學者知其所以學焉。他日或爲朝廷之用，庶幾乎不迷[一九四]於政矣。癸卯四月二十有六日，李守純謹記。進士劉禮書丹并篆額，州學齋長薛實、學録李頑之、學正安然升卿、登仕郎、泰安州司候判官、提學甄之綱立石。

右碑文及題銜凡三十行，字徑七分，李守純記，進士劉禮書丹并篆額。文云：宋開寶五年徙乾封縣，大中祥符九年改曰奉符，廢齊阜昌之初改爲軍曰泰安，本朝開國六十有八年升之爲州。《金史·地里志》：泰安州，『本泰安軍，大定二十二年升』。案：金自收國建元，數至六十有八年爲大定壬寅，是即二十二年也。碑與志文合。阜昌初改爲軍，《志》言『本泰安軍』，于他州書本宋某軍者有異，以廢齊之置削之，不書也。碑末結銜『登仕郎、泰安州司候判官、提學甄之綱』，《百官志》：諸防刺州司候司，司候一員，司判一員。判官當即司判異名，提學蓋是提舉學校省文。癸卯四月立石，爲大定二十三年，不舉年號，以前文開國六十有八年推之可知，所謂文例貴簡也。

靈岩寺滌公開堂疏碑

大定二十三年九月立，正書，篆額，碑高六尺三寸，廣二尺八寸，在長清縣靈岩寺。

右碑額題『開堂疏』三字，横列，徑四寸。文及年月、銜名凡十三行，字徑一寸五分。武虚谷云：右疏前列『左平章政事，今請滌公長老住持濟南府十方靈岩禪寺，爲國焚修、開堂演法、祝嚴[一九五]聖壽者』，次列疏文，末題『大定二十三年九月』，空日不書。中鈐平章政事印。最後題『金紫光禄大夫、平章政事、宗國公蒲察通』。名案《金史·世宗紀》：大定二十一年三月，尚書左丞蒲察通爲平章政事。二十三年十一月丙寅，平章政事蒲察通罷。據此疏，左平章政事即左丞也，通居此官爲宰相之貳，故當時亦云『左平章政事』矣。始請滌公在二十三年三月之前，及疏文立石實爲二十三年，故前云『左平章政事』，後書『平章政事』，官序可案如此。通本傳：大定十七年，拜尚書右丞，轉左丞，閲三歲，進平章政事，封任國公。《百官志》封號小國三十，内有萊，云『舊爲宗，以避諱改』。據是，則通封宗國，其後當避睿宗諱，易號任國，史本此書之耳。

故奉國上將軍郭建神道碑[一九六]

大定二十三年立，正書，篆額，碑高七尺，廣五尺二寸，在青州府城東黄家樓西田間。

大金故奉國上將軍郭公神道碑銘額七行，字徑三寸二分。

大金故奉國上將軍、臨潢路兵馬都總管判□、□□郡開國侯、食邑一千户、食實封壹伯户致仕郭公神道碑

奉直大夫、山東東路轉運都勾判官、驍騎□□□任詢撰并書，承務郎、應奉翰林文字、同知制誥兼□□□[一九七]修官、武騎尉、賜緋魚袋党懷英篆。

公諱建，義州宏政人。幼而穎毅，長而剛明，□□□□不爲人制。天會二年，王師南伐，徵鄉邑良家子，公預選首，爲千户以主之。□□□□□與遼常勝軍戰勝於白溝，士氣振奮，合併大軍，下燕雲，越濁河，定南汴。四年□□□□□東路諸將攻鉅鹿，公率衆先登，潰其固壘[一九八]，公由是氣壓諸將。六年，收開濮。七□□□□□刺過江涉淮，收壽春、濠、和州。八年，下真、楊、通、泰，帥府先後功賞，以議官爵，□□□□□□大夫、持節宥州諸軍事。十三年，留公屯守淮陽，會韓世忠兵攻城東南隅，□□□□□□□軍引退。天眷間，公與宋人戰，所向無前，累獲勝捷，賞亦懋焉。皇統二年，換□□□□□□奉國上將軍，國家以仁義之師，奉辭伐罪，宣威靖亂，所以誅暴慢奮□□□□□□□□者也。撫定之久，不忘人功，凡從軍有勞者，授以親民職任。五年，以公爲□□□□□□□吏畏民愛。改掖縣令，弭訟息姦，鄰境敬服。知會川城，秩滿，改費縣令。□□□□□□□守爲賊所害，公攝州事，爲守禦之計，軍無侵擾，民賴生活。新守到官，□□□□□□□徐義以衆五千，夜攻縣[一九九]北門。公引勇敢及家僮僅三百人，潛出東□□□□□□□□□境内安帖。考滿，同刺嵩

州，通守濰州，又除臨潢府總幙。始公至青社□□□□□□□□富且得人譽，因卜居焉。臨潢守官未幾，乞身歸老，始終之節亦足稱□□□□□□□□師洎皆隱晦不仕。考英才，以公貴，贈宣武將軍。妣賈氏，贈汾陽郡太□□□□□□□□氏，並封汾陽郡夫人。男七人：伯祥不仕；伯傑忠勇，昌邑縣酒監；伯元，□□□□□□□先公卒；伯仁，修武韓城鎮監；伯震，鄉貢進士，亦先公卒；伯義、伯信，並舉□□□□□□適南公雲，次適顯武齊琬，次適詢之子中道。孫男九人，女六人。曾孫男三人，□□□□□。公體貌魁偉，美鬚髯，猿臂善射，天姿挺特，内蘊忠鯁，居正不撓。平時不飲酒，□□□□□當高燕出帷房之寵，樂舞畢陳，以永終日，或繼之以夜。間語人曰：『予少年尚□□□□從軍，賴社稷之福，戰必勝，攻必取，禄仕及親而逮下。今既老矣，得請而歸，以□□□樂胡爲。』大定十八年閏六月二十八日，以疾終于家，享年八十有二。以廿年冬□□□□擇地葬于益都縣青丘鄉之潘村。以余預姻親之故，來請碑銘，以傳不朽。銘曰：

□□□集，覆有諸有。桓桓我師，震疊群醜。須得英雄，成濟其美。賢哉郭君，起家兹始。白□□□，□心奮振。既合我師，燕雲底定。越河取汴，風卷東雲。鉅鹿推守，勢溢吾軍。渡江□□，□□真楊。戰勝攻取，夫誰敢當。師不宿老，民厭兵久。第績酬功，俾安其守。四辛二同，□□□□。優政寬仁，懷良殄惡。遂請歸來，白首安佚。賓朋燕樂，聊以永日。榮身官邑，及親逮□。□□之福，有足嘉者。青丘之陽，安若故鄉。子孫保之，允矣不忘。大定廿三年冬□□□□日，伯仁立石。

右碑兩面刻，文共三十二行，字徑二寸，任詢撰文并書，党懷英篆額。段赤亭云：『郭建不見於史，《太宗本紀》：天會四年八月，詔有司揀閱善射勇健之士以備宋。十二月，宗望諸軍定燕山，所揀閱之士，即碑內二年所徵鄉邑良家子可知矣。其餘征戰之事[二〇〇]，多與史合。又《宋史·韓世忠傳》[二〇一]：世忠屯淮陽，會山東兵拒敵，粘罕聞世忠扼淮陽，乃分兵萬人趨揚州，自以大軍迎世忠戰。世忠不戰，夜引歸。碑云「十三年，留公守淮陽，以抗世忠」，必此時事也。臨潢府地名西樓，即遼之上京，金屬北京。任詢見《表海亭詩殘刻》，賴此碑知其子名中道，郭公次女適之也。』

三清殿碑

大定二十四年三月立，正書，篆額，碑高八尺，廣三尺，在嘉祥縣城內萌山頂真武廟。

右碑額題『三清殿記』二行，字徑五寸。文及年月、題銜凡二十九行，翟三儁撰文，翟師軻書丹，杜似篆額。此碑未見拓本，據朱朗齋所録存之。

淳熙寺千佛殿記

大定二十四年立，正書，碑高一丈四尺，廣三尺一寸，在平原縣淳熙寺。

右碑文及題銜凡二十三行，字徑一寸一分，篆額未拓，鬲津進士王鼎撰文，宦門仇定篆額。《縣志》載：『淳熙寺在城西郭，從前廢置不一。金大定二十四年，僧智深重建大殿，碑在殿左。』即謂此碑也。

興教院敕牒碑

大定二十四年立，書體詳後，碑高五尺四寸，廣二尺三寸，在淄川縣北郭興教院。

右碑額題篆書『淄州興教院記』三行，字徑二寸五分。上層刻大定四年敕牒一道，下層刻記文二十行，正書，徑九分。

重修伏犧廟碑

大定二十五年三月立，正書，碑高六尺，廣二尺六寸，在滕縣染山伏犧廟。

右碑篆額未拓，文及年月、銜名凡二十三行，字徑八分，鄉貢進士趙大鈞撰文，鄉貢進士孟居簡書并篆額。後有劉甫、王祚二人銜名，與《敕賜福勝院牒碑》同。碑又稱『繪像丹青，焕然一新，御馬侍從，莫不畢具』，觀此知神廟之塑儀從由來舊矣。

王去非墓表［二〇二］

大定二十五年十一月立，八分書，碑高六尺六寸，廣三尺七寸，在平陰縣石峽村。

大金故醇德王先生墓表

承直郎、應奉翰林文字、同知制誥兼國史院編修官、雲騎尉、賜緋魚袋党懷英撰并書。

先生諱去非，字廣道，上世東蒙人，系出琅邪諸王，其居平陰之石硤者，莫知所以徙。曾祖友、祖臻、考通，皆有隱德。先生束髮知問學，爲文章不喜爲進取計，嘗試有司，不合即屏去。益探六經、百家之言，務爲博贍該詣。雜又取老莊、釋氏諸書，采其理要，貫穿融會，折諸大中。要本於吾儒修身養性之道，自信而力行之。其發于誠，接于物者，求諸古人或難焉。鄉鄰化服，翕然咸尊師之。先生無它貲，獨妻孥耕織以給伏臘。弟子贄獻，率資以惠人，常居十九。人有求貸者，先生不能給，爲更貸諸富家，約以時償。及期，其人以窶告，先生曰：『信可失乎？』賣田代償之，棄其券，不復問。嘗適墅，有遺金帛于路者，爲守視不去，須其還訪與之。門人班忱，親老子穉，貧不能朝夕，一女已及事[二〇三]，先生爲辦裝具，擇士壻之。因以成家，賴以婚娶者甚衆。北鄰有喪，由東户出則犯禁而衆不利，南則鄰者忌之，以西北則人居不可行。先生曰：『世安有死而不得葬者？葬而害衆，寧獨及我。』壞其竈室之壁出焉。里中惡少，嘗過門酗酒嫚罵，先生恬無慍色。復引之坐，罵益甚，久之始去。明日，惡少來謝，先生爲避弗見。或曰：『彼恃酒以逞，謂宜少加責譙，奈何反避之？』先生曰：『彼之來，既知過矣，見之必重其媿，是以避之。』惡少聞之感服，更折節爲善。先生之教人，皆因其材而勉其可至。凡所荅問，得孔子教仁教孝之意，或挾宀 □[二〇四]見則就其所學而引之正。有問以釋氏之戒、定、慧，道家之攝生者，則對曰：『《易》之寂然感通，《中庸》之中龢，《詩》之思无[二〇五]邪，若是者，非定慧歟？孔子語顔淵，視、聽、言、動勿以非禮，非戒歟？《易》之慎言語、節飲食，孟子之養心寡欲，非攝生歟？』蓋未嘗深詆佛老，而其徒頗自棄其學而歸焉。先生立行，不爲崖異，有請焉，無賢不肖，必爲之盡[二〇六]。或怪其不擇，曰：『善者吾奬之，不善者吾勉之，誠均入於善，奚必擇？』故受業於門者，人皆自以爲獨厚於己也。先生没，門人議謚之，皆曰先生之德，所謂大醇者非耶？乃名曰『醇德』。於是，進士楊好古以泰山□□[二〇七]李守純之狀，與涿州軍事判官東平趙渢所録遺事寔來京師，屬鄙文以表諸墓。懷英昔者宦學山東，是時東阿張子羽、茌平馬定國、奉符王頤、東平吳大方與其兄大年、郭弼憲、趙慤、甲公綽諸公，與先生相友善，講論道義，援據古今，以孔孟所傳爲諸儒倡。其後，出者聞於朝，處者行於鄉，雖隱顯不同，而先生之譽，得友而章者已廣矣。諸公相繼去世幾廿年，先生獨無恙，其力道益强，傳道益宏，信於人者益著。士大夫聞先生之風，過者必見，居者必式焉。石硤舊以安樂名，鄉邑從事之賢者，改曰居賢，著其行也。先生有言：『君子得志則行道，不得志則明道。明道者，不必與邪説辯。辯而勝，猶激怒之，其害道滋甚。故曰孰將闢之，寧自翼之；孰將歐[二〇八]之，寧自扶之。邪説之勝久矣，善爲道者其在扶而翼之歟？』先生之道，蓋與韓愈氏、歐陽氏同，所以行之或異，二子達而顯，其用力易，故剛以決；先生窮而約，其用力難，故順以化，所遭者然也。君子論其功，與二子表裏云。先生性恬澹，非書無所好。晚歲構堂曰『因拙』，日以名教自樂，蓋得於性命之説爲深，死生之際，泊如也。大定廿四年十二月廿二日，終于家，享年八十四。先室宋氏，再室甲氏。二子，曰守正、守素，皆好學樂善，不慕榮利，得先生之志。四孫，長曰知進，其三未名。諸孤與門人以明年正月廿五日奉先生之喪，葬於三山先塋之側。先生前是用年得官九品，及葬，襚以其服，禮也。葬之日，四方來會者三千餘人。既窆，巨崖爲崩，烏虖異哉！銘曰：

曲學搶攘道術裂。滔愚汨絓資剽敓。已潰不支矧可遏。或激其瀾益善決。惟韓、歐陽道未溺。偉哉先生復世出。所遭雖殊用則一。守經會異正途闢。有來歸之使順適。儒風振振被鄉邑。童□[二〇九]知書況成德。噫天生賢鮮遇合。惟窮而隱道乃集。嶽神川靈要終嗇。劃然響陙應萎哲。三山皋如隱封鬣。不亡者存此其息。高風凜然世所式。以詔後人視兹石。大定二十五年冬十一月二十二日建，東平訾深同弟潤摹刊。

右碑兩面刻，文凡四十行，字徑一寸。王去非，載《金史・隱逸傳》，全採此碑，不增一語。又案《文藝傳》：趙渢，字文孺，東平人，工小篆，與党懷英齊名。但稱其官至禮部郎中，未及涿州軍事判官，亦其略也。

【校勘記】

[一]『在』，據碑正文補。

[二]此塔銘拓本收録於《北京圖書館藏中國歷代石刻拓本匯編》第四六册《妙空禪師塔銘》，僅存上截。碑文末行，拓本清晰可識，爲『皇統二年歲次壬戌六月一日住持傳法沙門道詢立石』。

[三]『書』，原作『雲』，據《北京圖書館藏中國歷代石刻拓本匯編》第四六册《妙空禪師自題像贊》正。

[四]『尚』，原作『而』，據《北京圖書館藏中國歷代石刻拓本匯編》第四六册《妙空禪師自題像贊》正。

[五]此碑已毁，拓本收録於《北京圖書館藏中國歷代石刻拓本匯編》第四六册《普照寺碑》、『京都大學人文科學研究所

所藏石刻拓本資料』第SOU0332X《金沂州普照寺碑》，殘泐較爲嚴重，碑文載於《金石萃編》卷一五四《沂州府普照寺碑》、乾隆《沂州府志》卷三一《天寧萬壽禪寺記》，兹據此加以校證。

［六］此闕字，拓本殘泐，《金石萃編》、乾隆《沂州府志》作『一』。

［七］此二闕字，拓本殘泐，《金石萃編》、乾隆《沂州府志》作『是也』。

［八］此闕字，拓本殘泐，乾隆《沂州府志》作『城』。

［九］此闕字，拓本殘泐，乾隆《沂州府志》作『古』。

［一〇］『歸』，原作『巍』，據拓本正。

［一一］此四闕字，拓本殘泐，《金石萃編》、乾隆《沂州府志》作『復有廢池』。

［一二］此三闕字，拓本殘泐，《金石萃編》作『流潦□』，乾隆《沂州府志》作『流潦瀦』。

［一三］此闕字，拓本殘泐，《金石萃編》、乾隆《沂州府志》作『曰』。

［一四］此闕字，拓本殘泐，《金石萃編》、乾隆《沂州府志》作『南』。

［一五］此二闕字，拓本殘泐，《金石萃編》作『梵寺』，乾隆《沂州府志》作『梵宫』。

［一六］此闕字，拓本殘泐，《金石萃編》、乾隆《沂州府志》作『往』。

［一七］此闕字，拓本殘泐，《金石萃編》、乾隆《沂州府志》作『字』。

［一八］此闕字，拓本殘泐，《金石萃編》、乾隆《沂州府志》作『元』。

［一九］此二闕字，拓本殘泐，《金石萃編》、乾隆《沂州府志》作『建言』。

［二〇］此闕字，拓本僅存上部，似『律』字，乾隆《沂州府志》作『律』。

［二一］『聖』，拓本殘泐，《金石萃編》、乾隆《沂州府志》作『皇』。

［二二］「延祚」，拓本僅存其右部，似「誕彌」，《金石萃編》、乾隆《沂州府志》作「誕彌」。
［二三］「以」，據拓本補。
［二四］此二闕字，拓本殘泐，《金石萃編》、乾隆《沂州府志》作「不附」。
［二五］此闕字，拓本殘泐，《金石萃編》、乾隆《沂州府志》作「尤」。
［二六］此闕字，拓本殘泐，乾隆《沂州府志》作「廢」。
［二七］此闕字，拓本殘泐，《金石萃編》、乾隆《沂州府志》作「以」。
［二八］「偏」字，拓本殘泐，乾隆《沂州府志》作「徧」。
［二九］此闕字，拓本殘泐，乾隆《沂州府志》作「迫」。
［三〇］此五闕字，拓本殘泐，《金石萃編》作「法中所」，乾隆《沂州府志》作「在我法中所」。
［三一］此闕字，拓本殘泐，《金石萃編》、乾隆《沂州府志》作「者」。
［三二］「未」，據拓本補。
［三三］此闕字，拓本殘泐，《金石萃編》、乾隆《沂州府志》作「備」。
［三四］此闕字，拓本殘泐，《金石萃編》、乾隆《沂州府志》作「之」。
［三五］此闕字，拓本殘存下部，似「濟」，《金石萃編》、乾隆《沂州府志》作「濟」。
［三六］此闕字，拓本殘泐，《金石萃編》、乾隆《沂州府志》作「入」。
［三七］此闕字，拓本殘泐，乾隆《沂州府志》作「蜂」。
［三八］「拱」，據拓本補。
［三九］「貝」，拓本殘泐，《金石萃編》、乾隆《沂州府志》作「敗」。

〔四〇〕「志」，據拓本補。

〔四一〕此闕字，拓本殘泐，《金石萃編》、乾隆《沂州府志》作「立」。

〔四二〕此闕字，拓本殘泐，《金石萃編》、乾隆《沂州府志》作「時」。

〔四三〕此二闕字，拓本殘泐，《金石萃編》、乾隆《沂州府志》作「植宿」。

〔四四〕此二闕字，拓本僅殘存左部，似「成規」，《金石萃編》、乾隆《沂州府志》作「成規」。

〔四五〕「貨」，原作「資」，據拓本正。

〔四六〕「伏」，原作「服」，據拓本正。

〔四七〕此闕字，拓本殘泐，《金石萃編》、乾隆《沂州府志》作「先」。

〔四八〕此闕字，拓本殘泐，《金石萃編》、乾隆《沂州府志》作「饒」。

〔四九〕此闕字，拓本有所漫漶，作「广」，未知其中是否還有筆劃，《金石萃編》、乾隆《沂州府志》作「魔」。

〔五〇〕「失」，原作「無」，據拓本正。

〔五一〕「便」，據拓本補。

〔五二〕此三闕字，拓本殘泐，《金石萃編》、乾隆《沂州府志》作「創立廣」。

〔五三〕此闕字，拓本僅殘存上部，似「香」，《金石萃編》、乾隆《沂州府志》作「香」。

〔五四〕此闕字，拓本殘泐，乾隆《沂州府志》作「象」。

〔五五〕此闕字，拓本殘泐，《金石萃編》作「光」，乾隆《沂州府志》作「水」。

〔五六〕「各」，原作「冬」，據拓本正。

〔五七〕「視」，拓本僅存右部「見」，乾隆《沂州府志》作「現」。

［五八］此闕字，拓本殘泐，《金石萃編》、乾隆《沂州府志》作「天」。

［五九］此闕字，拓本殘泐，《金石萃編》、乾隆《沂州府志》作「天」

［六〇］「量」，拓本殘泐，《金石萃編》、乾隆《沂州府志》作「數」。

［六一］此二闕字，拓本殘泐，《金石萃編》、乾隆《沂州府志》作「化身」。

［六二］此二闕字，拓本殘泐，《金石萃編》、乾隆《沂州府志》作「獅子」。

［六三］此闕字，拓本殘泐，乾隆《沂州府志》作「沫」。

［六四］「次」，原作「又」，據拓本正。

［六五］此二闕字，拓本殘泐，《金石萃編》作「第□」。

［六六］「奇」，原作「窮」，據拓本正。

［六七］此闕字，拓本殘泐，《金石萃編》、乾隆《沂州府志》作「師」。

［六八］「郡」之後，原有「之」，係衍文，據拓本删。

［六九］「數」，原闕，拓本僅殘存左部，似「數」，《金石萃編》、乾隆《沂州府志》作「數」。

［七〇］「覩」，原作「都」，據拓本正。

［七一］此闕字，拓本殘泐，《金石萃編》、乾隆《沂州府志》作「隨」。

［七二］此四闕字，拓本殘泐，《金石萃編》作「□□□樹」，乾隆《沂州府志》作「不滅鶴樹」。

［七三］此四闕字，拓本殘泐，《金石萃編》作「□□餘歲」，乾隆《沂州府志》作「千有餘歲」。

［七四］此闕字，拓本殘泐，《金石萃編》、乾隆《沂州府志》作「至」。

［七五］「出世」，據拓本補。

〔七六〕此闕字，拓本殘泐，乾隆《沂州府志》作『中』。

〔七七〕『輝』，拓本殘泐，《金石萃編》、乾隆《沂州府志》作『耀』。

〔七八〕此闕字，拓本殘泐，乾隆《沂州府志》作『於』。

〔七九〕此二闕字，拓本殘泐，乾隆《沂州府志》作『生於』。

〔八〇〕此闕字，拓本殘泐，乾隆《沂州府志》作『用』。

〔八一〕此闕字，拓本殘泐，乾隆《沂州府志》作『草』。

〔八二〕『可』，據拓本補。

〔八三〕此闕字，拓本殘泐，《金石萃編》、乾隆《沂州府志》作『食』。

〔八四〕此闕字，拓本殘泐，《金石萃編》、乾隆《沂州府志》作『覆』。

〔八五〕此闕字，拓本殘泐，《金石萃編》作『户』。

〔八六〕此三闕字，拓本殘泐，《金石萃編》作『紫□濟』。

〔八七〕『左』，原作『右』，據《金史》卷五《海陵王》正。

〔八八〕『貨』，原作『値』，據《金史》卷八一《高彪傳》正。

〔八九〕『瀛』，《北京圖書館藏中國歷代石刻拓本匯編》第四六册《贈雲禪師詩刻石》作『瀛瀛』。

〔九〇〕『琰』，原作『炎』，據《北京圖書館藏中國歷代石刻拓本匯編》第四六册《贈堅公詩刻并跋》正。

〔九一〕此碑已毁，亦未見拓本，碑文載於乾隆《福山縣志》卷一一《增修金堆院碑記》，兹據此加以校證。

〔九二〕『湛』，乾隆《福山縣志》作『甚』。

〔九三〕『河』，乾隆《福山縣志》作『海』。

〔九四〕「至」，乾隆《福山縣志》作「發」。

〔九五〕「彌」，乾隆《福山縣志》作「一」。

〔九六〕「循」，乾隆《福山縣志》作「遶」。

〔九七〕「髮」，乾隆《福山縣志》作「鼇」。

〔九八〕此闕字，乾隆《福山縣志》作「不」。

〔九九〕後一闕字，乾隆《福山縣志》作「益」。

〔一〇〇〕「焕」，乾隆《福山縣志》作「奕」。

〔一〇一〕「請」，乾隆《福山縣志》作「詳」。

〔一〇二〕「見」，乾隆《福山縣志》作「親」。

〔一〇三〕「學」，乾隆《福山縣志》作「俗」。

〔一〇四〕「德」，原作「寶」。「天寶」爲唐玄宗的第三個年號，共十五年（七四二—七五六），其中不存在庚午年，所以《山左金石志》所云「首題籀文『天寶庚午登高會』七字」有誤。「天德」是金朝海陵王完顏亮的年號，天德二年（一一五〇）即爲庚午年，與跋文所云「天德二年九月刻」正合。因此，「天寶」應爲「天德」之誤。

〔一〇五〕此碑已毁，拓本見於文物拍賣市場，下部殘缺，且缺碑文左幅上、下層的宋佑之題記與卜儒卿跋。碑文收録於《金石萃編》卷九五《庾賁德政碑》、乾隆《兖州府志》卷二六《李陽冰撰龔丘縣令庾公德政碑》及《全唐文》卷四三七《龔丘縣令庾公德政碑頌并序》，兹據此加以校證。

〔一〇六〕此二闕字，拓本殘缺，《全唐文》作「其能」。

〔一〇七〕此闕字，拓本殘缺，《全唐文》作「孰」。

〔一〇八〕此闕字，拓本殘缺，乾隆《兖州府志》、《全唐文》作「以」。
〔一〇九〕此二闕字，拓本殘缺，《金石萃編》、乾隆《兖州府志》、《全唐文》作「致理」。
〔一一〇〕此三闕字，拓本殘缺，乾隆《兖州府志》、《全唐文》作「先乎令」。
〔一一一〕此二闕字，拓本殘缺，《金石萃編》、乾隆《兖州府志》、《全唐文》作「以當」。
〔一一二〕此三闕字，拓本殘缺，《金石萃編》作「折□□」，乾隆《兖州府志》、《全唐文》作「誓務整」。
〔一一三〕此三闕字，拓本殘缺，《金石萃編》作「兹□□」，乾隆《兖州府志》、《全唐文》作「慈務寬」。
〔一一四〕「□儉□□」，拓本殘缺，《金石萃編》作「□儉□□」，乾隆《兖州府志》、《全唐文》作「訓儉示德」。
〔一一五〕此闕字，拓本殘缺，《金石萃編》、乾隆《兖州府志》、《全唐文》作「潤」。
〔一一六〕此三闕字，拓本殘缺，《全唐文》作「督兼侍」
〔一一七〕「類」，拓本殘缺，乾隆《兖州府志》作「數」。
〔一一八〕此闕字，拓本殘缺，乾隆《兖州府志》、《全唐文》作「稱」。
〔一一九〕此闕字，拓本殘缺，乾隆《兖州府志》、《全唐文》作「曰」。
〔一二〇〕此闕字，拓本殘缺，《金石萃編》、乾隆《兖州府志》、《全唐文》作「表」。
〔一二一〕此二闕字，拓本殘缺，乾隆《兖州府志》、《全唐文》作「百城」。
〔一二二〕「況」，拓本殘缺，《金石萃編》、乾隆《兖州府志》與《全唐文》均作「次」。
〔一二三〕此闕字，拓本殘缺，乾隆《兖州府志》、《全唐文》作「潁」。
〔一二四〕「光」，拓本殘缺，乾隆《兖州府志》與《全唐文》均作「兖」。
〔一二五〕此闕字，拓本殘缺，《金石萃編》、乾隆《兖州府志》與《全唐文》均無。推究碑文，先介紹考，繼之王父，再爲曾王父，此闕字符當係衍文。

［一二六］此闕字，拓本殘缺，《金石萃編》、乾隆《兗州府志》、《全唐文》作「武」。

［一二七］此闕字，拓本殘缺，《金石萃編》、乾隆《兗州府志》、《全唐文》作「大」。

［一二八］「岐柔」，乾隆《兗州府志》作「政務」。

［一二九］此闕字，拓本殘缺，乾隆《兗州府志》、《全唐文》作「之」。

［一三〇］此闕字，拓本殘缺，《金石萃編》、乾隆《兗州府志》、《全唐文》作「戎」。

［一三一］此闕字，拓本殘缺，乾隆《兗州府志》、《全唐文》作「俾」。

［一三二］「掬」，原作「播」，據拓本正。

［一三三］此三闕字，《金石萃編》作「政獨彰」。

［一三四］此三闕字，《金石萃編》作「□斷」二字。

［一三五］此闕字，《金石萃編》作「得」。

［一三六］「□□珣」，《金石萃編》作「□趙珣」。

［一三七］「□頁」，《金石萃編》作「慰願」。

［一三八］此闕字，《金石萃編》作「棣」。

［一三九］《山左金石志》所録卜儒卿跋，與《金石萃編》有較大差異，茲録《金石萃編》之文於此：「有唐庾公嘗宰是邑，當時治績昭著，而名公若李陽冰者，因邑人之請，□文以頌其實。□□既刻，亦庶不朽，不期圮壞。其間廿餘年，未遑再立，德政□□，不絶如綫。縣令宋公下車之初，首加詢訪，越明年再勒其碑，豈非宋公之爲治有慕於庾公之治邪？不然，何以勸課農桑、奉公竭節，以今較昔，不謀而合者，往往皆是歟？儒卿謂庾、宋之治時雖異，而美

則同矣。』

［一四〇］『無』，《北京圖書館藏中國歷代石刻拓本匯編》第四六册《游靈岩寺題記》作『無由』。

［一四一］『平準書』，應爲『封禪書』，此爲阮元誤記。

［一四二］此碑已毁，拓本收録於《北京圖書館藏中國歷代石刻拓本匯編》第四六册《文登縣學碑》，但有部分文字殘泐，碑文亦載《金文最》卷三五《文登縣廟學碑》、光緒《文登縣志》卷二上《金郭長倩文登縣學記》，兹據此加以校證。

［一四三］『曆』，原作『歷』，據拓本正。

［一四四］此四闕字，拓本殘泐，《金文最》作『設位布兹』，光緒《文登縣志》作『設位布奠』。

［一四五］此四闕字，拓本殘泐，《金文最》、光緒《文登縣志》作『下車之初』。

［一四六］『喪』，拓本殘泐，《金文最》、光緒《文登縣志》作『告』。

［一四七］此五闕字，拓本殘泐，光緒《文登縣志》作『翕然咸』三字。

［一四八］『緇』，原作『淄』，據拓本正。

［一四九］此三闕字，拓本殘泐，《金文最》、光緒《文登縣志》作『將築宫』。

［一五〇］此闕字，拓本殘泐，光緒《文登縣志》并無。

［一五一］此三闕字，拓本殘泐，《金文最》、光緒《文登縣志》作『爲千百』。

［一五二］此二闕字，拓本殘泐，《金文最》、光緒《文登縣志》作『濱山』。

［一五三］此三闕字，拓本殘泐，《金文最》、光緒《文登縣志》作『歎令尹』。

［一五四］『縣』，原作『學』，據拓本正。

〔一五五〕此二闕字，拓本殘泐，《金文最》、光緒《文登縣志》作「欲毀」。

〔一五六〕「令」，原作「今」，據拓本正。

〔一五七〕此闕字，拓本殘泐，光緒《文登縣志》并無。

〔一五八〕「滕州」，《金史》卷二五《地理中》作「滕陽州」。

〔一五九〕「□□州□」，《北京圖書館藏中國歷代石刻拓本匯編》第四六册《博州廟學記》殘泐，嘉慶《東昌府志》卷四一《金博州重修廟學記》作「博州司」三字。

〔一六〇〕「置」後，原有「廟學」二字，係衍文，據《北京圖書館藏中國歷代石刻拓本匯編》第四六册《博州廟學記陰》删。

〔一六一〕此碑現存泰安岱廟天貺殿東碑臺上，殘泐嚴重，碑文載於《岱覽》卷六《金重修東岳廟碑》、《泰山志》卷一七《重修東岳廟碑》、《金文最》卷三七《重修東岳廟碑》，兹據此加以校證。

〔一六二〕此闕字，《岱覽》《泰山志》《金文最》作「天」。

〔一六三〕此闕字，《金文最》作「七」。

〔一六四〕此闕字，《金文最》作「祭」。

〔一六五〕此闕字，《金文最》作「時」。

〔一六六〕此二闕字，《岱覽》《泰山志》《金文最》作「主上」。

〔一六七〕此闕字，《金文最》作「知」。

〔一六八〕此二闕字，《金文最》作「安軍」。

〔一六九〕此闕字，《金文最》作「專」。

［一七〇］『駬』，《岱覽》《泰山志》《金文最》作『驛』。
［一七一］此闕字，《金文最》作『十』。
［一七二］此二闕字，《金文最》作『六萬』。
［一七三］此闕字，《金文最》作『蔽』。
［一七四］此闕字，《金文最》作『周』。
［一七五］『怠』，《岱覽》作『意』，《金文最》作『患』。
［一七六］此闕字，《金文最》作『達』。
［一七七］此闕字，《金文最》作『廟』。
［一七八］此四闕字，《金文最》作『禁無樵薪』。
［一七九］此二闕字，《金文最》作『二十』。
［一八〇］此二闕字，《金文最》作『叙之』。
［一八一］『詹』，《金文最》作『瞻』。
［一八二］此三闕字，《金文最》作『曾不崇』。
［一八三］此二闕字，《金文最》作『天命』。
［一八四］『祜』，《金文最》作『佑』。
［一八五］此二闕字，《金文最》作『宫廟』。
［一八六］『明』，《金文最》作『朝』。
［一八七］此闕字，《金文最》作『有』。

［一八八］此碑現存泰安岱廟院内，碑文殘泐嚴重，拓本收録於『京都大學人文科學研究所所藏石刻拓本資料』第SOU0412X《重修宣聖廟碑》，碑文載於乾隆《泰安府志》卷二五《重修文廟碑記》、《泰山志》卷一七《大定重修宣聖廟記》、《金文最》卷三七《泰安州重修宣聖廟碑》、《全遼金文·泰安州重修宣聖廟碑》，兹據此加以校證。

［一八九］『閎壯密麗』，原作『閎麗密壯』，據拓本正。

［一九〇］此闕字，拓本殘泐，乾隆《泰安府志》作『屢』。

［一九一］『誠』，拓本漫漶，乾隆《泰安府志》、《泰山志》作『成』。

［一九二］『謟』，拓本殘泐，《泰山志》《金文最》作『諂』。

［一九三］此四闕字，拓本殘泐，《全遼金文》作『法先王而』，《泰山志》作『傳□□傳』。

［一九四］『迷』，拓本殘泐，《泰山志》作『遠』。

［一九五］『嚴』，原作『延』，據《北京圖書館藏中國歷代石刻拓本匯編》第四六册《滁公開堂疏》正。

［一九六］此碑現存青州博物館，已殘斷不全，碑文載於《益都金石記》卷三《金郭將軍神道碑》、《金文最》卷四三《奉國上將軍郭公神道碑》、光緒《益都縣圖志》卷二七《金郭將軍神道碑》，兹據此加以校證。

［一九七］此三闕字，據《王去非墓表》中黨懷英題銜，應該爲『國史院編』四字。

［一九八］『壘』後，《益都金石記》、光緒《益都縣圖志》尚有『六』。

［一九九］『縣』，《益都金石記》、光緒《益都縣圖志》作『城』。

［二〇〇］『事』，原作『士』，據《益都金石記》正。

［二〇一］『忠』，原作『宗』，據《益都金石記》正。

［二〇二］此墓表已毀，碑文載於雍正《山東通志》卷三五《醇德先生墓表》、《金文最》卷四五《醇德王先生墓表》、

光緒《平陰縣志》卷八《碑記·醇德先生墓表》，兹據此加以校證。

［二〇三］「事」，《金史》卷一二七《隱逸·王去非傳》、雍正《山東通志》、光緒《平陰縣志》俱作「笄」。

［二〇四］「宀口」，雍正《山東通志》、光緒《平陰縣志》作「他道」。

［二〇五］「旡」，雍正《山東通志》、光緒《平陰縣志》作「無」。

［二〇六］「盡」後，雍正《山東通志》、光緒《平陰縣志》尚有「言」。

［二〇七］此二闕字，雍正《山東通志》、光緒《平陰縣志》作「先生」。

［二〇八］「歐」，雍正《山東通志》、光緒《平陰縣志》作「毆」。

［二〇九］此闕字，雍正《山東通志》、光緒《平陰縣志》作「兒」。

卷二十

金石

徐鐸岱頂題名

大定二十六年三月刻，正書，崖高二尺，廣一尺六寸，在泰安縣岱頂唐泰山銘東側。

右題：『石城徐鐸被符度脩諸祠工費，因□絕頂周覽而還。大定丙午三月十七日，仝遊蒲陰趙七斤、男鄭和尚侍。』凡五行，字體大小不等。

周林仰天山題名

大定二十七年五月刻，正書，崖高二尺一寸，廣一尺一寸，在臨朐縣仰天山羅漢洞。

右題：『益都□村□□周林來仰天山，□道公長老和尚□□碑，五月初一日畢□。闕。大定二十七年五月初一日記。』凡五行，字體大小不等。

玉皇觀碑

大定二十七年立，正書，篆額，碑高六尺，廣二尺五寸，在鄒縣紀王莊。

右碑額題『滕州鄒縣紀城玉皇觀記』五行，字徑二寸五分。上層刻大定二十年公據文，下層刻玉皇觀記十九行，字徑八分。此碑未見拓本，朱朗齋自他處録寄。

才公禪師塔銘

大定二十七年十一月立，正書，篆額，碑高四尺，廣二尺八寸，在長清縣靈岩寺。

右碑額題『才公禪師塔銘』六字，横列，字徑三寸五分，文二十九行，字徑八分。

劉氏祖塋寒食享祀序跋碑

大定二十八年七月立，正書，碑高五尺五寸，廣二尺四寸，在掖縣城東武官莊西。

案《縣志》云『劉長生祖塋華表、碑記俱存』，殆即謂此。今據此碑，前刻大定丁未年張翬題劉氏祖塋寒食享祀序跋，後刻長生子八難行，末題『大定戊申年明威將軍蒲察古□立八難石施財』，前後文凡十八行，字徑一寸二分。蓋此碑本爲長生八難行而立，特讓前列以刻張翬題跋，所以述其先世德行也。

劉長生大基山詩刻

大定二十九年三月刻，正書，崖高三尺一寸五分，廣五尺三寸，在掖縣大基山。

長生劉處玄同范公德裕留題

閑來慧目視靈峰，冷笑人間萬事空。昔日文公忘世貴，如今德裕悟真雄。丹成跨鶴青霄裏，行就携雲碧落中。譚馬丘劉歸去後，大羅朝聖謁仙宫。大定二十九年季春中旬後記。

右詩刻十二行，字徑四寸。

劉長生靈虚宫倡和詩刻

大定二十九年四月刻，書體詳後，石高五尺六寸，廣二尺八寸，在掖縣。

上孛术魯驃騎節使長生劉處玄題。

離城甲丙藕花鄉，池畔初暄臺榭凉。一郡歡遊垂柳岸，萬華春賞杏花崗。依山臨水亭前碧，聳檜攢筠軒外光。世夢不侵真得趣，忺來雲步訪蓬莊。大定己酉四月十二日。

大行皇帝百日，驃騎節使自出己財，同郡中□首于□□劉□真□道佑德觀起明真大醮，以報先皇遺恩。排□精嚴，靈感孚應百□散。十有七日，節使隨詣長生先生□醮衆齋於德池，臨城亭閣。會罷移坐，縱步□池，先生題詩一章，辭意清逸。懌不揆繼韻，先生因書之，筆力遒勁。節使命工刻之上石，用傳不朽耳。東牟學正范懌謹跋，文山孫震刊。

碑陰

東牟學正范懌和

亭軒巧構水雲鄉，吟賞風來拂袂凉。眼界寬閑鋪雅景，地形雄秀枕高崗。露濃花錦堆紅艷，煙斂山屏滴翠光。緑檜垂楊相掩映，路人遥指是仙莊。

驃騎衛上將軍、前顯德軍節度使兼瀋州管内觀察使、上護軍、廣平郡開國侯、食邑一千户、食實封一百户、致仕孛术魯孝忠立石。

右刻劉長生七律一首，行書，五行，徑三寸五分。末有范懌跋語，正書，四行，徑八分。陰刻范懌和詩，行書，五行，徑三寸五分。末有『孛术魯孝忠立石』正書一行，徑一寸。己酉爲世宗二十九年，世宗以是年正月崩，於時孟夏尚未改元也。《金史·地里志》：瀋州後爲昭德軍，置節度使。此碑列銜稱『顯德軍節度使兼瀋州管内觀察使』，則瀋州軍額當作『顯德』，《志》作『昭德』，誤也。潞州既名昭德軍，若瀋州亦作昭德，是重名矣。

王重陽掛金燈詞石刻

大定二十九年四月刻，行書，碑高五尺四寸，廣二尺八寸，在掖縣。

右刻重陽王風仙掛金燈詞一首，五行，字徑四寸五分，劉處玄書，筆最庸滯，無出塵之姿。後有正書跋四行，字徑九分，乃寧海州學正范懌筆也。末題孛术〔二〕魯銜名一行，亦正書，徑一寸二分。

孛术〔三〕魯驃騎節使園亭記碑

大定二十九年五月立，正書，碑高五尺三寸五分，廣二尺八寸，在掖縣。

右碑凡十七行，字徑一寸三分，范懌撰文，李含德書。

保義校尉房公墓銘

大定二十九年十月刻，正書，石高四尺四寸，廣二尺四寸，在滋陽縣石馬村房氏先塋。

右刻文二十五行，字徑八分，後列子孫名氏，徑三分。文辭俚鄙，書多俗體。末題『進士闕里子乙瑭篆額』。子乙瑭，即孔瑭，以『孔』字析爲二也。《闕里文獻攷》云：『至聖四十九代孫瑭，字德純，將仕郎、萊州招遠主簿』，而不詳其進士出身，可據此碑以補之。

幽棲寺重摹范公忠智碑

無年月，書體詳後，碑高四尺六寸，廣二尺，在肥城縣。

右碑首刻《鴟夷歌》八行，草書。次刻像一軀，内題『忠以事君，智以保身。千載而下，誰可比倫』四句。右邊題『范公忠智碑』一行，左邊署『貞觀元年四月二十刻碑，爲千載弔古者憑□』一行，俱正書。下截前刻《陁羅尼咒》十四行，正書，大小不等。後刻范公靈迹六條，十二行，正書，徑三分。碑陰刻『漢讃越范蠡墓』等字，又讃語八句，俱正書，徑三寸。案其碑製、字體，或是唐人原刻。朱朗齋據《縣志》有『大定元年重脩幽栖寺』語，遂定此碑爲金時重刻，今姑仍之，俟攷。

重脩炳靈王廟碑

明昌元年四月立，正書，篆額，碑高四尺，廣二尺，在濟寧州南鄉。

右碑額題『重脩至聖炳靈王廟記』三行，記及年月、銜名凡二十二行，濟州進士、兖州學正唐處仁撰文。此碑未見拓本，自黄小松司馬處録寄。

節度副使張公神道碑[三]

明昌二年五月立，正書，碑高五尺一寸，廣二尺九寸，在日照縣南劉家寨張公墓上。

大金故朝散大夫、鎮西軍節度副使張公神道碑并序

中憲大夫、充翰林待制、同知制誥、上騎都尉、江夏縣開國子、食邑五百户、賜紫金魚袋黄久約撰，朝列大夫、應奉翰林文字、同知制誥、騎都尉、勃海縣開國男、食邑三百户、賜紫金魚袋高延年書，奉議大夫、充翰林待制、同知制誥兼同修國史、上騎都尉、馮翊縣開國子、食邑五百户、借紫党懷英篆額。

齊、魯，儒學之鄉。近世東齊，尤多學者。至于行義修飾，文章學問，可以追配古人，著聞山東，一時後進推尊景慕，以鄉先生稱之，得一人焉，故鎮西軍節度副使張公商老是已。公□□□[四]，商老其字也，世爲城陽人。幼强學自立，家貧無師，閉户獨學，日誦千餘言，祁寒隆暑弗懈。宋末兵革俶擾，所在盜賊充牣，飢饉轉徙，人不聊生。公挾策負書之田間，躬勤耒耜，日課□□[五]，暇則爲文。日富月華，時固未有知者。齊國建立之六年，沂州類試旁數郡舉子，亡慮數百千人。公初出應試，薦名第一，人始大驚。及得其所試詩賦策論傳之，莫不畏服。且歎其晦養涵蓄，極其宏大，而一發遂不可掩也。其後凡四□[六]鄉書，三爲舉□[七]，遂中天德三年甲科。時行臺進士會試上京，猶用舊法試策擢弟，公所對嘗選爲弟一矣。西試官主意有不相合，强擿其中一語，誣爲疵病，力沮之，不能奪，卒置弟二。

啟封之□[八]，見公姓名，沮者亦自悔恨，物議不平之。初任徵事郎、河州防禦判官，改濮州軍事判官。丁父憂，服除，再爲河州防禦判官，終更調單州魯臺令，又調萊州膠水令，數月，被選爲國史院編修官，又入翰林應奉文字。考滿，補鎮西軍節度副使兼嵐州管内觀察副使，散官由徵事郎凡十三遷，至是爲朝散大夫、勛騎都尉、爵縣男、食邑三百户、佩服金紫。歲滿言還，久□□宦□將掛冠丘園，以遂晚年閑適之樂。不幸感疾，殁于京師其子太常博士所居宣明巷僦舍。實大定十九年九月十日也，享年六十有九。公未弟時，以詩賦教授鄉里，幾二十年，門人子孫相繼登科至十數。其淹回場屋，以詞學聞于時者，尚不可勝數。最後孫行簡大定十九年賜狀元及第，皆公親教之。雖晚入官，仕不大顯，觀其門人子孫卓立成就，見效如□，則公之學爲可知矣。公爲人寡□[九]而事親孝，居喪如禮，足不至妻之室者三年。兩任河州，距鄉邑數千里，惟以幼子自從，澹如獨處，未嘗有旁侍，人以爲難。與人交，久而彌篤，語言恂恂，無少長皆爲盡禮。至臨事，挺然有守，不可干以非義。天資仁愛，弗忍害一生物。老猶篤學，手不釋卷，兒時所誦，終身不忘。家多藏書，部袠完潔，蠅頭細字，往往手自抄寫。觀者已倦，而公終日低頭伏紙揮翰而已。或謂之曰：『人生當行樂，何至自苦如此？』笑而荅曰：『人各有所好，吾好在是，它樂不能易也。』閑居議論，無一妄語。至于俚俗、劇談、戲論與夫詞曲纖艷之作，略不掛□。處已儉約，出無輿馬之飾，居無器玩之好。勤于吏事，精確不苟。且雖州縣之間米鹽細務，皆爲之盡力。而斷獄主于寬恕，濟活甚多，吏民去思之。自初及終，無毫髮累。性謙慎，恥矜伐以邀聲譽。初爲幕官，後佐藩政，長吏決事或有過舉，終不公坐爲言。必俟其間隙，從容就見，反覆論析，往往改之無難。人亦莫知其嘗有言也，以是多愛敬之。始在河州，守將武人，强悍任氣，輕折辱寮屬，黷貨無所憚。會蕃部有争酋長者，乙法當得，甲富於財。守受財而右甲，乙既不得直，反以事攟摭，連繫于獄。公曰：『吾豈畏强禦，而使□冤不得信耶？』即條排其□□辨正以如法。人或爲懼，則曰：『苟無愧于心，雖遭横逆，所不避也。』守不勝其忿，且疑其嘗得己陰事者，明日自陳其不公十餘事，□爲之少戢。又有正將恃其門閥，□爲不法，以公儒者，視之無妨，或相侵侮，公一不校。一日，部將疏其罪數十，懷之求□[一〇]先白，將上其事，意公蓄憾其人，必喜聞之，將有以助己也。公愕然變色，曰：『斯謀何爲至於我哉！夫人有善則揚之，惡則掩之，乃君子長者之用心，况同僚耶？』再三開諭，其人媿而止。公之剛而不撓，寛而容物有如此。大定初，將兵赴河隴，户部檄富受輸軍儲南京廣濟。食既罷，吏有以例袖白金百兩爲贐者，公笑曰：『吾豈利是哉？』諭之使去。明日復持袋舉一斤跪于馬前，願致區區。公不忍拒，受之，既開視，皆錢鈔也。立召其徒，讓而還之曰：『昨諭汝而不吾信，吾詭而受，將誰欺乎？』衆始感激，大服，羅拜致謝而去。其廉不飾僞，又如此。公文章温潤峻潔，似其爲人。字畫遒麗，得蘇東坡先生遺法。在史館時，與修太祖、空三字。睿宗實録，書成，號詳略得宜。逮直詞垣，詔命□[一一]下，操筆立成。傳觀坐間，咸服其精敏，詞旨典雅，得兩漢之風，有文集十卷。公平生不置産業，嘗誨其子曰：『富人營求財利，朝夕皇皇，□□□□[一二]，□[一三]有阡佰之得，不還踵而失者有之，而士能力學以致祿仕，衣食自奉，取給公家，仰事俯育，終身優裕，且無農商耕稼稗販之勞，所得孰爲多哉？』其後子孫，所以掇巍科，並居清選，爲世所榮者，孰謂非公善誨之力歟？以卒之年十一月十九日，歸葬於日照縣太平鄉之原先塋之次。曾大父如玉，故贈宣教郎。大父宗愈，父袞，皆不仕。公進階五品，贈父儒林郎。母霍氏，清河縣太君。娶劉氏，清河縣君，賢明令淑，事舅姑盡孝，事夫盡禮，撫諸幼有恩愛，而資沉厚，喜慍不見於色，先公二年亡，祔葬公墓。子男二人：長曰暐，即博士君也；□[一四]曰暭，方應進士舉。二女，皆適令族，孫方平、范□[一五]頤其壻也。孫男五人：行簡、行敏、行正、行忠、行義。行簡今爲承務郎、應奉翰林文字；行敏，祗候承奉班。三女尚幼。久約少之時在鄉里，已稔聞公名。後三十年來京師，始得際見。逮備員詞林，公亦繼受命，聯直廬舍。數年之間，□獲親炙道誼之益，辱知愛良厚。中間隔闊，纔閱幾時，一時朋從，零落殆盡，獨餘衰鄙，白首猶存。乃復幸與應奉公遊處，觀其退讓沈默，進止端雅，可以想見其前人風度。一日造門，出公平生行狀，致博士君之命曰：『日者先人始棄諸孤，去鄉閭千里外，扶護間關，迨于遠日，壙中之文，未暇爲之。常恐先□[一六]行實，久無紀述，遂泯□□無聞。幸畀之銘，將刻石表諸墓隧，以傳不朽。』乃論譔如狀，而繫之銘。既以慰夫後人，且自致其悲哀之意云。銘曰：

維公之學，沉酣載籍，博物洽聞。維公之文，温潤絢縟，氣老益振。行成于家，譽藹于鄉，孝友恂恂。韜含緼蓄，俟時而鳴，一鳴驚人。自茲鄉書，三爲舉首，學徒畢臻。遂登甲科，人猶爲恨，合冠時英。泛水依蓮，割鷄操刀，所至有聲。圭璧其温，冰雪其清，善不近名。金臺紬書，玉署代言，稽古之榮。積學美身，推之門人，以及子孫。富貴利達，取必于天，卒如其言。譬農服田，既播而耘，薿薿其蕃。倦遊榮塗，歸將懸車，容駟之門。天不憖遺，奄奪之壽，已矣奚論。鬱鬱松阡，歸從先人，太平之原。礱石刻金，傳信來世，不亡者存。

明昌二年五月十五日，男中順大夫、尚書禮部□□兼修起居注、上騎都尉、清河縣開國子、食邑五百户、賜紫金魚袋暐，將仕郎、莒州莒縣丞曮建，瑯邪趙彦□并男榮刊，壻王秀造。

右碑篆額未拓，文三十六行，字徑五分。末刊石姓名一行，小字刻於左下角。張公名已缺損，據《中州集》，張左丞行中『祖莘，鎮西軍節度副使』，是名莘也。碑言『行臺進士會試上京，猶用試策擢第』，《金史·選舉志》：天德三年，『并南北選爲一，罷經義、策試兩科，專以詞賦取士』。莘擢第在天德二年，其時策試未罷也。碑後載子二人，長曰暐，次曰曮。暐本傳『除太常博士』，碑言殁于京師，其子太常博士所居者是也。孫男五人：行簡、行敏、行政、行忠、行義。行簡今爲承務郎、應奉翰林文字；行敏祗候承奉班；行簡，史有傳，『大定十九年進士第一，除應奉翰林文字』，與碑合。金舊制，狀元及第階祗爲承務郎，行簡以進士第一人，碑書其階正與舊制合。文作於大定十九年，其子孫見官如此。及立石之日，暐官已至中順大夫、尚書禮部侍郎兼修起居注、上騎都尉、開國子、賜紫金魚袋。曮，將仕郎、莒州莒縣丞矣。曮于傳末附名，而暐勛爵、服章亦略不及之。行忠，即行信，本傳云：『先名行忠，避莊獻太子諱改焉。』一門閥閲之盛，金代士大夫罕與比倫，亦莘之厚德所貽也。

法王院碑

明昌三年閏二月立，正書，篆額，碑高五尺八寸，廣二尺五寸，在淄川縣東北瓦村。

右碑額題『法王院記』四字，横列，徑二寸五分。上層刻大定五年敕牒一道，次刻記文三十一行，字徑六分，撰文、書碑姓名已缺。下層刻施主多人，亦殘缺。

姜氏云亭房題名碑

明昌四年十月立，正書，碑高五尺八寸，廣二尺九寸，在泰安縣南申村。

右碑文十二行，題名二十行，分上、下二列，字徑七分，篆額未拓，裔孫鄉貢進士姜孝儀編次，特賜進士及第、將仕郎孔端肅篆額，應鄉貢進士石德潤書碑。案《金史·選舉》：『廷試五被黜，則賜之第，謂之恩例。又有特命及第者，謂之特恩。』端肅結銜稱『特賜』者，殆即特恩也。

重脩兖國公廟碑

明昌五年三月立，正書，篆額，碑高四尺四寸，廣二尺四寸，在曲阜縣顔子廟。

右碑額題『重脩兖國公廟之記』四行，字徑三寸。碑文漫滅，惟年月以後數行尚可辨，其中有助脩五十代孫名經者，與顔氏家乘合。

福勝院建石塔記

明昌五年四月刻，行書，石高二尺二寸，凡五面，圍二尺五寸，在青州府城西福勝院。

右石塔八面，其有佛像題字者只五面也。中一面鐫佛像三尊，左右各二面，分刻塔記、姓名凡二十行，字體大小不等。

紇石烈定速仰天山題名

明昌五年九月刻，正書，崖高一尺五寸五分，廣一尺五分，在臨朐縣仰天山觀音洞。

右題『明昌五年九月初十日，權府副將軍紇石烈定速挈家遊此』，凡三行，字徑一寸六分。《金史·百官志》：諸總管府，都總管一員，同知都總管一員，兵馬副總管一員，以下則總管判官、府判、推官、知法之類。此題云『權府副將軍』者，殆兵馬副總管之別稱歟？『紇石烈』乃金源部落之號，『定速』是其名也。

王珩路伯達等靈岩詩刻

明昌五年刻，正書，石高一尺四寸，廣二尺八寸，在長清縣靈岩寺。

廵按詣靈岩名刹，禮佛焚香，憩坐于超然亭，覽堂頭琛公佳製，謾繼嚴韻，山東路提刑王珩。

鍾山英秀草堂靈，林下相逢話愈清。聞道謀身宜勇退，得閑何必待功成。

明昌五年十月十五日，十方靈岩禪寺住持傳法沙門廣琛立石，濟南梁宗誠同李堅摸刊。

琛公堂頭和尚有題超然亭頌，因次其韻，冀州節使〔一七〕路伯達。

六合空明現此亭，本來無垢物華清。客來便與團欒坐，萬偈何妨信手成。

明昌五年二月十五日，十方靈岩禪寺住持傳法沙門廣琛立石，濟南梁宗誠同李堅摸刊。

右刻王珩詩九行，字徑八分，路伯達詩七行，字徑一寸。前後立石姓名各二行，字徑四分、二分。二詩一刻於明昌五年二月十五日，一刻於十月十五日。案《地里志》山東東西路提刑司，此王珩結銜稱「東路提刑」，即巡按濟南諸屬也。冀州節使，天會七年置，安武軍節度是也。路伯達，見《中州集》云：「仲顯，字伯達，冀州人。正隆五年進士，明昌初授武安軍節度使。」據《金史》本傳，伯達字仲顯，與《中州集》稱「字伯達」者異。今詩刻爲其自題，不宜署字，是名伯達無疑爾。本傳稱「改鎮安武」，《宋朝事實》「冀州慶曆八年陞安武軍節度」，金蓋依其舊名，而《中州集》爲「武安」倒訛之故也。伯達詩爲遺山所採。

棣州重脩廟學碑

明昌六年二月立，正書，碑高五尺四寸，廣二尺八寸，在惠民縣學。

棣州重脩廟學記，翰林侍講學士、朝列大夫、知制誥兼同修國史、護軍、馮翊郡開國侯、食邑一千户、食實封壹伯户、賜紫金魚袋党懷英撰并篆額，承務郎、守秘書丞兼尚書禮部員外郎、驍騎尉、賜緋魚袋趙渢書。

郡縣有學，所以講道藝、養人材、美風化也。士知從事於學，則必探討六經，而遊意於道德仁義之際。資之深，固可以師表天下。後世摭其華，猶足以立身榮親而庇宗族，自先達而勸後來，由一士而警一鄉，漸染浸釀，久而成風，鄙薄消而禮讓興焉。此三代之政，承流宣化者所當勉也。而世之喜功利要近效者，方以刑名錢穀爲務，顧教化爲不急。是以州縣學校，多就隳弊。棣州州署東南爲宣聖廟，即殿之後爲横舍，制度嚴邃，舊冠他州，土木之工，積歲欹傾，上漏旁穿，不庇風雨，州人學子相與歎息久矣。有客宦梁其姓、彦珪其名者，來自黄龍，樂州之風土而家焉。爲人倜儻尚義，士大夫喜稱道之。其子棟肄[一八]業學館，有場屋聲。一日謂棟曰：『兹地不葺，日甚一日，弊極則新，理之必至。雖然，吾老矣，恐不及見。異時營繕役興，爾當以三十萬爲助。』明昌三年，太中大夫郭公安民由禮部侍郎出守是州，慨然有修舊起廢之意。召匠計之，費當二百萬。乃以文移計府，而有司之吝，七分其數而纔得其一。方復經度，會有移鎮之命。越明年，嘉議大夫石公玠實始繼來，亦既奠謁，裴回觀覽，顧詢諸生，思舉前作，獨念所得不足以給用。棟因進前，告以其先遺命。復有郡人榮昺，好事而樂施予，頃因賙濟，嘗授恩級，聞風欣然，願同棟數。既又厭次進士曰李俌，亦以錢幣爲助，副以梁橑衆材直百千。公聞之，喜曰：『可矣。』然不得才而通、廉而幹者，不可以倚辦。乃委教授王樞、司候李鯤同領斯役。樞既長於規畫，鯤亦勤恪不怠，而公復以威重鎮之。凡有咨稟，即爲醻酢。於是匠者獻技，役夫効勞，不麾不訶，衆事具舉。崇殿基之庳，增臺門之高，兩廡加其楹，中門宏其構，講堂、齋舍相繼皆作。至於揑素、圖畫之像，窗牖、欄楯之制，髹漆、丹堊之飾，杇鏝、釦切之工，無不各盡其巧。奠祭諸器，朽腐無幾，一一更新之。初功既興，揔度所費，而公私所得，猶不能以半。餘所不足，棟與昺皆予之。於是二君所輸，前後各至百萬。蓋經始於五年春三月，而畢功於是年季秋。落成之日，士庶耆老感歎相賀，以謂壯麗嚴敞，視舊有加焉。六年春，棟來京師，屬其鄉先生太常博士姚君建榮求鄙文以爲記。蓋嘗謂物事興廢，固係于時，而其成功，實存乎人。方今天下承平，聖上垂意儒術，禮學之興，宜在今日。然非得郡守賢明，僚[一九]屬廉幹，能體上意，與夫鄉風好誼之士相與贊成，安能成之之亟如此哉？余聞樞之祖文正沂公，嘗買田以予鄆學，歲久多爲田畔侵冒。石公貳漕東平之日，皆理而歸之學，諸生至今德之。由是有以知石公有力於學校，蓋其素也。余既高二守相繼知承流宣化之本，兩從事之能成公命，數君子之贊助有成，復嘉棟之有終始也，乃叙其詳實而書之，不自陋其繁焉。明昌六年二月七日記。登仕佐郎、棣州州學教授田曦立石，武略將軍、棣州防禦判官兼提舉常平倉事、飛騎尉馬國基，廣威將軍、同知棣州防禦使事兼提舉常平倉事、上騎都尉、金源縣開國子、食邑五百户完顔弼，嘉議大夫、棣州防禦使兼提舉學校常平倉事、上輕車都尉、武威郡開國伯、食邑七百户、賜紫金魚袋石玠。

右碑篆額未拓，文凡二十四行，字徑七分，立石銜名四行，字徑五分。碑爲党懷英撰并篆額，趙渢書。二人並見《金史·文藝傳》，懷英以明昌二年遷侍講學士，『明年議開邊防濠塹，懷英等十六人請罷其役，詔從之。遷翰林學士』。依《傳》文，則遷學士在三年，作記時在六年，而不署學士銜，何也？

階勛兼官及爵、封食邑，《傳》皆不書，略之也。渢字文孺，「大定二十二年進士，仕至禮部郎中」。《傳》亦不著其階勛，至稱渢之正書體兼顔、蘇，此碑深得其旨，于以知史非溢美也。後列田曦、馬國基、完顔弼、石玠諸銜。案：碑凡「州」字上皆鐫鑿不可見，玩其影迹，當是「棣」字。稽之《完顔弼傳》，「從丞相襄戍邊，功最，除同知德州防禦使事」，不載其同知棣州，弼之勛爵，《傳》略而不書，宜以此補之。石玠見《遺山集·閑閑公墓誌》，云「次女嫁衞州行部郎中石玠，名進士」者，即其人也。國基與弼題銜皆「兼提舉常平」，玠題銜又「兼提舉常平學校」，《百官志》載防禦使，職掌不見此文。《食貨志》：明昌三年九月，「敕置常平倉之地，令州府官提舉之，縣官兼董其事」。此碑稱「防禦」，以棣州設上防禦，職與州官等，故亦稱「兼提舉」。《胡景崧神道碑銘》：「舊制，文資官例提舉學校。」《遺山集》。玠提舉學校，緣舊制也。

李氏祖塋碑

明昌六年二月立，正書，篆額，碑高六尺六寸，廣二尺四寸五分，在濟寧州小郝村李氏墓上。

右碑額題「李氏祖塋之記」二行，字徑三寸。文及題銜、年月凡二十三行，字徑八分，鄉貢進士黄晦之撰文，潁川陳度書丹，太中大夫、前同知汝州軍州事、輕車都尉、虢略郡開國伯、食邑七百户、賜紫金魚袋、致仕楊師復篆額。《金史·地里志》：「虢州，宋虢郡軍事。」此號虢略郡，較宋號郡多「略」字。金志號略爲縣，非郡也，蓋金亦號虢略，《志》未備録也。碑言：「李氏遠祖諱令琛，舊爲盧臺郡人。唐初一日，衣帶純白，御大風而來，不遠千里，至大郝村輒止，因家焉。』其事甚誕，而以之書于碑，其亦好異聞者歟。

普照寺照公開堂疏碑

明昌六年二月立，八分書，篆額，碑高七尺二寸，廣二尺八寸，在濟寧州普照寺。

右碑文十四行，字徑一寸五分，末刊姓名一行，正書，党懷英撰疏并書。年月下鈐『翰林學士之印』，方徑二寸，朱文。碑云『延請照公和尚爲大衆演法』，即後碑末行所稱『智照』是也。

党懷英書王荆公詩刻

明昌六年四月刻，篆書，凡四石，各七言絶句一首，石高四尺，廣二尺，在濟寧州學。

烏石岡邊繚繞山，柴荆細路水雲間。拈花嚼蘂常來往，只有春風似我閑。

紅梨無葉庇花身，黄菊分香軋路塵。歲晚蒼官才自保，日高青女尚横陳。

萬事悠悠心自知，强顔於世轉參差。移牀獨向西風裡，卧看蜘蛛結網絲。

松篁不動翠相重，日射流塵四散紅。地上行人愁暍死，那知高處有清風。

右詩刻四石，每石四行，字徑三寸。第一石首行之右小八分書題『竹溪党懷英書』六字，極清勁。『竹溪』當是承旨自號，《中州集》及《金史》本傳皆不及之。第四石末行之左題小楷書『明昌六年四月旦日，濟州普照禪寺住持傳法嗣祖沙門智照立石，古任李紳刊』一行。錢辛楣少詹云：懷英以篆、隸擅名一代，此詩用古文篆，尤精妙可愛。其云『黄菊分香骪路塵』，蓋借『骪』爲『委』字。《漢書·淮南王傳》：『皇帝骪天下正法。』揚雄《長楊賦》：『骪屬而還。』師古曰：『骪，古「委」字。』《張表碑》『旌命骪任』，亦以『骪』爲『委』也。云『卧看蜘蛛紒網絲』，借『紒』爲『結』。《儀禮·士冠禮》：『將冠者，采衣，紒。』注：『紒，結髮。古文「紒」爲「結」。』《詩毛氏傳》：『象弭，所以解紒。』疏云：『「紒」與「結」義同。』碑後有『智照立石』題字，照卒于明昌六年八月，其塔銘亦懷英八分書。

靈巖寺田園記碑

明昌六年十月立，正書，篆額，碑高五尺二寸，廣二尺八寸，在長清縣靈巖寺。

右碑額題『靈巖寺田園記』三行，字徑三寸五分，文及題銜、年月凡二十六行，字徑六分，撰文者周馳，書丹者趙渢，篆額者党懷英。周馳見《中州集》，云：『字仲才，濟南人。大定中任太學，屢以策論魁天下，私試亦頻中監元。貞祐之兵，濟南路陷，不肯降，攜二孫赴井死。』

文殊寺敕牒碑

明昌七年正月立，正書，碑高二尺三寸，廣二尺四寸，在臨朐縣仰天山文殊寺。

右碑前刻賜額天寧文殊禪寺敕，後刻宋元符三年十二月賜額靈澤廟敕，皆明昌七年重刻，凡二十四行，字體大小不等。天寧文殊寺額雖無年號可據，然敕内稱天寧節，乃徽宗生日，徽宗以五月五日生，因俗忌改作十月十日，從章惇請也。是日，准度僧一名，與碑正合。

照公禪師塔銘

明昌七年三月刻，八分書，篆額，碑高七尺五寸，廣二尺七寸，在濟寧州普照寺。

右碑額題『照公禪師塔銘』二行，字徑二寸五分，文二十三行，字徑八分。末行刊石姓名，正書，徑七分。趙渢撰文，党懷英書并篆額。案：照公於是年二月刻《開堂疏》，四月刻荆公詩，至八月圓寂，相距未及半年也。

珤公禪師塔題字

無年月，篆書，在濟寧州西劉家莊。

右刻未見拓本，題云『珤公禪師之塔』二行，無年號可攷。朱朗齋以筆法似党承旨，坿於《照公塔銘》之後。

石佛寺乞雨碑

明昌七年七月立，正書，碑高一尺三寸，廣一尺四寸，在淄川縣。

右碑文十行，字徑七分，無撰書人姓名。

段在等登高會題字

明昌七年九月刻，行書，在嘉祥縣洪山頂。

右刻明昌丙辰歲登高社首段在等題名二十三人，内王俊、姜糸二人皆天德庚午與會者，距此已四十七年矣。此與後一種皆未見拓本，據朱朗齋所録載之。

洪山石佛題名

無年月，正書，在嘉祥縣洪山頂。

右題字九行，分刻石佛左右。左二行祇匠人姓名及『六月』等字，右七行皆村衆姓名。朱朗齋客濟寧時訪得，坿于《段在等題字》後，今仍之。

靈巖寺碑

明昌七年十月立，八分書，篆額，陰字體不一。碑高七尺六寸，廣三尺一寸，在長清縣靈巖寺。

右碑額題『十方靈巖寺記』，三行，字徑四寸，文及題銜、年月凡十九行，字徑一寸二分，撰書、篆額皆党懷英一人兼之。碑陰兩段分拓，一題《遊靈巖詩》云：『天下三巖自古傳，靈巖的是梵王天。群峰環寺連叢柏，雙鶴盤空湧二泉。此日登臨驚絶景，當年經構仰良緣。停雲爲憶寥休子，好伴真遊方公禪師社白蓮。丙辰冬至日，蓬山劉悳淵識，監寺净善等謹命工刊。』正書，十行，大小不等。丙辰當是蒙古憲宗時也。一題：『冠氏帥趙侯、濟河帥劉侯，率將佐來游，好問與焉。丙申三月廿五日題。』行書，五行，徑二寸。遺山手跡世不多見，書字勁逸，不失古法。武虚谷云：『丙申爲蒙古太宗之七年，于時金亡三年矣。』趙侯者，案《遺山集·冠氏趙侯先塋碑》稱冠氏帥趙侯天錫，『字受之，今爲東平左副元帥兼分治大名府路同知、兵馬都總管事、宣授將軍、千户』者，即此題趙侯也。遺山嘗客冠氏，又與趙侯銘其先人，宜其有此勝遊耳。

顯武將軍張琪墓表銘

承安元年立，正書，碑高四尺八寸，廣二尺六寸，在莘縣城南黄樓店張公墓上。右碑篆額未拓，文凡三十二行，字徑八分，聶柔中撰文，祝璋篆額，李守禮書丹。碑稱琪『魏之莘人』，《金史·地里志》莘屬大名，此作『魏』者，郡舊以此名也。又云阜昌八年七月中差充河南府翼縣巡檢，案河南府，金時無翼縣，殆是爲齊權設，中罷，史不悉録與。

重脩文宣王廟碑［二〇］

承安二年三月立，八分書，篆額，陰書體詳後，碑高一丈三尺四寸，廣四尺六寸，在曲阜縣孔廟。

大金重修至聖文宣王廟之碑額三行，徑五寸。

大金重修至聖文宣王廟碑，翰林學士、朝散大夫、知制誥兼同修國史、上護軍、馮翊郡開國侯、食邑一千户、食實封壹伯户、賜紫金魚袋臣党懷英奉空十九字。敕撰并書丹、篆額。

皇朝誕受天命，累聖相繼。平遼舉宋，合天下爲一家，深仁厚澤，以福斯民。粤自太祖，暨于世宗，撫養生息，八十有餘年。庶且富矣，又將教化而粹美之。主上紹休祖宗，以潤色空三字。洪業爲務。即位以來，留神政機，革其所當革，興其所當興。飭官厲俗，建學養士，詳刑法，議禮樂，舉遺修舊，新美百爲，期與萬方同歸文明之治。以爲興化致理，必本於尊師重道，於是奠謁先聖，以身先之。嘗謂侍臣曰：『昔者夫子立教於洙泗之上，有天下者所當取法，迺今遺祠久不加葺，且其隘陋不足以稱聖師之居，其有以大作新之。』有司承詔，度材庀工，計所當費，爲錢七萬六千四百餘千，詔並賜之。仍命選擇幹臣，典領其役。役取於軍，匠傭於民。不責亟成，而責以可久；不期示侈，而期於有制。凡爲殿堂、廊廡、門亭、齋厨、爨舍，合三百六十餘楹。位敘有次，像設有儀。表以傑閣，周以崇垣。至于楃座、欄楯、簾櫝、罘罳之屬，隨所宜設，莫不嚴具。三分其役，因舊以完葺者才居其一，而增創者倍之。蓋經始於明昌二年之春，踰年而土木基構成，越明年而髹漆彩繢成。先是，群弟子及先儒像畫於兩廡，既又以捏素易之。又明年而衆功皆畢，罔有遺制焉。上既加恩闕里，則又澤及嗣人，以其雖襲公爵，而官職未稱，與夫祭祀之儀不備。特命自五十一代孫元措，首階中議大夫，職視四品，兼世宰曲阜。六年，又以祭服、祭樂爲賜，遣使策祝，并以崇成之意告之。方役之興也，有芝生於林域及尼山廟與孔氏家園，凡九本，典役者采圖以聞，且言瑞芝之生，所以表聖德之致。廟成之日，宜有刊紀，敢請并書于石。又廟有層閣，以備皮書，願得賜名，揭諸其上，以觀示四方。詔以『奎文』名之，而命臣懷英記其事。臣魯人也，杏壇舊宅，猶能想見其處。今幸以諸生備職藝苑，[二二]可飾固陋之辭，挈楹計工，謹諸歲月而已乎？敢竊敘上之所以褒崇之實，備論而書之，而後系之以銘。臣嘗謂唐虞、三代致治之君，皆相授以道。至周末，世不得其傳，而夫子載諸六經，以俟後聖。降周訖漢，異端並起，儒墨道德，名法陰陽，分而名家，而以六藝爲經傳章句之學，歸之儒流，不知六藝者，夫子所以傳唐虞、三代之道，衆流之所從出，而儒爲之源也。後世偏尚曲聽，沿其流而莫達其本，用其偏而不得其醇。自是歷代治迹，常與時政高下。洪惟聖上，以天縱之能，典學稽古，游心於唐虞、三代之隆。故凡立功建事，必本六經爲正，而取信於夫子之言。夫惟信之者篤，則其尊奉之禮宜其厚歟。臣觀漢魏以來，雖奉祠有封，汛埽有户，給賜有田，禮則修矣，未有如今日之備也。初廟傍得魯廢池，發取石甃，以爲柱礎、釦砌之用；浚井得銅，以爲鋪首、浮漚諸飾。繇是省所費錢，以千計者萬四千有奇。方復規畫，爲它日繕治無窮之利。然則非獨今日之新，蓋將愈久而無弊也。銘曰：

維古治時，以道相繼。不得其傳，粤自周季。天生空三字。將聖，空三字。遭世不綱。垂統六經，以俟後王。六經維何，爲世立道。有王者興，是惟治要。於鑠我皇空三字。，聖性自天。玩意稽古，傳所不傳。建學宏文，崇明儒雅。躬禮空三字。聖師，空三字。率先天下。乃睠闕里，祠宇弗治。矧其舊制，既隘且庳。乃詔有司，乃疏泉府。揆材庀工，衆役具舉。梓人獻技，役夫効功。隘者以閎，庳者以崇。崇焉有制，閎焉惟法。即舊以新，增其十八。植植其正，翼翼其嚴。魯人來思，歎息仰瞻。魯人有言，惟今非昔。豈伊魯人，四方是式。瞻彼尼山，及其林園。有芝煌煌，表我空三字。聖恩。空三字。聖恩之隆，施于世嗣。顯秩峻階，視舊加異。廟樂以雅，祭服有章。錫爾奉祠，名教是光。有貞斯石，有銘斯勒。揚厲鴻休，以詔無極。

碑陰

歲在己酉，率諸將佐恭拜林廟，周覽聖迹，留三日而去。二月四日東平嚴忠濟謹題。題名六行，正書，徑二寸。

太原張德輝由真定抵東平，從闕里諸魯敬拜林廟，周覽勝迹，留一夕而去，男復侍行。歲乙卯夏五月弍十五日識，古兖丁丕顯同來。題名六行，八分書，徑一寸七分。

乙卯秋九月十有三日，陵川郝經拜謁祠下，遂奠墳林。題名五行，左讀，正書，徑一寸。

東平王玉汝、燕山畢英、范陽盧武賢、清亭杜仁傑，從行臺公拜奠祠林，歲舍己酉立秋日上谷劉詡謹識。題名六行，正書，徑一寸五分。

東遼北野山黄冠蕭元從五十一代襲封特來敬謁林廟，壬寅歲十二月謹題。題名七行，正書，徑一寸五分。

庚子歲七月上旬，益津高詡敬謁聖師祠下，謹題二絶句以誌其來。

帝王而下幾興亡，銷盡繁華作戰場。獨有東家詩禮在，子孫萬古讀書堂。

六經不幸火于秦，日月曾何礙片雲。用捨從來開治亂，皇天本不喪斯文。詩十三行，行書，大小不等。

歲壬子夏六月朔旦，平陽曹椿年自燕來拜奠林廟。題名三行，正書，徑一寸二分。

龍山高懌，同弟民、範拜謁林廟，承安二年夏四十日。題名四行，行書，大小不等。

晉臺耿懷義，同雲中魏伸、古蒨史煜敬謁林廟，承安五年閏二月初六日。題名三行，正書，徑六分。

大原元好問、劉浚明、京兆邢敏、上谷劉詡、東光勾龍瀛、蕩陰張知剛、汝陽楊雲鵬、東平韓讓，恭拜聖祠，遂奠林墓，乙巳冬十二月望日謹題。題名八行，行書，大小不等。

雲中魏璠、上谷劉詡、陳郡徐世隆、汴梁李紱、隆安張澄、洎男孔孫，自鄆道兖，至曲阜，恭謁林廟，凡留三日，遍覽聖迹。時經亂已久，廟貌未復，追想盛明，不勝慨嘆。然聖道隆替，繫時戚休，褒崇之典，豈無所待云。甲辰秋七月廿有一日，世隆謹題。題名九行，正書，徑寸八分。

監脩官、從仕郎、曲阜縣主簿、權縣事劉燁，同監脩、徵事郎、宣聖廟教授聶天覺、四十九代孫璪、瑭、璘摹勒，五十代孫掯、揚同摹勒。承安二年三月旦日訖功，揚元刊。題名五行，八分書，徑一寸。

會見春風入杏壇，奎文閣上獨憑欄。淵源自古尊洙泗，祖述何人似孟韓。竹簡不隨秦火冷，楷林空倚魯城寒。飄零蹤迹千年後，無分東家老一簞。楊奂。詩六行，行書，徑九分。

朝列大夫、山東東西道肅政廉訪副使劉文，因理東原等處郡邑獄囚，路經曲阜，率分司書吏徐介、周瑞、奏差羅文郁，從嗣聖五十四代孫、中議大夫、襲封衍聖公孔思晦，偕三氏子孫教授王不矜、學録竇淳德、掌書任明善，敬謁林廟，瞻仰奠拜，禮成而還。時延祐歲次己未六月二十又五日也。題名十行，正書，徑一寸。

祭文

大元延祐六年歲次己未六月乙酉朔，越二十五日乙酉，朝列大夫、山東東西道肅政廉訪副使劉文，謹以清酌之奠敬，致祭于大成至聖文宣王：

惟王爰出乎類，自生而知。德配乾坤，道光日月。總無極於覆載，破未悟以通明。爲古今師，懷帝王器。全集大成之教，決開榮進之源。希用報章，式陳明薦。尚饗。

兖國公：

惟公位崇亞聖，名冠四科。鼓瑟自怡，樂道爲任。有攀鱗附翼之志，無施勞伐善之心。禮祀大賢，光隆永世。尚饗。

鄒國公：

惟公生稟淑質，名推大才。立王化之基，治儒術之道。遵行仁義，距放邪淫。垂萬世之憲言，宜諸生之禮祀。尚饗。祭文二十行，正書，徑七分。

萋萋野草翳雩壇，回首尼山一憑欄。空想文風復鄒魯，豈知俗學尚申韓。虚堂晝寂琴聲雜，高閣春深檜影寒。樂道獨憐紫陽子，忘情軒冕羨孤簞。文劇。詩七行，行書，徑八分。

乘閑杖策上郊壇，絶勝登樓獨[三二]倚欄。千古遺蹤思孔孟，百年雅集數揚韓。泉通鼇背波紋冷，月照龍門夜色寒。此去關西有東魯，柳塘沙路走壺簞。紫陽方有歸秦之興，故及之。劉詡詩七行，行書，徑八分。

右碑文及題銜凡二十九行，字徑一寸四分。碑陰題字凡十七段。

濟陽縣創建宣聖廟碑[三三]

承安三年六月立，正書，碑高五尺八寸，廣三尺，在濟陽縣學。

縣[二四]創建宣聖廟碑，朝散大夫、行太常寺、□騎都尉、潁川縣開國男、食邑三百户、賜紫金魚袋陳大舉撰，承直郎、行御史監察、驍騎尉、賜緋魚袋□□章篆額，鄉貢進士張□濟書丹。

國家承平日□[二五]，自京師至於郡邑，莫不有學。使秀民得□□[二六]道藝其中，三歲賓興，拔其尤者，所以粉澤禮樂教化之功者甚備。天下十有九路，文風號稱郁郁然者，莫如山東；山東會府有三，溪山秀爽、號□[二七]多名士者，莫如濟南；濟南屬縣有七，水陸俱通，四方游販歲集而月至者，莫如濟陽。濟陽有桑蠶之饒，□□[二八]殷庶，其俗尚義任氣，然失在夸奢□[二九]或有，其天性好學如漢太史之説者亦不乏人。故知名場屋者，往往輩出。縣舊無孔子廟，凡二仲月釋奠，□[三〇]官以著令不敢廢，期至，借屋行禮，或僧坊，或驛舍，無有定處，前後不知幾令佐而已。雖間有欲作新廟貌者，以品地不能專，輒計其功費聞於府，聞於轉運，例以創造故難之，其□[三一]屢寢，無如之何。一日，諸文士相謂曰：『吾儕尚有闔廬，而先聖先師無奠幣獻牲之地。彼釋老之徒溺於怪誕，猶知□[三二]飾祠宇，丹刻輪奂，無所不至。今吾徒反不如彼，得無恧耶？且十室必有忠信，况万室之邑乎？吾徒苟能倡之以誠，豈無賢達以誠相應者哉？』因□[三三]諸邑人，得衣冠之族趙氏者願獻地，楊彪者畫其位置，願爲殿、爲堂、爲齋房、爲庖湢，單父商者王彦願爲戟槊門及兩廡。進士李仲熊爲之倡，□汝[三四]翼、范師祖、盧守簡、馬遵古、張炎、李亦顔數人相左右之。請於有司，既允，而後除地於蓬藋之聚，鳩財庀工，以大定十四年□[三五]月經始，二十四年八月落成。創新先聖先師之像，凡配饗從祀者俱以位序列焉。秩秩繩繩，□[三六]圖合禮，他邑之祠莫及也，觀者嘉歎。既而李仲熊以書徵文於余曰：『敝邑自天會八年改置而[三七]來，有司以簿書不責者爲不急，故□[三八]遑於□□[三九]。□[四〇]幸獲考實，出私泉，不煩公帑一物。恐來者忘其勤，宜有紀述，方礱石以待。』僕以爲學校者風俗之本原，而人不可一日無也。古者□□、□□□□[四一]明於上，孝悌、睦婣、任恤之行興於下，蓋人性遷革磨揉入於善者，皆繇於學。然其事難成也久矣！雖當塗顯人，猶病不能爲，况里居之□□[四二]！□[四三]□[四四]、王二公慷慨好事[四五]，誠能不愛資貝，爲人之不可一日無者，使春秋奉祀有嚴，生徒肄業有所，其於風化不爲小補。將見聽弦誦而仰下□[四六]，□□□[四七]明秀之俗成，詭欺薄惡之習變。入其里，多禮讓之兒；行於野，無負戴之老；抵冒殊扞者，絶爭田之訟；椎埋弗率者，傳問孝之章。如此，然後□□□[四八]之意也。承安三年六月既望，安東陳大舉記。宣武將軍、行縣尉、騎都尉、金源縣開國男、食邑三百户完顔醜奴，徵事郎、行主簿兼管勾常平倉事苑汝霖，從事郎、守縣丞兼管勾常平倉事楊濬，定遠大將軍、行縣令□管勾常平倉事、輕車都尉、廣平郡開國伯、食邑七百户孛朮魯□□□。

右碑文及題銜凡二十三行，字徑七分。武虚谷云：碑已斷裂，幸無大損剥。所列『朝散大夫、行太常寺、□騎都尉、潁川縣開國男、食邑三百户、賜紫金魚袋陳大舉撰，承直郎、行□御史監察、驍騎尉、賜緋魚袋□□章篆額，鄉貢進士張□濟書丹』，《金史·百官志》監察御史十二員，碑以『御史』結銜，加于『監察』之上，疑上缺字爲『侍』字，蓋以侍御史兼監察也。碑稱『濟南屬縣有七，水陸俱通，四方游販歲集而月至者，莫如濟陽」，後敘縣舊無廟學，仲丁釋奠皆借僧房、驛舍。有諸文士唱之，度地庀材成廟，加于他邑。又云『邑自天會八年改置』，而《地里志》無改置始末。《齊乘》云：『濟陽本漢朝陽，唐宋之臨邑、章丘地。金初，劉豫割章丘之標竿鎮及臨邑封圻之半〔四九〕置濟陽縣，屬濟南。』據是碑稱『天會八年』，是爲太宗建元之庚戌，明年，劉豫始僭僞號『阜昌元年』，蓋改置濟南不由于豫，于思容所記誤也。又後題銜者四人，『宣武將軍、行縣尉、騎都尉、金源縣開國男、食邑三百户完顔醜奴，徵事郎、行主簿兼管勾常平倉事苑汝霖，從事郎、守縣丞兼管勾常平倉事楊濬，定遠大將軍、行縣令□管勾常平倉事、輕車都尉、廣平郡開國伯、食邑七百户孛术魯□』。案：常平倉本以州府官及縣官提舉，此又主簿丞尉並兼管勾矣，皆志文所失載。

党懷英杏壇石刻

承安三年刻，篆書，石高四尺四寸，廣二尺四寸，在曲阜縣孔廟。

右刻『杏壇』二字，徑一尺四寸。旁題『門生党懷英書，承安戊午五十一世孫元措立石』，八分書，二行，字徑一寸三分。

成氏先塋碑

承安四年二月立，正書，篆額，碑高六尺，廣二尺六寸，在嘉祥縣戴家店。

右碑額題『成氏葬祖先墳塋之記』三行，字徑四寸，文及題名凡二十七行，鄉貢進士鹿汝弼撰并書，趙中篆額。此與後《徐氏墓碑》皆未見拓本，據朱朗齋所録載之。

東海徐氏墓碑

承安四年七月立，正書，篆額，碑高六尺五寸，廣二尺五寸，在濟寧州兩城山。

右碑額題『東海徐氏墓碣』三行，字徑五寸，文二十三行，唐子固撰文，徐珍書丹、篆額。文既俚鄙，字猶粗劣，殊不足觀也。

地藏院公據碑

承安四年十月立，正書，碑高七尺，廣二尺八寸，在滕縣地藏院。

右碑上截刻公據二道，字徑六分，前書滕陽軍准武寧軍節度使衙帖，准尚書刑部符文，准奉都省劄付及照驗合同，付住持寺觀人收執。案《金史·百官志》載刑部職掌，無給付僧尼公據之文，史所不備，見于石刻，往往可徵如此。又另行書『滕陽軍據都綱司申奉本軍正覺禪院寄住尼告級索村地藏院一所』云云。《大金國志》：佛圖之教，在列郡曰都綱。碑之立當大定二十一年，其時滕陽雖仍軍名，而實同郡治，故都綱亦設員矣。碑下截刻寺尼眷次序譜及年月、立石人名氏，字徑七分。

重刻唐史承節鄭公祠碑［五〇］

承安五年三月立，正書，碑高六尺四寸，廣三尺五寸，在高密縣鄭公祠。

後漢大司農鄭公之碑

唐銀青光禄大夫、使持節邢州諸軍事、邢州刺史、上柱國、琅琊郡開國男史承節撰。

夫囊括宇宙者文字，發明道業者典墳，所以聖人作而萬物覩，賢人述而百代通。禮樂得之以昭明，日月失之而寒忒；宣尼彰[五一]删緝之功，秦始速焚燒之禍。迨乎羣儒在漢，傳注瑶□[五二]，莫不珠玉交輝，纖微洞迹，同見集於芸閣，獨有輟於環林。豈若經教奥義，圖緯深術，兼行者多，無如我鄭公也！公諱玄，字康成，北海高密人也。八世祖崇，哀帝時爲尚書僕射。公少爲鄉嗇夫，不樂爲吏，遂造太學，受業師事京兆第五元，始通《京氏易》《公羊春秋》《三統曆》《九章算術》。又從東郡張欽祖受《周官》《禮記》《左氏春秋》《韓詩》《古文尚書》。攝齋問道，摳衣請益，去山東而入關右，因盧植而見馬融。考論圖緯，乃召見而升樓；精通禮樂，以將東而起歎。三載在門，十年歸邑。及黨事起，遂杜門不出，隱修經業。於是，鍼左氏之膏肓，起穀梁之廢疾，而又操入室之戈矛，發何休之墨守。陳元、李育，校論古今；劉瓌、范升，憲章文議。何進延於几杖，經宿而逃；袁隗表爲侍中，緣喪不赴。孔融之相北海，屣履造門；陶謙之牧徐州，接以師禮。比南山之園皓，鄉曰『鄭公』；類東海之于君，門稱通德。漢公車徵爲大司農，給安車一乘，所過長吏送迎，公乃以病，自乞還家。董卓遷都長安，公卿舉公爲趙相，道斷不至，會黄巾寇青部，乃避地徐州。建安元年，自徐州還，道遇黄巾賊數萬，見公皆拜，相約不敢入縣境。時大將軍袁紹總兵冀州，遣使邀公，大會賓客，迺延升上坐。身長八尺，飲酒一斛，秀眉明目，儀容温偉。客多豪儁，並有才説，見公儒者，未以通人許之，競設異端，百家互起。公依方辨荅，咸出門表，皆得所未聞，莫不嗟服。時[五三]汝南應劭亦歸於紹，因自贊曰：『故太山守應仲遠，北面稱弟子何如？』公笑曰：『仲尼之門，考以三科：回、賜之徒，不稱官閥。』劭有慙色。門人相與撰公荅諸弟子問五經，依《論語》作《鄭志》八篇。公所注《周易》《尚書》《毛詩》《儀禮》《周官》《禮記》《孝經》《尚書大傳》《中候》《乾象曆》，又著《天文七政論》《魯禮禘祫義》《六藝論》《毛詩譜》《駮許慎五經異義》《荅臨孝莊周禮難》，凡百餘萬言。經傳洽熟，稱爲純儒，其所撰注，今並通習。是知書有萬卷，公覽八千也，齊、魯間宗之。公後甞疾篤自慮，以書戒其子益恩，曰：『吾家舊貧，爲父母羣弟所容，去厮役之吏，游學周、秦之都，往來幽、并、兖、豫之域。大儒得意，有所受焉，遂博稽六藝，粗覽傳記，時覩秘書緯術之奥。年過三十乃歸鄉，假田播殖，以娱朝夕。後舉方正賢良有道，辟大將軍三司府。公車再徵，比牒併名，早爲宰相。惟彼數公，懿德大雅，克堪王臣，故宜式敘。吾自忖度，無□□□[五四]，□□□□□[五五]之元意，思整百家之不齊，亦庶幾以竭吾才，故聞命罔從。而黄巾爲害，萍浮南北，復歸鄉邦。入此歲來，已七十矣。宿素衰落，仍有失誤，案之禮典，便合傳家。今我告爾以老，歸爾以事，將閑居以安性，覃思以終業。自非拜國君之命，問族親之憂，展敬墳墓，觀省野物，胡甞扶杖出門乎？家事大小，汝一承之，咨爾煢煢一夫，曾無同生相依。勗求君子之道，研鑚勿替，敬慎威儀，以近有德。顯譽成□[五六]僚友，德行立於已志。若致聲稱，亦有榮於所生，可不深念耶！可不深念耶！吾雖無紱冕之緒，亦有讓爵之高。自樂以論贊之功，庶不遺後人羞。凡某所憤憤者，徒以吾親墳壠未成。所好羣書，率皆腐弊。不得於禮堂寫定，傳與後人。日西方暮，其可圖乎？家今差多於昔，勤力務時，無恤飢寒。菲飲食，薄衣服，節夫二者，尚可令吾寡恨。若忽忘不識，亦已焉哉。』五年春，夢孔子告之曰：『起，起，今年歲在辰，來年歲在巳。』既寤，以讖合之，知命當終。有頃寢疾，享年七十有四，以其年六月卒，遺令薄葬。自郡守以下，嘗受業者，縗絰赴會千餘人，迺葬於高密縣城西北一十五里礪阜山之原。嗚呼哀哉！有子益恩，孔融在北海，舉爲孝廉。及融爲黄巾所圍，遂赴難隕身。有遺腹子，公以其手文佀己，名曰小同。精通六經，鄉人尊之。時爲侍中，嘗詣司馬文王，文王有密疏，未之屏也。如厠還，問曰：『卿見吾密疏乎？』荅曰：『不見』。文王曰：『寧我負卿，無卿負我。』致鴆而卒。悲夫！自夫子没後，大道方喪。公之網羅遺典，探賾今猶，特立鬱然。時季途屯，志不苟變，全身遠害，猗歟美歟！及范曄作論，有曰：『王文豫章君每考先儒經訓，長於公，常以爲仲尼之門，不能過也。及傳受生徒，專以鄭氏家注云。』晉中興，戴逵字[五七]安道，以鷄卵汁溲白瓦屑，爲公作碑，手自書寫。文□□□，語亦妙絶。年代古而碑闕亡，德音夐而詩書在。承節以萬歲通天元年，奉勑於河南道訪察，觀風省俗，激濁揚清。行至州界，見高密父老云：『鄭先生漢代鴻儒，見無碑記。』不以庸妄，遂託爲文。往以會府務殷，□無暇景，歲序遷貿，執筆無由。今者罷職含香，忝居分竹，屬以閑隙，乃加修撰。耆舊者惟聞其名，後生者不覩其事。今故尋源討本，握槧懷鉛，兼疏本傳之文，並序前言之目。發九泉之冥昧，播千載之□□，翦以繁華，不爲雕飾。文先成訖，石又精磨，碑未建而承節卒。正議大夫、使持節、密州軍州事、刺史、上柱國鄭杳，以開元十三年秋八月，巡茲屬縣，敬謁先宗，欽承墳墓之間，籌度碑石之側。公心至清，不欲費□；公性至静，不欲勞煩。迺命參軍劉朏，校理舊文，規模新勒。未閒，朏又罷職，仍令終事。冬閏十二月，公伺其歲隙，因遣巡團，便令建立，惠而不費，允協人神。承節銘曰：

煥乎人文，圖籍典墳。煩亂事翦，定自孔君。中途湮没，秦帝俱焚。漢興儒教，鄭氏超羣。膏腴美地，簪紱宏規。嗇夫罷署，京兆尋師。《中候》《乾象》，《左氏》《韓詩》。雖稱積學，殆若生知。公之挺生，大雅之懿。囊括墳典，精窮奧秘。六藝殊科，五經通義。小無不盡，大無不備。好學慕道，深思遠慮。來往周秦，經過兖豫。侍中不仕，司農罷署。盧植東遇，馬融西去。作者謂聖，述者謂明。躬違三辟，門傳五更。周官東部，漢踶西京。白玉遍地，黄金滿籯。占卜潛橋，行途過沛。陶謙師友，孔融高蓋。山啓礬扉，草生書帶。七十歸老，三年赴會。經傳洽熟，齊魯攸宗。爵禄不受，贊論爲功。禮樂今去，吾道皆東。類于標德，比皓稱公。閹尹擅貴，禁錮連年。乃逢宥罪，方從舉賢。南城避難，東萊假田。誕膺五百，終覽八千。今年在辰，來年在巳。嗚呼不憖，于嗟到此。勞我以生，息我以死。道該八索，神交千祀。濰水之曲，礪阜之陽。通德爲里，鄭公爲鄉。雲愁廟古，月暗墳荒。舊碑先没，新石再彰。詞愧黄絹，心凄白□[五八]。明於不朽，終古脱[五九]□[六〇]。鄉貢進士□安中書丹，徵事郎、前行密州高密縣□[六一]簿兼管勾常平倉事綦□裔篆額。大金承安五年歲次庚申三月一日勒成，柴淵立石，濰陽劉元、紀仙、本店于全刊字。

漢高密鄭司農祠墓，在濰水旁礪阜山下。承祀式微，不能捍采樵者。濰沙乘風内侵，其深及墻，祠宇頽没。元率官士脩之，祠南門外積沙深遠，遂改門東向。植松、楊行栗于西南，以殺風勢。脩齊正殿，改書木主，增建旁屋三楹，爲官吏祭宿地。建坊書「通德門」，以復孔文舉之舊。祠外田廬號鄭公莊者三，散據高密、安丘、昌邑三縣地。鄭氏苗裔百數十人居之，務農少文，而譜系世守猶可考。擇其裔孫憲書，請於禮部，劄爲奉祀生，給田廬使耕且讀。是役也，掘沙之工半於土木。趙商漢碑見於著録，今求之不得，得金承安重刻唐萬歲通天史承節所撰碑。拓其文讀之，知承節之文乃兼取謝、承諸史，非蔚宗一家之學，其補正范書、昭雪古賢心迹非淺也。碑文凡二十九行，字徑八分。承節以萬歲通天元年奉敕於河南道訪察，至高密，因父老之請爲文，文成未書碑而卒。開元十三年八月，密州刺史鄭杳，始命參軍劉朏刻石于墓。唐所刻石今無存，賴金承安五年三月所重刻知之。據《金石録》云，《承節碑》乃雙思貞行書，今金碑改爲正書，削唐人書碑舊名，然其文則皆因唐舊，無所竄改。元以范書《鄭康成列傳》校之，《傳》「先[六二]始通《京氏易》」，碑無「先」字；《傳》「東郡張恭祖」，碑作「欽祖」；《傳》徵爲大司農及與袁紹之會數事，碑並次於《與子益恩書》前；《傳》「故太山太守應中遠」，碑作「太山守」；《傳》所注《周易》《尚書》《毛詩》《儀禮》《禮記》《論語》《孝經》，碑多《周官》，無《論語》；《傳》「荅臨孝存」，碑作「孝莊」；《傳》「不爲父母群弟所容」，碑無「不」字；《傳》「獲覲乎在位通人，處逸大儒，咸從捧手[六三]，有所受焉」，碑省其文，作「大儒得意，有所受焉」；《傳》「乃歸供養』，碑作『乃歸鄉』；《傳》『遇閹尹擅勢，坐黨禁錮』，碑載其事，入銘辭中；《傳》『舉賢良方正』，碑作『方正賢良』；《傳》『公車再召』，碑作『再徵』；《傳》『其勗求君子之道』，碑無『其』字；《傳》『末所憤憤者』，碑作『凡某所憤憤者』；《傳》『亡親墳壟未成』，碑作『吾親』。凡此異同，比而核之，可釋學者積疑蓋有三焉：司農《戒子益恩書》乃歸老疾篤時事，故宜在漢公車徵爲大司農及袁紹邀至冀州諸事後，而范書反載書文於前，使事迹先後倒置，一也；所注《儀禮》《周官》《禮記》，范書無《周官》。案司農《周官注》完善無缺，世所共學，而范書遺之，二也；『爲父母群弟所容』者，言徒學不能爲吏，以益生産，爲父母群弟所含容，始得去厠役之吏，游學周秦，故《傳》曰『少爲鄉嗇夫，得休歸，常詣學官，不樂爲吏，父數怒之』。夫父怒之而已，云『爲所容』，此儒者言也。范書因爲父怒，而妄加『不』字，與司農本意相反，三也。至於易『恭祖』爲『欽祖』者，金避顯宗允恭諱也。『孝存』作『孝莊』者，唐碑本行書，石或剥落，金時不省，而誤『存』爲『莊』。『莊』爲漢諱，未有不避者。其他異同，與范書可互校證，故急表而録之，以告同志。鄭杳見《宰相世系表·北祖房》，官至婺州刺史。劉朏亦見《表·彭城房》，官至汴州刺史。

谷山寺碑

泰和元年五月立，八分書，篆額，碑高六尺二寸，廣二尺四寸，在泰安縣東北谷山寺。

右碑額題『谷山寺記』二行，字徑三寸五分。文及題銜凡十八行，字徑一寸，前翰林學士承旨、中大夫、知制誥、上護軍、馮翊郡開國侯、食邑一千户、食實封壹伯户、致仕党懷英撰并書、篆額。案《金史·党懷英傳》：承安二年乞致仕，改泰寧軍節度使，明年召爲翰林學士承旨，久之致仕。碑書銜『前承旨』者，是也。蓋懷英終於是官，故《中州集》以承旨目之。向言勳護軍，至是進爲上護軍，《傳》亦未及之。碑言寺之舊地西至於張遠寨，此寨名不見《金史·地里志》，疑是村墟之名，非有設官知寨，故志不收也。

黄相仰天山題名

泰和元年九月刻，正書，崖高二尺八寸，廣二尺三寸，在臨朐縣仰天山觀音洞。

右題：『益都府少尹兼山東東路兵馬副都總管、安遠大將軍黄相公□於泰和元年三月初十日，因捕盗徧歷仰天，謁諸洞府。見觀音洞澀道高數仞險□，遊人難以登覽，□之兩邊欄檻□□□俸錢命工脩葺，上下□百尺，今已工畢。泰和元年九月初九日記，□□住持傳法沙門□□立石。』凡十行，字徑二寸。《金史·百官志》：諸總管府謂府尹兼領者，下有兵馬副都總管一員，正五品，所掌與同知同。案益都爲諸府，不得與大興府同，其署銜少尹又兼副都總管，志文未備也。

銕塔寺殘碑

泰和元年刻，行書，篆額，石高三尺五寸，廣一尺二寸五分，在濟寧州城内。

右碑額存一『記』字，徑二寸五分。文存八行，字徑九分。碑中有『房公慎終追遠』句，似係房氏所刻也。

洪福院敕牒碑

泰和二年立，書體詳後，碑高七尺，廣三尺，在嘉祥縣劉村。右碑未見拓本，據朱朗齋所録存之。額題篆書『洪福院記』二行，字徑五寸。上層刻大定三年敕牒一道，字體不等，下層刻記文三十行，正書，撰書人名皆殘缺。

夾谷璋等雲門山題名

泰和四年正月刻，正書，崖高三尺六寸，廣六尺六寸，在益都縣雲門山陰洞。

右題：『時孟春初吉，退食之暇，奉政大夫、益都少尹兼山東東路兵馬副都總管夾谷璋，暨同僚武義將軍、山東東路兵馬都總管判官何景仁，中議大夫、益都府判官趙璧，承德郎、山東東路轉運户籍判官郭俁，承務郎、益都府録事完顏仲良，懷遠大將軍、益都縣令术甲良弼，將仕郎、益都縣主簿完顏君佐，明威將軍、益都縣尉完顏邦用，忠勇校尉、山東路統軍司譯書完顏禮祥，山東路統軍司令史术魯回長，安意在、班春，因共登此山。是日也，天晴氣煦，頗稱登覽，徜徉談笑，飛觴舉白，興盡迺歸，即翠炎以刻其事。時大金泰和四祺歲在子干屬閼逢正月八日，謹誌。』凡二十行，字徑二寸五分。

漢御史卜公廟碑

泰和五年三月立，正書，碑高六尺四寸，廣三尺，在鉅野縣。

右碑篆額未拓，上層刻《贍墳地土公據》凡三十二行，字體大小不等。公據大定二十一年下，泰和二年給。其稱『前漢功臣卜御史』者，元鼎中代石慶爲御史大夫也。下層刻記文凡二十一行，字徑一寸。前列『將仕郎、充會州軍事判官兼提舉常平倉事張濬撰，鄉貢進士孫世京書丹、篆額』。文依《漢書·卜式本傳》，而增損其詞，惟稱『式字子怜』，未審所據也。後書式二子名，皆鐫毀。長子名但有左旁『虎』字，爲河南太守。次子彪，爲水衡都尉。下云：『公爲齊相，子孫多在齊。既致政，將游于齊，病終于此。鄉人思慕，同助其葬，仍爲之立祠。囊經兵革寖毀，大定初，四十五代孫并吉任單州司候判官，將復營祠，不成而殂。其二姪海義率族衆成之。』《漢書》載式以壽終，今得此碑，并知其葬所矣。碑蓋參之卜氏譜牒，非盡無稽也。

冥福寺補塑釋迦佛像記

泰和六年四月立，八分書，篆額，碑高四尺一寸，廣二尺四寸，在泰安土地祠。

右碑額題『新補塑釋迦佛舊像記』三行，字徑二寸七分，文十六行，字徑一寸。下截斷闕，無撰書姓名，惟有『知制誥、護軍、馮翊』字，攷爲党懷英撰，八分書，古秀亦非承旨不能也。

長春子谷山詩刻

泰和七年八月刻，正書，碑高七尺八寸，廣三尺五寸，在泰安縣谷山。

道士谷山春日登覽

淡蕩春風暖，暄和曉日遲。褰裳登詰屈，絶頂翫幽奇。北海洪濤闊，南山大澤危。東峰青鳥下，西嶺白雲垂。眼界空濛極，煙光縹緲隨。精神何灑落，道德自扶持。髣髴丹霄外，參差碧漢涯。那須採芝术，直赴上仙期。

泰和丁卯中秋後刊，長春子書。

右詩刻凡六行，字徑三寸五分。

郭俁等岱頂題名

泰和八年八月刻，崖高二尺，廣一尺一寸，在泰安縣岱頂唐摩崖之東。

右題：『濩澤郭俁、絳陽李思、古滕完顔從正，泰和八年八月廿三日同登。』凡三行，字徑二寸。題名三人，惟郭俁《金史》有傳，云：俁字伯有，澤州人，大定二十二年進士，泰和七年遷山東安撫副使。以題名案之，正其爲副使時也。

長生子遇仙園詩刻

無年月，并陰俱草書，石高五尺，廣二尺，在昌邑縣東南青石山遇仙園。

右碑題『遇仙園』三字，徑一尺四寸。陰刻七律一首，字徑三寸。後跋正書，五行，已泐，詩句俚鄙，故不録。碑無年月，朱朗齋以長生子終於泰和之世，故坿泰和末。

重脩舜帝廟碑

大安元年二月立，正書，碑高四尺二寸，廣一尺九寸六分，在泗水縣東南歷山舜廟。

右碑篆額未拓，文凡二十行，字徑七分，陳恕撰文，劉斌書丹。其文案《帝王世紀》，具録帝舜事跡，自耕稼陶漁以至爲帝。内云：「窮蟬有子曰敬長，敬長生勾芒。」《史記·五帝紀》作「敬康」「勾望」，字以音近，相通也。「堯」字凡五見，皆缺畫。「崇山」「崇」字下，「示」作「未」。案睿宗諱宗堯，《金史·孫即康傳》：上問即康，參知政事賈鉉曰：睿宗廟諱改作「崇」字，其下却有「本」字，若依《蘭亭帖》寫作「未」字，云云。即康奏曰睿宗廟諱上字從「未」，下字從「垚」，是其事也。但《傳》云作「垚」，而書者又於「垚」字缺畫，以見當時曲避非盡由式也。兄友弟敬，依《史記》，「敬」當作「恭」，而文若此者，亦避顯宗廟諱「允恭」故也。至前引「漁于雷澤，漁者皆讓淵」，今《史記》作「讓居」，疑唐之校書者避諱，轉改「淵」作「居」，不如此文之實。碑書「娥皇」作「娥媓」，異文也。都維那、副維那俱作維首，亦與他碑别。

鄭公墓記

大安二年四月刻，并額俱正書，石高一尺八寸，廣一尺三寸，在青州府城東北房家莊。

右刻未見拓本，據段赤亭《益都金石志》云：「額題「鄭公墓記」四字，横列，徑二寸，文十七行，字徑八分，進士牟仲勗撰并書。」

晁氏墓碣

大安二年十月立，凡二石，書體詳後，在嘉祥縣洪福院後。

右石刻高七寸，廣二尺四寸，横題八分書『晁氏之塋』四字，字徑四寸。右題『古任陳度書』，左題年月，存『月一日』三字，俱正書。又一石高一尺五寸，廣七寸，正書，四行。首行云『故忠武校尉、邢州宜川縣尉晁□道』，似即墓中人也。次行云『時大[六四]安二年歲次庚午十月一日庚辰』。後二行殘闕。

洞真觀敕牒碑

大安二年十月立，書體詳後，碑高四尺三寸，廣二尺四寸，在萊蕪縣西北洞真觀。

右碑額題正書『洞真□觀』四字，徑三寸五分，祇『真』字完好，餘殘闕。上層刻嘉定元年敕牒一道，下層刻記文，行書，十七行，字體大小不等。末行題『宋朝金主重脩洞真觀碑』。起宋寧宗庚午，至大明萬曆癸卯，共叁伯玖拾年重脩。據此，則金碑已佚，明時重爲刻石。武虛谷以碑中有宋年號冠於本國之上，又直斥金主之諱，疑其不應如是，由未見明人題字耳。

石佛寺改塑佛象記

大安二年十一月刻，正書，石高八寸，廣八寸二分，在淄川縣石佛寺。

右刻文八行，字徑一寸。

東鎮廟禁約碑

大安三年七月立，并額俱正書，碑高四尺五寸，廣二尺三寸五分，在臨朐縣沂山東鎮廟。

右碑額題『律令禁約樵採東鎮廟界内山場之碑』五行，字徑一寸八分。文凡二十四行，字徑八分。文多殘缺，以意約舉讀之，蓋緣東鎮沂山舊有斫伐山場樹木，因本律令禁約，給付東安王廟仰知廟道士及廟户人等一同收執。又稱：『律節文内有應禁處所而輒採伐拾貫以下杖六十，拾貫加一等罪，止徒一年。』此金時律文，世尠與聞矣。碑下截有記，一層漫漶更甚，最末結銜『穆陵關捉□□□董孝忠』。《金史·地里志》：『穆陵，貞祐四年四月升臨朐之穆陵置。』是穆陵舊爲關，至貞祐始爲縣，故大安中此碑猶於穆陵置員。據此，則《志》文當云『升臨朐之穆陵關置』，今《志》脱『關』字，于文爲不備。關有捉□□□，其缺文依《福勝院牒》，滕陽軍設捉殺盗賊官，此關亦與同也。《百官志》未見此文，可據以補遺。

興國禪院敕牒碑

崇慶元年刻，書體詳後，碑高二尺，廣二尺五寸，在濟寧州兩城山興國寺。

右刻牒文草書，題銜、年月俱正書，大小不等。

彌勒像贊石刻

貞祐元年四月刻，凡二石，尺寸、字體詳後，在鄒縣天齊廟。

右石一高二尺二寸，廣四尺四寸，刻彌勒像，右手執袋，左負杖，旁題篆書『先師宣公大師之□』二行，字徑二寸五分。又《彌勒頌》四句，真言三段，及題名、年月六行，俱正書。一高一尺三寸，廣八寸，刻彌勒像同前，左題『□□貞祐二年四月日』一行，正書，徑五分。此與《上興國寺碑》俱從朱朗齋所録存之，未見拓本。

玉虚觀碑

貞祐二年五月立，正書，碑高一丈九寸，廣三尺九寸，在寧海州聖水岩玉虚觀。

右碑篆額未拓，文及題銜凡二十五行，字徑一寸三分，記爲朝散大夫、前中都左警巡使、賜紫金魚袋國偁撰。《金史》列傳有國用安，淄州人，金末時多戰功，偁似其族也。書丹者文山進士王良臣，篆額者州學進士范景純。文頗詳贍有法，書體皆蒼勁，道觀中佳刻也。

濟州刺史李演碑[六五]

貞祐四年八月立，正書，碑高六尺四寸，廣二尺九寸，在濟寧州學。

大金故應奉翰林文字贈濟州刺史李公碑銘并序

朝列大夫、□王府文學兼記室參軍、騎都尉、賜紫金魚袋臣崔禧奉敕撰，翰林直學士、□□[六六]大夫、知制誥、輕車都尉、天水郡開國伯、食邑□百户、賜紫金魚袋臣趙秉文奉敕書，尚書省令史、承直郎、雲騎尉、賜緋魚袋臣潘希孟奉敕篆額。

勇而易發，此强悍者之喜爲也，然臨難畏死者有之。柔而不武，此仁賢者之常行也，然見義捐生者有之。蓋人之忠節，皆繇心理取舍之□[六七]，□[六八]在虜辭氣之强與柔也。平居之時，從容自許，至於行義之美，孰不有是言哉？負勢而直往，肆忿而輕死，真侣勇也。倉卒之變，惑□□[六九]，□[七〇]身毁節，向之剛猛皆虚氣所使，安足恃哉？其有天資純固，涵養正理，昫昫然常有温粹之容，低首斂氣，退然似不足者，不幸而與禍會，則明誠審决，義不内顧，雖狂鋒虐燄，樂□□[七一]就，是豈前弱後勇哉？惟其所畜之深，有激則奮，必將絶世驚俗，凜然爲天下之英烈，是可重也。然則節義者，士之所素學，以爲□[七二]教大法，豈若世間淺淺□□[七三]苟合偷生者耶？其爲有國家者之旌賞也，宜矣。粤貞祐之初，兵久不解，虜騎南下，攻圍係戮，肆毒侵淫。二年正月至於濟，郡人李演以前應奉翰林文字□□[七四]居此，因之□□者[七五]爲備禦，三日虜不能得，併召其黨大集□[七六]城下。勢不敵，城陷，公被執。彼[七七]固疑其衣冠也，曰：『若非李應奉乎？』蓋虜中素聞其名，意欲得而使之也。□□[七八]問曰：『然。』虜喜，使之跪，曰：『大官可得也。』公曰：『我進士第一人，重有禄位，汝何禽畜，吾豈爲汝使哉！』賊忿，擊其脛，碎之，終不屈。繼中以刃，至死猶罵云。嗚呼，□[七九]哉！是豈仁者之真勇與！已而虜退，朝廷遣使宣撫山東，廉得其實，奏請加贈。上意矜恤，隧□[八〇]濟州刺史之章，仍令勒碑致祭。淵乎聖慮，其知所先務矣。惟平亂定難，在曉人以逆順之理，而起其忠義之氣，今賞典首及死節之士，其於驅策將士，深得□□[八一]舞之術也。臣禧承命拜手，爲之銘曰：

君子所守，唯義之爲。威武不屈，死生不移。世教舉此，以爲常理。此而不知，安足爲士？英英李公，初以文稱。循常謹甚，衆未謂能。孰知其中，慨有事在。志吞萬兵，氣蓋四海。胡雛雖鷙，甚翫而輕。姦鈇雖憯，視之猶生。高節終完，素心不愧。聖主知賞，忠魂尤慰。鉅野茫茫，黄流湯湯。樹碑其側，名與之長。

時貞祐四年歲次丙子八月一日，□[八二]信校尉、濟州倉草場都監權司候孛朮魯監修，奉國□□[八三]、濟州刺史兼知軍事、提舉河防常平倉事、廣平郡食邑户、護軍紇石烈立石。

右碑篆額未拓，文及標題、年月凡二十二行，字徑一寸。案《金史》本傳：李演字巨川，任城人，泰和六年進士第一，官應奉翰林文字。丁憂里居，值元兵圍任城，墨衰守禦，不屈死，年三十餘。時詔有司，爲立碑。今題銜、撰書、篆額皆云『奉敕』者，此也。後列銜孛朮魯、紇石烈二人氏而不名。其云『濟州倉草場都監』，案《百官志》：草場使，防刺仍舊，置都監一員。濟州中刺史也，草場設都監，與史合，而以倉并于草場，則史未載也。

東嶽行宫碑

無年月，并陰俱正書，碑高五尺二寸，廣二尺三寸五分，在青州府城東嶽廟。

右碑篆額未拓，文及銜名凡二十五行，字徑七分，權益都府教授王大任記，鄉貢進士□從□書丹，郡人布衣王守中篆額。文辭俚鄙，惟書體尚屬端整。段赤亭云：『碑無時代，但曰「庚寅」。李南澗謂以官制考之，知爲金碑。青州金爲益都府，元則稱益都路。金有兩庚寅，一爲大定十年，一爲正大七年。據碑「戎馬争馳，帑藏空虚」等語，乃國勢愈蹙之時，知爲正大庚寅無疑。閆某以城破迹陷軀虜，蓋指李全父子也。』碑陰剥蝕殊甚，存字十三行，皆建廟塑像及物料、施主姓名。後坿元人題字四行，稱『大朝壬寅』，乃元初未建號時也。

趙世顯等殘碑

無年月，八分書，石高一尺五寸，廣一尺，在濟寧州東門城上。

右殘碑未見拓本，朱朗齋云：存字八行，文内祇列銜名，別無事迹可攷，似係脩建刹廟之碑陰也。銜中稱東平府爲宋金時所置，因列金碑之末。

【校勘記】

［一］『朮』，原作『木』，誤，據前碑《劉長生靈虚宫倡和詩刻》正。

［二］『朮』，原作『木』，誤，據前碑《劉長生靈虚宫倡和詩刻》正。

［三］此碑已毁，亦未見拓本傳世，碑文載於《金文最》卷四三《朝散大夫鎮西軍節度副使張公神道碑》、光緒《日照縣志》卷一〇《金張莘卿墓碑》，兹據此加以校證。

［四］此三闕字，光緒《日照縣志》作『諱莘卿』。

［五］此二闕字，光緒《日照縣志》作『不輟』。

[六]此闕字，光緒《日照縣志》作「登」。

[七]此闕字，光緒《日照縣志》作「首」。

[八]此闕字，光緒《日照縣志》作「際」。

[九]此闕字，光緒《日照縣志》作「欲」。

[一〇]此闕字，光緒《日照縣志》作「問」。

[一一]此闕字，光緒《日照縣志》作「每」。

[一二]此四闕字，光緒《日照縣志》作「恒苦不足」。

[一三]此闕字，光緒《日照縣志》作「雖」。

[一四]此闕字，光緒《日照縣志》作「次」。

[一五]此闕字，光緒《日照縣志》作「敦」。

[一六]此闕字，光緒《日照縣志》作「人」。

[一七]「節使」，原作「節度使」，衍一「度」字，據「京都大學人文科學研究所所藏石刻拓本資料」第SOU0441X《王珩七絶·路伯達七絶》删。

[一八]「肄」，原作「隸」，據《金文最》卷三五《棣州重修廟學碑》正。

[一九]「僚」，原作「俺」，據《金文最》卷三五《棣州重修廟學碑》正。

[二〇]此碑現存曲阜孔廟十三碑亭南面東起第三亭内，漫漶較為嚴重，碑文載於《金石萃編》卷一五七《重修文宣王廟碑》、《闕里文獻考》卷三三《金黨懷英撰重修至聖文宣王廟碑》，兹據此加以校證。

[二一]此處原碑殘泐，《金石萃編》《闕里文獻考》有「其」字。

［二二］『獨』，原碑殘泐，《金石萃編》作『静』。

［二三］此碑現已不存，碑文載於《金文最》卷三九《濟陽縣創建先聖廟碑》、道光《濟南府志》卷六七《創建濟陽先聖廟記》及民國《濟陽縣志》卷一六《創建先聖廟記》，兹據此加以校證。

［二四］『縣』，《金文最》、道光《濟南府志》、民國《濟陽縣志》作『濟陽縣』。

［二五］此闕字，《金文最》、道光《濟南府志》、民國《濟陽縣志》作『久』。

［二六］此二闕字，《金文最》、道光《濟南府志》、民國《濟陽縣志》作『以講』。

［二七］此闕字，《金文最》、道光《濟南府志》、民國《濟陽縣志》作『稱』。

［二八］此二闕字，《金文最》、道光《濟南府志》、民國《濟陽縣志》作『户口』。

［二九］此闕字，《金文最》、道光《濟南府志》、民國《濟陽縣志》作『者』。

［三〇］此闕字，《金文最》、道光《濟南府志》、民國《濟陽縣志》作『縣』。

［三一］此闕字，《金文最》、道光《濟南府志》、民國《濟陽縣志》作『事』。

［三二］此闕字，《金文最》、道光《濟南府志》、民國《濟陽縣志》作『修』。

［三三］此闕字，《金文最》、道光《濟南府志》、民國《濟陽縣志》作『謀』。

［三四］『□汝』，《金文最》、道光《濟南府志》、民國《濟陽縣志》作『魏如』。

［三五］此闕字，《金文最》、道光《濟南府志》、民國《濟陽縣志》作『五』。

［三六］此闕字，《金文最》、道光《濟南府志》、民國《濟陽縣志》作『應』。

［三七］『而』，《金文最》、道光《濟南府志》、民國《濟陽縣志》作『以』。

［三八］此闕字，《金文最》、道光《濟南府志》、民國《濟陽縣志》作『未』。

〔三九〕此二闕字，《金文最》、道光《濟南府志》、民國《濟陽縣志》作『學舍』。

〔四〇〕此闕字，《金文最》、道光《濟南府志》、民國《濟陽縣志》無。

〔四一〕此六闕字，《金文最》、道光《濟南府志》作『黨庠、術序之教』。

〔四二〕此二闕字，《金文最》、道光《濟南府志》、民國《濟陽縣志》作『士乎』。

〔四三〕此闕字，《金文最》、道光《濟南府志》、民國《濟陽縣志》無。

〔四四〕此闕字，《金文最》、道光《濟南府志》、民國《濟陽縣志》作『楊』。

〔四五〕『事』，《金文最》、道光《濟南府志》、民國《濟陽縣志》作『施』。

〔四六〕此闕字，《金文最》、道光《濟南府志》、民國《濟陽縣志》作『風』。

〔四七〕此三闕字，《金文最》、道光《濟南府志》、民國《濟陽縣志》作『而淳古』。

〔四八〕此三闕字，《金文最》、道光《濟南府志》、民國《濟陽縣志》作『見修學』。

〔四九〕『半』，原作『平』，據《齊乘》卷三《郡邑》正。

〔五〇〕此碑現存山東省高密市雙羊鎮後店村西鄭公祠前，碑文多有殘泐，兹依據原碑，并結合《後漢書》卷三五《鄭玄傳》、《金石萃編》卷七六《鄭康成碑》、康熙《高密縣志》卷一〇《鄭玄祠碑記》、乾隆《高密縣志》卷九《史承節鄭康成祠碑記》、《全唐文》卷三三〇《鄭康成祠碑》加以校證。

〔五一〕『尼彰』，據原碑補。

〔五二〕『瑶□』，原碑殘泐，康熙《高密縣志》、乾隆《高密縣志》均作『縹緗』。乾隆《高密縣志》據萬曆乙巳本而多所裁省，不知明人所見碑文較爲完整，還是出於纂修者之臆改。

〔五三〕『時』，原作『將』，據原碑正。

〔五四〕此三闕字，原碑殘泐，《後漢書》《全唐文》作「任於此」。

〔五五〕此五闕字，原碑殘泐，《後漢書》《全唐文》作「但念述先聖」。

〔五六〕此闕字，原碑殘泐，《後漢書》《全唐文》作「於」，康熙《高密縣志》、乾隆《高密縣志》作「乎」。

〔五七〕「字」，原作「寄」，據原碑正。

〔五八〕此闕字，原碑殘泐，康熙《高密縣志》、乾隆《高密縣志》、《全唐文》作「楊」。

〔五九〕「脱」，原碑殘泐，《金石萃編》、康熙《高密縣志》、乾隆《高密縣志》作「騰」。

〔六〇〕此闕字，原碑殘泐，《金石萃編》、康熙《高密縣志》、乾隆《高密縣志》作「芳」。

〔六一〕此闕字，原碑殘泐，《金石萃編》作「主」。

〔六二〕《後漢書》卷三五《鄭玄》：「遂造太學受業，師事京兆第五元先，始通《京氏易》《公羊春秋》《三統曆》《九章算術》。」而此阮元斷句有誤，不能將「先」字單獨拿出。

〔六三〕「咸從捧手」，《後漢書》卷三五《鄭玄》爲「得意者咸從捧手」，此爲阮元誤記，漏「得意者」三字。

〔六四〕「大」，原作「太」，誤。

〔六五〕此碑現已不存，碑文載於《金石萃編》卷一五八《濟州李演碑》、《金文最》卷四五《應奉翰林文字贈濟州刺史李公碑銘》、道光《濟寧直隸州志》卷九《故應奉翰林文字贈濟州刺史李公碑記》，茲據此加以校證。

〔六六〕後一闕字，《金石萃編》作「議」。

〔六七〕此闕字，《金文最》、道光《濟寧直隸州志》作「明」。

〔六八〕此闕字，《金文最》、道光《濟寧直隸州志》作「不」。

〔六九〕「惑□□□」，《金石萃編》作「惑亂□撓」，《金文最》與道光《濟寧直隸州志》作「利害動撓」。

〔七〇〕此闕字，《金石萃編》、《金文最》、道光《濟寧直隸州志》作「保」。
〔七一〕此二闕字，《金文最》、道光《濟寧直隸州志》作「爲之」。
〔七二〕此闕字，《金石萃編》、道光《濟寧直隸州志》作「名」。
〔七三〕此二闕字，《金文最》、道光《濟寧直隸州志》作「之徒」。
〔七四〕此二闕字，《金文最》、道光《濟寧直隸州志》作「墨衰」。
〔七五〕「□□者」，道光《濟寧直隸州志》作「率其兵」。
〔七六〕此闕字，《金文最》、道光《濟寧直隸州志》作「於」。
〔七七〕「彼」，原作「被」，據《金石萃編》、《金文最》、道光《濟寧直隸州志》正。
〔七八〕此二闕字，《金石萃編》作「□承」，《金文最》、道光《濟寧直隸州志》作「公承」。
〔七九〕此闕字，《金石萃編》、《金文最》、道光《濟寧直隸州志》作「懿」。
〔八〇〕此闕字，《金石萃編》、《金文最》、道光《濟寧直隸州志》作「以」。
〔八一〕此二闕字，《金石萃編》作「□鼓」，《金文最》、道光《濟寧直隸州志》作「其鼓」。
〔八二〕此闕字，《金石萃編》作「昭」。
〔八三〕此二闕字，《金石萃編》作「上將軍」三字。

卷二十一

元石

玉清宫摹刻聖旨碑

太宗七年七月刻，正書，碑高一尺七寸五分，廣二尺六寸，在濰縣玉清宫神座下。

右刻聖旨二道，一題『成吉思皇帝聖旨』云云，後書『癸未年』。案：癸未乃元太祖即位之十八年，太祖以丙寅年即皇帝位，群臣上尊號曰『成吉思皇帝』。一題『皇帝聖旨』云云，後書『乙未年』，乃太宗即位之七年也。碑凡十八行，字徑一寸二分。末行『王可道書丹』，字徑七分。

玉清宫摹刻馬丹陽歸山操碑

正書，碑高六尺六寸，廣三尺二寸，在濰縣玉清宫。

右碑前刻琴曲《歸山操》八行，字徑二寸五分。後刻大定戊申定海軍節度副使吴似之跋六行，字徑六分，末有『皇女宿國公主、駙馬都尉唐括元義立石』一行，字徑一寸。下角刻『胡祥刊』三小字，以吴跋案之，確是金人所刻。朱朗齋因玉清宫建於元太宗七年，遂與後二碑皆定爲建宫時摹勒，坿於聖旨碑後，今姑從之。

玉清宫摹刻馬丹陽滿庭芳詞碑

正書，碑高四尺五寸，廣三尺三寸，在濰縣玉清宫。

右碑前刻《滿庭芳詞》七行，字徑二寸，後刻吴似之跋十二行，字徑八分。末『唐括元義立石』一行，字徑一寸。下角刻『劉珍模刊』四小字。

玉清宫摹刻王長生『蓬萊』二字碑

無年月，草書，碑高三尺六寸五分，廣二尺，在濰縣玉清宫。右刻『蓬萊』二字，徑九寸。款題『長春子書』，徑一寸一分。又有『濰陽玉清觀立石』正書一行，徑一寸三分。

玉清宫摹刻丘長春遺墨跋語碑

草書，碑高一尺五寸，廣二尺一寸，在濰縣玉清宫神座下。

右碑前刻李志常跋八行，後刻陳時可跋九行，字體大小不等。朱朗齋云：『二跋皆書於戊子春，戊子爲太祖崩後皇子拖雷監國之年，下距太宗七年乙未僅八年，蓋與《歸山操》《滿庭芳》等碑同爲尹清和建宫時所刻也。』

褒崇祖廟記

太宗十一年三月立，八分書，篆額，碑高六尺二寸，廣二尺，在曲阜縣孔廟。

右碑額題『大朝褒崇祖廟之記』四行，字徑三寸，文二十行，字徑五分。記爲東原李世弼撰，後書『歲次己亥春八十有三日，五十一代孫襲封衍聖公主奉祀元措立石，五十世孫權襲封兖聖公主奉祀掭監造，五十代孫摯書丹并篆額，李信刻』。以文中時事攷之，己亥乃蒙古太宗十一年也。碑云『癸巳，當京城之變』，癸巳爲金哀宗天興二年，是時元兵圍汴京，哀宗殉國，衍聖公孔元措時官太常卿於京師。元太宗遂命元措還東平，仍襲衍聖公主祀事。碑所云『還於博，再還於鄆』，是也。元措既在東平，曲阜主祀無人，故以五十世掭權之。孔摯，《闕里文獻攷》失載。

興國寺舍利塔令旨碑

正書，碑高二尺，廣五尺五寸，在朝城縣。

此碑右幅刻令旨一道，并敘引凡二十七行，字徑六分。首行下有『書丹僧法顯』五字，又令旨一道，凡十二行，字徑六分。年月上鈐小印，蒙古篆文，方徑一寸三分。左幅分上、下二層：上層皆蒙古文，前後有二印，方徑三寸一分；下層譯文凡十八行，字徑三分。碑無立石時代，惟稱『蛇兒年』，又稱『乙巳年』，當是太宗崩後六皇后稱制之四年也。

光化寺碑

定宗元年四月立，八分書，篆額，碑高六尺一寸五分，廣二尺四寸五分，在泰安縣徂徠山光化寺內。

右碑額題『重修光化禪寺之記』四行，字徑四寸，文及題銜凡二十行，字徑一寸，高詡撰文，高翿書丹并篆額。碑無時代，惟云『歲次丙午四月六日記』。案：丙午爲元定宗即位之年，其時未有年號，故但紀干支也。

五峰山真静崔先生傳碑

定宗二年正月立，八分書，碑高五尺六寸，廣三尺二寸，在長清縣五峰山。

右碑篆額未拓，文十九行，字徑一寸，清亭杜仁傑撰文，益津高翿書并篆額。碑刻於丁未上元，爲定宗二年，距真静之化已二十七年矣。

五峰山崔先生像贊石刻

無年月，書體詳後，碑高五尺七寸，廣三尺四寸，在長清縣五峰山。

右碑刻虚静真人畫像，左旁刻『虚静真人』四字，右旁刻『錦川散人沈士元子政莫年畫』，俱八分書，字徑一寸。下角刻『司中刊』三字，正書，徑九分。上層像贊三首，一爲元好問籀文，一爲劉祁小篆，一爲杜仁傑八分。案劉祁，附《金史》父從益傳，祁字京叔，爲太學生，有文名。值金末喪亂，作《歸潛志》以紀金事。

五峰山重修洞真觀碑

定宗三年十一月立，正書，篆額，碑高九尺，廣三尺一寸，在長清縣五峰山洞真觀。

右碑額題『五峰山重修洞真觀記』三行，字徑七寸，文十九行，字徑一寸二分。文爲元好問撰，王萬慶書，孔元措篆額。史稱好問『爲文有繩尺，備衆體』，今觀此碑，平衍無出色處，或托名爲之。末題『歲次戊申』，爲定宗三年，是年三月定宗崩，碑立於十一月，正朝廷議立未決時也。

王玉汝等岱頂題名

正書，崖高五尺三寸五分，廣一尺七寸，在泰安縣岱頂雲峰西側。

右題：『東平參議王玉汝等，從大行臺嚴公，以己酉七月中澣謁岳祠竟，是日遂登絶頂。陳人徐世隆題。』凡四行，左讀，字徑三寸。案：己酉乃定宗崩後之次年，大行臺嚴公即東平路行軍萬户嚴實也。

洞真觀公據碑

正書，碑高二尺，廣二尺三寸五分，在長清縣五峰山洞真觀。

右碑首題『東平府給』四字，徑一寸三分。次刻公據文及觀基四至、年月凡十八行，字徑五分。後給付一行，字體同首四字。最後書一『使』字，徑三寸四分，其下有押，前後鈐印三，俱蒙古篆文，方徑二寸。碑但稱己酉年，不紀年號，據《縣志》載是觀建於貞祐初，碑又云『累經兵革，到今四十餘年』，則此己酉亦定宗崩後之次年也。

振衣岡題名二種

正書，崖高五尺，廣二尺五寸，在泰安縣岱頂振衣岡。

右刻未見拓本，據朱朗齋所録載之。一題：『長樂劉詢、鄱陽程□、程邁，同登太平頂，觀山日，時元□壬辰四月。』凡五行，左讀，字徑三寸，刻於上截。一題：『歲己酉十一月初五日，泰安州刺史張郁建立大行臺嚴公磨崖二碑，模勒鄉貢進士王天定、吏目梁弼、徐昇、王坦、石匠高政、男高源、楚太、周仙、王成，監修司候判官范元謹題。』凡八行，字徑二寸五分，刻於下截。己酉爲元定宗末年〔一〕。

創修遇仙觀碑

正書，碑高六尺七寸，廣三尺，在鄆城縣西南隅遇仙觀。

右碑篆額未拓，文二十四行，字徑一寸，孟仁撰文，仇鑑書丹、篆額。後題『大朝庚戌年戊寅月立石』，庚戌爲定宗后海迷失稱制之次年也〔二〕。

仰天山大佛寺石幢

正書，石高二尺五寸，凡四面，圍二尺，在臨朐縣仰天山大佛寺。

右幢已殘缺，前刻記文，後列僧衆施主姓名，字徑六分，紀年書『大朝庚戌歲十月初七日立石』。

新修靈惠公廟碑

憲宗四年十月立，正書，碑高七尺二寸，廣三尺四寸，在歷城縣龍洞靈惠公廟。

右碑文三十行，字徑一寸二分，後題『甲寅年四月日，濟南路參議、前進士長山張泰亨謹撰并書。是年十月日宣授濟南路總管民長官襲爵張開躬立』。甲寅乃憲宗嗣位之四年也。

太真觀殘碑

正書，碑高四尺三寸五分，廣二尺四寸，在掖縣。

右碑祇存上半截，凡二十一行，字徑一寸。朱朗齋云：『碑文有「大朝啓祚」之語，知爲元初之碑。又碑末以攝提格紀歲，知是寅年。以意揣之，當爲甲寅。』兹姑坿此，以俟攷定。

鄒平縣丞孫公祖考墓銘

憲宗五年三月刻，正書，石高三尺一寸，廣二尺五寸五分，在鄒平縣西北孫家莊孫公墓上。

右刻額已佚，文二十五行，字徑一寸，王時可撰，滕□谷書丹并題額。銘爲縣丞孫福而作，因連及其祖考，遂題曰『孫公祖考墓銘』，亦屬創見。碑無時代，惟稱『甲寅疾卒，乙卯立石』，以文中敘事攷之，乃憲宗五年也。

重修鄭康成廟碑

憲宗五年六月立，正書，篆額，碑高五尺二寸，廣二尺八寸，在淄川縣東黌山之陽。

右碑額題『重修鄭公廟記』三行，字徑三寸，文二十四行，字徑一寸，末刊工姓名一行，字徑五分，張泰亨撰文，李國維書丹，王藎摹寫，王道崇篆額。碑末紀年稱『歲在乙卯』，以文中『天朝開創，海内甫定幾三十年』等語攷之，當是憲宗五年，其時未有國號、年號，故衹稱天朝，而以干支系年爾。

興仙觀碑

憲宗七年九月立，正書，碑高七尺，廣三尺一寸，在掖縣城北王家村興仙觀。

右碑篆額失拓，文二十一行，字徑一寸三分，丁珏撰文，杜春書丹、篆額。碑立於强圉大荒落之歲，是爲丁巳年，即憲宗七年也。

神清觀碑

憲宗八年十月立，正書，碑高六尺六寸，廣三尺三寸，在寧海州大崑崙山神清觀。

右碑篆額未拓，文三十行，字徑一寸，後題『大朝歲次戊午十月望日，太原李志鼎□東山漫叟高廼書丹并篆額』，及『寧海州等處達魯花赤』諸銜。案戊午爲憲宗八年。

濟南路參議段徽神道碑

憲宗九年三月立，并額俱正書，碑高七尺二寸五分，廣二尺八寸，在歷城縣崙山。

右碑額題『故濟南路參議段公神道碑銘』三行，字徑三寸，文三十行，字徑九分，張泰亨撰并書丹。碑稱『大行臺清河公』，即張榮也。榮有子七人，次邦直，官行軍萬户。碑云『徽有女五人，次適行臺公次子邳州行軍萬户張邦直』，史不言邦直之官在邳州，亦是闕略。段徽之卒在丙辰年，碑立於己未年，丙辰是憲宗六年，己未則九年矣。

王重陽悟真歌石刻

無年月，行書，碑高八尺八寸，廣二尺五寸五分，在掖縣。

右碑兩面刻，文凡十四行，字徑四寸，碑爲丘長春書。朱朗齋云：『長春受宣事在元初，正當未有年號之時，因坿於憲宗之末。』

鎮國上將軍張侯神道碑

世祖元年立，正書，碑高九尺，廣三尺四寸，在館陶縣。

右碑篆額未拓，文二十七行，字徑一寸二分，徐世隆撰文，王鏞書丹，高翿篆額。張侯諱弼，金大安、貞祐年間遭時變亂，團兵自衛，庚辰年以地附東平行臺公，即嚴實也。《元史·嚴實傳》所載戰伐之事，多與碑合，而獨不及張弼姓名，但云『甲午，朝和林，授東平路行軍萬户，偏裨賜金符者八人』，張侯當在其中也。碑立於庚申，是年三月世祖即位，五月十九日始建元爲『中統』。立碑之月已殘泐，必在五月以前，故不稱『中統』，而猶稱『歲庚申』也。

長春觀碑

中統二年七月立，正書，篆額，碑高五尺六寸，廣二尺三寸，在泰安縣岱廟。

右碑額題『長春觀記』二行，字徑五寸，文二十三行，字徑八分，撰文者元和子，未詳姓名。

重修伏羲廟碑

中統二年九月立，并額俱正書，碑高八尺五寸，廣三尺六寸，在魚臺縣凫山麓伏羲廟。

右碑額題『重修伏羲聖祖廟碑』二行，字徑四寸，文二十九行，字徑一寸，孟祺撰文，李禋書并題額。

段氏祖塋碑

中統二年九月立，正書，碑高五尺八寸，廣三尺，在昌樂縣東南洪陽埠。

右碑篆額未拓，文二十二行，字徑一寸二分，文詞淺陋，無可稱述。

靈虚宫改額加號記

中統四年四月立，正書，陰行書，碑高七尺七寸，廣二尺五寸五分，在掖縣靈虚宫。

右碑文十九行，字徑一寸，撰文者史志經。碑陰刻吕□《滿庭芳詞》一闋六行，字徑四寸。

宫山殘碑

無年月，正書，碑高二尺，廣二尺三寸，在新泰縣宫山。

右碑殘闕殊甚，詳玩文字，皆施主姓氏及山土界址，蓋因修建寺觀，并刻四至，以垂久也。碑無時代，中有彈壓提控等官，此是元制。朱朗齋據碑有『中鈔若干兩』，謂是『中統鈔』之省文。鈔始於世祖中統元年，因列此碑於中統末，今從之。

紫微觀碑陰

無年月，正書，篆額，碑高三尺五寸五分，廣二尺七寸五分，在臨朐縣。

右碑額題『碑陰之記』四字，横列，徑四寸。碑闕下截，所載皆姓名。據《府志》云『紫薇觀，元中統間建』，則此碑或彼時所立也。

張宣慰登泰山記

至元二年二月立，正書，額八分書，碑高四尺，廣二尺三寸，原在泰安縣岱廟延禧殿，今移縣署土地祠。

右碑額題『東平府路宣慰張公登泰山記』三行，字徑二寸，文二十五行，字徑八分，杜仁傑撰記，王禎書篆。碑稱『宣慰張公』，不詳名字、里居，以史攷之，即張德輝也。史傳稱：德輝字耀[三]卿，冀寧交城人。世祖即位，起爲河東南北路宣撫使，尋遷東平路宣慰使。春旱，禱泰山而雨。至元三年秋，參議中書省事。皆與碑文合，惟世祖以字呼之，傳敘於世祖未即位以前，碑則敘於河東報最之後，爲不同耳。

萬户孟德神道碑

至元二年三月立，正書，篆額，碑高七尺二寸，廣三尺，在齊東縣城南孟公墓上。

右碑額題『濟南孟公神道之碑』二行，字徑三寸，文三十五行，字徑七分。張元方撰文，而連及其父進士張翔之名，爲碑刻中創見。孫瑜書丹并篆額，字多别體。

三師祠堂碑

至元二年四月立，正書，陰行書，碑高三尺六寸，廣二尺三寸五分，在掖縣。

右碑文十九行，字徑一寸，古郊進士王麟撰文。碑陰刻《昭君怨詞》一闋，凡五行，不署年月，并附載之。

總管張公先德碑

至元三年十月立，正書，碑高六尺八寸，廣三尺五分，在濟陽縣東北張公墓上。

右碑篆額未拓，文二十五行，字徑一寸，撰文者濟南提舉學校官高詡，篆額者山東東路轉運使王博文，獨書丹之趙文昌無結銜，而其書頗秀整可觀。據至元十二年《泰安修宣聖廟碑》有『長清縣尹趙文昌』，未知即其人否。

鎮撫秦公先德碑

至元三年十一月立，正書，碑高六尺七寸，廣三尺五分，在濟陽縣。

右碑篆額未拓，文三十二行，字徑八分，高詡撰文，李敬萠書并篆額。

淄川縣學講堂詩刻

至元四年正月立，正書，碑高一尺四寸五分，廣一尺九寸，在淄川縣學。

上闕。重新式喜賦長句　　淄萊路總管府判官徐世望

兵餘芹館□荒凉，火仆殘碑雨仆墻。祀事有常先構殿，講筵無所更須堂。諸生弟勉詩書業，千古何慚禮義鄉。獨欠邑賢楊處士，我曹狂斐謾成章。

淄川，古名郡也。其廟學兵後焚蕩無餘，土官張□暨諸鄉賢果上人等，重修宣聖殿，□新□像，歲供牲幣之祀，所謂興讓講誦，良未暇也。迨及至元三年夏□□□□下車是邑。越明年，政通人和，□□□舉，於是首以興學爲務，命工鳩衆□董其役，雖一木一石，必自指揮安置。□□□□堂庫庖廩，屹然一新，仍榜其堂曰『止善』，蓋取《大學》『在止於至善』之義耳。迺於旬休日，躬率僚屬及後學諸生，講讀經史，且賦前詩，以相勉勵。僕竊以學者講習之區，教化之本原，臨民莅政，佀緩而實急，□是也。公乃首議創此，亦可謂知所先務矣。他日將見邦民興禮讓之風，變至道之化，孰謂非公啓之乎？時四年元宵後二日，教授范□謹跋，淄川縣主簿賈用章立石，張泉刊。

右刻詩并跋語凡二十三行，字體大小不等。案：此詩爲有元初興學校時所作，而府、縣志乘皆略焉不書，爲可慨也。

重建太微觀碑

至元四年四月立，正書，碑高五尺九寸，廣二尺四寸五分，在掖縣東北朱橋鎮太微觀。

右碑文十五行，字徑一寸二分，高志朴撰文，宋志方書丹。

洞真觀主者王氏葬親碑

至元四年五月立，正書，額八分書，碑高四尺四寸，廣二尺四寸五分，在長清縣五峰山洞真觀。

右碑額題『王氏葬親之銘』三行，字徑三寸，文十八行，字徑一寸四分，杜仁傑撰文，王伯善題額，張志偉書丹。末行題『大朝至元四年重五日』，以文證之，當是世祖至元四年，其時未定國號，故猶稱『大朝』也。

丹陽公言子祠堂記

至元五年十一月立，并額俱正書，碑高六尺一寸，廣二尺八寸五分，在城武縣西言子祠。

右碑額題『丹陽公祠堂記』三行，字徑四寸，文二十二行，字徑一寸二分，撰文者王鶚，書丹者李謙，題額者王磐。

務本園記

至元五年立，并陰俱正書，篆額，碑高五尺七寸，廣二尺六寸，在泗水縣。

右碑額題『務本園記』二行，字徑三寸五分，文二十行，字徑一寸，趙本撰文，楊守義篆額、書丹。碑陰刻官吏姓名凡二列，字徑八分。

重修慈雲禪寺碑

至元六年七月立，正書，篆額，碑高八尺五寸，廣三尺，在濟寧州晉陽山慈雲寺。

右碑朱朗齋自他處借録，未見拓本。額題『重修慈雲禪寺』二行，字徑三寸，文三十二行，□休道人浄琇撰書。

禪定寺碑

至元六年立，正書，碑高五尺九寸，廣三尺，在曹州府西北禪定寺。

右碑額未拓，文三十行，字徑八分，撰書人名已磨滅。

長生萬壽宫披雲真人制詞碑

至元七年三月立，正書，碑高三尺，廣一尺六寸三分，在掖縣。

右刻至元加封宋德方制詞凡十行，字徑一寸三分。

李氏遷葬祖塋碑

至元七年閏十一月立，正書，碑高四尺五寸，廣二尺四寸，在益都縣城北馬闌村東南。

右碑篆額未拓，文二十行，字徑一寸，楊宏道撰文，趙時中書丹，張筠篆額。

文殊院山界公據碑

至元七年立，并額俱正書，碑高二尺六寸，廣二尺五寸，在臨朐縣文殊院。

右碑額已闕，右角存『山十方文殊禪院山場四至碑記』十三字，横列，徑一寸，文三十一行，字徑七分。

副總將軍李璟墓碑

無年月，正書，碑高四尺五寸，廣二尺四寸，在平度州城東李公墓上。

右碑大半殘蝕，可辨者祇十九行，字徑一寸。立石年月無存，朱朗齋以碑文攷之，坿於至元七年。

陳慶甫詩刻

至元八年三月刻，書體詳後，石高一尺七寸五分，廣一尺八寸，在陵縣。

北疃南莊幾老翁，力田還與子孫同。倉箱歲計西成後，水土君恩北望中。磁甃瓦盆轟夜飲，村簫社鼓賀年豐。醉歸不記匡牀卧，月上頹垣草屋東。

飄蕭雙鬢似飛蓬，朴野中存太古風。雨宿雲耕爲出處，麥秋蠶月見窮通。雍熙自入唐虞化，隱約能談禹稷功。馬首不知緣底事，洗杯來壽使君公。

至元七載冬十一月二日，節[四]齋陳祐按[五]部過此，乃書《老農》二詩於平原之廨舍。嘉議大夫、山東東西道提刑按察使陳公慶甫，家世古趙，爲河南道總管既久，又以洛邑爲家焉。性沉毅果斷，不惑政事之名，浮于文學，好作古文字。至于詩，皆攟拾所見之實，其蕩心溺志、浮淫無據之語不作也。探其源委，皆從體國憂民處所發出，故其動于中、形于言者，非黼黻王猷，則簫勺人情者也。公行按[六]，因書此詩於公館，州牧黄侯彦文、同知德州事金臺閻侯巨川、德州判官古兖馬侯頤之暨長史渤海馬君國寶，聚而言曰：『公之忠愛，乃見于詩，詩之質厚，有章其化，而楮墨不可以恒久。』於是召匠刊石，庶永其傳。嗚呼！人之所以附青雲之士，豈無所用其心哉？至元八年三月上旬，州學教授長平宋景祁跋。

右刻前半詩十行，字徑一寸，後半跋十行，字徑六分。

書祥觀碑

至元八年十二月立，正書，篆額，碑高四尺二寸五分，廣二尺一寸，在淄川縣梓桐山書祥觀。

右碑額題『書祥觀記』二行，字徑三寸，文二十一行，字徑一寸，張勵齋撰文，張惟貞篆額，苗元書碑。

萊州望祀江瀆記

至元九年二月立，正書，石高一尺五寸，廣三尺一寸，在掖縣。

右刻文九行，字徑一寸二分，末題名三行，字徑四分。案《元史·世祖本紀》：至元九年正月，『敕燕王遣使持香旛，祠[七]岳瀆后土』，即此碑所記之事。

黃縣重修宣聖廟碑

至元九年二月立，正書，篆額，碑高五尺四寸，廣二尺一寸五分，在黃縣學。

右碑額題『重修宣聖廟記』三行，字徑二寸五分，文二十二行，字徑八分，教諭遲忠撰文，司吏杜瑄書丹，務官鄒寧篆額。

雲峰觀碑

至元九年立，正書，碑高七尺，廣二尺六寸，在滕縣城西白了村雲峰觀。

右碑篆額未拓，文二十二行，字徑九分，道士茅志宣撰書。

無棣尹韓佑墓碑

至元九年三月立，并陰俱正書，碑高五尺，廣二尺四寸，在海豐縣城東韓氏墓上。

右碑已漫漶，莫辨行數，存者字徑七分，撰書人姓名亦泐。碑陰列子女等名凡三列，字徑七分。

萊山月主祠孔文貞詩刻

至元九年八月刻，石高二尺五分，廣一尺八寸，在黄縣萊山月主祠。

右刻孔文貞詩七絶二首，七行，字徑九分，後遲忠跋八行，字徑七分。詩載《縣志》，兹不録。

張志賢修行記

至元九年十二月立，并陰俱正書，碑高四尺三寸，廣二尺一寸，在臨朐縣。

右碑文二十三行，字徑八分，林和之撰，李晉材書。碑陰刻施主姓名二十六行，後刻本山四至及給榜年月，字體皆大小不等。

長春子清天歌石刻

至元十年八月立，并陰俱行書，碑高六尺四寸，廣二尺六寸五分，在掖縣。

右碑兩面刻長春子《清天歌》十四行，字體大小不等。

長春子梨花詩詞石刻[八]

無年月，正書，石高三尺六寸五分，廣一尺九寸，在掖縣。

春遊浩蕩，是年年寒食，梨花時節。白錦無紋香爛漫，玉樹瓊苞堆雪。靜夜沉沉，浮光藹藹，冷浸溶溶月。人間天上，爛銀霞照通徹。渾似姑射真人，天姿靈秀，意氣舒高潔。萬化參差誰信道，不與群芳同列。浩氣清英，仙材卓犖，下土難分別。瑶臺歸去，洞天方看清絕。長春真人《讚武官梨花詞》，無俗念。

右詞一闋，在碑陽，凡八行，行十四字，字徑二寸。

白帝離金闕，蒼龍下玉京。地神開要妙，天質賦清英。色貫銀蟾媚，香浮寶殿清。參差千萬樹，皎潔二三更。艷杏無光彩，妖桃陪下情。梅花先自匿，柳絮敢相輕。最好和風暖，尤佳麗日晴。游人期放曠，羽客賀昇平。未許塵埃染，常資雨露榮。郭西傳舊跡，山北耀新聲。爛漫鶯穿喜，扶疎鵲踏驚。琳[九]宫當户牖，芝室近簷楹。綽約姑山秀，依俙華嶽精。會看年穀熟，普濟法橋成。長春真人作《武官梨花詩》。

右詩一首，在碑陰，凡九行，行十七字，正書，徑二寸。

洞真觀寧真子墓碣

至元十年十二月立，并額俱正書，碑高四尺七寸，廣二尺二寸五分，在長清縣五峰山洞真觀。

右刻額題『寧真子田先輩墓碣』四行，字徑二寸五分，文二十二行，字徑九分。

泰安縣重修宣聖廟碑

至元十二年四月立，正書，篆額，碑高五尺二寸五分，廣二尺三寸，在泰安縣學。

右碑額題『至元重修宣聖廟記』四行，字徑四寸，文二十一行，字徑九分，李謙撰記，趙文昌書，楊桓篆額。

演公大師塔銘

至元十三年閏三月立，正書，石高二尺，凡八面，圍四尺三寸，在諸城縣盧山寺北隅。

右刻文二十行，字徑六分。

重修靈泒侯廟碑

至元十三年十月立，正書，篆額，碑高三尺六寸五分，廣一尺七寸，在泰安府城西㴲河將軍廟内。

右碑額題『重修靈泒侯廟之記』四行，字徑二寸二分，文二十行，字徑七分，州教授王禎撰并書篆。

萬壽宫經幢記

至元十四年六月立，正書，石高一尺，凡八面，圍二尺八寸，在益都縣城内禖氏廟。

右經幢久佚，祇存幢趺，刻張履記文，尚完好，此從段赤亭《益都金石記》録入，未見拓本。

帝堯墓碑

至元十四年十一月立，八分書，碑高四尺一寸，廣二尺五分，在濮州堯陵。

右碑刻『帝堯墓』三字，徑一尺三寸二分。款題『大元至元十四年冬至日，朝散大夫、濮州尹高唐徐世雄立石，甄玉刊』一行，字徑一寸二分。

重刊蔡京『州學』二字碑

至元十四年十一月立，正書，碑陰并額亦正書，碑高五尺五寸，廣二尺七寸，在東平州學。

右碑刻『州學』二字，徑二尺二寸，款題『翰林學士承旨蔡題，元符二年中元前一日』二行，分刻兩旁，字徑一寸八分。碑陰額題重刊『州學』二字，碑陰記三行，字徑四寸，文二十三行，字徑一寸，張郁撰，高瑾書并題額。案：『州學』二字本蔡京書，京以宋元符二年由翰林學士承旨來知鄆州，因書此二字。越二百年，其裔孫蔡德潤官東平等路都轉運使，因見舊刻破裂，重爲摹勒也。

臨朐縣復立縣事碑

至元十五年十月立，正書，碑高三尺，廣三尺五分，在臨朐縣治。

右碑祇存上半截，文二十八行，字徑一寸。案《元史·地理志》：益都路益都縣，倚郭，至元三年併臨淄、臨朐二縣入焉，十五年割臨淄、臨朐復置縣，而不詳臨朐縣之復置月日。得此斷碑，乃知臨朐復縣事在至元十五年六月初二日也。《世祖本紀》：中統三年二月己丑，李璮反，引麾下趨益都。甲午，李璮入益都。三月戊寅，萬户韓世安等大破李璮兵於高苑。四月丁亥，詔博興、高苑等處軍民嘗爲李璮脅從者，並釋其罪。此碑所云『烏驚獸竄，弱肉彊食，皇帝哀斯民無辜，脅從罔治』，蓋所紀與史合也。惜下截全失，無從得全文讀之。

堅公壽塔銘

至元十六年四月立，正書，凡三石，每石方廣一尺八寸，在諸城縣盧山寺。

右碑文十一行，字徑一寸，無撰書姓名。

石之温墓碑

至元十六年七月立，正書，碑高二尺九寸，廣一尺六寸三分，在掖縣城東石之温墓上。

右碑文八行，字徑一寸四分，末行字徑六分。

創修河山寺碑

至元十六年九月立，正書，碑高六尺，廣三尺二寸，在益都縣東北范疃莊河山寺。

右碑未見拓本，據段赤亭《益都金石記》載之，文及前後題銜凡十九行，字徑一寸。

萊蕪縣宣聖廟碑

至正十七年六月立，正書，額八分書，碑高六尺三寸五分，廣二尺七寸，在萊蕪縣學。

右碑額題『宣聖廟碑』二行，字徑五寸五分，文二十七行，字徑八分。後書『晚進王天挺歛衽謹記并書』，亦創見也。

伏羲皇祠碑

至元十七年八月立，正書，篆額，碑高七尺五寸，廣二尺五寸，在嘉祥縣范山伏羲廟。

右碑未見拓本，據朱朗齋所録載之。額題『伏羲皇祠之碑』一行，字徑三寸，文二十四行，未詳字之大小。

徐世隆詩刻

無年月，正書，石高一尺七寸，廣二尺，在泰安縣岱廟環詠亭。

記夢五言

我夢天倪子，同登日觀峰。骨彊清似鶴，步健老猶龍。方外無官府，堂中有岱宗。僊閭真福地，杖屨會相從。

翰林集賢學士、正議大夫、知制誥、同修國史徐世隆書。

復齋送天倪子還泰山

九十行年髮未華，道人風骨飽煙霞。洞天福地三千里，神府僊閭第一家。牛膝藥靈斟美醞，兔豪盞浄啜芳芽。隱居自愛陶宏景，莫作山中宰相誇。

右詩刻凡十三行，前詩字徑一寸三分，後詩徑一寸。徐世隆，《元史》有傳：至元十四年官至山東提刑按察使，十五年移淮東，十七年召爲翰林學士，又召爲集賢學士，皆以疾辭，年八十卒。此刻結銜云『翰林集賢學士、知制誥、同修國史』，《傳》未載制誥、國史之職，而翰林集賢學士當在至元十七年也。後詩題《復齋送天倪子還泰山》，『復齋』是世隆之號，『天倪子』未詳其名，據元遺山有《呈布山天倪張真人詩》，當即此人，惟『泰山』『布山』互異耳。

孟公總把先塋碑

至元十八年二月立，正書，碑高六尺八寸，廣三尺一寸，在鄒平縣西南董家莊孟氏墓上。

右碑篆額未拓，文磨滅難辨，惟首行『鄒平孟公總把先塋之碑，伊京撰并書丹、篆額』及後年月一行尚完好。

重修東嶽行宫三門碑

至元十八年五月立，正書，篆額，碑高七尺九寸，廣二尺八寸，在歷城縣東嶽廟。

右碑額題『重修行宫三門之碑』二行，字徑二寸五分。文二十行，字徑一寸二分，李珪撰文。

孟墓碑

至元十八年六月立，篆書，碑高五尺八寸，廣二尺，厚四寸五分，在鄒縣東北四基山麓孟子墓上。

右碑題『先師鄒國公墓』六字，徑九寸。側題『奉訓大夫、簽山東東西道提刑按察司事祁陽霍天祥，既諭所屬官司作祭堂，又俾立石大書以下闕。至元辛巳夏六月壬辰，門生魯人楊桓題，監修官邏頭賽、巡檢岱宗夏英」，凡二行，八分書，徑一寸二分。

清安禪師塔銘

至元十九年六月立，正書，篆額，碑高五尺，廣二尺九寸五分，在長清縣靈巖寺。

右碑額題『清安禪師方公塔銘』四行，字徑四寸五分，文三十行，字徑八分，撰書人姓名已缺。

福公禪師塔銘

至元十九年十月立，并額俱正書，碑高五尺，廣二尺六寸七分，在長清縣靈巖寺。

右碑額題『福公禪師塔銘』三行，字徑五寸，文二十四行，字徑一寸。末行『小師』等名，字徑五分，沙門净肅述正閑書。

重修闕里廟垣記

至元十九年十二月立，正書，石高二尺，廣四尺八寸，在曲阜縣孔廟。

右碑文四十三行，字徑一寸，末角有『朱玉刊』三小字，濟寧路教授楊桓撰文，五十三代孫曲阜縣尹兼諸軍奧魯、權主祀事治立石。

常山祠重摹蘇東坡雩泉記碑

至元十九年立，正書，碑高四尺九寸，廣三尺四寸，在諸城縣常山祠。

右碑文十七行，字徑一寸五分。紀年在首行標題下，字徑五分。碑文與《東坡本集》校之，互有不同。如「禱雨於兹山」，《集》無「雨」字；「十餘步」，《集》作「十五步」；「斫石」，《集》作「琢石」；「爲井」下，《集》多「其深七尺，廣三之二」八字；「之詩」下，《集》無「六章」二字；「司其昧」，《集》作「尸其昧」，是也。《縣志》載此碑尚有碑陰，列知州、通判等銜名，拓者遺之。

綦元帥先塋碑〔一〇〕

至元十九年十二月立，正書，碑高一丈，廣四尺，在樂安縣城北五里。

綦公元帥先塋之碑

翰林學士承旨、中奉大夫王磐撰，嘉議大夫、前吏部尚書兼太常卿徐震篆額，前應奉翰林文字李元美書丹。

輔國上將軍、都元帥、宣慰使綦公，託其門下士鹽判郭鵬南、學録薛守正二人來京師，致書翰林學士王磐。其大略云：□〔一一〕直起身農畝，才能不逮中人，早從國政，長備戎行，數十年間致位通顯，子孫興盛，□〔一二〕户昌榮。自顧儏庸，何以得此？是皆祖先積累陰德，不享其報，鍾其餘慶於不肖之身耳。今也思親不見，報德無從〔一三〕，雖有萬鍾之禄、三牲之養，亦無以盡其孝心矣。唯是發揮潛德，刻之金石，光諸松楸，昭□□〔一四〕世者，願以爲託。予衰病，廢筆硯，力辭不可得，則案行狀。綦氏世爲益都樂安縣人，自元帥而上可知其名氏者，蓋兩世。祖諱文，妣楊氏；父諱旺，妣劉氏。孝友仁慈，累世相承，以農爲業，貲産富厚，樂賑施，□□〔一五〕里所敬愛。金之季年，國勢窘蹙，時有横歛於民，貧不能供者，輒拘縶榜掠之。祖府君嘆曰：『事勢至此，雖有粟，吾得而食諸。』乃發藏粟百餘斛散給里中貧者，助其輸納。祖府君嘗夜寢，室中有物動於牀下，□〔一六〕燈視之，一偷兒從牀下匍匐而出，惶懼拜伏求哀。府君語之曰：『勿怖勿怖，汝非爲盗者，蓋爲饑寒所逼耳。』即取錢帛遺之，自送至大門外，偷兒拜謝而去，府君亦未嘗語里中人。兵亂之餘，河朔饑饉，餓殍□〔一七〕野，父府君發藏粟，命家人舂搗爲糜粥，以濟饑民，所全活者不可勝數。嘗有鄉人鬬争相擊，悮至僵仆遂死者，法當償命。父府君哀其人家貧，且有老母，遂多捐家財以奉苦主，爲其人贖命，得免死。父府君享年八十有四，妣劉氏先卒，享年六十有一〔一八〕。子男二人，長曰公直，次曰方直。方直資性倜儻，便習弓馬，今居管庫之任。公直即元帥公也，明敏剛毅，膽智過人，年十七八爲縣吏，以廉幹爲令所知。二十餘即隸軍籍，從事於漣、折間，能以智謀勇敢服其儕輩，儕輩莫敢與爲等夷。不數年，擢升馬步諸軍鎮撫、都彈壓，城壁、樓櫓、戰艦、守禦之具，軍中一切繁劇事務，悉皆掌之，靡不辦集。後以病退，歸居閑者六七年。至元五年，本路委之勸課農桑，公爲立藝桑育蠶之法，數年民獲利增倍。改監辦寧海等處課程事，凡細碎擾民者，公悉罷之，民大以爲便。瀕海地里荒遠，有虎爲民害，公親挾弓矢，求虎射殺之，東州士大夫多爲歌詩以誇詠其事。十年，奉朝命詣高麗國督造戰艦，功畢，授京南路招討使。公到任，治軍有法，恩威兼著，百姓爲立德政之碑。北還，吉、贛士庶遮道攀轅挽留，其後吉、贛等處愚民有叛亂者，官遣人招之，猶曰：『還我綦招討來，我輩自不反。』是歲歸覲，上顧遇甚厚，授招勇大將軍，賜佩金虎符，充管軍萬户。仍擬一子佩元帶金符，充招討使。公辭以其『子年幼，未堪軍旅之事，今臣父年老，願乞一子以微職居家，代臣侍養，臣得專心竭力疆埸，無憾矣』。上心惻然，憫其孝而嘉其忠，特命其長子授敦武校尉，充樂安縣令，仍不遷移。西夏地羌戎雜居，叛服不常，公受命往屯田，鎮守數年，號令嚴明，賞罰信必，軍民相安，農戰並修，□[一九]安西王嘉其能，屢有賜賚。十八年，復被命赴上都，授輔國上將軍、都元帥、宣慰使，鎮守西邊。仍授第三子懷遠大將軍，佩虎符，充萬户，領其父元管軍營事。及陛辭日，上問及公家事，公云：『父殁五年，未及奔喪，餘無所陳。』上乃聽公歸家，給暇一月。道經濟南，遂用朝命所得賜物於山東轉運司，代納樂安闔縣軍民二年酒税、河泊等課，元寶楮幣五千餘緡，又與本縣貧民代納欠少差發，仍散施錢物以濟貧民，居鰥不能娶者，爲出聘財以成之。及家，過門不入，徑赴祖先墳壠，號哭盡哀，然後歸至其家。以舊墳營兆頗隘，遂於祖塋之北買鄰田十畝以增廣之，自曾祖、祖父以下，各依尊卑位置安葬訖。嗚呼！古人有言：養生不足以當大事，唯送死可以當大事。若元帥綦公者，生則致其榮養，殁則極其悲哀。以舊墳頗隘，則增大而新之，既增大而新之，則又發揮潛德，勒銘豐碑，昭示後世，以爲不朽之計。其於當大事之言，蓋庶幾矣。元帥子男五人，曰泰，樂安縣尹；曰晉，管軍萬户；曰豫、曰升、曰涣，未仕。女三人，長適管軍總管劉禹，餘幼在室。方直子男三人，曰謙、曰益、曰節；女二人，俱幼。銘曰：

山石藴玉，草木輝光。淵深藏珠，川容媚長。樂安綦氏，爰處其鄉。孝友仁慈，化其一方。積之既厚，發之必昌。篤生賢子，爲國忠良。智謀英果，剷禍除殃。仁心惻隱，裨致時康。權位尊崇，禄厚財豐。雙親往矣，誰與同榮？樹欲安寧，風枝不停。昔人悲嘆，今古同情。書札殷勤，千里求文。勒之貞石，用賁丘墳。我作銘詩，語無妍姿。案其行實，直寫忱辭。春秋霜露，以慰其孝子無窮之思。

時大元至元十九年十二月上旬四日，輔國上將軍、都元帥、宣慰使孫男綦公直立石。監造□功元，陰陽提領郭潤，益都路石匠都作頭盧興、盧鎔、張質、孫□。

右碑篆額未拓，文二十六行，字徑一寸二分。末監造等姓名一行，字徑八分。案：《縣志》載綦公直墓，祖文、父旺、弟方直、子泰俱附葬，是祖父之墓乃公直所營，其後并公直等附葬之也。公直，《元史》有傳，出處大概與碑同，惟公直之子五人，第三子碑曰『豫』，《史》作『忙古台』；第五子碑曰『涣』，《史》作『瑗』，彼此互異。《史》稱：『公直從丞相伯顔進戰於洪水山，敗之。追擊浸遠，援兵不至，第五子瑗力戰而死，公直與妻及忙古台俱陷焉。二十四年，忙古台奔還，授定遠大將軍、中侍衛親軍副都指揮使，改湖州砲手軍匠萬户。討衢州山賊有功，加昭勇大將軍。泰後終於寧海州。』此皆碑所未及載也。碑文爲王磐撰，《元史·磐傳》稱：磐資性剛方，阿合馬方得權，致重幣求文於碑，磐拒弗與。其作此文，蓋重綦公直之爲人也。

題額。

谷山寺七佛閣記

至元二十一年正月立，八分書，額正書，碑高六尺四寸，廣三尺一寸，在泰安縣東北谷山寺。

右碑額題『藥師七佛閣記』三行，字徑四寸，文二十三行，字徑一寸三分，閻復撰文，李謙書，王磐題額。

蒿里七十五司碑

至元二十一年立，正書，碑高四尺三寸，廣二尺七寸七分，在泰安縣高里山神祠。

右碑分上、下二列，皆刻七十五司塑像施主姓名。七十五司皆主吉凶禍福，分理冥府之事，爲東嶽輔相所驅使之神也。

蒿里七十五司神房誌

至元二十二年正月立，正書，篆額，碑高七尺，廣二尺八寸，在泰安縣高里山神祠。

右碑額題『東嶽蒿里山三司六案七十五司神房誌』四行，字徑三寸五分。誌文及年月凡四行，分列兩旁，中刻三司六案七十五司姓氏籍貫凡六層，字徑一寸。

朝元觀碑

至元二十二年三月立，并額俱篆書，碑高八尺四寸，廣三尺，在泰安縣城北岱宗坊西。

右碑額題『岳陽重修朝元觀記』二行，字徑四寸，文二十行，字徑一寸三分，徐世隆撰文，劉惟一篆書，體瘦勁，殊有法度。

劉氏先塋碑[二〇]

至元二十二年七月立，正書，碑高九尺八寸，廣三尺七寸，在益都縣東北趙塢東巨洋水北岸。

劉氏先塋之碑

益都路作頭盧鎔、盧鑄、胡海同刊，翰林集賢侍講學士、中順大夫、同領會同館事閻復撰，太子左諭德李謙書，翰林修撰楊文郁篆額。

輔國上將軍、征東行中書省左丞、僉書沿江行樞密院事劉公國寶，因友人户部郎中唐君仲輝，持家傳及平生戰績，踵門致謁曰：『不肖以祖考遺澤，奮身戎行，歷位[二一]華顯，在制得碑先□[二二]，□[二三]論撰先德，顯揚於後者，不在斯文乎？惟子職居紀述，敢請銘諸樂石。』復辭讓再三，以仲輝之故，不得終辭。竊惟忠孝，臣子之大節也。惟公勇於赴敵，盡瘁國事，非忠而何？立身揚名，以顯父母，非孝而何？合是二美，萃于一門，其銘之也固宜，乃爲敘而銘之。謹按劉氏之先，系出女真望族，本姓烏古論氏，逮至國朝，始改今姓。先世塋域，在泰州普一路者，不知其幾昭穆矣。祖仕金季，襲世爵爲千户，譜諜遺逸，名諱行實皆無所於考。父諱德寧，空三字。國初侍宗王斡成，以掾屬從軍，久之益見親用。王既畫境青、齊，得承空三字。制封拜，以其才堪治郡，遂命副蒙古官合剌温管領益都路軍民公事，因而家焉。春秋五十有八，以疾卒。妣奥里氏，渤海人。祖官至龍虎衛上將軍，資稟賢明，治家有法，享年七十而卒。子男四人：長曰國秀；次曰國才，今居遼東；次曰國華，嘗任山東淮南行省理問官，早卒；次曰國傑，是爲輔國公，國寶其字也。幼讀書，長習騎射，以門閥從軍，攻下□[二四]海有功，擢軍馬隊長。至元六年，王師有事於宋，以材勇應選，爲管軍千户。襄樊之役，分屯万山堡，宋人伺我軍渡江樵採，發兵萬五千人，欲擣其虚。堡中兵可戰者不滿數百，陣既成列，公首出□[二五]敵，衆因乘之，宋人敗走，斬首四千餘級。主帥嘉其功，賞銀百兩。俄奉軍前行，中書省檄攝万户，提兵二千人鈔略荆南、歸、峽等州，深入敵境，轉戰數百里，俘獲生口萬計。師還，賞銀百兩。復與宋人戰於城下，殺掠甚衆，賞銀五十兩。樊城外藩曰東土城，主帥命公取之，竪雲梯先登，俄中火砲，夷其左股，裹創力戰，遂平其城。奏功於朝，特降璽書金符，加武略將軍。襄陽被圍既久，城中乏食。宋人有矮張都統者，潛師運糧以入。省檄命公以八十艘邀其歸路，宋人製爲輪船數百，結栰相連，狀若城堡，舟師運機其中。一夕順流而走，公先獲間者，偵知出期，中流逆擊之，舉火聲砲，我軍繼至，鏖戰三十餘里，舟中之血没踝，生獲矮張都統。樊城夾漢水，宋人置樁橛水中，以成輔車之勢。公馭戈船，泝流而上，斷拔樁橛。與宋人戰，盡毁樊城南面木栅，堙其壕壍。進攻外城，城上矢石如雨，會日暮，我軍引退。詰旦，復選鋭卒，坎墉以登，拔之。未幾，樊城亦下。是役也，公身被數創。尋奉空三字。詔旨入朝，賞銀百兩，及内府錦衣、弓矢、鞍轡，再加武德將軍、管軍總管。渡江之役，大軍次郢，宋人築黄園城堡，以絶要津。省檄付公三百人徑往，奪其城堡。大軍既進，郢將趙都統率騎兵襲其後，公還擊走之，斬首七百餘級。行省上其功，空三字。詔賜金虎符，加武節將軍。繼取沙洋、新城二堡，皆宋人阨塞處也。師次洋洛渡，公先以五十艘退其守兵，進攻城堡，凡三晝夜乃拔，以功賞銀二百五十兩。次丁家洲，宋將孫虎臣万艘横江，以禦我師，公時以選鋒當前，大軍既合，敵衆潰亂，追奔逐北，直抵蕪湖，以功超受管軍万户。是後略地江南，累功賞銀至千兩。惟揚之役，空三字。詔公以五千人立揚子橋堡，以阨宋兵往來。宋將張都統率數万人暮夜來寇，我師嚴備，宋人既失利。遲明，開門縱兵追擊，彼衆大敗，自相蹂踐，溝港爲之斷流，遂擒張都統。有空三字。詔褒諭，賜名曰霸都，蓋國朝驍勇之稱。揚州糧援既絶，守將李庭芝棄城遁走，追襲至泰州，斬首千餘級，江淮悉平。奉空[二六]三字。詔入朝，賞銀千兩，及錦衣、弓矢、鞍轡之屬，仍空三字。賜璽書、金虎符，僉書西川行樞密院事，未赴。有詔統侍衛軍，鎮撫北方。師還，遷鎮國上將軍、漢軍都元帥，空三字。賜以内府錦衣、玉帶、弓矢、鞍轡及寶鈔五千緡。復領侍衛軍萬人，北至金山，屯田和林，安集、歸化户民，所全活者餘數万□[二七]，還加輔國上將軍。以海夷未賓，再遷征東，行中書省左丞，駐兵廣陵。會福建逋寇黄華作亂，烏合至十餘万，公將二万人討平之。二十一年冬，入空三字。覲京師，會置沿江行樞密院事[二八]，節制諸道戍兵，詔公僉書院事，行中書省左丞如故。先是，公既受西川行院之命，聖上憫其勤勞，聽子弟一人襲爵，遂以先佩虎符傳之猶子漢臣充管軍万户。公先娶曹氏，早卒。今夫人李氏，次姜氏，次王氏。男曰愛先不花，李氏所出。姪男二人，長曰漢英，次即漢臣，皆國華之子。初，公之考妣權措[二九]於益都城南，以至元己卯正月己酉日備禮，合葬於益都縣東北四十五里麻家營洱河之陽，從吉兆也。復既爲公敘述先世事迹，仍以戰多爵賞附諸篇末，尚俾來者知劉氏起家[三〇]有自，以爲臣子忠孝之勸云。銘曰：

劉氏之先，派發金源。職長千夫，世爵相傳。聖元龍飛，儷景同翻。還定安集，佐治海藩。輔國桓桓，寔大其家。桓桓維何，戰功曰多。犀甲蛇矛，一葦江沱。馬革裹尸，誓爲伏波。載策殊勳，金虎煌煌。玉帶錦衣，爲龍爲光。出入將相，榮歸故鄉。乃卜先塋，洱河之陽。旁置萬家，允協吉兆。豐碑有銘，以勸忠孝。

時大元至元二十二年七月上旬六日，輔國上將軍、行中書省左丞、簽書、沿江行樞密院事□□國傑立石。

右碑篆額未拓，文三十行，字徑一寸二分。首行標題下刻刊石姓名，字徑七分，閻復撰文，李謙書丹。段赤亭云：此碑文體簡净，書法端嚴，與宣武戰功可爲三絶。碑中所紀多與史合，間有不合者，乃詳略之不同耳。如碑謂其姓『烏古論』，史謂其姓『烏古倫』，蓋以華言譯國語，原無定字。襄陽所擒矮張都統，史謂宋將張貴也。揚子橋所擒張都統，史謂宋將張林也。賜名曰『霸都』，史曰『國傑行第二，因呼之曰劉二霸都』，而不名『武宣』。實行第四，云『第二』者，史之失也。碑係至元二十二年立，故敘戰功止於二十一年，而平定兩粵、滇黔、兩湖、江右等處，舉未述及。公後以大德七年春，擒斬蛇節、宋隆濟、阿女等夷。入覲，命還益都上冢。八年，還鎮，二月病卒，年七十二。史稱其性[三一]雄猛，視死如歸，嘗語人曰：『吾爲國宣力，雖身棄草野不恨，何必馬革裹屍還葬哉！』且善推誠得士心，故能立功如此。訃聞，帝深悼惜，贈推宗効力定遠功臣、光禄大夫、司徒、柱國，封齊國公，謚宣武。子脱歡，湖廣行省平章政事，尚憲宗孫女。碑内云『男曰愛先不花』，豈後更名爲『脱歡』耶？閻復弱冠，師事名儒元好問，校試東平，預選者四人，復爲首，徐炎、李謙、孟祺次之。謙由東平府教授遷太子左諭德，終集賢大學士，是碑乃宣武爲其考、妣合葬而立。公之隴，今其後人竟不能指名，惜哉！

淄萊路重修講堂記

至元二十二年十月立，正書，石高一尺八寸，廣二尺五寸五分，在淄川縣學。

右刻文二十五行，字徑八分，姜師聖撰，孫元中書。

新公禪師塔銘

至元二十二年十二月立，正書，篆額，碑高六尺，廣三尺五分，在長清縣靈岩寺。

右碑額題『新公禪師塔銘』三行，字徑三寸五分，文三十一行，字徑八分，進士雷復亨撰，山東東西道提刑按察使漆水耶律希逸書丹并篆額。希逸，《元史》有傳，稱其官淮東宣慰使，不載山東提刑按察使，是其略也。

章丘縣增修廟學碑

至元二十三年正月立，正書，篆額，碑高六尺六寸，廣二尺八寸，在章丘縣學。

右碑額題『增修章丘縣廟學記』二行，字徑三寸，文二十行，字體大小不等，胡祇遹撰書，曹質篆額。

重修清凉寺碑

至元二十三年二月立，正書，篆額，碑高八尺三寸，廣三尺五分，在臨邑縣清凉寺。

右碑額題『重修清凉禪院之碑』二行，字徑三寸，文二十四行，字徑九分，衲道昕撰書并篆額。

兖州學記

至元二十三年五月立，正書，碑高六尺六寸，廣三尺五寸，在兖州府學。

右碑篆額未拓，文二十一行，字徑一寸，吴衍撰文，張孔孫書，楊桓篆額。

長清縣重修廟學碑

至元二十三年五月立，并陰俱正書，額八分書，陰額篆書，碑高一丈一尺四寸，廣三尺七寸，在長清縣學。

右碑額題『重修長清縣廟學記』四行，字徑三寸六分，文十八行，字徑一寸八分，胡祇遹撰書，李謙題額。碑陰額題『碑陰記』三字，横列，徑四寸五分，文十五行，字徑一寸二分。後刻官屬姓名、廟地畝分之類，凡七行，字徑一寸。記文爲教諭張鵬撰，亦稱斂衽書，與《萊蕪縣學碑》同。

雲門山不忽木等題名二種

至元二十三年七月刻，正書，崖高四尺三寸，廣三尺五寸，在益都縣雲門山陰洞東石壁。

右刻一題『樞府斷事官東安孫讓闕。益都路同知奧屯茂府闕。東原張德温、經歷焦傅闕。至元丙戌中元曰同來，大元人不忽木題』，凡五行，字徑四寸。一題『不忽公即嘉闕。中書工部尚書闕。后三日傅霖闕。』，凡三行，字徑三寸，刻於前段之後。

張氏世德第二碑

至元二十三年十二月立，正書，碑高七尺一寸，廣三尺三寸五分，在濟陽縣城北張總管墓上。

右碑篆額未拓，文二十七行，字徑一寸二分，胡祗遹撰，楊桓篆額，曹質書丹。案：張總管先世墓有二碑，其弟一碑乃至元三年高詡撰，此其二也。名爲世德碑，其實敘總管張炳之政迹，皆前碑所未備者。其中如官鎮江路總管府達魯花赤，辭疾還家，買書八萬卷，以萬卷送濟南府學供作養學者，此一事即可以風世，其他政迹又無論已。

左丞相忙兀臺公光昭先祖神道碑

至元二十三年立，正書，碑高一丈八寸，廣四尺四寸五分，在東平州王陵臺西。

右碑篆額未拓，文四十五行，字徑一寸，徐世隆撰文，張孔孫書丹，王博文篆額。碑題云『光昭先祖』者，乃忙兀臺追述其祖塔思公之戰功遺德，立碑墓上，猶言先德，而此以『光昭』文其辭也。碑敘朝廷賜物甚多，前紀其祖德，次紀忙兀臺事迹，後乃勉其子孫不忘祖訓，是豈得以諛墓之文例之哉？

重修東方朔廟碑

至元二十四年閏二月立，正書，碑高五尺，廣二尺五寸五分，在高唐州東北十里東方朔祠舊址。

右碑篆額未拓，文十九行，字徑一寸二分，閻復撰，劉賡書，楊桓篆額。

故濱棣參議張公墓碑

至元二十四年閏二月立，并陰俱正書，額八分書，陰額正書，碑高九尺六寸，廣三尺六寸五分，在海豐縣城北。

右碑額題『大元故濱棣參議張公碑』三行，字徑四寸。文磨滅幾盡，僅存百餘字，徑一寸。碑陰額題『張氏世系之圖』六字，横列，徑四寸，中列名三層，亦皆磨滅。

高唐州重建廟學碑

至元二十四年七月立，正書，碑高八尺，廣二尺八寸，在高唐州學。

右碑額未拓，文二十一行，字徑一寸二分，閻復撰，商挺書并題額。

濟寧路總管府記

至元二十四年七月立，正書，碑高九尺五寸，廣四尺三寸五分，在鉅野縣。

右碑額未拓，文二十八行，字徑一寸三分，胡祗遹撰書并題額。案碑中所列公主、駙馬之名，以《元史·公主表》校之，間有互異者。《表》云：『魯國大長公主也速不花，睿宗女也，適皇國舅魯忠武王案嗔那顔子斡陳駙馬。魯國公主薛只干，太祖孫女，適斡陳弟納陳駙馬。魯國長公主完澤，適斡陳男斡羅真駙馬。魯國大長公主囊家真，世祖女，適納陳子帖木兒，再適帖木兒弟蠻子台。』碑與史表互校，更得其詳。碑云『州人敬述遺命，請于斡羅真駙馬、囊家真公主』，以史考之，則斡羅真之妻乃完澤，而囊家真之駙馬乃帖木兒也。囊家真奏立鉅野縣事在至元六年，而此碑立於至元二十四年，相距二十年。史稱『囊家真初適帖木兒，再適蠻子台』，不知此碑後段所列之駙馬是帖木兒，抑爲蠻子台？不可考矣。

太清觀碑

至元二十四年九月立，正書，碑高六尺九寸，廣三尺三寸，在曹縣太清觀。

右碑篆額未拓，文二十九行，字徑一寸，何意孫撰，李南古書丹并篆額。

重修東嶽行宫碑

至元二十四年十月立，并額俱正書，碑高二尺四寸，廣二尺九寸，在滋陽縣。

右碑額『辛安之西名湍水，時人箇箇皆不識。爲囑莊中少長民，此後勿言是鍛裏』二十八字，分七行，徑五分，文三十行，字徑六分。案洸水在縣治西北三十里，碑云：『洸水之東有湍水，俗謂之鍛，因題二十八字於額以辨之。』今則湍水、鍛水皆不存其名矣。

諸城縣重修廟學碑

至[三二]元二十五年四月立，正書，碑高六尺四寸，廣二尺八寸，在諸城縣學。

右碑篆額未拓，文已裂爲二段，凡十九行，字徑一寸，宋革書撰，王□篆額。

濱州重修廟學碑

至元二十五年五月立，正書，碑高五尺四寸，廣二尺六寸，在濱州學。

右碑篆額未拓，文二十七行，字徑八分，江南湖北道提刑按察使周止撰，男徵書并篆額。

濮州學記

至元二十五年六月立，正書，碑高五尺六寸，廣三尺一寸，在濮州學。

右碑篆額未拓，文二十四行，字徑一寸，吴衍撰并書，李處巽篆額。

萊州知州史烜祭東海神廟記

至元二十六年二月立，正書，碑高三尺四寸，廣三尺五寸，在掖縣東海神廟。

右碑文二十一行，字徑一寸。案《元史·世祖本紀》：至元二十六年正月辛丑，『遣使代祀岳瀆、后土、東南海』。此所記者，即代祀東海之事也。

青城縣廟學碑

至元二十六年四月立，正書，碑高八尺，廣三尺五分，在青城縣學。

右碑額未拓，文二十八行，字徑一寸二分，楊威撰，顏中書丹，石晞書額。

諸城縣學增修門垣記

至元二十六年五月立，正書，石方廣二尺五寸，在諸城縣學。

右碑文二十五行，字徑八分，學正宋革撰書。

都指揮使郎簡墓誌銘

無年月，正書，石高六尺八寸，廣三尺一寸，在掖縣城西郎村。

右刻文字殘闕，莫辨行數，據《縣志》知爲《郎簡墓誌》。文稱『郎公從伯顏南伐拔漣水』，稽其時，乃至元十二年間事。後云『二十六年以疾卒于□』，則立碑當亦不遠，今即坿於是年之後。

重修白雲觀碑

至元二十七年三月立，正書，碑高五尺二寸，廣二尺八寸，在博山縣後峪社。

右碑篆額未拓，文二十九行，字徑九分，丁志純撰，于仲謙書丹、篆額。

長生萬壽宫碑

至元二十七年九月立，正書，碑高八尺，廣三尺八寸，在掖縣神山萬壽宫。

右碑未見拓本，據朱朗齋所録載之。文三十行，字徑一寸，撰書姓名已缺。

駞山重建昊天宫碑

至元二十七年十月立，并陰及額俱正書，碑高四尺八寸，廣三尺一寸五分，在諸城縣駞山昊天宫。

右碑篆額未拓，文二十行，字徑一寸三分，通元大師賜紫金襴魏道明書丹、篆額。碑陰額題『助緣功德宗派之圖』八字，横列，字徑二寸。中列施主姓名及道流宗派，字體大小不等。

滕縣重修文廟碑

至元二十八年正月立，正書，碑高五尺二寸，廣二尺六寸，在滕縣學。

右碑篆額未拓，文十七行，字徑一寸，將仕佐郎、孔顔孟三氏子孫教授曹大本撰，中順大夫、海北廣東道提刑按察副使李克忠書，敦武校尉、德平縣尹兼諸軍奥魯兼勸農事劉鑄篆額。案：孔、顔、孟三氏子孫設教授官，始於中統二年九月，從大司農姚樞請也。

曹州重修濟瀆廟碑

至元二十八年六月立，正書，碑高六尺九寸五分，廣三尺五寸，在曹州府城西關濟瀆廟。

右碑額未拓，文二十四行，字徑一寸四分，商琥撰并書。

重摹嶧山碑

至元二十九年三月立，篆書，凡三石，合爲一碑，高五尺三寸五分，廣五尺六寸，在鄒縣。

右碑文二石，凡十五行，字徑二寸五分，後刻劉之美記文。一石行書八行，字體大小不等。案宋歐陽修云：『今俗傳《嶧山碑》，《史記》不載，其字跡大不類秦，蓋嶧山本無此篆，存者皆出後人傳刻。』今陝西有淳化四年鄭文寶所刻徐鉉寫本，結體分行實非秦舊。此碑似又從陝本重摹，更不足取，以琅邪、泰山二刻校之，真贋可立辨也。

金山寺碑

至元二十九年十月立，正書，碑高六尺二寸，廣二尺九寸，在棲霞縣金山寺。

右碑文十五行，年月、銜名十一行，字徑一寸三分，大半漫滅，惟年月尚可辨耳。

炳靈王廟碑

至元二十九年十月立，正書，碑高六尺二寸，廣三尺，在淄川縣。

右碑篆額未拓，文二十七行，字徑五分，後有銜名十餘行，皆漫滅，撰文者張翥，篆額者□琥，書丹者高□。

城武縣重修文廟碑

至元二十九年十二月立，正書，碑高五尺七寸，廣二尺七寸，在城武縣學。

右碑篆額未拓，文二十一行，字徑一寸二分，末角有『王用刊』三小字，李謙撰文，智京書丹并篆額。

懸泉寺記

至元二十九年十二月立，并額俱正書，碑高五尺二寸，廣二尺四寸，在臨朐縣演德寺。

右碑額題『懸泉寺記』二行，字徑二寸八分，文二十二行，字徑一寸，董飛龍撰文、書丹。文辭俚鄙，書體尤多譌誤，不足深論也。

商琥等超然臺詩刻

至元二十九年刻，正書，石高一尺四寸[三三]五分，廣二尺六寸，在諸城縣超然臺壁間。

九月十八日過東武登超然臺有懷，廉訪仲璋因留亂道

聯轡城南興未忘，安丘寂寞值重陽。事中臧否防官謗，客裏奔馳厭路長。對菊始知佳節在，開尊忽憶少年狂。此時盻殺雲門伴，同上高臺醉一場。商琥。

廉訪副使石公案部東武留題以勵學者

勉爾青衿子，詩書□此生。雞窗今日□，□牓異時名。德□□□力，荒淫莫縱□。□□無學問，老□□□□。

至元壬辰下闕。

宣下闕。

右詩刻十二行，字徑一寸三分，前後標題、姓名八行，字徑八分。

重摹唐夫子廟堂碑[三四]

無年月，正書，碑高六尺二寸，廣二尺八寸，在城武縣學。

太子中舍人、行著作郎臣虞世南奉勑撰并書，司徒、并州牧、太子左千牛率兼撿校安北大都護相王旦書碑額[三六]。

孔[三五]子廟堂之碑

微臣屬書東觀，預聞前史。若乃知幾其神，惟睿作聖，玄妙之境，希夷不測。然則三五迭興，典墳斯著，神功聖跡，可得言焉。自肇立書契，初分爻象，委裘垂拱[三七]之風，革夏翦[三八]商之業。雖復質文殊致，進讓罕同，靡不拜洛觀河，膺符受命。名居域中之大，手握天下之圖。象雷電以立威刑，法陽春而流惠澤。然後化漸八方，令行四海。未有[三九]偃息鄉黨，栖遲洙泗，不預帝王之録，遠跡胄史之儔。而德侔覆載，明兼日月。道藝微而復顯，禮樂弛而更張。窮理盡性，光前絶後，垂範百王，遺風於萬代。猗[四〇]歟偉歟！若斯之盛[四一]者也！夫子膺五緯之精，踵千年之聖，固天縱以挺質，稟生德而降靈。載誕[四二]空桑，自摽河海之狀；纔勝逢掖，克秀堯禹之姿。知微知章，可久可大[四三]。為[四四]而不宰[四五]，合天道於無言[四六]；感而遂通，顯至仁於藏用。祖述先聖，憲章往哲。夫其道也，固以孕育陶均，苞含造化，豈直席卷八代，并呑九丘而已哉！雖亞聖鄰幾之智，仰之而彌遠[四七]；亡吴霸越之辯[四八]，談[四九]之而不及。于時天曆浸微，地維將絶，周室大壞，魯道日衰，永歎時囏，實思濡足，遂迺降跡中都，俯臨司寇。道超三代，止乎季孟之閒；羞論五伯，終[五〇]從大[五一]夫之後[五二]。固知棲遑[五三]弗已，志[五四]在於求仁；危遜從時，義存於拯溺。方且重反淳風，一匡末運。是以載贄以適諸侯，懷琣而遊列國。玄覽不極，應物如響，辯飛龜於石函，驗集隼於金櫝[五五]。觸舟[五六]既曉[五七]，專車[五八]能對，識罔象之在川，明商羊之興雨。知來藏往，一以貫之。但否泰有期，達人所以知命；卷舒唯道，明哲所以周身。牖里幽憂，方顯姬文之德；夏臺羈紲，弗累[五九]商王之武。陳蔡為幸[六〇]，斯之謂[六一]歟。於是自衛反魯，删書芝樂，贊《易》道以測精微，修《春秋》以正褒貶。故能使紫微降光，丹書表瑞，濟濟焉，洋洋焉，充宇宙而洽幽明，動風雲而潤江[六二]海。斯皆紀乎竹素[六三]，懸諸日月[六四]。既而仁獸[六五]非時，鳴鳥弗至，哲人云逝，峻嶽已隤。尚使泗水却流，波瀾不息，魯堂餘響，絲竹猶傳，非夫體道窮神，至靈知化，其孰能與於此乎？自時厥後[六六]，遺芳無[六七]絶，法被區[六八]中，道濟天下。及金冊斯誤，玉弩載驚，孔教已焚，秦宗亦墜。漢之元始，永言前烈，褒成爰建，用光祀典。魏之黄初，式遵故訓，宗聖疏爵，允緝舊章。金行水意[六九]，亦存[七〇]斯義。而晦明匪一，屯亨[七一]遞有，筐筥蘋蘩，與時升降，靈宇虚廟，隨道廢興。精炎[七二]失御，蜂飛蝟起，羽檄交馳，經籍道息。屋壁無藏書之所，階基絶函丈之容。五禮六樂，翦焉煨燼[七三]。重弘至教[七四]，允屬聖期。大唐[七五]運膺九五，基超七百，赫矣王猷，蒸哉景命，鴻名盛烈，無得稱焉。皇帝欽明睿哲，叅天兩地，迺聖迺神，允文允武。經綸云始，時惟龍戰，爰整戎衣，用扶興業。神謀不測，妙筭無遺，弘濟艱難，平壹區宇。納蒼生於仁壽[七六]，致君道於堯舜[七七]。職兼三相，位總六戎，玄珪秉石之尊，朱户渠門之錫。禮優往代，事踰恒典。於是在三睠命，吹萬歸仁[七八]，克隆帝道，丕[七九]承鴻業。明玉鏡以式九圍，席蘿[八〇]圖而御六辯。贇奉上玄[八一]，肅恭清廟。宵衣旲食，視膳之禮無方；一日萬機，問安之誠彌篤。孝治要道，於斯為大。故能使地平天成，風淳俗厚，日月所照，無思不服。憬彼獯戎，為患自古。周道再興，僅得中[八二]筭。漢圖方遠，纔聞下冊。徒勤六月之戰，侵軼無慝；空盡貳師之兵，憑凌滋甚。皇威所被，犁顙睠[八三]角，空山盡漠，歸命闕庭，充仞藁街，填委外厩。開闢已[八四]來，未之有也。靈臺偃伯，玉[八五]關虚候。江海無波，烽燧息警。非煙浮漢，榮光莫河。楛矢東歸，白環西入。猶且兢懷夕惕，馭朽納隍[八六]；卑宫菲食，輕徭薄賦；斲琱反樸，抵璧藏金；革舄垂風，綈衣表化；歷選列辟[八七]，旁[八八]求遂古；克己思治，曾何等級，扵是眇[八九]屬聖謩，凝[九〇]心大道，以為括羽成器，必在膠痒；道德潤身，皆資學挍。矧迺入神妙義，析理微言，厲以四科，明其七教，懿德高風，垂衮斯遠。而棟宇弗脩，宗祧莫嗣，用紆聽覽，爰發絲綸。武德九季十二月二十九日，有詔立隨故紹聖侯孔嗣哲子德倫為褒聖侯，乃命經營，惟新舊阯。萬雉斯建，百堵皆興，揆日占星，式規大壯。鳳甍騫其特起，龍桷儼以臨空。霞入綺寮，日暉丹檻。窅窅崇邃，悠悠虚白。模形[九一]寫狀，妙絶人功。象設已陳，肅焉如在。握文履度，復見儀形。鳳跱龍蹲，猶臨[九二]咫尺。哯尔微咲，若聽武城之絃；怡然動色，似聳簫韶之響。襜襜盛服，既覩仲由；侃侃禮容，仍觀衛賜。不疾而速，神其何遠？至扵仲春令序，時和景洪，皎潔璧池，圓流若[九三]鏡，青菍槐市，揔翠成帷。清滌玄酒，致敬於兹日；合舞釋菜，無絶於終古。皇上[九四]以幾覽餘暇，遍該羣籍，乃製《金鏡述》一篇，永垂鑒戒[九五]。極聖人之用心，弘大訓之微旨。妙道天文，焕乎畢備。副君膺上嗣之尊，體元良之德。降情儒術，遊心經藝。楚詩盛[九六]於六義，沛易明於九師。多士伏膺，名儒接武。四海之内，靡然成俗。懷經鼓篋，攝齎趨奥。並鏡雲披，俱餐泉涌。素絲既染，白玉已彫。資覆匱以成山，導涓流而為海。大矣哉！然後知達學之為貴，而弘道之由人也。國子祭酒楊師道等，偃玄風於聖世，聞至道於先師，仰彼高山，顛宣盛德。昔者楚國先賢，尚傳風範，荆[九七]州文學，猶鐫哥[九八]頌。况帝京赤縣之中，天街黄道之側，聿興壯觀，用崇明祀，宣文教於六學，闡皇風於千載。安可不賛述徽猷，被之雕篆？乃抗表陳奏，請勒貞碑，爰命庸虚，式揚茂實。敢陳舞詠，迺作銘云：

景緯垂象，川嶽成形。挺生聖德，實稟英靈。神凝氣秀，月[九九]角洙[一〇〇]庭。探賾索隱，窮幾洞冥。述作爰備，丘墳咸紀。表正十倫，章明四始。繫纘羲易，書因魯史。懿此素王，邈焉高軌。三川削弱，六國從衡。鶉首兵利，龍文鼎輕。天垂伏鼈，海躍長鯨。解黻去佩，書爐儒坑。纂堯中葉，追尊大聖。乃建褒成，膺兹顯命。當塗創業，亦崇師敬。胙土錫圭，禮容斯盛。有晉崩離，維傾柱折。禮亡學廢，風頹雅缺。戎夏交馳，星分地裂。蘋藻莫奠，山河已絶。隨風不競，龜玉淪亡。樽俎弗習，干戈載揚。露霑闕里，麥秀鄒鄉。修文繼絶，期之會昌。大唐撫運，率繇王道。赫赫玄功，茫茫天造。奄有神器，光臨大寶。比蹤連陸，追風炎昊。於鑠元后，膺圖撥亂。天地合德，人神攸贊。麟鳳為寶，光華在旦。継聖崇儒，載修輪奐。義堂弘敞，經肆紆縈。重欒霧宿，洞户風清。雲開春牖，日隱南榮。鏗聒鐘律，鐲潔盦明。容範既偹，德音無斁。肅肅升堂，兟兟讓席。獵纓訪道，橫經請益。帝德儒風，永宣金石。

右碑文三十三行，字徑八分，不詳重摹時代，朱朗齋據《縣志》載廟學重修於至元二十九年，遂定此刻亦在是時，附於至元二十九年之末。錢辛楣少詹云《孔子廟堂碑》在城武縣學者非元刻，其書銜以『相王旦』爲『相臣王旦』則誤也。碑文有云『哯尔微咲』，『哯尔』者，『莞尔』之别體。《集韻》：『莧尔，笑貌，或作莞唍』。碑作『哯』，則又『唍』之譌也。《廣韻》《集韻》俱以『咲』爲俗字，伯施名家，不免雜以俗體，蓋小學不講久矣。碑又以『覆簣』之字作『匱』，攷《漢書·王莽傳》『成不一匱』，小顔引《論語》『未成一匱』解之。班固《典引》『並開迹于一匱』，章懷注亦引此語，則古者『簣』與『匱』通。元案：此碑舊拓猶纖約，後經河水浸淤，土泥膠滯，字畫中爲人剔治，更覺肥鈍失神。碑云：『國子祭酒楊師道等，偃元風於聖世，闡至道於先師。』案《舊唐書·楊恭仁傳》：『弟師道，隋末自洛陽歸國，授上儀同，爲備身左右。尋尚桂陽公主，超拜吏部侍郎，累轉太常卿。』云云。不言爲國子祭酒者，史文以累轉舉之，得此可爲補遺也。又翁覃溪閣學云：《廟堂碑》陝本已泐，而城武本至正間始出，未能據以攷唐刻也。曾以宋拓本補其缺字，摹勒於曲阜學舍，凡三石，三百三十六字。今以城武本互校，『偃息鄉』下補『黨栖』二字，『若斯之□者』下補『也』字，『夫子膺』下補『五緯』二字，『道濟天下』上補『中』字，『而晦明』下補『匪一』二字，『平壹區字納』下補『蒼』字，『而御六辯』下補『兆』字，『無思不服』下補『憬』字，所補者凡十一字，餘皆城武本所有。又不同者三字，標題『夫子』，宋拓作『孔子』；『紀屬大唐』，宋拓作『允屬』；『興惓納隍』，宋拓作『興睠』，並附識之。

【校勘記】

[一]『己酉爲元定宗末年』，《山左金石志》有誤。元定宗貴由一二四六年（丙午）即汗位，一二四八年（戊申）三月駕崩。己酉年，即一二四九年，爲元定宗死後第一年，并非其末年。

[二]元定宗貴由於一二四八年三月崩逝，此後其皇后海迷失稱制（一二四八—一二五一）。庚戌年即一二五〇年，爲皇后稱制之第三年，并非《山左金石志》跋文所云『定宗后海迷失稱制之次年』。

[三]『耀』，原作『輝』，據《元史》卷一六三《張德輝傳》正。

[四]『節』，據《北京圖書館藏中國歷代石刻拓本匯編》第四八册《陳祐詩刻并跋》補。

[五]『按』，原作『案』，據《北京圖書館藏中國歷代石刻拓本匯編》第四八册《陳祐詩刻并跋》正。

[六]『按』，原作『案』，據《北京圖書館藏中國歷代石刻拓本匯編》第四八册《陳祐詩刻并跋》正。

[七]『祠』，原作『祀』，據《元史》卷七《世祖本紀》正。

[八]此石在山東掖縣，拓本收録於《北京圖書館藏中國歷代石刻拓本匯編》第五〇册《梨花詩詞刻石》，兹據此加以校證。

〔九〕「琳」，原作「珠」，據拓本正。

〔一〇〕此碑已毁，碑文載於雍正《樂安縣志》卷二〇《元綦封公墓碑》、民國《樂安縣志》卷二一《綦氏先塋碑記》，兹據此加以校證。

〔一一〕此闕字，雍正《樂安縣志》、民國《樂安縣志》作「公」。

〔一二〕此闕字，雍正《樂安縣志》、民國《樂安縣志》作「門」。

〔一三〕「從」，雍正《樂安縣志》、民國《樂安縣志》作「由」。

〔一四〕此二闕字，雍正《樂安縣志》、民國《樂安縣志》作「示來」。

〔一五〕此二闕字，雍正《樂安縣志》、民國《樂安縣志》作「爲鄉」。

〔一六〕此闕字，雍正《樂安縣志》、民國《樂安縣志》作「呼」。

〔一七〕此闕字，雍正《樂安縣志》、民國《樂安縣志》作「滿」。

〔一八〕「二」，雍正《樂安縣志》、民國《樂安縣志》作「六」。

〔一九〕此闕字，雍正《樂安縣志》、民國《樂安縣志》無。

〔二〇〕此碑已毁，碑文載於《益都金石記》卷三《元劉武宣先塋碑》、光緒《益都縣圖志》卷二八《劉氏先塋之碑》，兹據此加以校證。

〔二一〕「位」，光緒《益都縣圖志》作「任」。

〔二二〕此闕字，《益都金石記》、光緒《益都縣圖志》作「塋」。

〔二三〕此闕字，《益都金石記》、光緒《益都縣圖志》作「夫」。

〔二四〕此闕字，《益都金石記》作「渤」，光緒《益都縣圖志》作「漣」。

[二五] 此闕字,《益都金石記》、光緒《益都縣圖志》作「應」。

[二六]「空」,原作「武」,誤。

[二七]「餘數万□」,《益都金石記》作「數万餘□」。

[二八]「院事」,原作「事院」,據《益都金石記》、光緒《益都縣圖志》正。

[二九]「措」,《益都金石記》作「厝」。

[三〇]「家」,《益都金石記》、光緒《益都縣圖志》作「宗」。

[三一]「性」,原作「姓」,據《益都金石記》正。

[三二]「至」,原誤作「正」。

[三三]「寸」,原誤作「尺」。

[三四] 此碑已毁,日本三井紀念美術館藏有拓本,碑文亦載於《金石萃編》卷四一《孔子廟堂碑》、《全唐文》卷一三八《孔子廟堂碑》,兹據此加以校證。

[三五]「孔」,原作「夫」,據拓本正。

[三六]「王旦書碑額」,原作「臣王旦」,據拓本正。

[三七]「拱」,原作「衣」,據拓本正。

[三八]「夏翦」,據拓本補。

[三九]「有」,據拓本補。

[四〇]「猗」,據拓本補。

[四一]「盛」,據拓本補。

［四二］「誕」，原作「挻」，拓本稍殘泐，但爲「誕」字無疑，《金石萃編》與《全唐文》亦均作「誕」。

［四三］「久可大」，據拓本補。

［四四］「爲」，據拓本補。

［四五］「宰」，據拓本補。

［四六］「合天道於無言」，據拓本補。

［四七］「而彌遠」，據拓本補。

［四八］「越之辯」，據拓本補。

［四九］「談」，據拓本補。

［五〇］「終」，原作「略」，據拓本正。

［五一］「大」，據拓本補。

［五二］「之後」，據拓本補。

［五三］「栖遑」，據拓本補。

［五四］「志」，據拓本補。

［五五］「隼於金櫝」，原作「□□□木」，據拓本補。

［五六］「觸舟」，原作「角□」，據拓本補。

［五七］「曉」，據拓本補。

［五八］「專車」，據拓本補。

［五九］「累」，據拓本補。

［六〇］『為幸』，據拓本補。
［六一］『斯之謂』，據拓本補。
［六二］『江』，據拓本補。
［六三］『素』，據拓本補。
［六四］『懸諸日月』，據拓本補。
［六五］『猷』，據拓本補。
［六六］『時厥後』，據拓本補。
［六七］『無』，原殘作『無』，據拓本補。
［六八］『法被區』，據拓本補。
［六九］『水意』，據拓本補。
［七〇］『亦存』，據拓本補。
［七一］『屯亨』，據拓本補。
［七二］『精炎』，原作『炎精』，據拓本正。
［七三］『翦焉煨燼』，據拓本補。
［七四］『重弘至教』，據拓本補。
［七五］『允屬聖期大唐』，原作『紀屬大唐』四字，據拓本正。
［七六］『生於仁壽』，據拓本補。
［七七］『致君道於堯舜』，據拓本補。

〔七八〕『吹萬歸仁』，原作『兆庶樂推』，據拓本正。
〔七九〕『平』，原作『平』，據拓本正。
〔八〇〕『蘿』，據拓本補。
〔八一〕『僉奉上玄』，原作『此奉□□□』，據拓本正。
〔八二〕『僅得中』，據拓本補。
〔八三〕『睠』，原作『厥』，據拓本正。
〔八四〕『已』，原作『以』，據拓本正。
〔八五〕『玉』，據拓本補。
〔八六〕『猶且兢懷夕惕，馭朽納隍』，原作『猶且兢懷馭朽，興惓納隍』，據拓本正。
〔八七〕『辟』，據拓本補。
〔八八〕『旁』，據拓本補。
〔八九〕『眇』，原作『渺』，據拓本正。
〔九〇〕『凝』，原作『疑』，據拓本正。
〔九一〕『模形』，原作『圖真』，據拓本正。
〔九二〕『臨』，據拓本補。
〔九三〕『若』，原作『玉』，據拓本正。
〔九四〕『上』，原作『帝』，據拓本正。
〔九五〕『戒』，原作『誡』，據拓本正。

［九六］『楚詩盛』，原作『林 寺敦』，據拓本補正。

［九七］『荆』，原殘作『卄』，據拓本補。

［九八］『哥』，據拓本補。

［九九］『月』，原作『日』，據拓本正。

［一〇〇］『洙』，原作『珠』，據拓本正。

卷二十二

元石

張氏世德碑

至元三十年二月立，尺寸、書體未詳，在安丘縣西張氏墓上。

右碑未見拓本，據朱朗齋所載録之，撰文者李槃，書篆姓名皆缺。

濟州重建大成殿碑

至元三十年二月立，八分書，篆額，碑高七尺九寸，廣三尺二寸，在濟寧州學。

右碑額題『濟州重建大成殿記』二行，字徑四寸五分，文十六行。碑無撰人姓名，書丹者楊桓，篆額者楊文郁。

利津縣新建廟學碑

至元三十年八月立，正書，篆額，碑高五尺四寸，廣二尺五寸，在利津縣學。

右碑額題『利津縣新脩廟學記』四行，字徑五寸，文二十三行，字徑一寸。碑爲李師聖撰，趙孟頫書篆，字體麤拙不類松雪，或當時託名爲之也。

慶壽寺寶公壽塔記

至元三十年八月立，并額俱正書，石高二尺，廣一尺七寸，在滋陽縣。

右碑額題『創建慶壽寺弟二代』八字，横列，徑一寸一分，文五行，字體大小不等。

靈巖寺肅公道行碑

至元三十年九月立，正書，篆額，碑高六尺八寸，廣三尺五寸，在長清縣靈巖寺。

右碑額題『肅公禪師道行之碑』八字，横列，徑一寸五分，文二十四行，字徑一寸，住持從倫撰書并篆額。

淄川縣重脩先聖廟碑

至元三十年立，并陰俱正書，篆額，陰額亦正書，碑高七尺四寸，廣三尺一寸，在淄川縣學。

右碑額題『重脩先聖廟記』二行，字徑三寸，文二十六行，字徑一寸，趙孟頫撰，范履道書篆。碑陰額題『碑陰之記』四字，横列，徑四寸，文二十五行，字徑一寸。所記皆廟地四至及文籍器物。

太白酒樓記[一]

至元三十年立，碑高二尺七寸，凡四面，圍六尺五寸，在濟寧州太白樓。

唐李翰林酒樓記，沈光撰。

有唐咸通辛巳歲正月壬午，吴興沈光適任城，題太白酒樓。夫觸强者覛丐而不發，乘險者帖蔔而不進，潰毒者隱忍而不能就其鍼砭，□猛者持疑而不能盡其膽勇。而復視其强者弱之，險者夷之，毒者甘之，猛者柔之，信乎酒之作於人也如是。翰林李公太白，聰明才韻，至今爲天下倡首。業述匡救，天必賦之矣。致其君如古帝王，進其臣如古藥石，揮直刃以血其衺者，推義轂以輂其正者，豈馮酒而作也？馮酒而作者，□非眞勇。太白既以峭訐矯時之狀，不得大用，流斥齊魯。眼明耳聰，恐貽顛蹈，故狎弄杯觴，沈休麴糵。耳一淫雅，目混黑白。或酒醒神健，視聽鋭發，振筆著紙，乃以聰明移於月露風雲，使之涓潔飛動。移於艸木禽魚，使之妍茂騫騰；移於邊情閨思，使之壯氣激人，離情溢目；移於幽巖邃谷，使之遼歷物外，爽人晶魂；移於車馬弓矢，悲憤酣哥，使之馳騁決發，如睨幽、并。而失意放懷，盡見窮通焉。於戲！太白觸文之强，乘文之險，潰文之毒，搏文之猛，而作狎弄杯觴，沈休麴糵，是眞築其聰，翳其明，醒則移於賦詠。宜乎醉而生，醉而死。予徐思之，使太白疏其聰，決其明，移於行事，强犯時忌，其不得醉而死生也。當時骨鯁忠赤，遞有其人，收其逸才，萃於太白。至于齊魯[二]，結構陵雲者有限。獨斯樓也，廣不踰數席，瓦缺椽蠧，雖樵兒牧豎，過亦指之曰：『李白嘗醉于此矣。』至元癸巳，楊桓書，監州朝城冀泰知州真定董珪、同知泗原劉庭玉、州判陽穀和洽同立石。石工王謙、黄秀等同刊，監修白王山樓丁吕。

右碑文二十八行，字徑二寸五分，後有石工姓名一行，正書，徑五分。書碑者楊桓，案《元史》本傳云:桓於中統四年補濟寧教授,召爲太史院校書郎,遷祕書監丞,博覽群籍,尤精篆籀之學。此碑篆法遒整,可見一班。王漁洋《秦蜀驛程記》謂是大篆,乃紀載之謁耳。

平陰縣學新建兩廡記

至元三十一年立,并陰俱正書,額八分書,碑高六尺六寸,廣二尺七寸,在平陰縣學。

右碑額題『平陰廟學新建兩廡記』三行,字徑三寸三分,文二十三行,字徑一寸。碑爲李謙撰書并題額,陰刻官吏工匠姓名二十一行,徑一寸。

密州三皇廟記

至元三十一年正月立,正書,碑高六尺,廣三尺,在諸城縣南城關帝廟前。

右碑篆額未拓,文二十二行,字徑一寸二分,張頴撰,楊桓篆額,朱熙載書丹。

高唐州重修廟學碑

至元三十一年四月立,正書,碑高八尺二寸,廣三尺二寸,在高唐州學。

右碑篆額未拓,文二十三行,字徑一寸,李謙撰書并篆額。

曲阜縣廟學田地畝碑

無年月,正書,碑高三尺六寸,廣二尺二寸,在曲阜縣學。

右碑文二十五行,字徑七分,無立碑年月,案文内有『至元三十一年四月欽奉詔書』云云,乃成宗即位初所奉行者，故列于此。

靈巖寺廣公提點壽碑

至元三十一年五月立，并額俱正書，碑高七尺七寸，廣三尺，在長清縣靈巖寺。

右題額題『廣公提點壽碑』三行，徑四寸五分，文二十五行，字徑一寸，左思忠撰，住持覺達書并題額。案碑云：『廣公前往杭州南山普寧寺，印經一大藏。』攷杭州《西湖志》載：『普寧寺在雷峰塔下。《武林舊事》云：「又名白蓮寺。」《咸淳臨安志》云：「周廣順元年建，宋大中祥符初改今額，有銕塔一，石塔二。」秦少游《龍井題名》云：「航湖至普寧，遇道人參寥，策杖並湖而行，出雷峰，度南屏，得支徑上風篁嶺。」正其處也。今湖堤遺墟尚存，止見石塔，院宇盡燬。』云云，而總不詳元代之興廢。以此碑證之，則至元末年尚有藏經板可印，其寺之盛可知。然普寧印經事僅見於此，可爲武林梵刹增掌故也。

成宗崇奉孔子詔石刻

至元三十一年七月立，碑高一丈一尺，廣四尺，在曲阜縣孔廟。

右碑及額皆國書，額二行，文十行。大德五年閻復所撰《重建文宣王廟記》，案之此碑，乃世祖至元三十一年成宗嗣位之初七月壬戌，詔中外崇奉孔子之詔也。《元史·本紀》但紀其事，不載其文，曲阜志乘亦皆遺之，無從詳譯全文也。

闕里孔廟祭器碑

至元三十一年八月立，正書，篆額，碑高四尺七寸五分，廣二尺六寸五分，在曲阜孔廟。

右碑額題『闕里廟祭器記』三行，字徑四寸五分，文二十五行，字徑寸，李淦撰，劉賡書，楊桓篆。碑叙孔子五十三世孫孔淑，以江南行臺照磨[三]，官微力薄，毅然去官，而涉蘇杭求助僚友，爲祖廟造祭器，至千七百有三之數，往返四月，其勤敏有足嘉者。顧《闕里文獻考》不列其名於《子孫著聞》之中，何其略耶！

濟陽縣重修廟學碑

至元三十一年八月立，正書，碑高六尺八寸，廣三尺，在濟陽縣學。

右碑篆額未拓，文二十九行，字徑九分，楊文郁撰，趙孟頫書篆。楊文郁，《元史》不爲立傳，惟李謙所撰神道碑云：文郁字從周，濟陽人。大德間累官至翰林學士。爲文有根據，不崇華藻，著有《林下集》。此碑文體、書格皆相稱也。

茌平縣重修廟學碑

至元三十一年十月立，并陰俱正書，額八分書，碑高七尺二寸，廣三尺一寸，在茌平縣學。

右碑額題『茌平縣重修廟學記』二行，字徑二寸五分，文二十四行，字徑一寸一分，李謙撰并題額，史杞書丹。陰額題『官員士庶芳號』二行，徑四寸，文二十三行，字徑八分。

尼山孔子象記

至元三十一年十一月立，并額俱正書，碑高五尺四寸，廣二尺六寸，在曲阜縣[四]尼山書院。

右碑額題『尼山孔子象記』三行，字徑三寸五分，文二十五行，字徑一寸，司居敬撰，劉之美書，楊秉淵書額。

諸城廟學碑

至元三十一年十一月立，八分書，碑高六尺，廣三尺五寸，在諸城縣學。

右碑篆額未拓，文二十二行，字徑一寸，楊文郁撰，楊桓書并篆額。

趙孟頫濟南詩刻

無年月，篆書，石高二尺三寸，廣二尺八寸，在濟南府學。

抱膝獨對華不注，孤襟四面天風來。泉聲振響暗林壑，山色滴翠落莓苔。散髮不冠弄柔翰，舉梧白月臨空堦。有時扶笻步深谷，長嘯袖染煙霞回。竹林深處小亭開，白鶴徐行啄紫苔。羽扇不摇紗帽側，晚凉青鳥忽飛來。同知濟南路總管府事趙孟頫題。

此碑未見拓本，據朱朗齋所録。詩及題名凡十一行，字徑一寸五分。此與下五碑，朗齋皆系於全元末，姑仍之，俟攷。

暴書臺題字

無年月，篆書，石高三尺八寸五分，廣一尺六寸，在鄒縣南門子思書院西。

右碑題『暴書臺』三字，徑一尺一寸，無年月、書人姓名。《縣志》稱：『子思書院西有臺，高丈許，元縣令司居敬鐫字其上，世稱爲孟子暴書臺。』據此，則三字爲居敬所書矣。司居敬，字仲可，恩州人，至元末爲鄒縣尹。此碑因列於世祖至元末。

山狀元墓殘碑

無年月，正書，篆額，碑高五尺四寸，廣二尺五寸，在朝城縣山狀元墓上。

右碑斷爲三石，額題『山狀元墓孑碑』二行，字徑四寸，文存二十七行，字徑六分，撰書姓名皆泐。

贅壻殘碑

無年月，正書，碑高一尺五寸，廣一尺，在青州府西門□[五]。

右碑四面殘泐，存字八行，字徑九分。

任公孝思碑

無年月，正書，篆額，碑高六尺二寸，廣二尺六寸五分，在高密縣。

右碑額題『任公孝思之記』二行，字徑三寸五分，文二十行，字徑一寸，蕭璧撰，王彦書并篆額。

青羅觀王重陽詩詞石刻

無年月，正書，篆額，石高六尺一寸，廣三尺六寸，在掖縣青羅觀。

右碑額題『終南山重陽真人親眷碑』十字，横列，徑二寸。詩詞凡十二行，字徑一寸五分，皆王重陽作，俚鄙不録。

重修烽火山神廟碑

元貞元年正月立，正書，碑高三尺六寸，廣一尺七寸，在諸城縣本廟。

右碑文十七行，字徑九分，密州儒學正龔履簡撰，縣吏李侃書。

萊山月主真君靈驗記

元貞元年三月立，正書，篆額，碑高五尺八寸，廣二尺四寸，在黄縣萊山月主真君祠内。

右碑額題『月主真君靈驗之記』四行，字徑二寸五分，文十五行，字徑一寸。後銜名三行，字徑七分。馬世英書、篆額，撰文姓名已缺。

平原縣重修廟學碑

元貞元年四月立，并陰俱正書，篆額，碑高八尺，廣二尺八寸，在平原縣學。

右碑額題『平原縣重修廟學記』二行，徑三寸，文二十二行，字徑一寸，李謙撰，傅夢弼書，楊桓篆。碑陰記文十九行，字徑一寸，李思誠撰并書。

八神陽主廟記

元貞元年四月立，正書，篆額，碑高三尺八寸，廣二尺三寸五分，在福山縣之罘山陽主廟。

右碑額題『八神陽主廟記』六字，横列，徑三寸，文二十一行，字徑一寸，初才撰，傅汝梅書，楊遇篆額。

高密縣修建文廟碑

元貞元年閏四月立，并陰俱正書，碑高七尺，廣三尺五寸，在高密縣學。

右碑文二十行，字徑一寸二分，教諭鞠英書撰。碑陰上截横刻姓名五列，字徑七分，下截横刻廟地圖及丈尺四至凡二段，字體大小不等。

德平縣重修學廟碑

元貞元年五月立，八分書，篆額，陰正書，碑高七尺六寸，廣二尺八寸，在德平縣學。

右碑額題『德平縣重修學廟記』二行，字徑四寸，文十九行，字徑一寸二分，楊桓撰并書丹、題額。碑陰上截刻官吏姓名二十七行，字徑七分；下層雜刻官民工匠姓名，大半漫滅。

石狻猊贊

元貞元年七月刻，正書，在藩署土地祠。

右刻未見拓本，不知尺寸。贊十一行，字徑八分，題云『朱宅立』，乃是朱氏鎮宅辟邪之物，不知何年移于藩署。朱朗齋云：『濟寧旗纛廟有鐵獅二，亦元貞二年所造。』

徐世隆後唐明宗廟詩刻

元貞元年七月刻，正書，石高一尺五寸五分，廣三尺，在清平縣後唐明宗廟壁間。

拜謁明宗皇帝詞

徽陵當日拯殘唐，五季之間號小康。因獸害田秋罷獵，爲民求主夜焚香。八年功德丹青在，千古明靈祭祀長。欲識此邦遺愛事，廟槐人敬侣甘棠。時乙未七月初吉箕城徐世隆識。

故翰林學士復齋徐威卿先生真翰迄今六十年矣，守土者達魯花赤闊闊久、縣尹田衡、主簿劉雲漢、縣尉李庭珪、典史雷附翼，恐其湮滅，勒石龕壁，以永其傳。時大元元貞元年七月七日也。儒醫田好禮摹，里人陳義、男陳忠刊。

右詩刻十一行，字徑二寸，後跋八行，字徑一寸。

中庸精舍記

元貞元年八月朔立，正書，篆額，碑高六尺六寸，廣三尺，在鄒縣子思祠。

右碑額題『中庸精舍之記』二行，字徑四寸，文二十四行，字徑一寸，張頴撰，趙靖書并篆額。

進義張公神道碑

元貞二年正月立，正書，篆額，碑高五尺四寸，廣三尺一寸，在歷城縣東北張家莊。

右碑祇存半截，下層失拓。額題『進義張公神道碑銘』二行，字徑四寸，文二十四行，字徑一寸，劉敏中撰，曹質書丹并篆額。

孟母墓碑

元貞二年二月立，正書，碑高五尺九寸，廣二尺六寸，在鄒縣孟母墓前。

右碑篆額未拓，文二十二行，字徑一寸，張頦撰，楊秉秀書，李介篆額。

孟子墓碑

元貞二年二月立，正書，篆額，碑高五尺二寸，廣二尺五寸，在鄒縣孟子墓前。

右碑額題『孟子墓碑』四字，横列，徑三寸二分，文二十七行，字徑八分，撰書、題額姓名與上碑同。

長春真人道行碑

元貞二年二月立，正書，碑高九尺六寸，廣四尺一寸，在棲霞縣濱都宫。

右碑篆額未拓，文四十三行，字徑八分，王之綱撰書，張□仙篆額。

崇聖寺聚公壽堂碑

元貞二年二月立，并額俱正書，碑高三尺七寸，廣二尺二寸，在臨朐縣。

右碑額題『石門房』三字，横列，徑三寸四分，文六行，字徑二寸五分。

濟州修學後碑

元貞二年十一月立，并陰俱正書，篆額，碑高八尺六寸，廣三尺一寸，在濟寧州學。

右碑額題『濟州重修廟學後記』二行，字徑四寸，文十七行，字徑一寸三分，李謙撰，耶律有尚書丹，楊桓篆額。陰刻官吏及士庶、工匠姓名凡三層。

五峰山普光大師墓誌

元貞二年十二月立，正書，篆額，碑高四尺四寸，廣二尺二寸五分，在長清縣五峰山。

右碑額題『普光大師王公墓誌』二行，字徑二寸五分，文十八行，字徑一寸。碑爲萊陽道人撰并書，羽士曹若拙篆額。

炳靈王廟八不沙令旨碑

元貞四年二月立，正書，碑高五尺七寸，廣二尺九寸，在淄川縣王邨店本廟。

右碑已殘缺，文約三十餘行，字徑六分，無撰書人姓名。

盧山延真宫碑

大德元年六月立，正書，篆額，碑高八尺三寸，廣三尺五分，在黄縣盧山延真宫。

右碑額題『重修延真宫碑』二行，字徑四寸，文三十三行，字徑八分。碑多殘泐，撰書姓名無存。

冠州新修廟學碑

大德元年十一月立，正書，篆額，碑高九尺一寸，廣三尺五寸，在冠縣學。

右碑額題『冠州新修廟學之記』二行，字徑三寸四分，文二十一行，字徑一寸一分，李謙撰，張孔孫書，楊桓篆額。案冠縣，元以前皆爲冠氏縣，《元史·地理志》云：至元六年，升爲冠州。此碑云『至元七年升縣爲州』，雖有小異，實則相同也。

雙門神祠記

大德二年正月立，正書，碑高六尺八寸，廣三尺，在諸城縣雙門。

右碑文二十二行，字徑一寸二分，學正□朝宗撰，教諭徐士龍書。

東鎮廟加封詔詞碑

大德二年二月立，國書，篆額，譯文及陰俱正書，碑高六尺七寸，廣二尺七寸，在臨朐縣沂山東鎮廟。

右碑額題『大元增封東鎮元德東安王詔』三行，字徑二寸八分，文十三行，左讀，刻于上層。譯文十六行，字徑一寸五分，刻於下層。碑陰刻感應記及銜名凡二十九行，字徑一寸，馬驤撰，張德貞書。

孔顔孟三氏免糧碑

大德二年六月立，正書，碑高五尺五寸，廣二尺五寸，在曲阜縣孔廟。

右碑分上、下截，上刻聖旨二十四行，字徑六分，後列銜字徑一寸，年月後有鈐印二，蒙古篆，方徑三寸。下層刻『皇姑魯國大長公主懿旨、駙馬濟寧王鈞旨及濟寧路總管府照詳去來』云云，凡二十二行，字徑六分。後空處亦有鈐印，同前。案魯國大長公主，名囊家真[六]，乃裕宗之女，故成宗稱爲皇姑也，適蠻子台，封濟寧王，畫濟、兗、單三州爲分地。曲阜在分地之内，而駙馬府事又統爲濟寧總管府所轄，故三氏免税雖有皇帝聖旨，必得公主懿旨、駙馬鈞旨、總管府關照，而後可行也。省符後結銜自左而右，尚書四人，侍郎二人，郎中二人，員外郎四人，皆不署姓。下有押者，僅四人，亦見當時之制如此。

徐氏新阡碣銘

大德三年二月立，正書，篆額，碑高六尺，廣二尺六寸，在濟寧州兩城山。

右碑未見拓本，據朱朗齋所載録之。額題『徐氏新阡碣銘』二行，字徑一尺二寸，文二十二行，尚毓德撰并書篆。案文有『子孫文不勝紀，具刻石陰』之語，當有碑陰未録也。

修惠濟公祠記

大德三年三月立，正書，碑高四尺二寸，廣二尺四寸，在嘉祥縣青山惠濟公廟。

右碑文二十三行，字徑九分，趙衡正撰，趙之敬書。

西由場新建廟學碑

大德三年三月立，并陰俱正書，碑高六尺八寸，廣三尺一寸五分，在掖縣城北西由鎮。

右碑篆額未拓，文二十二行，字徑八分，傅夢弼撰，喬達書，李天英篆。碑陰刻官吏姓名，縱横行數不計，字徑八分。碑陽左角有『崇禎丙子西由場大使周東湖重立』題字，陰有『正統十年鹽大使張顯』等題名。案《元史·百官志》：山東東路都轉運鹽使司，轄運判止一員，鹽場一十九所，每場設司令一員，司丞一員，管勾一員。一十九所之中，若西由場、海滄場、登寧場、衡村場、石河場、信陽場、淘洛場，皆在焉。惟衡村史作『行村』、淘洛史作『濤洛』爲異。碑有即墨場，史所不載，或史有别名歟？史無某場在某處地名，故無從深攷。又碑與史異者，如運判止一員，而碑末列名稱鹽使司判官者三人，且加以膠、萊、莒、密之銜；如每場管勾止一員，而碑陰管勾之下，有同管勾、副管勾，此皆官制隨時增損，史家所未及備也。

尊經閣碑

大德三年四月立，正書，篆額，碑高九尺，廣三尺，在濟寧州學。

右碑未見拓本，據朱朗齋所載録之。額題『尊經閣記』二行，字徑六寸，文十七行，陳儼撰，楊桓書并篆額。

重修興國院碑

大德四年六月立，并陰俱正書，碑高六尺四寸，廣三尺六寸，在萊蕪縣興國院。

右碑篆額未拓，文十三行，字徑一寸二分。後銜名五行，字徑九分。碑陰上層刻『宗派之圖』四字，横列，字徑二寸四分；中刻施主姓名十三列；下刻院地畝數、四至，字徑一寸。碑文釋空山撰，釋陳善鑒書并篆額。

館陶縣重修廟學碑

大德四年八月立，行書，碑高五尺六寸，廣二尺七寸，在館陶縣學。

右碑額未拓，文二十一行，字徑八分，張士觀撰，周馳書并題額。

衍聖公給俸牒碑

大德四年閏八月立，正書，碑高二尺五寸，廣四尺二寸，在曲阜縣孔廟。

右牒文四十一行，字徑五分，末國書一行，上有鈐印，蒙古篆文，長五寸，廣三寸。印旁正書『孔襲封俸』四字，下有十二押，左七右五。碑無立石年月，案文云『至元三十一年，今上皇帝即位』云云。玫元貞元年夏，大臣言：『孔治，孔子裔孫，其祖元用有軍功，没于王事，治權奉祀事三十餘年，宜襲封爵。』於是，治襲封衍聖公。至大德四年，因降此牒，與之俸給也。文中載中書准蒙古文字，譯語不甚了了，此亦可見元時樞政之制也。

王鐸重摹蘇子由超然臺賦石刻

大德四年九月立，并跋俱正書，石高二尺四寸，廣三尺二寸，在諸城縣超然臺。

右刻三十二行，字徑八分，後王鐸跋四行，字徑四分。

披雲真人道行碑

大德四年十二月立，正書，篆額，碑高七尺二寸，廣二尺八寸，在掖縣通仙觀。

右碑額題『東萊通仙觀披雲天師道行碑』三行，字徑二寸八分，文三十一行，字徑九分，朱翬撰并書。

鎮撫張仁神道碑

大德四年十二月立，正書，篆額，碑高三尺五寸，廣二尺六寸，在歷城縣東北張家莊。

右碑祇存上半，額題『鎮撫張公神道碑記』二行，字徑三寸，陽文。文二十五行，字徑八分，李吉撰，張巨淵書并篆額。碑載張氏先世事迹，與《進義碑》大略相同，彼碑敘仁事但略云『察罕愛其勇鋭，賜之銀盂，以拔突目之』，此碑則云『銀盂上鐫寫金字曰「察罕那顔賜濟南張拔突去金帳子裏要飫喫休當者」』，不惟較詳于前，且可見元初鼓勵將士之制如此，史家所不能詳也。公之弟義子三人，長曰儀，次曰珪，次曰瓊，而碑末所載姪張寧祖、張顯祖，不知是何人之子，所未詳也。

靈岩寺達公禪師道行碑

大德五年三月立，正書，篆額，碑高七尺五寸，廣三尺三寸，在長清縣靈岩寺。

右碑額題『達公禪師道行之碑』四行，字徑三寸，左思忠撰。『本寺正間□』，『間』下缺一字，想即書碑之人也。

重修安期真人祠記

大德五年四月立，并額俱正書，碑高三尺九寸，廣一尺九寸五分，在萊蕪縣仙人觀。

右碑額題『重修安期真人祠記』四行，字徑二寸，文共二十五行，字徑八分，曾文秀撰，卜元方書。

曲阜縣重建文宣王廟碑

大德五年立，正書，篆額，碑高一丈三尺，廣五尺二寸，在曲阜縣孔廟。

右碑額題『大元重建至聖文宣王廟之碑』三行，字徑六寸，文三十行，字徑一寸，閻復撰，劉賡書，劉愻篆。

龍華觀碑

大德五年十月立，并額俱正書，碑高五尺，廣二尺七寸五分，在臨淄縣治東龍華觀。

右碑額題『龍華觀記』二行，字徑三寸，文二十一行，字徑一寸，王麟撰，無書丹人姓名。

膠州知州董公神道碑〔七〕

大德六年二月立，正書，碑高七尺六寸，廣三尺六寸，在益都縣城東石墓田邨董氏塋前。

故膠州知州董公神道之碑

益都路石匠都提領盧鑄、□〔八〕□、徐樹、張德珍、楊成同刊。□〔九〕訓大夫、簽福建道肅政廉訪司事許時獻譔。正議大夫、集賢院大學士、前江北淮東道肅政廉訪使張孔孫篆額，前順德路儒學教授青社翟可珍書丹。

公諱進，即墨石橋□人。董氏之先曰蓋公，本飂叔安之裔子，以好龍事舜，始賜姓焉。戰國及漢、魏以降，代不乏人。而公生值兵荒，幼失鄉土，家無譜牒可考，故不知其世次。曾祖在金時嘗爲鎮防軍將，成〔一〇〕牢山，建北磯城，海境賴之以安。王父、烈考，皆不禄而逝。母陳氏，先於父一年卒。公童丱而孤，金鹿走汴，土豪蝟興，歲荒人飢，其家惟一祖母在，間關百險，負公逃生。纔至益都，有義軍李帥，見公異於諸子，年十有五。李帥試以所能，凡事咸得其宜，知公可用，以爲親兵。國王南來，李帥迎降，承制以爲益都行省。西拒金人，南禦楚寇，日尋干戈，以相征討。公爲家將，常當前鋒。攻楚州，則張蝥弧以先登；襲海州，則蒙皋比而先犯。喜公驍勇，委爲爪牙。帥既平定山東，□〔一一〕呑淮海，因攻揚州，歿於城下。公率麾下推其夫人楊氏權主軍務，衆皆悦服。越明年，楊氏入覲，得紹夫職，假公以軍帥之□〔一二〕，使代征戍之勞。又常乘傳赴闕奏事，進貢諸物。楊氏辭政，公亦尋解兵柄，改署高密尹。歲遭饑旱，民不安居。公□□〔一三〕，一年襁負至，二年汙萊闢，三年衣食足。寧、海、登、萊左皆瀕海，地宜畜牧，廣袤千里。中有逸馬，散漫于蒲蘆洲渚間，不知主名，近常出踐民田，人莫能制。公因白於行省撒吉思，使人拘括，絶民田之害。除知膠州，授金符。公凡事從宜，詢其利病，仁撫鰥惸，威制豪横，民用小康。公忽遘疾，至元十年遂歸□于益都，二月二十二日卒于私第，春秋七十有四，權厝于益都縣東河子村香山原。惟公材力過人，寬猛相濟。在軍旅，則與士卒同甘苦，故人樂爲用；在州縣，則抑豪猾，斥〔一四〕貪墨，故人不敢犯。治兵治民，兩盡其善，人到於今稱之。噫！公幼遭多□〔一五〕，起於行伍，身經□〔一六〕戰，體無完膚。位不至□□，仕止於一州，命矣夫！子男七人。公先娶單氏，生二子，長曰堅，次曰成。後娶李氏，生五子，信、仁、春、均、墀。仁與均□皆早卒。女三人，一適密州王成，一適左成，一適張榮，皆益都大姓。男孫十六，女孫十，已嫁者五。堅以將家子爲上百户，賴行院官奏爲千夫長，累遷宣武將軍，轉寧國、高郵萬户之副，尋改鎮江〔一七〕王府守衛漢軍萬户。在襄陽，戰于城西，奪陷陣，陳千户於城門□，破送糧□〔一八〕軍，擒矮張於鬼門關，取樊城於漢水上。都帥劉整分攻其南，堅以長索牽鋸，截豎木，運梯登埤，一鼓而下。渡舟師於揚邏堡，太傅伯顔、丞相阿术督軍徑進，遂出拒敵軍右。堅逆戰于中流，虜高安撫，長驅而濟。王師畢渡，水陸俱進，破賈似道百萬之衆於丁家洲，敗孫虎臣孤注之兵於鎮江。堅爲偏裨，每戰常爲士卒先。今以益都爲家，遂移父母之喪，□〔一九〕葬于舊墳之北。及將祖考靈柩，□〔二〇〕徙來爲一塋。又將祖母陳氏招魂，葬於烈祖元室。噫！非夫人之德，則董氏之鬼不其餒。而佳城既遷，乃礲貞石來乞辭。下材不敏，舉其德善勛勞而論譔之。銘曰：

猗歟董君，勇而且仁。左右藩政，有勞有勛。治兵理民，敏幹過人。政平訟理，民熙物春。海濱逸馬，數倍齊駟。白於守臣，表升州刺。子長萬夫，禄又及嗣。金沙山南，洗耳河北。改卜宅兆，再新窀穸。山不谷兮河不陵，高臺未傾兮曲池未平。石不爛兮字長存，亘百世兮流芳聲。

大元大德六年歲在□寅春二月二十日。宣授宣武將軍、鎮守高郵寧□萬户府萬户兼守衛萬户府萬户孝孫男董堅立石。

右碑文三十一行，字徑一寸一分，篆額未拓，段赤亭《益都金石記》云：碑稱義軍李帥者，李全也。全在《宋史·叛臣傳》，略云：李全者，濰州北海農家子，弓馬趫捷，能運鐵鎗，時號『李鐵鎗』。初，大元兵破中都，金主竄汴，賦歛益横，遺民保巖阻思亂。於是楊安兒起，掠莒、密。後大元兵至山東，全母及其長兄死焉，全與仲兄福聚衆數千。大元兵退，金乃完顔霆爲山東行省，討安兒，誅之。安兒無子，從子友僞稱『九大王』，不閑軍務。安兒妹四娘子狡悍，善騎射，收潰卒，稱曰『姑姑』。衆尚萬餘，掠食至磨旗山，全以其衆附，楊氏通焉，遂嫁之。全合軍與霆戰，敗之。全得收餘衆保東海，後歸宋，攻金，襲破莒州，别將于洋克密州，兄福克青州，始授全武翼大夫、京東副總管，此嘉定十一年以前事也。全又以化陂湖之功，進達州刺史，妻楊氏封令人。居楚州，領忠義軍。十五年，青州張林判宋歸元，全攻林急，林走，全遂入青州。進之逃難，必此時也。寶慶二年，大元兵攻青州，全大小百戰，終不利，在圍一年，食牛馬及人且盡，乃降元。大元兵入青州，承制授全山東行省。碑云『國王南來』，是其時也。國王者，據《元史》，乃孛魯也。後張德殺其兄福併次子通於楚州，全慟哭，力告大元大將，求南歸，不許，斷一指示南歸必[二一]畔，許之。承制授山東淮南行省，得專制山東，而歲獻金幣。十月丙辰，全與大元張宣差至楚州，誅張德等，碑所謂『攻楚州張蝥弧以先登』者，此也。紹定元[二二]年七月，全使鄭衍德提兵三萬，如海州，碑所謂『襲海州蒙皋比以先犯』者，此也。後全攻楊州，陷淖中，宋軍以長槍三十餘亂刺殺之，乘勝攻楚州，破之，楊氏諭鄭衍德等曰：『二十年，犁花鎗天下無敵，今事勢已去，撐拄不行，今我欲歸老漣水，汝等可降宋。』翼日，遂絶淮而去。於是，全所據州縣悉爲宋、金所有，楊氏竄歸山東，又數年而後斃，而碑云『明年入覲於元，得紹夫職，後乃辭政，進亦尋解兵柄』，史未及之，蓋歸漣水以後事皆當入元史也。《元史·撒吉思傳》：撒吉思爲山東行省兼益都達魯花赤，賜益都田千頃及璮馬群，然則海濱之馬，非無主名，特李璮敗後，進白於撒吉思，而拘括之耳。堅戰襄陽，略與史合，第碑訛『櫃門關』爲『鬼門關』耳。破樊城，亦與《劉整傳》同。篆額者張孔孫，《元史》有傳，字夢符，隆安人。父之純爲東平萬户府參議，夜夢謁孔子廟，得賜嘉果，已而孔孫生，因丐名於衍聖公，遂名今名。既長，以文學名官，至翰林學士承旨、資善大夫致仕，大德十一年卒，史稱其善琴，工畫山水、竹石，不謂其能篆，是其略也。

寶塔寺朗公道行碑

大德六年三月立，正書，碑高七尺三寸，廣二尺八寸五分，在淄川縣北楊家寨寶塔寺。

右碑額、碑陰俱未拓，文二十七行，字徑一寸，沙門福真撰，智澄書篆。

岠越山神祠碑

大德六年四月立，正書，碑高四尺八寸，廣二尺九寸，在鄒縣岠越山。

右碑篆額未拓，文二十三行，字徑一寸一分，張頵記，李貞篆額，劉之美書丹。

冠州增修廟學記

大德六年九月立，正書，碑高三尺六寸，廣二尺四寸，在冠縣學。

右碑篆額未拓，文十九行，字徑一寸，薛貞撰，解子淵書，許元肅篆額。

駞山降御香記

大德六年十月立，正書，碑高六尺一寸，廣三尺一寸，在益都縣駞山玉皇殿前。

右碑篆額未拓，文二十行，字徑一寸四分，馬驥撰并篆額，張敬書丹。碑云：『大德二年歲戊戌，天使苟宗禮祇奉德音，分降御香於此。』案《元史·祭祀志》與《成宗本紀》，俱不載駞山分降御香事，但言大德二年加封五嶽四鎮爵號及山東等處蝗旱，豈緣此而有事於兹山歟？

中書參知政事張公先塋碑

大德七年正月立，正書，碑高八尺八寸，廣三尺七寸，在章丘縣。

右碑篆額未拓，文二十六行，字徑一寸一分，閻復撰，張伯淳書，楊文郁篆額。碑稱「張斯立因致仕華顯，爲先世立碑，以示來裔」。案《元史》，張斯立無傳，《宰相年表》有之，其參知政事自大德元年迄於九年，正與碑合。伯淳此碑筆法秀整，攷本傳，伯淳自至元末謁告歸，大德四年即家拜翰林侍講學士，明年造朝，扈從上都，又明年卒。此碑立於大德七年正月，則書碑正及其垂老之時也。

兀林答公神道碑

大德七年三月立，并陰俱正書，碑高六尺八寸，廣三尺二寸，在益都縣雲門山卧龍澗北。

右碑篆額未拓，文二十九行，字徑九分，方回撰，張珪書，邸元謙篆額。碑陰列祖父名一行，子女二，孫等名各注於所生之下，横列，字徑一寸。段赤亭《益都金石記》云：兀林答四世皆不見於金、元史，亦不載查剌温火兒下邳州事，皆可補史之闕。文云：至元二十年征黄華，二十四年征交阯，并與史合。獨《世祖本紀》至元十五年，命元帥劉國傑北征，所謂簽院即國傑也。碑稱「十四年」，與《國傑傳》同，此蓋《本紀》之失。《伯顔傳》：至元十四年，領軍北征，碑云「十五年」，此是史傳之誤。碑載世祖賞賚銀、段子之外，有牙笏、銀匙、筯、牙梳、翠花等物，爲史家所略，且未見於他碑也。

濟陽縣學田記

大德八年三月立，正書，碑高五尺三寸，廣二尺九寸，在濟陽縣學。

右碑篆額未拓，文二十三行，字徑一寸，末官吏題名五行，字徑七分，李謙撰，劉敏中書，楊文郁篆額。碑云『聖上踐阼之初元，以十四事詔天下，其九曰學校之設』云云。攷《元史·成宗本紀》，自即位以迄元貞元年，不載詔書十四事，惟於至元三十一年七月，『壬戌，[一三]詔中外崇奉孔子』一語而已，蓋史家之略也。

重修舜廟碑

大德八年九月立，正書，碑高四尺六寸，廣二尺五寸，在泗水縣東南歷山舜廟。

右碑篆額未拓，文二十八行，字徑八寸，孟遵撰，王汝悳書篆。

重修正覺禪寺碑

大德八年九月立，正書，篆額，碑高八尺五寸，廣三尺，在滋陽縣東邢安社正覺寺。

右碑題額『重修正覺禪寺之碑』二行，字徑四寸，文二十二行，字徑一寸，李諴撰，楊桓篆額，朱景椿書。

徐氏先塋碣銘

大德八年十一月立，正書，篆額，碑高七尺，廣三尺二寸，在鄒縣城北夏侯廟。

右碑額題『徐氏先塋碣銘』二行，字徑三寸，文共二十行，字徑一寸，楊桓撰并篆額，男守訥書。

卧佛院碑

大德九年二月立，正書，碑高六尺二寸，廣二尺七寸，在日照縣嵐山卧佛院。

右碑文二十行，字徑九分，末官吏銜名十行，字徑五分。碑無撰文人姓名，書丹者潘文炳。

重修昭惠靈顯王廟碑

大德九年三月立，正書，碑高五尺六寸，廣二尺五寸五分，在泗水縣。

右碑文二十二行，字徑一寸，嚴文博撰、書丹。

重修城隍廟碑

大德九年三月立，正書，篆額，碑高五尺，廣二尺六寸，在博平縣城隍廟。

右碑額題『重修城隍廟記』三行，字徑五寸，文共二十八行，字徑八分，王之綱撰，王構書并篆。案《元史·百官志》：諸縣分上、中、下，一萬户之上者爲中縣，上縣置達魯花赤一員，尹一員，丞一員，簿一員，尉一員，典史二員，中縣不置丞，餘悉如上縣之制。今此碑有達魯花赤，有尹，有簿，有尉，有典史，而無丞，蓋博平在東昌路爲中縣故也。

崑崙山東華宫記

大德九年十月立，正書，篆額，碑高八尺四寸，廣三尺六寸，在文登縣崑崙山東華宫。

右碑額題『崑崙山十方東華宮記』九字，横列，徑四寸五分，文三十一行，字徑一寸，焦養直撰，張仲壽書，譚振宗篆。

靈岩寺平公勤跡銘

大德十年三月立，正書，碑高二尺四寸五分，廣二尺六寸，在長清縣靈岩寺。

右碑文二十五行，字徑九分，沙門覺[二四]達撰，書記思圓書。

靈岩寺下院聖旨碑

大德十年四月立，并額俱正書，碑高三尺一寸五分，廣一尺七寸，在長清縣靈岩寺。

右碑額題『皇帝聖旨』四字，横列，徑一寸七分，文十五行，字徑八分，釋思圓書。月、日中間有蒙古篆文印，下有三押字。

東平路公廨記

大德十年四月立，并陰俱正書，額八分書，碑高一丈一尺，廣三尺三寸，在東平州署。

右碑額題『東平路公廨記』二行，字徑四寸七分，文二十二行，字徑一寸二分，王構撰，張孔孫書丹，李謙題額。陰刻官吏姓名三列，行數不計，字徑一寸。案《元史・地理志》載：太祖十五年，嚴實以彰德等户三十萬來歸，以實行臺東平。稽之《本紀》則來歸在十五年庚辰，而金東平行省事忙古棄城遁，嚴實入守之在十六年辛巳，碑所云『辛巳九月，嚴武惠公行臺卜地經創，規制略舉』者，正與《本紀》合也。碑陰列司屬六縣，曰須城、陽穀、東阿、汶上、壽張、平陰，與《元史·地理志》合，而州志沿革表獨不列平陰，何也？

欒安縣重修廟學碑

大德十年九月立，正書，碑高九尺二寸，廣三尺八寸五分，在欒安縣學。

右碑篆額未拓，文二十五行，字徑一寸一分，張孔孫撰并書篆。

萊州城隍廟碑

大德十年九月立，正書，碑高五尺三寸，廣二尺三寸，在萊州府城隍廟。

右碑篆額未拓，文二十三行，字徑九分，李諴撰，馬天駿篆額書丹。

棣州三學資福寺藏經碑

大德十一年正月立，行書，碑高八尺四寸，廣三尺三寸，在武定府三學寺。

右碑篆額未拓，文二十五行，字徑九分，沙門福真撰，趙孟頫書，張祐篆額。案：文敏於至元二十九年出同知濟南路管府事，會修《世祖實録》，召還京師。久之，遷知汾州，未上，書金字《藏經》成，除集賢直學士、浙江等處儒學提舉，遷泰州尹，未上。至大三年，召至京師。此碑結銜云『集賢直學士、朝列大夫、前行浙江等處儒學提舉』，云前爲提舉，則不知其書碑時現任何官也。碑中所紀年月多訛，元帥田公大德七年爲浙江行省理問官，施藏經於三學寺。越明年癸卯，琅函成。案：大德七年爲癸卯，若越明年當爲甲辰。又云『大德六年辛丑，田公同夫人史氏施大藏經文』，以六年爲辛丑，自當以七年爲壬寅，八年爲癸卯矣，而十一年爲丁未，則又不誤者，何也？撰文者或一時記憶偶誤，而文敏書碑亦仍沿之，所未解也。文中載杭省有白雲宗印經所，今杭省惟西湖瑪瑙寺及昭慶寺爲印經之所，詢以白雲宗，無一人知者，是可補武林梵刹之軼事也。

單顯卿等白雲洞題名

大德十一年五月刻，正書，在臨朐縣仰天山白雲洞南石壁。

右題『單顯卿、齊榮甫、賈敬之，大德十一年五月上旬有一日同遊洞記』三行，字徑一寸，年月二行，字徑五分。

樂安縣學加封孔子制詔碑

大德十一年七月立，并額俱篆書，碑高四尺，廣二尺八寸，在樂安縣學。

右碑額題『大元加大成詔』三行，字徑三寸，陽文。文十三行，字徑二寸，無書人姓名。

泰安縣學加封制詔碑

大德十一年七月立，正書，額八分書，碑高六尺，廣二尺五寸五分，在泰安縣學。

右碑額題『大元加封聖旨』三行，字徑二寸八分，文十行，字徑一寸二分。

滕縣學加封孔子制詔碑

大德十一年七月立，正書，碑高六尺六寸，廣二尺二寸，在滕縣學。

右碑文十行，字徑二寸五分。

樂陵縣學加封孔子制詔碑

大德十一年立，行書，碑高三尺六寸五分，廣二尺八寸，在樂陵縣學。

右碑文十三行，字徑一寸三分。

曲阜縣孔廟加封制詔碑

大德十一年立，并額俱國書，譯文正書，碑高八尺三寸，廣二尺七寸，在曲阜縣孔廟。

右碑額蒙古書三行，其上刻譯文，正書『大成至聖文宣王詔書』三行，字徑七分。文八行，左讀，旁以正書釋之。末行年月上有鈐印，方徑五寸。

兖州文廟加封孔子制詔碑

大德十一年九月立，正書，碑高五尺八寸，廣二尺五分，在兖州府學。

右刻文七行，字徑一寸。

闕里宅廟落成後碑

大德十一年十月立，正書，碑高八尺四寸，廣三尺六寸，在曲阜縣孔廟奎文閣後。

右碑文二十一行，字徑一寸一分，李謙撰并書。案：大德二年春，濟寧路總管案檀不華重修闕里孔子廟，至五年秋廟成立碑，閻復撰文。此稱後碑者，蓋以閻復碑爲前碑也。

冉子祠碑

無年月，書體詳後，碑高四尺九寸，廣二尺四寸，在東平州西北冉子墓祠内。

右碑題『東平公冉子祠』正書二行，字徑一尺四寸，無書人姓名。陰題篆書亦同，字徑一尺三寸。左刻書人趙期頤銜名正書一行，字徑一寸五分。案《州志》載：冉子墓初在汶上縣西門外感化橋側，宋時遷於州城西北二十里，舊有祠宇，元張瀚有記。今志瀚碑無攷，惟載明許彬記稱：元大德中，翰林學士王構撰文云。此碑無紀年月日，書碑之趙期頤，《元史》亦無傳可攷，兹因王構廟記作于大德中，姑附于末，以俟攷定。

耶律文正公塋碑

無年月，八分書，碑高四尺七寸，廣二尺四寸，在東平州。

右碑首刻『大元』二字，陽文，横列，字徑三寸五分。文云：『昭文館大學士、中奉大夫兼國子祭酒，贈資德大夫、河南江北等處行中書省右丞、上護軍、追封漆水郡公、謚文正耶律公塋，亞中大夫、東平路總管、門生張博文書。西去此三里，李家棚石碑村瓠山之陽。』凡六行，字徑一寸。案《元史》列傳載耶律有尚，字伯强，遼東丹王十世孫。祖父在金世嘗官於東平，因家焉。累官集賢學士，大德八年葬父還鄉里，已而朝廷思用老儒，復起昭文館大學士兼國子祭酒，階中奉大夫。既以年老，力請還家，卒年八十六，賜謚文正。攷有尚乃許衡之高第，至元八年衡奏爲國子監齋長，其時年可四十，史傳無至大年號，則終于大德之世可知矣。傳不載贈官封爵，得此碑亦可補史所未備。

龍山石壁題字

無年月，崖高四尺五寸，廣三尺，正書，在黄縣龍山石壁。

右題字六行，徑五寸，皆剥蝕難辨。

劉君先塋碑

至大元年六月立，正書，碑高五尺六寸，廣二尺八寸五分，在館陶縣城西劉氏墓上。

右碑篆額未拓，文二十八行，字徑九分，劉從善撰并篆額，李臨書丹。碑記劉氏先世，而所叙則劉源之政績爲多，元碑凡紀先德者，大率如此。

孔廟加封祭祀碑

至大元年七月立，正書，碑高六尺四寸，廣二尺六寸，在曲阜縣孔廟。

右碑文二十行，題名三行，字徑一寸。又祝文三首，字徑五分。

皇妹大長公主懿旨碑

至大元年九月立，正書，篆額，碑高三尺七寸，廣二尺，在曲阜縣孔廟。

右碑額題『懿旨釋奠祝文』三行，字徑四寸二分，文十一行，字徑一寸三分。月日上有押字。

皇妹大長公主魯王祭孔廟碑

至大元年十二月立，正書，碑高六尺，廣二尺六寸，在曲阜縣孔廟。

右碑文二十一行，字徑一寸，無書人姓名。案：此碑疑與前《懿旨碑》合爲一石，而拓者誤析爲二也。[二五]大德十一年五月，武宗嗣位，七月加孔子號曰『大成』，遣使祭告，用國書勒石。此碑所云『恭聞聖上加封大成至聖文宣王』者是也。蓋大長公主先於九月降懿旨，至是致祭，距朝廷加號『大成』遣使，僅隔半年之事耳。

賈氏墓碑

至大二年三月立，正書，碑高八尺四寸，廣三尺七寸，在鄒平縣城西賈氏墓上。

右碑文字磨滅，案《縣志》，爲条知政事劉敏中撰。

重修三皇廟碑

至大三年正月立，正書，額國書，碑高六尺五寸，廣二尺三寸，在泰安縣埠上店。

右碑額國書六字，二行，徑二寸八分。文十八行，字徑一寸，畢子麟撰，張仲寬書并題額。後有銜名四行，字徑八分。

重立東鎮廟神應記

至大三年四月立，正書，碑高二尺，廣二尺八寸，在臨朐縣東鎮廟。

右碑文二十六行，字徑八分，無撰書人姓名。末銜名三行，字徑六分。

德平縣學加封孔子制詔碑

至大三年六月立，正書，篆額，碑高六尺三寸，廣二尺七寸，在德平縣學。

右碑額題『有元加封大成至聖文宣王制』三行，字徑三寸五分。碑上層刻聖旨十四行，字徑一寸。下層閻復記文二十二行，字徑九分，縣尹王敬先書。案《元史・武宗本紀》：大德十一年七月辛巳，封至聖文宣王爲大成至聖文宣王，不詳預議者何人，草制者又何人。今案此碑，乃知皆閻復爲之。此記亦出復手筆，復之拜翰林學士承旨在大德四年，而其進階榮禄大夫、遥授平章政事在武宗踐阼之初，未幾，疏乞歸里，詔從其請。碑立於至大三年，正復致仕里居時也。

曹縣學加封孔子制詔碑

至大三年十月立，國書，陰正書，碑高四尺六寸，廣二尺四寸五分，在曹縣學。

右碑刻制詔，蒙古書及正書譯文各八行。陰列上、下二層，上記文十二行，字徑八分，下題名不計行數，無書人姓名。

濟南府學加封孔子制詔碑

至大四年八月立，正書，碑高八尺二寸，廣四尺一寸五分，在濟南府學。

右碑額未拓，上層刻制詔二十三行，字徑一寸，下層刻記文二十七行，字徑一寸。記爲劉敏中撰并書、題額。案《縣志》載此碑，尚有碑陰刻都轉運鹽使以下官吏姓名，拓者亦遺之。

齊東縣新學記

至大四年八月立，正書，篆額，碑高九尺六寸，廣三尺，在齊東縣學。

右碑額題『齊東縣新學記』二行，字徑四寸五分，文二十四行，字徑八分，李謙撰，劉敏中書，郭貫篆額。

重修福勝禪院碑

至大四年九月立，并額俱正書，碑高五尺九寸，廣二尺四寸五分，在諸城縣昌城東福勝寺。

右碑額題『重修福勝禪院』六字，三行，徑三寸。文十八行，字徑一寸，釋守恩撰，□□書丹。案《縣志》尚有陰，未拓。

仁宗祭告宣聖廟碑

至大四年十月立，正書，碑高五尺七寸，廣二尺一寸，在曲阜縣孔廟。

右碑文二十二行，字徑八分。案《元史・仁宗本紀》：帝以至大四年三月十八日即皇帝位，『閏七月辛丑，命國子祭酒劉賡詣曲阜，以太牢祠孔子」。蓋遣官在閏七月，而致祭在十月也。

沂山祭春記

至大四年十二月立，正書，碑高二尺，廣二尺四寸，在臨朐縣沂山東鎮廟。

右碑文八行，字徑一寸，後銜名七行，字徑八分。案：至大四年正月，武宗崩，三月，仁宗即位。是年閏七月，故十二月二十一日應迎春而祭於東鎮廟也。

濟寧廟學從祀繪壕記

皇慶元年二月立，并陰俱正書，篆額，碑高五尺四寸五分，廣二尺二寸，在濟寧州學。

右碑額題『濟州廟學從祀繪壕記』三行，字徑四寸，文二十行，字徑一寸。末有小字造作姓名一行，陳儼撰，趙璧書，李貞篆額。陰刻官吏題名四行。案《元史·孝友傳》有趙璧，鄭州人，以居喪廬墓聞，未知即此人否。

章丘縣學加封孔子制詔碑

皇慶元年四月立，并陰及額俱正書，碑高九尺六寸，廣三尺二寸，在章丘縣學。

右碑額題『大元加封大成至聖文宣王碑』二行，字徑二寸七分。上層刻制詞十七行，字徑一寸，下層記文二十一行，字徑九分，劉肇撰并書、題額。陰刻官吏姓名，不計行數，字徑一寸。

蔡州知州石府君墓碑

皇慶元年四月立，正書，碑高二尺七寸，廣一尺八寸五分，在濟寧州。

右刻題『武略將軍、蔡州知州石府君墓』二行，字徑三寸八分。右旁刻『奉議大夫、均州知州兼管本州諸軍奥魯、勸農事趙璧書』一行，左旁刻『皇慶元年四月闕。路廣靈縣主簿男元容立』一行，俱字徑一寸。

河曲縣主簿石君墓碑

皇慶元年四月立，正書，碑高二尺五寸，廣一尺八寸，在濟寧州。

右刻題『太原路河曲縣主簿石君之墓』二行，右旁刻『奉議大夫、均州知州兼管本州諸軍奥魯、勸農事趙璧書』一行，左旁刻『皇慶元年歲次壬子四月闕。朔十有二日丁丑闕。』一行，字體大小皆同前碑。

鄒平縣學加封孔子制詔碑

皇慶元年五月立，正書，碑高七尺六寸，廣四尺，在鄒平縣學。

右碑額未拓，上層刻制詔二十一行，字徑一寸二分，下層刻記文二十三行，字徑一寸二分，劉敏中述并書、題額。

紫府洞詔文碑

皇慶元年十月立，正書，篆額，碑高八尺五寸，廣三尺四寸五分，在文登縣紫府洞。

右碑額題『詔文之碑』四字，横列，徑五寸五分。碑凡五層，四層俱詔文。第一層二十七行，字徑九分；第二層二十九行，字徑九分；第三層三十三行，字徑八分；第四層二段合爲一列，凡三十四行，字徑八分。下刻銜名、年月凡三行，左讀，字徑七分。

東華洞五華碑八種

皇慶元年十月立，俱正書，尺寸詳後，在文登縣東華洞。

第一碑，高四尺三寸五分，廣一尺七寸，刻至元六年詔詞十六行，字徑八分。

第二碑，高四尺三寸五分，廣一尺五寸，刻至大三年詔十三行，字徑八分。

第三碑，刻至大三年詔十四行。

第四碑，刻至大三年詔十三行。

第五碑，刻至大三年詔十三行。

第六碑，刻至大三年詔二通，凡十六行。

第七碑，刻至大三年詔十六行。自第三碑至此，高廣、字樣與第一碑同。

第八碑，刻至大三年詔凡十行，後皇慶元年歲月及題名四行，高廣、字樣與第二碑同。

案：此碑共八種，總謂之五華碑，蓋以東華五祖爲之冠，而自七真以下連及後賢，歷次加號制詞並列于石也。碑惟首一通是至元六年制詞，餘皆至大三年制詞。但末碑獨有皇慶元年立石一行，玩其碑式，八碑相同，知皆是皇慶元年所刻也。

紫府洞碑

皇慶元年十月立，上層行書，下層正書，篆額，碑高八尺四寸，廣三尺五寸，在文登縣東華宫後紫府洞。

右碑額題『大東華宫紫府洞記』八字，横列，徑四寸。上層記文三十行，字徑一寸二分，鄧文原撰，張仲壽書，楊光祖篆額。下層刻功德主姓名三十六行，字徑一寸。

東華帝君碑

皇慶元年十月立，行書，篆額，碑高八尺三寸，廣三尺五寸，在文登縣東華宫。

右碑額題『東華紫府輔元立極大帝君碑』十二字，横列，徑三寸，文三十行，字徑一寸。此碑撰文者鄧文原，書碑者張仲壽，篆額者趙孟頫。文既典重有體，不蹈元門窠臼，書法頗與文敏相埒，而文敏篆額結構緊嚴，不類他刻，可稱三絶。《元史·鄧文原傳》：大德五年，擢應奉翰林文字。九年，升修撰，謁告還江南。至大元年，復爲修撰，預修《成宗實録》。三年，授江浙[二六]儒學提舉。皇慶元年，召爲國子司業。此碑但結修撰及編修官銜，疑作於至大年間。張仲壽，史不爲立傳，據大德九年《崑嵛山東華宫碑》亦仲壽書，彼碑結銜云『嘉議大夫、前泉府卿、中尚太監』，至是晉官兩階，職居詞翰，殆亦以善書之故也。趙孟頫之官侍讀學士，亦在至大三年，旋以與他學士撰定祀南郊祝文及擬進殿名，議不合，謁告去。仁宗即位，始召除集賢學士。此碑結銜不曰集賢，而曰侍讀，則確乎撰書、題額皆在至大，而立石乃在皇慶元年耳。

重修龍神祠碑

皇慶元年十月立，正書，碑高五尺一寸，廣二尺七寸，在日照縣。

右碑文十九行，字徑一寸三分，『前日照縣尹』二行，在碑右標題之下，字徑五分，薛師讓撰，王恭禮書。

廉訪苗公先塋碑銘

皇慶元年十月立，正書，碑高七尺一寸，廣三尺一寸五分，在城武縣北胡村苗公墓上。

右碑篆額未拓，文二十五行，字徑一寸，劉泰撰，馬儆之書，冀德方篆額。

丹陽真人歸葬記

皇慶二年正月立，行書，碑高七尺九寸，廣三尺六寸，在萊陽縣遊仙宫内。

右碑額未拓，文二十五行，字徑一寸二分，張仲壽撰書并篆額。

東鎮廟祭告碑

皇慶二年二月立，正書，碑高一尺二寸，廣二尺，在臨朐縣東鎮廟。

右碑文十五行，字徑八分，末銜名四行，字徑四分。

靈岩寺海公道行碑

皇慶二年八月立，正書，篆額，碑高八尺四寸，廣三尺二寸，在長清縣靈岩寺。

右碑額題『海公禪師道行之碑』四行，字徑三寸五分，文二十九行，字徑一寸，孫榮孚撰，釋覺達書丹并篆額。

諸城縣學加封孔子制詔碑殘石

無年月，正書，石高一尺八寸，廣三尺四寸，在諸城縣學。

右碑祇存中段，上下俱闕，存者分上下兩層：上刻詔書，字徑一寸五分；下刻記文凡二十三行，末結銜四行，各存首一字，徑一寸。據《縣志》云，是皇慶二年九月立。

靈岩寺山門五莊記

皇慶二年十二月立，正書，篆額，碑高二尺四寸，廣三尺三寸五分，在長清縣靈岩寺。

右碑額題『靈岩山門五莊之記』八字，横列，徑二寸八分，文十七行，字徑一寸。首座刊石等題名七行，字徑五分，釋覺達撰。

濟陽縣學加封孔子制詔碑

皇慶二年十二月立，正書，碑高六尺一寸，廣三尺，在濟陽縣學。

右碑分上、下二層，上刻制詞十七行，字徑一寸二分，下記文二十三行，字徑一寸二分，劉敏中撰。

宮山漢武帝廟碑殘石三段

皇慶二年立，正書，篆額，尺寸未詳，在萊蕪縣宮山漢武帝廟。

右碑額題『重修漢武皇帝之廟』二行，字徑二寸五分。第一段碑右腹首標題一行，以下十一行。第二段碑左上角十行。第三段碑左下角連中腹十五行，字徑八分。此碑殘缺殊甚，撰書人姓名皆缺，惟後存『大元皇慶二年』六字，尚可定其時代。

【校勘記】

[一]此碑已毀，僅有拓本傳世，一九九一年由濟南出版社影印出版，碑文亦載於《濟寧州金石志》卷三《太白酒樓記石刻》、《李太白全集》卷三六《李白酒樓記》、乾隆《山東通志》卷三五《李白酒樓記》、《全唐文》卷八〇二《李白酒樓記》，茲據此加以校證。

[二]『于齊魯』，拓本無。

[三]『照磨』，原作『照照磨』三字。《元史》卷八五《百官一》載『照磨』一職，而無『照照磨』。

[四]『曲阜縣』，原作『鄒縣』，誤。尼山及尼山書院今屬曲阜，在清代是否屬鄒縣呢？乾隆三十五年（一七七〇）覺羅普爾泰纂修《兗州府志》卷三《山川》，在『曲阜縣』下有『尼山』一目，并注云：『在縣東南六十里，聖母顔氏禱於尼丘，即此山也。』而在『鄒縣』下，并無尼山。該書卷一九《古迹》，在『曲阜縣』下有『尼山碑』一目，并注云：『在尼山書院，元至正二年虞集撰。』乾隆三十九年（一七七四）潘相等纂修《曲阜縣志》，該書卷七對尼山書院與洙泗書院做了專門介紹。可見，尼山及尼山書院在清代乾隆時期屬曲阜縣，而非鄒縣，《山左金石志》誤。

[五]此闕字，不可辨，僅可識「門」部。

[六]「名囊家真」，原作「名南哥不剌」。據《元史》卷一八《成宗本紀一》記載：元貞元年春正月乙亥，「封皇姑囊家真公主爲魯國大長公主，駙馬蛮子台爲濟寧王」。據此可知，魯國大長公主，名「囊家真」。

[七]此碑已毁，碑文載於《益都金石記》卷四《故膠州知州董公神道碑》、光緒《益都縣圖志》卷二八《故膠州知州董公神道之碑》，兹據此加以校證。

[八]此闕字，《益都金石記》作「李」。

[九]此闕字，《益都金石記》、光緒《益都縣圖志》作「奉」。

[一〇]「成」，光緒《益都縣圖志》作「戍」。

[一一]此闕字，《益都金石記》、光緒《益都縣圖志》作「志」。

[一二]此闕字，《益都金石記》、光緒《益都縣圖志》作「名」。

[一三]此二闕字，光緒《益都縣圖志》作「撫之」。

[一四]「斤」，《益都縣圖志》《益都金石記》作「斥」。

[一五]此闕字，《益都金石記》、光緒《益都縣圖志》作「難」。

[一六]此闕字，光緒《益都縣圖志》作「百」。

[一七]「江」，《益都金石記》、光緒《益都縣圖志》作「南」。

[一八]此闕字，《益都金石記》、光緒《益都縣圖志》作「回」。

[一九]此闕字，《益都金石記》無。

[二〇]此闕字，《益都金石記》作「特」，光緒《益都縣圖志》作「併」。

[二一一]此處原有『不』字，係衍文，據《宋史》卷四七七《叛臣下·李全》、《益都金石記》删。

[二一二]『元』，原作『九』，據《宋史》卷四七七《叛臣下·李全》正。

[二一三]此處原衍『書』字，據《元史》卷一八《成宗一》删。

[二一四]『覺』，原作『思』，據《北京圖書館藏中國歷代石刻拓本匯編》第四八册《净平勤迹銘》正。

[二一五]此碑與前《皇妹大長公主懿旨碑》確實爲一石的兩面，《皇妹大長公主懿旨碑》爲碑陽，《皇妹大長公主魯王祭孔廟碑》爲碑陰。

[二一六]『江浙』，原作『浙江』，據《元史》卷一七二《鄧文原傳》正。

卷二十三

元石

修真宫提點王志道道行碑

延祐元年二月立，正書，篆額，碑高五尺六寸，廣二尺六寸，在淄川縣七里店修真宫。

右碑額題『修真宫記』二行，字徑三寸五分，文二十行，字徑九分，思濟撰文，李克通書丹并篆額。

堂邑縣尹張君去思碑

延祐元年三月立，行書，碑高五尺，廣二尺[二]六寸，在堂邑縣。

右碑篆額未拓，文二十七行，字徑八分，元明善撰并書、篆額。

太虚宫螭首題字

延祐元年五月立，正書，在青州府學。

右刻未見拓本，據段赤亭《益都金石記》載之。螭首，高一尺餘，其一刻年月、姓名三行，其一刻年月、姓名一行，皆有『太虚宫』字。

重修東嶽廟碑

延祐元年九月立，并額及陰俱正書，碑高七尺六寸，廣三尺一寸，在萊蕪縣東嶽廟。

右碑額題『重修東嶽行宫之碑』二行，字徑二寸八分。文及標題、銜名凡三十五行，字徑一寸，於商隱撰文，高秉崇題額并書。碑陰刻施主、官吏、士庶、道士姓名四十八行，字徑八分。

靈岩寺就公禪師道行碑

延祐元年九月立，正書，篆額，碑高六尺四寸，廣三尺二寸五分，在長清縣靈岩寺。

右碑額題『就公禪師道行之碑』四行，字徑三寸，文二十七行，字徑一寸，沙門覺達撰書。

靈岩寺舉公壽塔碑

延祐元年九月立，并額俱正書，碑高三尺六寸，廣一尺四寸五分，在長清縣靈岩寺。

右碑額題『舉公提點壽塔』三行，字徑二寸四分。其上又有咒語七字，徑一寸五分。文十一行，字徑一寸。

萬户劉侯神道碑

延祐二年二月立，尺寸、字體未詳，在齊河縣西南劉公墓上。

右碑未見拓本，據朱朗齋所録載之。文爲杜質撰，李好義書，石天英篆額。

清河郡伯張公墓碑

延祐二年三月立，正書，碑高九尺，廣三尺五寸，在城武縣小房山張公墓上。

右碑篆額未拓，文二十二行，字徑一寸二分，元明善撰，趙孟頫書，王毅篆額。

泰安州重修廟學碑

延祐二年八月立，并陰俱正書，篆額，碑高六尺八寸，廣二尺六寸，在泰安府學。

右碑額題『重修廟學之記』二行，字徑三寸五分。文二十二行，字徑一寸，教授尚毓德撰，教諭王翼書篆。碑陰刻官吏姓名二十五行，字徑六分。

淄川縣學加封聖號碑

延祐二年九月立，并額及陰俱正書，碑高八尺八寸，廣三尺二寸五分，在淄川縣學。

右碑額題『大元加封大成至聖文宣王聖號之碑』三行，字徑二寸五分。上層刻聖旨十五行，字徑一寸，下層刻文二十七行，字徑一寸，劉敏中撰書。碑陰刻官吏、社長姓名，多漫漶。

靈岩寺執照碑

延祐二年九月立，正書，篆額，碑高七尺四寸，廣二尺九寸，在長清縣靈岩寺。

右碑額題『宣賜靈岩聖旨之碑』二行，字徑三寸五分，文二十六行，字徑八分。年月一行字徑一寸五分，上有鈐印一，蒙古篆文，方徑一寸八分。此碑因朝廷開煉長清銀洞，侵及靈岩寺山場，請官給照，勒石以垂永久也。

曹縣盤石鎮創修廟學碑

延祐二年十二月立，正書，碑高四尺八寸，廣二尺四寸，在曹縣盤石鎮文廟。

右碑額未拓，文二十五行，字徑五分，孫仁撰文，李世傑題額，書人名已缺。

延祐瓷甕題字

延祐二年造，正書，陽文，在淄川縣高氏。

右瓷甕未詳形製，其底圓徑五寸，中題『延祐二年』四字，左『王六』二字，右『公造』二字，徑一寸。

重修東嶽廟碑

延祐三年正月立，正書，碑高五尺五寸，廣二尺三寸，在濰縣東嶽廟。

右碑額未拓，文二十三行，字徑八分，石可大撰書，傅汝梅題額。

松巖純真子墓碣銘

延祐三年二月立，正書，篆額，碑高四尺八寸，廣二尺一寸，在長清縣五峰山。

右碑額題『松巖純真子墓碣銘』四行，字徑二寸五分，文二十一行，字徑八分，李世傑撰，蔡祐書并篆。

翠微亭安仁甫詩刻

延祐三年四月立，正書，石高八寸，廣六寸，厚二寸五分，在鄒平縣安氏翠微亭舊址。

天地日月，國王父母。

右二行，字徑一寸四分，在碑之正面。

翠微遐景對雲峰，花木成蹊錦繡叢。看取田園子孫計，安公端不讓龐公。

延祐三年四月日安宅立。

右七絶詩一首，并年月凡五行，字徑七分，在碑陰。

雲山三面盡，花木四時春。若問幽居處，斯亭遠世塵。

□水拖青練，遥山列畫屏。幽人深有意，此地結茅亭。

右五言絶句詩二首，分刻於碑之兩側。詩各二行，字徑七分。案《鄒平縣志》：『遐景亭、翠微亭俱在黄山，並安處士所構。處士名安，字仁甫，嘗自製小碑，高可盈尺，螭頭龜座，極精工，久湮土中。康熙三十年，裔孫安士禄得於廢亭故址。』

賀公神道碑殘石

延祐三年五月立，正書，碑高三尺二寸，廣三尺五寸五分，在濟陽縣。

右碑祇存上截，文二十四行，字徑一寸，《縣志》云是趙孟頫撰書。

興國禪寺塔苑碑

延祐三年五月立，八分書，篆額，碑高六尺二寸，廣三尺二寸，在臨淄縣興國寺。

右碑額題『臨淄興國禪寺塔苑記』三行，字徑三寸，文二十三行，字徑一寸，林□間撰，周琦書并篆額。

二賢祠堂碑

延祐三年六月立，行書，篆額，碑高五尺三寸，廣二尺四寸，在濟寧州太白樓。

右碑額題『二賢堂碑』二行，字徑四寸四分。文二十二行，字徑九分，曹元用撰，張楷書，尚德勉篆額。

孟廟加封孟子父母制詞碑

延祐三年七月立，正書，碑高三尺七寸，廣二尺六寸，文十一行，字徑二寸。〔三〕

石佛殿延祐石刻

延祐三年八月立，正書，碑高二尺七寸，廣一尺四寸五分，在淄川縣治。

右碑文十六行，字徑七分，李讓撰書。

孔思晦襲封衍聖公碑

延祐三年九月立，正書，碑高三尺六寸，廣二尺，在曲阜縣孔廟。

右碑文十八行，字徑一寸。碑文簡陋，不署撰人姓名。

東嶽行祠碑

延祐三年十一月立，正書，篆額，碑高四尺五寸，廣二尺，在淄川縣。

右碑額題『東嶽行祠之記』三行，字徑二寸，陽文。文二十行，字徑九分，撰書姓名殘缺。

重修慈雲禪寺碑

延祐四年正月立，并陰俱正書，篆額，碑高七尺七寸五分，廣二尺九寸，在濟寧州晉陽山。

右碑額題『重修慈雲禪寺』二行，字徑五寸，文二十一行，字徑一寸二分。顏之義撰，李玉書并篆。

碑陰額題『宗派之圖』四字，横列，徑二寸。上層刻僧衆宗派，下層刻施主姓名，字徑八分。

張志純遺世偈石刻

延祐四年二月立，正書，石高一尺四寸五分，廣二尺二寸，在泰安府學。

右刻偈頌、題識凡十四行，字體大小不等。末有小字二行，云『萬曆甲午秋，會真宫灾，刻無所附，因移置關聖廟壁左』云云。則此碑初置會真宫，明時移於關聖廟，不知何時又移於學宫。

太師泰安武穆王神道碑[三]

延祐四年四月立，八分書，篆額，碑高一丈八尺四寸，廣五尺四寸，在泰安縣城外舊校武場。

大元太師泰安武穆王神道之碑銘額三行，字徑六寸，『大元』二字横列於首。

大元太師泰安武穆王神道碑銘，姚燧撰。

當大德癸卯，燧持憲節，使江之東三年，光禄大夫、上柱國、江淛行省平章政事公之三子内□□太宫宿衛[四]渾都，與江東建康道肅政廉訪副使伯都及行河南省參知政事埜仙帖穆而，譜其系，狀其事，以請曰：『先公三宿墳莽矣，其忠以事國，孝以繩家，光大而雄偉者，不及今焉鑱之金石，將日遠日忘，奚以示遺胄於無窮？敢屬筆子。』燧以與憲副聯事此道，義不可辭，乃序之曰：公忙兀氏，諱博羅讙。畏答而，公之曾孫；蘸木曷，公之孫；瑣魯火都，公之子。始，畏答而與兄畏翼俱事太祖。時太疇盛彊，畏翼謀往歸之，畏答而苦止曰：『帝何負汝而爲是？』竟去，追又不復，雪泣而歸，請獨宣力。帝貳之曰：『汝兄與衆皆往，獨留何爲？』無以自明，乃折矢誓曰：『所不忠事帝者，有如此矢。』帝感其誠，易名屑壘，約爲按答，蓋明炳幾先，與友同死生之稱。帝後與王罕陳於曷剌真，彼衆我寡，敕兀魯一軍先發，其將兀徹帶玩鞭馬鬣不應，屑壘請曰：『戰猶鑿也，匪斧不入，我先爲鑿，請君斧繼。』顧帝訣曰：『臣萬一不還，三黄頭兒將軫聖慮者。』辰入疾戰，大敗其軍，晡猶逐北，敕使止之，乃旋師。兜胄爲殿，腦中流矢，帝傷之曰：『朕戒卿早休兵，竟創而歸。』親爲傅藥，寢與同帳，踰月而卒。帝曰：『曩只里吉爲敵將，實禦屑壘，其以只里吉民百户屬屑壘子，世世歲賜勿絶，其族散亡者收完之。』即封北方萬家。太宗以其子忙各爲郡王，又俾貴臣忽都忽大料漢民，分城邑以封功臣，割泰安州民萬家，封郡王。歸奏，帝問忙兀之民何如是少，對曰：『臣今差次，惟視太祖之舊，舊多亦多，舊少亦少。』帝曰：『不然，舊民少而戰績則多，其增封二萬户〔五〕，與十功臣同爲諸侯者，民異其編。』兀魯争之：『忙兀舊兵不及臣半，今封固多於臣。』帝曰：『汝忘而先玩鞭馬鬣事耶？』後諸侯王與十功臣既有土地人民，凡事干其城者，各遣斷事官自司，聽直於朝。公年十六爲斷事官，世祖正宸極，以從征叛王阿里不各功，賜其軍驃馬四百匹、金銀幣帛稱是。尋詔入宿衛，曉近臣曰：『是勳閥諸孫，從其出入禁闥，無輒誰何？』李璮反，詔將忙兀一軍圍濟南，鈔益都、萊州。賊平，决獄燕南，人稱明允，賜衣一襲。雲南王虎各赤爲其省臣寶合丁輩毒殺。事聞，敕中書擇可治其獄者，凡四奏，人皆不當旨。丞相先真舉公，且言：『敗事臣請從坐。』帝曰：『之人則可。』公辭：『臣不愛死，第年少，目不知書。』帝曰：『朕方恃卿求皇子死，尚書别帖木而知書，惟可使之，簿責其事，是否一委自卿。明日慎無歸咎輔行也。且聞卿不善飲，彼地多瘴，宜少飲敵之。』未至四五驛所，寶合丁遣人負金六篋來迓，公曰：『雲南去朝廷遼邈，省臣握兵不安，其心將懼而變。』乃好爲語遣之。既至，盡以金歸省，而竟其獄，得置毒情，殺之而還。奏可，顧先真曰：『卿舉得人。』賜兼金爲兩五十。武備寺奏：『今入筋角，惟忙兀以時，夥於常歲。』帝曰：『其報賜之。自今凡忙兀事，無大細，如札剌而事統丞相安童者，省〔六〕統於博羅讙。』八年，授昭勇大將軍、右衛親軍都指揮使、虎符，大都則專右衛，上都則三衛兼總。十一年，授金吾衛上將軍、中書右丞。大師南伐，分軍爲兩，制曰：『其右授丞相伯顔、阿术節度，左悉委卿。』指一犯法臣曰：『如别急烈迷失，朕不責也。』俄授兼淮東都元帥，軍於下邳。公策諸將曰：『清河居宋北鄙，城小而固，與泗州、昭信、淮安實相犄角，當水陸衝，未易卒拔。可頓大兵爲疑，海州、東海、石湫〔七〕，違此數百里，其守必懈，吾將輕兵倍程而東，其守臣可襲虜也。』師至海州，丁安撫果下石湫，東海隨下，清河史安撫聞之亦下，不一月而下四城。宋主既降，而淮東諸州猶城守，故太傅伯顔入覲還，密詔以公進兵，拔淮安南堡，戰白馬湖〔八〕及寶應，棄高郵不攻，由西小河達漕河，據灣頭堡斷通、泰援，竟拔揚州，斬其制帥李庭芝，淮東諸州悉下。賜西域藥及葡萄酒、介胄、弓矢、鞍勒。會分江南諸州隸諸侯王及十功臣，又益封桂陽州。十四年，遣平叛王只里斡帶於應昌，賜以鞶帶〔九〕、幣帛，與傅羅同署樞密院事。未久，授北京右丞。既至，召〔一〇〕還。會南土多反者，詔募民能從大軍進討者，俾自爲軍，其百夫、千夫惟聽其萬夫長節度，不役他軍，制命符節，一與正同。已行矣，公疾不能自陳，令董司徒文忠入言：『今者日所出入勝兵，何啻百萬，何假此曹無賴僥倖之徒，以壯軍威。臣恐一踐南土，肆爲貪虐，斬伐平民，妾其婦女，橐其貨財，民畏且仇，反將滋衆，非便。』召輿疾入，帝視其色瘁然，賜坐與語，重陳董奏，可之。適常德入覲〔一一〕唐兀帶一軍，殘暴其境，如公所策，敕斬以循〔一二〕，諸是軍皆罷之。十六年，曷剌斯、博羅斯、斡羅罕、薛連干皆彊宗也，勢不相一，求遣大臣來涖，詔令公往，凡居是二〔一三〕年。十八年，以右丞行省甘肅，時大軍駐西北，仰哺省者十數萬人。自陝西、隴右、河湟皆不可舟，惟車輦而畜負之，塗費之餘〔一四〕，十石不能致一，米石至百緡。公經畫得方，供億不乏，賊不敢窺邊者二年。廿有一年〔一五〕，授龍虎衛上將軍、御史大夫、江南諸道行御史臺事。黃華反，徽內地戍兵進討，未能平賊，多奴良民以歸。公令監察御史、提刑按察司隨在糾覈，皆止還之，以疾歸。會諸侯王乃顔反，帝欲自將征之，公曰：『始太祖分東封諸侯王及侯其地與户，臣如知之，以二十率之，彼得其九，忙兀、兀魯、札剌而、宏吉烈、亦其烈斯五諸侯得其十一，彼力滋多，吾力滋少，吾有衰耗，彼亦衰耗，然要其歸，五侯之力，終多彼二，惟責徵兵五侯，自足當之，何煩乘輿？臣昔疾今愈，請事東征。』制：『可。』賜介冑、弓矢、鞍勒，命公董是五諸侯兵以行。與乃牙接戰，屢摧[一六]其鋒。再與其黨一王塔不帶戰，霪雨不止，軍以乏食求却，公曰：『兩陣之間，勿作事先。』已而，彼軍先動，公悉衆乘之，逐北二日，身中三矢，禽塔不帶，斬忽倫輩，後與月列魯太師合力，始誅之。賜銀爲兩四百五十，幣帛九。不再月，其黨一王哈丹復叛，公再請往，詔與諸侯王乃馬帶討之。公狃於屢勝，一日不虞，賊游兵卒至，止從三騎返走。有絶壑前[一七]，廣二丈，深加廣半，追兵且及，獨公軍[一八]馬能越，三人後者皆見殺，人以爲天相忠義。後逐北，極於東海之壖，哈丹自引焚[一九]，獲其二妃，斬其子老底於陳。凡戰四年，所俘金銀悉散將士，以故人致死力。賊平，敕一妃賜乃馬帶，一妃賜公，陳金銀器延春閣，召東征諸侯王及公至，將分賜之。問公：『卿家是器幾何？鞶帶有無？』公曰：『以陛下威德，奉身之物亦畢備矣。』帝曰：『朕出此本[二〇]，以疇卿曹之勞，在人則伐其能，以幸多取。朕問猶曰既有，可謂謙挹不眩于貨者，豈令其徒手歸，姑賜是器五百兩。』二十八年，改河南宣慰司爲行中書省，求可首是省平章者，凡三奏皆不允，末乃及公，則可。授榮禄大夫、平章政事。淮鹽爲引，歲六十五萬，前政多逋，至公如額而集，賜異幣一。開封監縣帖兀兒，告廉訪使胡某不戢其民，昏集曙散，縣簿陳勣置巡屋器械於村，又周劉光店爲墻四，其門扃鐍，司夜出入。詔公按之，皆誣，杖而徙戍南邊。河水遷流無常，民訟退灘，連歲不絶。或以其地投獻諸侯王，求爲田[二一]民自蔽。公奏正[二二]之，仍著爲令。河後泛濫，隄埽横潰，歸德、睢州、汴梁水及城下，漭爲巨浸。公親行水[二三]，督有司捍完之。皇上元貞二年，遷公平章陝西，未行而改，復爲河南。入覲，奏忙兀一軍戍北，歲久衣率故弊，請以臣泰安州五户歲入絲一斤，積四千斤盡輸内帑，易爲匹帛，分賚諸軍。上以爲益，敕遞車送達軍中。賜銀爲兩百五十，幣帛三。陛辭之日，上諭之曰：『卿今白須，世祖德音，實足聽聞，事更加慎。』中書平刺真、宣政院使大食蠻合奏：『始者伐宋，世祖分軍爲兩，右則屬之伯顔、阿术，左屬之博羅驩。今伯顔、阿术皆有田民，而博羅驩獨不[二四]可後。』上曰：『何久不言，豈彼恥自白邪？』其於淮東所嘗戰地高郵已籍之民，賜五百户，以上中下率之，上一而中下各二，及圈背銀比[二五]。再至汴，踰年，凡流外官久滯不銓，旅食道宫者，旬□□□[二六]之。大德之元，叛王岳术忽而、兀魯速不華來歸，公遣使驛[二七]聞：『始是諸王叛，由其父，是輩小弱，若無與知，今焉來歸，宜棄前惡，以勸未至。』上曰：『是奏深契朕衷。』改平章湖廣，賜金鞍勒。至汝寧，合福建省于江淛，授公光禄大夫、上柱國、江淛等處行中書省平章政事，賜玉帶。夏大旱，隨禱而雨。杭之豪民十家，入賂於官，大爲醸務，高其估而專其利，酒日濫惡，公變其法。改省四憑，其富蓄淩轢府縣，肆爲姦利，自刻木牌與交鈔，雜行民間，實侵貨幣，與國争利。又盜隄海之石，[二八]公欲斬之，而中書刑曹當以杖，然亦由是大姓始知重足立矣。以大德庚子五月二十有二日，薨于臨安寓舍，年六十有三[二九]。以其年七月八日葬于檀州西北太行山，不封。最其平生，典兵則右衛都指揮使、都元帥、樞密院，風紀則御史大夫，宰相則三爲右丞，四爲平章。與夫四十七年馬足所及，西南雲南，西北金山，東北海隅，東高句驪，東南吴閩。再討叛臣，四征叛王。其間事平而疾，聞變請行，惟以有國艱虞爲憂，視轉鬭乎萬里之遠，歷歲之久，若堂奥之朝夕焉。雖風雪皸瘃其膚，鋒矢交集其躬，飲食饑渴不時其□體，皆不避恤，必致寇首戲下，歸報□□[三〇]而止，真凜凜有曾考風。上尤眷重之，若世祖身御櫜鞬、弓矢，皆萬[三一]世傳寶，不以賜臣下者，惟以賜公。海東青、鶻雛[三二]，先朝多或十賜，惟至白鶻觜爪玉如，聖語曉曰：『是禽惟朕及鷹師所鞲，以卿世臣□□[三三]宣力之多，日桑榆□[三四]，□□[三五]娱心。河南治地，平衍而遠，且多陂澤，鵝鸛所集，時出縱之，使民得見昭代春秋蒐田之盛，不敢萌啟邪心。』皆殊錫也。夫人兀怯烈氏、□按檀氏、□札剌而，皆前公卒。今夫人札剌而氏、王氏、按檀氏、宏吉烈氏。男□[三六]人，太宫[三七]、憲副、參政、博羅。公於庭臣，居家最名有法。夜分不寐，諸子列侍其前[三八]，聽談祖宗故實，無敢或歸私室。燕奉樽俎，迭歌舞以娱賓，亦無有酒失者。女六：長適國[三九]卜伯，次□□[四〇]徹干平章子僉書樞密院事完者，次適國王弟孛闌肹，次適太師弟怯烈出，次適山東宣慰使必辛牙，幼在室。男女孫如干。銘曰：

皇矣太祖，肇造方夏。右之左之，惟十臣者。公之曾考，展一其中。矢[四一]矢靡告，帝視友同。

敵陳來加，挺戈而出。大崩其軍，免胄而入。五兵之長，無矢不仁。由賊叩輪，懋功是創。[四二]帝惻其心，百夫償死。顧成嘉止，既王其子。逮分茅土，帝自等差。國以泰安，二萬其家。公祖王季，勤勩克類。再傳而公，世祖之事。勳閥遺苗，帝植以培。而獨於公，嘗譽其材。聽於禁闥，無止入出。翼翼其心，彌謹自律。隨遇而安，利患靡干。承命即往，奚遠奚難。東北海邦[四三]，西南南[四四]詔。甌閩炎陬，金山遐徼。聞有艱虞，必請赴趨。大獄叛藩，無一漏誅。人臣憲憲，曰省臺院。平章大夫，宥密鈞踐。先聖今聖，賚予優優。良駟天閑，豪隼御韝。橐鞬介胄，鞍帶衣裘。黄白之金，委家如丘。皇矣太祖，于疆于理。惟公曾考，實成其始。遺厥大艱，畀之神孫。神孫世祖，闢乾翕坤。考其皇輿，南北猶判。孰是潮右，嬴鬼歆裸。大興師征，巖業百城。罔不簞壺，竭餍義聲。傳其國都，孱王銜璧。蕞爾淮東，諸州□□[四五]。詔公進攻，盪殲渠兇。九域攸同，公焉成終。□□[四六]之意，悠悠或在。成始之孫，宜際斯會。益封桂陽，江嶺外内。於乃先烈，克光以大。嘗聞古先，誓侯功臣。泰山如礪，國以永存。嗟公王孫，國泰山下。權輿礪如，其自今也。

延祐四年四月廿日，男翰林學士承旨、開府儀同三司、知制誥兼修國史埜仙帖穆兒建。

右碑未見拓本，朱朗齋云：文鐫兩面，漫漶殊甚，今取《縣志》與碑互證，録出如右。銘詞内『由賊叩輪』，與上句『無矢不仁』叶韻，是當與下句『懋功是創』倒互，志已改正，今仍碑文之舊，而辨其誤如此。博羅讙及其曾祖畏答而，《元史》皆有傳，碑與傳所載大致皆同，所不同者，碑作『畏答而』，史作『畏答兒』；碑云『易名屑壥，約爲按答，蓋明炳幾先，與友同生死之稱』，史云『更名薛禪，約爲按達。薛禪者，聰明之謂也；按達者，定交不易之謂也』；碑云『曷刺真』，史作『哈剌真』；碑云『兀徹帶』，史作『朮徹台』；碑云『只里吉』，史作『只里吉實』；碑云『忙各』，史作『忙哥』；碑云『博羅讙』，史作『博羅歡』；碑云『阿里不各』，史作『阿里不哥』；碑云『賜騄馬四百匹』，史作『四十匹』；碑云『虎各赤』，史作『愛哥赤』；碑云『先真』，史作『線真』；碑云『別帖兀而』，史作『別帖木兒』；碑云『石湫』，史作『石秋』；碑云『益封桂陽州』，史作『益封桂陽德慶二萬一千户』；碑云『只里斡帶』，史云『只里斡台』；碑云『應昌』，史作『德昌』；碑云『曷刺斯、博羅斯、斡羅罕、薛連干』，史作『哈刺斯、博羅思、斡羅罕』，而無薛連干；碑云『月列魯』，史作『月魯那演』；碑云『老底』，史作『老的』；碑云『岳朮忽而』，史作『藥朮忽兒』。大抵字音相近，隨宜通用，其有傳聞互異者，碑與史所載不同，自當以碑爲正也。史載公累贈推忠宣力贊運功臣、太師、開府儀同三司、上柱國，加封泰安王，謚武穆，而碑悉略而不書，碑中男□人字模糊莫辨，志則云四人，然以碑與史前後文核之，只渾都、伯都、埜仙帖穆而三人，非四人，恐志誤也。公以大德庚子薨於臨安寓舍，即以其年七月葬檀州太行山，庚子是大德四年，姚燧作墓誌在癸卯歲，是大德七年，其立碑在延祐四年，距公之葬又十五年矣。疑爲遷葬，理或有之，然碑無明文，不知當時埜仙帖穆而何以竟無一語述及泰安立碑之故也。

重修金□閘碑

延祐四年六月立，正書，碑高六尺四寸，廣二尺九寸，在兖州府城東金□壩。

右碑文二十行，字徑一寸，劉德智撰書。

玉清宮詩刻

延祐四年七月立，正書，石高四尺四寸，廣二尺三寸五分，在濰縣玉清宮。

昔日燒丹院，今爲養老庵。愛山非謂景，慕静不名貪。四海水雲足[四七]，五華歸計堪。採薪墻脚北，汲水皂頭南。食粥渾身暖，啜茶滿口甘。一真離妄想，萬法更何參。有客不迎送，無賓罷接談。任教人見怪，自喜老來憨。

歲次丁未正月三日，五華道院撰，北海儒人羅謙書。延祐四年七月日，通義安和大師、提點朱志誠立石。

右詩刻五言八韻，凡六行，字徑二寸八分。兩旁年月二行，字徑一寸。朱朗齋攷爲李道元所作。

仰天山輝公塔銘

延祐五年正月立，正書，石高一尺一寸五分，廣一尺六寸，在臨朐縣仰天山文殊寺。

右刻文十四行，字徑六分，無撰書姓名。

仰天山一公塔記

延祐五年正月刻，正書，石高一尺一寸五分，廣一尺四寸五分，在臨朐縣仰天山。

右刻文十五行，字徑五分，無撰書姓名。

文殊寺無疑慧濟禪師塔銘

延祐五年三月立，正書，凡三石，高一尺一寸五分，廣一尺五寸，在臨朐縣仰天山文殊寺。

右碑文二十四行，字體大小不等，刻徒弟立石諸名。

文殊寺翠巖長老壽塔題字

延祐五年三月立，正書，凡三石，高一尺，廣一尺五寸，在臨朐縣文殊寺。

右碑文二十三行，字體大小不等，刻徒弟立石名凡二十人。

創修宏陽觀碑

延祐五年四月立，正書，碑高六尺五寸，廣二尺九寸，在曹縣楚丘宏陽觀。

右碑篆額未拓，文二十行，字徑一寸一分，羽士魏道明撰，傅道源書并篆額。

朝城縣學立杏壇記

延祐五年五月立，正書，碑高四尺，廣二尺七寸，在朝城縣學。

右碑文二十四行，字徑一寸，教諭解文會撰書。

恩公講主塔銘

延祐五年九月立，正書，石高一尺七寸，凡八面，圍四尺四寸五分，在諸城縣盧山寺西隅。

右刻文三十六行，字體大小不等，無撰書姓名。

海公戒師塔銘

延祐五年九月立，正書，石高一尺六寸，廣一尺一寸五分，在諸城縣盧山寺西北隅。

右刻文十二行，字徑八分，無撰書姓名。

魏必復等致祭東鎮廟碑

延祐六年三月立，正書，碑高四尺二寸五分，廣二尺三寸，在臨朐縣沂山東鎮廟。

右碑文二十行，字徑一寸。文稱『皇元延祐己未，皇帝特遣承乏集賢臣魏必復、必闍、赤伯帖木兒致祭，遍於東嶽、東海、東鎮。季春二十八日癸未，賫擎御香、織金旛二、白金香盒一、中統鈔五錠，俾供歲時香火之費』云云。後書『魏必復拜手記』。案：延祐六年三月，遣使祭告嶽鎮海瀆，《元史·仁宗本紀》不書，乃史家漏略也。

黄縣學加封孔子碑

延祐六年立，正書，碑高五尺五寸，廣二尺九寸，在黄縣學。

右碑額未拓，上層刻加封制詞二十一行，字徑一寸。下層刻碑文二十八行，字徑八分。撰文者曹元嵩，書丹者孫興祖，題額者李不作。

録事司新修廳壁記

延祐六年十月立，正書，碑高二尺，廣二尺八寸，舊在濟寧州治。

右碑原石已佚，朱朗齋借李鐵橋家藏舊拓本録之。文三十行，教授國淵撰，進士張鶴書丹。

濟寧州學加封孔子碑

延祐七年七月立，行書，陰正書，篆額，碑高六尺九寸，廣二尺九寸，在濟寧州學。

右碑額題『大元加封孔子之碑』二行，字體三寸。上層刻制詞十七行，正書，徑一寸五分。下層刻記文及銜名二十三行，字徑一寸一分。曹元用撰書，輔惟良篆額。碑陰刻濟州官士姓名二十六行。

延祐庚申祭孔廟碑

延祐七年七月立，并額俱正書，碑高六尺七寸，廣二尺七寸，在曲阜縣孔廟。

右碑額題『大元祭孔子碑』二行，字徑二寸，文二十二行，字徑一寸。案：仁宗延祐七年正月崩，三月英宗即位，乃遣説書王存義詣魯，以太牢祠孔子，手香加額以授之。五月丁亥成禮，七月立碑。稽之《元史·英宗本紀》，不書其事，史之略也。碑文撰書、題額皆曹元用一人兼之，元用字子貞，世居阿城，後徙汶上。史稱：元用由禮部主事改尚書省右司都事，轉員外郎，及尚書省罷，退居任城，久之，延祐六年授太常禮儀院經歷，屬英宗躬修祀事，儀注率所裁定。撰書之時，正官太常經歷之歲，而碑銜仍稱『右司員外郎』，則其官太常經歷非延祐六年明矣，似當據碑以正史也。

延祐題門殘石

延祐七年十一月立，正書，石高一尺，廣一尺八寸，在益都縣。

右刻衹存左半前『之門』二字，徑五寸。後銜名、年月凡六行，字徑七分。

趙孟頫書三學資福禪寺額石刻

延祐七年十二月立，正書，碑高六尺，廣三尺六寸，在武定府治東南。

右碑額『三覺[四八]資福禪寺』六字，二行，字徑一尺九寸。右款一行，字徑一寸七分。又『功德主田可宜□萬山』及年月二行，字徑八分。左立石住持一行，字徑一寸八分。『□萬山』系銜稱『棣州達魯花赤管金官』，案今之武定府惠民縣在元爲棣州厭次縣，故功德主有棣州達魯花赤管金官，此達魯花赤專管金銀礦者，非監州也。

青州城門延祐殘刻

無年月，正書，石高一尺六寸，廣一尺四寸，在青州府城東門。

右刻未見拓本，段赤亭云：碑乃青州城東門將軍石也，以前有『延祐』字，知爲元時之刻，且後載『也先不赤黑的』，亦皆元人。凡存十二行，三十餘字，徑一寸。

千佛寺碑

至治元年三月立，并陰俱正書，篆額，碑高七尺七寸，廣三尺一寸五分，在萊蕪縣千佛寺。

右碑額題『重修廣教千佛寺記』二行，字徑二寸四分，文二十八行，字徑一寸，馬希聖撰，高秉崇書丹，李世周篆額。碑陰刻官吏姓名，不計行數，字體大小不等。

長春真人門徒王史郭公碑

至治元年十月立，并額俱正書，碑高七尺五寸，廣二尺九寸，在淄川縣七里店修真觀。

右碑額題『王史郭公之碑』二行，字徑四寸。文十八行，字徑一寸，聶明德撰，張麟書。

觀城縣學加封孔子制詞碑

至治元年十一月立，國書，譯文并額及陰俱正書，碑高五尺二寸，廣二尺五分，在觀城縣學。

右碑額題『大元加封詔書』二行，字徑二寸六分。碑上層刻國書大德十一年制詞，下層刻譯文，文俱同前。碑陰記文九行，字徑一寸三分。右刻撰書銜名三行，左刻年月及官吏銜名六行，字徑六分。張淳撰，吕惟誠書并題額，高從善蒙古字書。

任城趙君墓碣銘

至治二年二月立，并陰俱正書，碑高七尺四寸，廣三尺二寸，在濟寧州南鄉寧車灣。

右碑文二十二行，字徑一寸一分，曹元用撰并書，張楷篆額。碑陰額題『趙侯宗支圖』五字，横列，字徑四寸，中列宗支名字，多漫滅。

沂山神祐宫碑

至治二年九月立，正書，碑高四尺四寸，廣二尺一寸，在臨朐縣沂山東鎮廟。

右碑篆額未拓，文二十五行，字徑八分，桑居敬撰，酈道順書并篆額。案四鎮加封事，在大德二年二[四九]月，自是歲時與嶽瀆並祀，蓋以前祀典之所不及也。加封沂山『元德東安王』，遣官祀奠，《本紀》不載，此碑詳焉，可補史之未備。

重修東嶽行宫碑

至治二年十月立，并陰及額俱正書，碑高七尺六寸，廣三尺，在萊蕪縣東嶽廟。

右碑額題『東嶽行宫重修之記』二行，字徑三寸五分，文二十二行，字徑一寸一分，李利用撰，李世周書，高秉崇題額。碑陰刻官吏姓名三列，俱字徑六分。

靈岩寺請容公長老住持疏碑

至治二年十月立，正書，碑高三尺二寸，廣二尺一寸，在長清縣靈岩寺。

右碑文十七行，字徑一寸二分。

重建仙人萬壽宫碑

至治二年十一月立，八分書，篆額，碑高七尺六寸五分，廣三尺一寸，在鄒縣萬壽宫。

右碑額題『仙人萬壽宫重建記』二行，字徑三寸三分，文十八行，字徑一寸一分。後銜名五行，正書，大小不等。文爲李之紹撰，劉賡書。

駞山禱雨記

至治二年十一月立，正書，碑高四尺八寸，廣二尺五寸，在益都縣駞山昊天宫。

右碑篆額未拓，文二十一行，字徑一寸，陶惟明撰書并題額。碑載完澤兩次禱雨皆獲靈驗，段赤亭云：『《元史》兩完澤，一見列傳，係土别燕氏，先世朔方人，於至元二十八年拜右丞相，卒於大德七年。而此乃東平人，又於至治二年蒞青，疑即《宰相表》至大四年拜平章政事之完澤也。』

亳州知州徐琛墓碑

至治三年三月立，正書，碑高五尺二寸，廣三尺一寸，在新泰縣和莊南徐公墓。

右碑篆額未拓，文三十六行，字徑六分，衛融撰并篆額，□鑑書丹。

虞帝廟碑

至治三年七月立，正書，碑高六尺，廣三尺二寸五分，在曹州府城東北歷山上。

右碑篆額未拓，文三十行，字徑八分，張頡撰，補化書，郭貫篆額。

勝果院僧明通勤績記

至治三年九月立，正書，碑高六尺五寸，廣三尺，在歷城縣東北董家莊勝果院中。

右碑額未拓，文二十三行，字徑一寸二分，王炤撰書并題額。

摹刻李太白『壯觀』二大字碑

至治三年立，并陰俱正書，陰額篆書，碑高五尺，廣二尺六寸，在金鄉縣學。

右碑刻『壯觀』二字，徑二尺，下有『太白』二小字。碑陰額題『天地日月，天地父母』，篆書二行，徑三寸。其上空處隱隱有『感敬』等字，右角有『正統九年』字，左角有『李孟』字，俱正書。中間首行刻『大元至治三年，金山新豐村馮時立』，正書，字徑二寸。次刻明洪武間張敬記文。此據朱朗齋所録載之，未見拓本。

福山縣文廟學田記

泰定元年二月立，并額俱正書，碑高四尺，廣二尺二寸，在福山縣學。

右碑額題『福山縣文廟學田記』四行，字徑二寸五分。文二十五行，字徑八分，張起巖撰，劉遵晦書丹，納合彦禮題額。碑陰失拓。

泰定沂山代祀記

泰定元年三月立，并額俱正書，碑高五尺一寸，廣二尺，在臨朐縣沂山東鎮廟。

右碑額題『代祀記』三字，横列，字徑三寸二分。文二十二行，字徑九分，尚毓德記，吕頤書，王訥題額。

贈京兆郡侯杜公神道碑

泰定元年七月立，正書，篆額，碑高九尺四寸，廣三尺二寸，在冠縣城西杜公墓前。

右碑額題『大元贈京兆郡侯杜公神道碑』三行，字徑三寸五分。文二十五行，字徑一寸，張士觀撰，劉賡書并篆額。

安氏遐景亭記

泰定元年九月立，正書，碑高三尺二寸，廣一尺九寸，在鄒平縣黄山。

右碑文十九行，字徑九分，濟南府尹王構撰。

北海劉氏昭先碑

泰定元年十月立，正書，碑高七尺五寸，廣三尺三寸五分，在昌樂縣城北黄村。

右碑篆額未拓，文三十二行，字徑一寸，末有石匠姓名。撰文者蔡文淵，書丹者張起巖，篆額者楊僖。

棣州重修廟學碑

泰定二年[五〇]四月立，八分書，碑高八尺四寸，廣三尺三寸，在武定府學。

右碑篆額未拓，文二十五行，字徑一寸，張養浩撰，郭貫篆額，張起巖書。

皇姑菴碑

泰定二年十月立，國書，陰正書，碑高七尺三寸，廣三尺一寸，在滋陽縣。

右碑篆額未拓，前刻國書聖旨，不可識，且多闕泐。碑陰文三十二行，字徑九分，王天秀撰文，王毅書丹，張恒篆額。

茌平縣重修廟學碑

泰定二年十二月立，并陰俱正書，額八分書，碑高六尺四寸，廣二尺七寸，在茌平縣學。

右碑額題『茌平縣重修廟學記』二行，字徑二寸五分。文二十一行，字徑八分，梁宜撰，劉淵書，孔思晦篆額。碑陰額題『士庶芳號』二行，字徑四寸三分，陽文，題名凡二百三人，字徑一寸。

焦氏先塋碑

泰定三年三月立，正書，篆額，碑高七尺九寸，廣二尺七寸，在青城縣東門外焦氏墓上。

右碑『焦氏先塋之碑』二行，字徑三寸五分，文二十五行，字徑八分，元明善撰，趙孟頫篆額，劉從禮書丹。碑載焦榮祖瑾紿賊全城之功，其父文炳刲肝舐目之孝，及榮歷官循績，皆可垂爲世教，而史不爲立傳，賴此碑顯之。

靈巖寺壽公施財修寺記

泰定三年三月立，正書，石高二尺四寸五分，廣一尺一寸五分，在長清縣靈巖寺。

此碑右半嵌入寺壁，拓本未全，存者凡十一行，字徑八分。

重修玉皇宫碑

無年月，正書，碑高五尺，廣二尺六寸，在博山縣鳳凰山玉皇宫故址。

右碑額未拓，文磨滅大半，行數不計，字徑五分。撰書人姓名皆缺，立碑年月無攷，以文中落成之歲在泰定三年丙寅，故坿於此。

高氏先塋碑

泰定三年立，行書，篆額，碑高七尺，廣二尺九寸，在海豐縣城西高氏墓上。

右碑額『濟南高氏先塋之碑』二行，字徑三寸八分，黄溍撰并書，馮翼篆額。

焦榮墓碣殘石

無年月，正書，碑高二尺三寸，廣九寸，在青城縣東門外墓前。

右刻下截殘闕，中題『太中大夫、松江知府焦公闕。』凡十字，徑二寸五分。右下角題『□男焦□立』五字，徑八分。案焦榮事迹，已詳《焦氏先塋碑》，彼碑立於泰定三年，其時焦榮尚在，則此碣又在泰定三年以後矣。

皇姊大長公主孔廟降香碑

泰定四年三月立，正書，篆額，碑高七尺，廣二尺七寸，在曲阜縣孔廟。

右碑額題『皇姊大長公主降香碑』三行，字徑四寸，張瀚撰并書，楊克明篆額。案：大長公主先於武宗至大元年十二月遣使致祭林廟，立碑紀事，碑稱皇妹，此當泰定帝時，故稱皇姊也。

創建真武廟碑

泰定四年五月立，正書，碑高五尺，廣二尺七寸，在鄆城縣北門外元帝廟。

右碑篆額未拓，文十九行，字徑一寸，李泰撰并篆額。末行有『明正德十三年重立』字。

重修關帝廟碑

泰定四年六月立，正書，篆額，碑高四尺四寸，廣二尺二寸五分，在莘縣定海門外關帝廟。

右碑額題『重修義勇武安王廟記』三行，字徑二寸。文二十四行，字徑八分，託託理忽都達兒撰，李侃書，薛魯篆額。

萌山閏九日詩刻

泰定四年刻，正書，在嘉祥縣萌山石壁。

右刻未見拓本，朱朗齋至其處得之。首題五言絶句一首，字徑寸許，乃泰定四年閏九日所作。後刻同遊姓名六人，詩不甚佳，故不載。

赤琖公墓碑

泰定四年十一月立，行書，碑高九尺六寸，廣四尺五寸，在魚臺縣東北大聶村。

右碑篆額未拓，文二十九行，字徑一寸，周仁榮撰，石□書并篆額。

贈禮部尚書晁公神道碑

無年月，正書，碑高六尺七寸，廣三尺九寸，在鄆城縣城北二十里。

右碑秪存下截，篆額未拓，文二十一行，字徑一寸一分，王士熙撰，巙巙書，張起巖篆額。碑無年月可攷，兹從朱朗齋所次，坿於泰定四年之末。

何約張鵬霄靈巖寺詩

泰定五年正月立，正書，碑高一尺六寸五分，廣二尺三寸，在長清縣靈巖寺。

天下名藍稱四絶，方山雄與岱宗連。古淵堂上憑欄處，似在棲巖太華邊。

泰定五年正月下旬日，中憲大夫、前山東東西道肅政廉訪副使、河東何約留題。承直郎、前江東等道肅政廉訪司經歷張鵬霄同來留題。

靈巖古佛刹，雄映泰山巔。環抱嵐光裏，沈涵月照邊。禪房森木蔭，梵宇衆星聯。一到絶塵俗，幽棲信有緣。

當山住持沙門古淵、提點思讓、監寺思川同立石。

書記恒勇書，李克堅刊。

右詩刻十一行，字徑一寸一分。

郭氏祭臺石殘刻

泰定五年刻，正書，石高九寸，廣一尺九寸五分，在淄川縣。

右殘刻存字十七行，徑一寸。

劉瓚代祀東鎮廟倡和詩刻

致和元年三月立，正書，碑高一尺五分，廣二尺，在臨朐縣沂山東鎮廟。

右詩刻并後跋凡二十四行，字徑七分，跋字徑四分。集賢都事劉瓚奉命代祀東鎮，賦詩紀事，縣尹胡居祐依韻和之，學正劉□□跋以刻石。二詩無出色處，故不録。

靈岩寺塑像題名碑

致和元年八月立，正書，碑高三尺六寸，廣一尺八寸，在長清縣靈岩寺。

右碑題名十行，字徑一寸二分。

蓋榮妻許氏墓碑

天曆元年九月立，并額俱正書，碑高五尺，廣二尺，在濟寧州晉陽山西北道旁。

右碑未見拓本，據朱朗齋所録載之。額題『大元』二字，横列，徑五寸。中刻墓識四行，字徑五寸。右邊書人銜名一行，左邊立石銜名及年月二行。

贈奉訓大夫王慶神道碑

泰定五年十一月立[五二]，并陰俱正書，篆額，碑高七尺七寸，廣三尺一寸，在萊州府城南三里。

右碑額題『大元贈□□大夫知□□公神道□□』三行，字徑二寸八分。文三十行，字徑八分，李僊撰，□世榮篆額，朱泰亨書丹。碑陰額題『東萊儒士王公善詩并序』三行，字徑二寸五分。文多漫滅，莫辨行數。

陳顥等倡和詩刻

天曆元年十二月刻，行書，石高一尺五寸，廣三尺，在臨朐縣沂山東鎮廟。

右刻詩七絕四首，十七行，字徑一寸五分，後郝載跋五行，字徑七分。右下角有石匠姓名。案文宗即位於致和元年九月，改元『天曆』。至十二月，陳顥奉命祭告東鎮，遂題是詩。守土胡君祐、趙晉、郝載和之。顥字仲明，清州人，仕仁宗朝，官至集賢大學士。仁宗崩，辭禄家居者十年。文宗即位，復起爲集賢大學士。此詩蓋初起復時所作也。顥號廓然，傳所未載。詩與跋皆俚俗，無足深論。

靈岩寺舉公勲績施財碑

天曆二年正月立，正書，碑高三尺六寸五分，廣二尺一寸，在長清縣靈岩寺。

右碑文二十三行，字徑九分，住持智久撰。

萬户王珎墓碣銘

天曆二年二月立，正書，碑高四尺三寸，廣二尺六寸，在兖州府東南王公墓上。

右碑篆額未拓，文二十五行，字徑八分，曾孫思誠撰，李好文書，岳至篆額。

神山牛講師碑

無年月，正書，碑高五尺四寸，廣二尺六寸，在掖縣。

右碑文已殘闕，莫辨行數，立石年月無攷。朱朗齋云：碑稱牛講師羽化於天曆己巳，是天曆二年，即立碑之年矣。

力士房寧墓銘

天曆二年十二月立，行書，碑高四尺，廣二尺六寸五分，在滋陽縣。

右碑篆額未拓，文十七行，字徑一寸二分，王思誠撰，張恒篆額，高克明書。

孔林四十七世孫孔若愚墓碑

無年月，書體詳後，碑高三尺五寸，廣一尺二寸，在曲阜縣孔林。

右碑中題『四十七世孫墓』篆書一行，徑四寸，左右題字八分書四行，徑一寸。

孔林四十八世孫孔端立墓碑

無年月，書體詳後，碑高三尺七寸，廣一尺六寸，在曲阜縣孔林。

右碑中題『四十八世孫墓』篆書一行，徑四寸，左右題字正書二行，徑九分。

孔林四十九世孫孔琥墓碑

無年月，書體詳後，碑高三尺七寸，廣一尺一寸五分，在曲阜縣孔林。

右碑中題『四十九世孫墓』篆書一行，徑四寸，左右題字八分書四行，徑一寸。

以上三碑皆無時代年月，朱朗齋以碑式同五十二世墓碑，定爲孔思晦一時所立，因以次列之。

孔林五十二世孫孔之厚墓碑

天曆三年三月立，書體詳後，碑高五尺三寸，廣二尺五分，在曲阜縣孔林。

右碑中題『五十二世孫墓』篆書一行，徑六寸，左右題字正書四行，徑二寸，孫思晦立石。

孔林五十三世孫孔浣墓碑

天曆三年三月立，書體詳後，碑高六尺四寸，廣二尺九寸，在曲阜縣孔林。

右碑中題『五十三世孫墓』篆書一行，徑六寸五分，左右題字正書四行，徑二寸，子思晦立石。

靈岩寺執照碑

至順元年立，并額俱正書，側國書，碑高六尺六寸，廣二尺九寸，厚八寸，在長清縣靈岩寺。

右碑額題『泰安州申准執照之碑』三行，字徑三寸。上層刻延祐五年三月執照十九行，字徑八分，年月上鈐蒙古印文，下有二押。中層，至順元年十一月執照十六行，字徑七分，印押同前。下層，至順元年十二月執照二十五行，字徑七分，亦有印押。碑側國書一行，無譯文。

滕縣學田碑

至順二年三月立，正書，碑高七尺七寸，廣二尺六寸，在滕縣學。

右碑篆額未拓，文二十二行，字徑一寸，虞集撰，拓跋旭暾書，李徽篆。

伏生祠碑

至順二年四月立，正書，碑高六尺二寸，廣二尺九寸，在鄒平縣城北伏生祠。

右碑篆額未拓，文二十八行，字徑一寸，張起巖撰并篆額，王居敬書丹。

重修興國寺碑

至順二年五月立，正書，碑高八尺二寸，廣三尺七寸，在臨淄縣興國寺。

右碑篆額未拓，文二十九行，字徑一寸，趙崇撰，蔡塔不歹書丹并篆額。

靈岩寺泉公首座壽塔碑

至順二年六月立，并額俱正書，碑高三尺五寸五分，廣一尺九寸五分，在長清縣靈岩寺。

右碑額題『泉公首座壽塔』六字，横列，徑二寸八分，文十四行，字徑一寸，住持智久撰書記，海昌書。

范文正公祠堂碑

至順二年六月立，正書，碑高四尺七寸，廣二尺四寸，在鄒平縣西南醴泉寺范公祠内。

右碑篆額未拓，文二十八行，字徑七分，張起巖撰并篆額，高天祐書丹。

海豐縣學加封孔子制詔碑

至順二年六月立，正書，篆額，碑高七尺二寸，廣二尺三寸，在海豐縣學。

右碑額題『大元加封大成至聖文宣王碑』三行，字徑二寸五分。上層刻制詞十七行，字徑九分；下層刻記文二十七行，字徑八分。王士元撰，袁哈剌歹篆額，拜住明善重書。

靈岩寺亨公壽塔記

至順二年七月立，并額俱正書，碑高三尺六寸，廣一尺七寸，在長清縣靈岩寺。

右碑額題『亨公首座壽塔』六字，横列，徑二寸八分，文十七行，字徑九分，住持智久撰。

曲阜縣孔廟加封啟聖王制詞碑

至順二年九月立，并額俱正書，碑高六尺五寸，廣二尺三寸五分，在曲阜縣孔廟。

右碑額題『有元加封啟聖王制』二行，字徑三寸，文十二行，字徑一寸一分。末有『明弘治九年立石』一行。

加封孟子亞聖公制詞碑

至順二年九月立，國書，篆額，碑高九尺五寸，廣三尺，在鄒縣孟廟。

右碑額題『皇元聖制』二行，字徑四寸七分。上層刻國書制詞十一行，左讀，下層譯文十一行，字徑二寸。

靈岩寺慧公禪師壽塔銘

至順二年十月立，并額俱正書，碑高五尺五寸，廣三尺，在長清縣靈岩寺。

右碑額題『慧公禪師碑銘』三行，字徑三寸五分，陽文，二十[五二]五行，字徑九分，釋覺亮撰。

張文忠公家訓碑

無年月，正書，額八分書，碑陰草書，碑高四尺四寸五分，廣三尺，在歷城縣城内張文忠祠。

右碑額題『張文忠公家訓』三行，字徑二寸五分，文十八行，字徑一寸四分，末書『後學論立書』。碑無年月可系，據黄溍所撰祠記云祠建於至順二年三月，則此碑當立於建祠以後也。碑陰額題八分書『擬雅』二字，徑二寸六分。中刻古詩二首，五律一首，凡三列，俱草書。後刻至正十四年嗣男引跋語，正書，十行，字徑八分。

趙崇東鎮廟詩記石刻

至順三年正月刻，正書，石高一尺四寸，廣二尺三寸，在臨朐縣東鎮廟。

右刻記文十四行，字徑七分。後七律一首，七行，字徑一寸。記、詩並劣，不録。

羅漢院德公大師壽塔銘

至順三年三月立，正書，石高二尺四寸，凡六面，圍三尺五分，在臨朐縣羅漢院。

重修宣聖廟題名碑

至順三年五月立，正書，碑高三尺六寸，廣二尺二寸，在曲阜縣孔廟。

右碑篆額未拓，文二十二行，字徑八分，張瀚撰，東野潛書，孔思遹篆額。

冶源殘碑

至順三年八月立，正書，碑高二尺，廣一尺七寸，在臨朐縣冶源。

右殘碑存字十六行，字徑一寸。

重修崇慶院碑

至順三年十二月立，正書，篆額，碑高八尺四寸，廣三尺，在滋陽縣崇慶寺。

右碑額題『重修崇慶院記』二行，字徑三寸六分，文二十行，字徑一寸四分，辛明遠記，姚煒書，郭貫篆額。

臨朐縣學加封孔子制詔碑

至順四年五月立，正書，篆額，碑高八尺六寸，廣三尺，在臨朐縣學。

右碑額題『大元加封大成之碑』二行，字徑三寸。上層刻大德十一年制詞十二行，字徑一寸二分，下層碑文二十五行，字徑一寸。魏中撰，趙時中書丹，賈瑞篆額。

章丘縣廟學神門記

至順四年十月立，行書，篆額，陰正書，碑高五尺七寸，廣二尺三寸，在章丘縣學。

右碑額題『章丘廟學神門之記』四行，字徑三寸四分，文二十四行，字徑八分，李泂撰，宋本書，忽都都魯彌實題蓋。碑陰刻題名十八行，字徑七分。

武略將軍徐仁墓碑

至順四年十月立，正書，碑高八尺八寸，廣三尺五寸，在曹縣青堌集。

右碑篆額未拓，文三十行，字徑九分，劉賡撰并書，王約篆額。

平陰縣重修廟學碑

至順四年十月立，正書，篆額，碑高七尺三寸，廣三尺四寸，在平陰縣學。

右碑額題『平陰縣重修廟學之記』三行，字徑三寸五分，文二十三行，字徑一寸一分，李庭實撰并篆額，張徵禮書丹。

洪山題字

元統元年十二月刻，行書，在嘉祥縣洪山絶頂。

右刻『元統元年十二月日』一行，其前又有正書『大德八年記』一行，此與後一種皆據朱朗齋所録存之，未見拓本。

洪山題字五種

無年月，書體、尺寸未詳，並在嘉祥縣洪山頂上。

右刻五種，皆殘闕不成句，以無年月可系，姑坿于元統題字後。

武略將軍總管達魯花赤先塋神道碑

元統二年四月立，行書，碑高九尺二寸，廣四尺，在鉅野縣昌邑保。

右碑篆額未拓，文三十一行，字徑一寸一分，胡祖廣撰，晏逢亨書，史惟良篆。《元史·百官志》：諸路總管府，達魯花赤一員，總管一員，並正三品，兼管勸農事，江北則兼諸軍奧魯。山東地在江北，故凡達魯花赤，皆兼諸軍奧魯，兼管内勸農事。此碑結銜既云『總管府達魯花赤兼木[五三]路諸軍奧魯』，又云『總管府達魯花赤管内勸農事』，若不厭其煩稱者，與他碑異例也。達魯花赤秩正三品，其階曰昭武大將軍、昭勇大將軍、昭毅大將軍，今碑乃稱『武略將軍』，則是從五品階矣，殆當時制有參差，《百官志》載之未備也。

鄒平縣學田碑

元統二年四月立，正書，碑高四尺，廣二尺三寸，在鄒平縣學。

右碑篆額未拓，文二十七行，字徑八分，張臨撰，賈□□書，王克忠篆額。

瑯琊郡公王氏先德碑

元統二年五月立，正書，碑高八尺四寸，廣三尺五寸，在高唐州西南王氏墓上。

右碑篆額未拓，文三十八行，字徑八分，撰文者虞集。

敕賜瑯琊郡公王氏先德之碑

奎章閣侍書學士、翰林侍講學士[五四]、通奉大夫、知制誥、同脩國史臣虞集奉敕撰。

榮禄大夫、中書平章政事臣敬儼奉敕書。

翰林學士承旨、榮禄大夫、知制誥兼脩國史、知經筵事臣許師敬奉敕篆額。

元統元年十月二十八日，中書右丞相伯顏等言於上曰：『中書左丞王懋德，蒙恩褒贈其二代久矣。謹具石表先塋，以侈皇上之恩澤，請以刻文屬諸國史虞集。』制曰：『可。』臣集受命。案：王氏系出瑯琊，自宋初占籍高唐。金人入中原，有爲宋將以其軍南渡，而族人留居焉。國初，里中八九十歲老人能言王氏數有衣紫佩金魚者，歲時上塚必爲王氏子孫言之，而譜牒軼於兵，諱字爵謚不復聞。有諱善者，勤儉自保，不忘於學，與人居，恂恂然，足跡未嘗至公府。平居寡疾，性不餌藥，目能視遠，至耄不衰。生逢亂離，鄉里親戚多不免於難，每誦佛書以致其悲思。至元十年卒，年八十二。夫人周氏，生二子：曰玉，先卒；曰璡，幼以孝弟聞，年二十九而歿，今贈嘉議大夫、兵部尚書、上輕車都尉，追封瑯琊郡侯。夫人薛氏，追封瑯琊郡夫人。子男四人，曰祐字景福者，參政公也。是時，方用兵江南，大發民爲兵。公之家，祖父既老，薛夫人寡居，公纔十有七，諸弟更幼。於是，公告其母曰：『自先世粗有田業，視其籍不能已於行，與其私胥史以幸免，將不勝其誅求，奮身戎行，男子之事也，安知其不可立功成名乎？夫人勿以兒爲憂也。』薛夫人泣涕而遣之，遂行，從攻襄陽。二年，克其城，軍中以公善書計，推擇爲吏。軍帥總兵守通州，立安撫司，兼治軍府之事。州民新附，未閑於國制，多犯禁者。公爲教飭而調護之，其民遠罪而心服，遂以無事。坐曹終日觀古人之書以自勵，以廉能聞。淮東宣慰司辟爲掾，弗果。從事鎮江總管府，遷丹陽佐史。今制，郡縣及五品以上官府，行省爲調年勞吏一人，爲之僚，領案牘之會，位在命吏之亞，於事無所不得與聞。公任是職，歷杭之鹽司，澉浦之市舶，饒之餘干，常之總府，昇之溧陽。所至有能聲。其在丹陽，表閭巷以正民俗，治亭驛以待過客，民不知勞。行省求故宋公田，而增其租，公力爭之，民懷其惠，以爲前後來佐縣無如公者。或值貪虐者至，相與靳之曰：『此吾王君耶。』在杭州鹽司，無所取於人。家甚貧，長官念之，出公帑羡餘，使貸得子錢以自養，公辭之。其後官錢法密，或以是取罪，獨公介然無所預，人服其先見。在餘干，民有竊人衣而偶傷人者，吏當之死。公曰：『良民也，迫於飢寒耳，盗已非其意，初豈有傷人之情乎？』決而遣之。常州兵後，民間事多草創。公不以矯訐立名，不以因循廢事。簿書期會之間，民有所未便，法有所未安，或直言，或委曲，必期於中理乃已。在官，未嘗妄施鞭扑，有小過，教之使改，不幸麗法不可免，則哀矜以道之。苟可減則減，可緩則緩，是以得公爲佐者，上無失刑，下無廢人也。移調溧陽，卒於位，民亦至今猶思之。今贈中奉大夫、河南江北等處行中書省參知政事、護軍，追封瑯琊郡公。娶同里吴氏，先公二年卒，追封瑯琊郡夫人。子曰懋德，今中書左丞也。娶下邳張氏，封瑯琊郡夫人。孫男克脩，祕書監著作郎。曾孫男二人，緜緜、老老。王氏之塋，在高唐之西游家里。懋德嘗謂臣曰：『昔先君以早從軍，不得肆意於學問。及仕吴越間，故宋學士大夫、搢紳先生多有存者，公事之暇，得以考德問業焉。自六經、諸史，莫不徧讀，久而益精。時與客論治亂成迹，首尾歷歷，得其情致，如身親見之，宿學老生自以爲不及。事上官必本於誠，待下必主於恕，故雖以小官終其身，藹然有譽於當時，而流澤於子孫，非偶然也。懋德始就外傅，程其課業甚嚴，旦暮歸省，每侍立逾時，不敢退。自經義時務，處己待人之法，貪廉義利之辨，引據譬喻，使之通習，未嘗稍假以顔色。或曰：『君一子，宜少寬之。』公曰：『有子不教，我之罪也。』不爲之變。是以懋德粗守禮律宧學，以至于今，不致廢隊以傷朝廷用人之明，則皆先君之教也。吴夫人相先君，能儉約以成其廉。食無重味，衣具浣濯，首無金寶之飾，身無綺繡之華。待妾御寬而有禮，視庶子不異於己出，終身不見怒詈，而家自肅如也。後懋德得厚禄，夫人年且高，足以爲養，而夫人猶日親紉緝。懋德率子婦，乘間言曰：『夫人可少自逸乎？』夫人正色曰：『衣服之共，婦人之職也，汝敢有其厚禄乎？』自是，家人以下，惴惴然不敢少自懈怠。而懋德得自守以成先人之志，不別治生以求贏，而妻子安之者，母夫人之教也。先君歿時，庶弟懋昭、懋功、懋敬，長者纔十五，餘則甚幼。

懋德以先人之教教之，今幸皆以儒試吏，粗有成立而克修，亦不敢令廢于學也。臣聞其言而感焉，以爲懋德蒙上知遇，身歷顯要，其本有所自立哉。懋德由憲府御史臺中書掾，除户部主事，拜南行臺監察御史、内臺御史、都省左司都事、御史臺都事，歷河南、燕南兩廉訪司副使。天曆初，召僉中政院，拜左司郎中，陞參議。明年，立詹事院，改詹事參議。未幾，復參中書，俄拜治書侍御史，陞侍御史。謁告，歸高唐。召還，以疾未愈辭。又拜太禧宗禋副使，又辭。上使近臣爲書諭之來，又辭。久之，遷淮西廉訪使，遷江浙行省參知政事。召拜資善大夫、御史中丞，尋拜中書左丞。在行臺時，言海北猺民之亂，蓋有司多攝官、無愛民之意所致也。窮之以兵，不若喻之以理。憲司如其言，兵不用而叛者服、居者安。又言貪暴吏不得志於良民，入其罪而擅赭其門，非與人爲善之意，必請于朝而後可，從之。在河南，言臺官爲權臣倒刺沙所羅織下獄，賈胡積年獻寶，以罔朝廷，必空國賦以與之。官吏以贓敗者，既伏其罪，又欲誘而改之，皆非祖宗立風憲之意。當是時，無敢言者，此章上，中外肅然。在燕南時，大名、廣平飢，有司請度地計口，則費寡，判其書曰：『非一視同仁之意也。』爲請于朝，得鈔十萬，粟二萬五千，計口全活者二十萬餘。舊制，罪囚因盤詰而自首，或以所得贓還主者，得減罪免刺。而用刑者不知用，則爲之申請，使人得遷善焉。在淮西，取郡縣囚繫親録之，閱實其牘，必得其情而後已。是以詿誤得釋者六人，坐誣冤得減死者數十人，民以爲神明。去淮西之日，民相持泣不聽去，蓋其明恕平反者甚衆類如此。在省臺，每入殿中奏事，獻替黜陟，皆係國體人才之大者，敷對詳明，辭氣愿款。先帝每顧視之曰：『王侍御識治體，有君子之風，廊廟遠大器也。』屬意甚厚。臣又嘗侍祠南郊，見懋德以侍御史冠佩裳衣，攝助奠官，在天子後，玉立長身，肅然以温。侍從者咸歎以爲有德之容也。《詩》云：『如珪如璋，令聞令望。』豈自外至者哉？自其家之雍睦所養者厚矣。臣嘗爲之著《德符堂記》，以爲今所得者，因於昔矣。今其家父子，守先德不敢廢墜，則今將爲感，而後復應之，其所以爲國家用者，詎可量哉？故爲之銘詩曰：

高唐之墟，瑯琊來居。歷數百年，桑枌翳如。戴白之老，習知其素。結綬擁戟，有文有武。陵高谷深，物以代遷。孰微而興，孰强而騫。君子有家，世保令德。我菑我畬，弗幸於獲。昔生亂離，鄉邦弗支。我獨允臧，卒歲以嬉。乃生尚書，年不及秩。耄期在堂，寡幼在室。天誘瑯琊，俾奮以興。荷殳前驅，嬰城以升。乃治軍書，佐于幕府。强恕而行，莫予敢侮。新造之邦，俗不識禁。在宥以教，我翼我蔭。積勞以遷，屢佐列城。贊之用寬，民用不驚。位雖不充，盛德則有。於粲輝光，紆鬱之久。在今左丞，奉其教忠。非禮勿履，非經弗窮。侃侃在朝，不徐不亟。言端氣温，爲國司直。先帝有言，我之棟梁。金玉遺音，云何可忘。出入踐歇，王事靡盬。道經先廬，亦莫敢顧。鬱鬱舊阡，恩命維新。詔勒斯文，以勸後人。

元統二年五月十二日建，湘中柳和仲摹刻，長清孫正造。

右碑篆額未拓，文三十八行，字徑八分。碑乃王左丞懋德身躋高位，請於朝，敕虞集等撰書，以表其先世祖父之德。而因以及左丞之政迹，頗多經國愛民大端，《元史》不爲立傳，但見其名於《宰相年表》，然《表》載王懋德之爲左丞在至元二、三、四等年，其元統元年、二年乃王結爲左丞，非懋德也。《元史》於宰執拜罷，多掇拾簡牘書之，簡牘未詳者闕之，自不必信史而疑碑矣。

重修關帝廟碑

元統二年八月立，正書，篆額，碑高四尺三寸，廣二尺四寸，在高唐州城内關帝廟。

右碑額題『重修顯靈義勇武安英濟王之廟碑』，銘五行，字徑一寸五分。文二十九行，字徑七分，齊至道撰，王康勇書，康璧篆額。

敕賜曲阜孔廟田宅記

元統二年立，正書，篆額，碑高五尺三寸，廣二尺九寸，在曲阜縣孔廟。

右碑額題『大元敕賜曲阜孔廟田宅之記』四行，字徑三寸五分，文二十八行，字徑八分，歐陽玄撰，揭奚斯書，趙期頤篆。

玉清觀重立觀額記

元統二年立，并陰額俱正書，碑高六尺三寸，廣三尺，在萊蕪縣東嶽廟。

右碑額題『重立玉清觀額之記』四行，字徑四寸五分。上層刻貞祐敕牒十二行，字體大小不等，下層刻明昌記文十七行，字徑八分，續良弼撰。又元統記文十五行，字體大小不等，鞏克亮撰，高秉崇題額，樊彝書丹。碑陰刻官吏姓名十二行，凡二列。

文宗皇后祠宣聖廟碑

元統三年二月立，正書，篆額，碑高七尺三寸，廣三尺，在曲阜縣孔廟。

右碑額題『□□□□□皇太后祠魯宣聖廟之碑』五行，字徑三寸，文二十行，字徑一寸二分。末銜名三行，字徑八分。撰文者張起巖，篆額者趙期頤，惟書人姓名已缺。

重修報恩寺碑

元統三年三月立，正書，碑高六尺四寸，廣二尺八寸五分，在淄川縣報恩寺。

右碑篆額未拓，文三十行，字徑八分，張友諒書，釋善秀撰，萬山篆額。

祝聖道院碑

元統三年三月立，正書，碑高六尺四寸，廣三尺一寸，在福山縣祝聖道院。

右碑額未拓，文二十四行，字徑一寸，張起巖撰并書，韓□題額。文後尚有施主官吏姓名，已漫滅。

濟州重修廟學碑

元統三年十一月立，并陰俱正書，篆額，碑高六尺六寸，廣二尺六寸，在濟寧州學。

右碑額題『濟州重修廟學之記』四行，字徑三寸八分，文十八行，字徑一寸一分，辛明遠撰并書，偰朝吾篆額。碑陰額題『題名』二字，横列，徑七寸，中列官吏姓名凡二列。

【校勘記】

[一]「尺」，原作「寸」。

[二] 跋文缺乏對此碑存地的介紹，事實上該碑現存鄒城孟廟。

[三] 此碑原存泰安城西校場街，一九七九年移立於泰安岱廟炳靈門前，殘泐十分嚴重，兹據《牧庵集》卷一四《平章政事蒙古公神道碑》、《元文類》卷五九《平章政事莽果公神道碑》、《泰山志》卷一八《太師泰安武穆王忙兀博羅讙畏答神道碑并陰》及《全元文》卷三一三《平章政事蒙古公神道碑》加以校證。

[四]「内□□太宫宿衛」，《牧庵集》《元文類》《全元文》作「山東宣慰使」。

[五]「其增封二萬户」，《泰山志》作「其增封爲二萬」。

[六]「省」，《泰山志》《全元文》作「悉」。

[七]「湫」，《牧庵集》《元文類》作「秋」。

[八]「湖」，《牧庵集》《元文類》《全元文》作「頭」。

[九]「鞶帶」，《牧庵集》《元文類》《全元文》作「玉鞶帶」。

[一〇]「召」，原作「台」，據《牧庵集》《元文類》《泰山志》《全元文》正。

[一一]「愬」，《牧庵集》《元文類》作「朔」。

[一二]「循」，《泰山志》作「徇」，《牧庵集》《全元文》作「狥」。

[一三]「二」，《牧庵集》《元文類》《全元文》作「三」。

[一四]「餘」，《牧庵集》《全元文》作「夥」。

[一五]「廿有一年」，《牧庵集》《全元文》作「二十有一年」。

〔一六〕「摧」，原作「推」，據《牧庵集》《元文類》《泰山志》《全元文》正。

〔一七〕「有絶壑前」，《牧庵集》《元文類》《全元文》作「有壑絶前」。

〔一八〕「軍」，《牧庵集》《元文類》《泰山志》《全元文》作「策」。

〔一九〕「焚」，《牧庵集》《全元文》作「去」。

〔二〇〕「本」，《牧庵集》《全元文》作「物」。

〔二一〕「田」，《牧庵集》《元文類》《全元文》作「佃」。

〔二二〕「正」，《牧庵集》《元文類》《全元文》作「止」。

〔二三〕「水」，《牧庵集》《全元文》作「視」。

〔二四〕「不」，《牧庵集》《全元文》作「無」。

〔二五〕「及圈背銀比」，《牧庵集》《元文類》《泰山志》《全元文》作「及圈背銀倚比」。

〔二六〕此三闕字，《牧庵集》《元文類》《泰山志》《全元文》作「月皆出」。

〔二七〕「驛」，《牧庵集》《泰山志》《全元文》作「馹」。

〔二八〕此處，《牧庵集》《泰山志》《全元文》尚有「墻其私居」四字。

〔二九〕「三」，《牧庵集》《元文類》《全元文》作「五」。

〔三〇〕此二闕字，《牧庵集》《元文類》《泰山志》《全元文》作「終事」。

〔三一〕「萬」，《牧庵集》《元文類》《全元文》作「百」。

〔三二〕「鶺雜」，《牧庵集》《元文類》《全元文》作「雜鶺」。

〔三三〕此二闕字，《泰山志》《全元文》作「諸孫」。

［三四］此闕字，《牧庵集》《元文類》《泰山志》《全元文》作「矣」。

［三五］此二闕字，《牧庵集》《元文類》《泰山志》《全元文》作「無以」。

［三六］此闕字，《牧庵集》《元文類》作「四」。

［三七］「太宫」，《牧庵集》《元文類》《全元文》作「宣慰」。

［三八］「前」，《牧庵集》《元文類》《全元文》作「側」。

［三九］「國」之後，《牧庵集》《泰山志》尚有「戚」。

［四〇］此二闕字，《牧庵集》作「適色」，《泰山志》作「適薛」。

［四一］「矢」，《泰山志》作「折」。

［四二］「由賊叩輪，懋功是創」，《牧庵集》《全元文》作「懋功是創，由賊叩輪」。

［四三］「邦」，《牧庵集》作「隅」。

［四四］「南」，《牧庵集》作「六」。

［四五］此二闕字，《牧庵集》《泰山志》《全元文》作「猶壁」。

［四六］此二闕字，《牧庵集》《泰山志》《全元文》作「將天」。

［四七］「足」，尹志平《葆光集·詩抄六·重修五華觀喜題》作「定」。

［四八］《山左金石志》目録以及正文碑目均稱此碑爲「三學資福禪寺」，而非「三覺資福禪寺」。實際上，該寺現存山東惠民，仍稱「三學資福禪寺」。可見，《山左金石志》誤「學」爲「覺」。

［四九］據《元史》卷一九《成宗本紀二》記載：三月壬子，「詔加封東鎮沂山爲元德東安王，南鎮會稽山爲昭德順應王，西鎮吴山爲成德永靖王，北鎮医巫閭山爲貞德廣寧王，歲時與嶽瀆同祀，著爲令式」。可見，四鎮加封事，在大德二年

三月，《山左金石志》誤爲「二月」。

［五〇］「年」，原作「月」。

［五一］泰定五年，即一三二八年，該年七月泰定帝崩，九月，元文宗改元「天曆」。此碑或因立碑人未知改元而致誤。

［五二］原作「二十十」，衍一「十」字。

［五三］「木」，疑爲「本」。

［五四］「翰林侍講學士」，原作「翰林侍講講學士」，衍一「講」字。

卷二十四

元石

代祀曲阜孔廟碑

後至元元年閏十二月立，八分書，篆額，碑高五尺七寸，廣二尺四寸，在曲阜縣孔廟。

右碑額題『代祀闕里孔子廟碑』四行，字徑三寸，文二十行，字徑八分。案《元史·順帝本紀》：至元元年五月，『遣使者詣曲阜孔子廟致祭』，而不書使者姓名，殆即此碑撰文之王思誠也。碑爲思誠撰，周伯琦書，信思誠篆額。史稱王思誠由國子助教改翰林國史院編修官，尋升翰林應奉文字，不言官翰林修撰、同知制誥，史之略也。周伯琦在至正以前由南海主簿三轉爲翰林修撰，史亦不言其爲翰林國史院編修官。伯琦工六書之學，擅名當時，八分書刻之山左者，僅見此碑，結詣純正，點畫皆從六書中來，擅名之語誠不誣也。

堂邑縣子邱公墓碑

後至元二年正月立，正書，碑高七尺八寸，廣三尺二寸，在堂邑縣城北邱公墓上。

右碑額未拓，文二十八行，字徑一寸，劉允祖撰并題額，馬義容書丹。

武斌墓碑

後至元二年二月立，并碑陰、額俱正書，碑高三尺五寸，廣二尺，在嘉祥縣二龍山。

右碑未見拓本，以朱朗齋所載録之。額題『武斌之墓』四字，横列，字徑三寸，文十七行，李珪撰書。碑陰上刻宗族之圖，自武斌二配及子女等名氏，横列書之。

沂山代祀碑

後至元二年二月立，并額俱正書，碑高五尺二寸，廣二尺三寸，在臨朐縣沂山東鎮廟。

右碑額題『代祀記』三字，横列，字徑二寸五分，文十七行，字徑一寸一分，劉思誠撰，劉思文書丹、篆額。案：寧宗即位之初，尊文宗皇后爲皇太后。順帝至元元年八月，尊爲太皇太后。十二月，奉册寶上尊號曰『贊天開聖徽懿宣昭貞文慈佑儲善衍慶福元太皇太后』，蓋十八字尊號也。此碑云『贊天開聖仁壽徽懿宣昭』只十字，殆是初尊皇太后所上之尊號，皇太后册寶是至元元年二月所上，尊號十字史無明文，得此可以補闕。

東平路學田記

後至元二年二月立，并陰及額俱正書，碑高六尺二寸，廣二尺四寸，在東平州學。

右碑額題『東平路學田記』二行，字徑四寸，陽文。文十九行，字徑一寸，孔、顔、孟三氏子孫教授張瀚撰，張溥書并題額。碑陰上層刻官銜十二行，下刻學地四至，凡三十一行，字徑九分。孔、顔、孟三氏子孫教授，其姓名之見于《闕里文獻考》者，只進士楊庸一人，見於《曲阜縣志》者，又得張頊、楊演二人，而張瀚無考，可據是以補二書也。瀚於泰定四年爲曲阜林廟學正，不知何年來此教授。碑爲五十二代孫、本路儒學教授孔之威立，案《闕里文獻考》載五十二代孫孔之威，字温甫，官費縣尹，而不言其曾爲東平學教授，亦《考》之略也。

岳氏宗塋碑

後至元二年三月立，高、廣尺寸未詳，在齊河縣北岳氏墓上。

右碑未見拓本，據朱朗齋所録載之。撰文者姚燧，書丹者劉賡，篆額者張養浩。碑敘岳武穆王之弟諱傑，贅于齊河鄧氏，因家焉，即岳寧之祖也。今武穆墓在錢塘，子孫世守而不聞其先又有齊河一支，是可爲岳氏譜牒之助也。

靈巖寺舉公提點塔銘

後至元二年四月立，正書，碑高三尺四寸，廣二尺四寸，在長清縣靈巖寺。

右碑額題『舉公提點塔銘』三行，字徑三寸五分。文衹半截，二十六行，字徑八分，沙門古淵撰，定巖書。

靈巖寺國師法旨碑

無年月，梵書，譯文正書，篆額，碑高四尺四寸，廣二尺二寸五分，在長清縣靈巖寺。

右碑額題『大元國師法旨』三行，字徑二寸五分。上層刻國師法旨，梵書，十二列，下層譯文二十五行，字徑八分。按聶鈫《泰山道里記》稱：『靈巖寺千佛殿前後壁，勒宋元明碑，有元蛇兒年《國師法旨碑》，蒙古字。』今驗此碑是西僧梵書，非蒙古字，以無年月可系，姑附舉公塔銘之後。

昭烈皇帝廟碑

後至元三年二月立，正書，碑高五尺八寸，廣二尺八寸，在恩縣城北拱辰門外昭烈廟内。

右碑文二十七行，字徑五分，王士元撰并書篆。

李氏先塋碑

後至元三年三月立，正書，碑高八尺六寸，廣三尺六寸，在濟陽縣。

右碑篆額未拓，文二十四行，字徑一寸，張起巖撰，揭傒斯書，楊僖篆額。起巖，章丘人，其結銜以史考之，乃順帝嗣位之初，遷翰林侍講學士，知制誥兼修國史，修三朝實録，加同知經筵事。碑與史異者，惟知經筵事不加『同』字耳。揭傒斯，史不稱其善書，其書刻于山左者，亦僅見此，然書體秀整，氣局展拓，可與趙文敏相埒也。結銜與史異者，初授翰林國史院編修官在延祐初年，繼遷翰林待制在元統初年，史未言其仍兼國史編修也。楊僖，史無傳，惟李謙撰《楊文安公神道碑》載子男三人，次曰僖，疑即其人。

任城郡公札忽兒觧墓碑

後至元三年三月立，正書，碑高五尺五寸，廣二尺二寸，在濟寧州城西三里。

右碑題『大元封中奉大夫、河南江北等處行中書省參知政事、護軍、任城郡公扎忽兒觧之墓』三行，字徑四寸三分。左旁『中書平章政事、翰林學士承旨、知制誥兼修國史、奎章閣大學士、銀青榮禄大夫、涼國公趙世延書』一行，右旁『至元三年歲在丁丑三月吉日，中奉大夫、荆湖北道□□使男怯朝立石』一行，俱字徑一寸。

平原縣重修宣聖廟碑

後至元三年四月立，正書，篆額，碑高七尺一寸，廣二尺六寸，在平原縣學。

右碑額題『平原重修宣聖廟碑』二行，字徑三寸二分，文二十四行，字徑一寸，王士元撰并書篆。

孟廟興造記

後至元三年六月立，并陰俱正書，篆額，凡三石，合爲一碑，高五尺四寸，廣三尺四寸，在鄒縣孟廟。

右碑額題『鄒國亞聖公廟興造記』三行，字徑四寸四分，文二十六行，字徑一寸二分，鄭質撰，孔克欽書，楊守義篆額。碑陰額題『同立石題名記』六字，徑三寸二分，下列官銜士庶姓名十五行，字徑五分。

重修尊經閣碑

後至元三年六月立，正書，篆額，碑高八尺，廣二尺九寸五分，在濟寧州學尊經閣。

右碑額題『重修尊經閣記』二行，字徑四寸二分，文二十四行，字徑九分，王宜振撰，尚甘澍書丹，張起岩篆額。

諸城縣重修廟學記

後至元三年八月立，八分書，碑高八尺八寸，廣三尺一寸，在諸城縣學。

右碑篆額未拓，文二十三行，字徑八分，末有小字石匠姓名，碑文、書篆皆出李泂之手。《元史》傳云：泂字溉之，滕州人。作爲文辭，如宿習者，姚燧力薦于朝。文宗方開奎章閣，延天下知名士充學士員，泂特授奎章閣承制學士，同修《經世大典》。書成，謁告歸。其爲文，奮筆揮灑，迅飛疾動，汩汩滔滔[二]，思態疊出。僑居濟南，有湖山花竹之勝，作亭曰『天心水面』。尤善書，篆、隸、草、真皆精詣，爲世所珍愛者。今驗此碑文與書，洵不誣也。

北海縣膏潤行祠碑

後至元三年十月立，正書，碑高五尺三寸，廣二尺三寸，在濰縣。

右碑篆額未拓，文二十二行，字徑八分，陳繹曾撰，王貢書并篆。案今之濰縣，在元時爲北海縣，與昌邑同屬於濰州，而隸於益都。故碑題稱『北海』，而結銜有濰州諸官也。碑上角空處有『洪武三年』『正統五年重立』字。

靈巖寺容公禪師塔銘

後至元四年三月立，正書，篆額，碑高五尺五寸，廣三尺二寸，在長清縣靈巖寺。

右碑祗存上截，額題『無爲容公禪師塔銘』四行，字徑四寸四分，文二十九行，字徑九分。末年月、題名，字徑六分，釋德慧撰，書人名殘缺。

靈巖寺揮公塔記

後至元四年五月立，正書，篆額，石高二尺四寸，廣二尺四寸，在長清縣靈巖寺。

右碑祗存上截，額題『揮公提點塔記』，横列，字徑三寸，文二十三行，字徑八分，撰書姓名皆缺。

創建洙泗書院記

無年月，正書，篆額，碑高七尺五寸，廣三尺三寸，在曲阜縣城東北洙泗書院。

右碑額題『創建洙泗書院之記』二行，字徑三寸五分，宋元隆撰，蔡思中書，東野潛篆。碑無立石年月，以文有『至元後戊寅八月之邪終』語，是爲後至元四年也。『邪終』二字，未詳何義。

膠西郡王范成進墓碑

後至元四年十一月立，正書，在濰[三]縣西北。

右碑殘碎，分爲三石，尺寸、行數皆不能計，撰書人姓名亦缺。

『慶壽』二大字石刻

碑無時代，高七尺，廣八尺五寸，在曲阜縣舊縣城外。

右刻『慶壽』二大字，正書，徑六尺，横刻，其額有古篆書十六字，徑三寸，大半漫滅。『慶』字右刻『燕山任筠時七十五歲書，辛□□□馬克明□』正書一行，字徑三寸。『壽』字左刻『至聖五十五代孫世襲曲阜尹監』八分書一行，徑二寸。案：『至聖』一行，『尹監』下缺其名，以志攷之，五十五代孫孔克堅襲封衍聖公，其同時昆弟行襲曲阜縣尹者，至元四年，則孔克欽任；至正十四年，則孔克昌任，皆五十五代孫也。此碑缺名，不能定其人，且無年月可系，姑附于至元四年孔克欽任縣尹之日。蓋克欽在官，頗多興建摹勒巨碑，宜所樂爲也。

曲阜縣孔廟御賜尚醖釋奠碑

碑無年月，正書，篆額，碑高四尺八寸，廣二尺四寸五分，在曲阜縣孔廟。

右碑額題『御賜尚醖釋奠之記』二行，字徑三寸，文二十二行，字徑一寸，梁宜撰文，東野潛書，綦思中篆。案碑云：『後己卯正月，皇帝田于柳林，以上丁在邇，出上尊酒釋奠于闕里，遣御史從事臣高元肅驛致之。』稽之《元史》本紀，二事皆不書。碑無立石年月，今以其事在己卯上丁，則至元五年二月也。

錦州同知李之英墓誌銘

後至元五年二月立，行書，篆額，碑高七尺三寸，廣三尺五分，在鄒縣西北崗山墓上。

右碑額題『錦州同知李君墓誌銘』三行，字徑三寸二分，文三十行，字徑八分，陳繹曾撰，孔之威書，張恒篆。陳繹曾，《元史》有傳，稱其官至國子助教，而不詳何年。以此碑結銜及至元七年《修學碑》銜名攷之，則先爲助教，後爲國史院編修。史云『官至國子助教』者，非也。李之英以元統元年九月賜進士出身，是年賜及第者，爲李齊。稽之《順帝本紀》，竟不書御殿策士之事，且甲科爲右榜，乙科爲左榜，亦《選舉志》所不詳，是皆可以補史也。

尼山書院碑

後至元五年五月立，并陰俱正書，篆額，碑高一丈一尺六寸，廣三尺五寸，在鄒縣[三]尼山書院。

右碑額題『尼山書院碑銘』二行，字徑四寸，文二十八行，字徑九分。末銜名四行，字徑五分。陳繹曾撰，任擇善篆，李彦博書。碑陰上、下兩層，官吏姓名凡九十四人。

聖惠泉記

後至元五年七月立，八分書，篆額，碑高六尺七寸，廣二尺五寸，在齊東縣城西延安鎮。

右碑題『聖惠泉記』，横列，字徑三寸，文十四行，字徑一寸四分，張養浩撰，趙孟頫篆，楊僖書。

案：養浩卒於天曆二年，孟頫卒於至治二年，是立碑之年諸人皆不在世矣。楊僖，《元史》無攷。

曲阜縣宣聖廟記

後至元五年八月立，正書，篆額，碑高五尺七寸，廣二尺五寸，在曲阜縣孔廟。

右碑題『大元祀曲阜宣聖廟記』三行，字徑三寸。上截祝文二十二行，字徑八分，謝端奉敕撰。下截記文、銜名共二十三行，字徑七分，無撰人姓名，張起巖書丹并篆額。

敕修曲阜宣聖廟碑

後至元五年十一月立，并碑陰俱正書，篆額，碑側行書，碑高一丈六尺六寸，廣五尺七寸，厚二尺，在曲阜縣孔廟奎文閣後。

右碑額題『大元敕修曲阜宣聖廟碑』二行，字徑六寸，文四十三行，字徑一寸一分，歐陽玄奉敕撰，巙巙奉敕書，張起巖奉敕篆。碑陰刻御史臺臣姓名，横分二列，凡三十五行，字徑一寸二分。下截左右角有明人題名共十三行，中有詩二行不全，并無時代、姓氏。碑側有任忠至正廿二年題記，行書，六行，徑一寸五分。

齊東縣重理廟學碑

後至元五年十一月立，正書，碑高一尺四寸五分，廣三尺五分，在齊東縣學。

右碑文三十三行，字徑八分，李惟彦記，無書人姓名。

平陰縣子龔秀神道碑銘

後至元五年十一月立，正書，碑高四尺八寸，廣三尺，在平陰縣會仙山麓。

右碑額未拓，文二十三行，字徑一寸一分，康若泰撰，秦起祖題額并書。又有拓本一紙，刻元統三年追封制詞十一行，亦正書，徑一寸五分，未知是陰否。

知高唐州致仕丘楫神道碑

後至元五年立，正書，碑高七尺九寸，廣三尺四寸，在堂邑縣城北丘氏墓上。

右碑篆額未拓，文三十一行，字徑九分，李輿撰，□國維書丹，郭士文篆額。

龍山王氏先塋殘碑

後至元六年三月立，正書，碑高六尺四寸，廣二尺一寸，在濟南府城東龍山鎮之西北。

右碑殘闕，文存十四行，字徑一寸，無撰書人姓名。

重修靈應觀碑

後至元六年四月立，并碑陰俱正書，篆額，碑高五尺八寸，廣二尺八寸，在章丘縣女郎山之麓靈應觀。

右碑額題『重修靈應觀記』三行，字徑三寸五分，文二十三行，字徑九分，鹿思固撰，田頤正書，彭恂篆額。碑陰額題『宗派之圖』四字，横列，徑三寸。上層刻真君宗派，下層官職、士庶姓名，縱横列之字徑七分。

慕容氏先塋碑

後至元六年五月立，正書，碑高五尺六寸，廣三尺，在城武縣西五里南魏村。

右碑篆額未拓，文二十四行，字徑六分，大半殘缺，歐陽玄撰，伯顏書，□□□篆額。碑立於至元六年，以碑中有『至順元年』字，知爲順帝後至元六年也。

增修濟寧路治記

後至元六年七月立，正書，碑高三尺，廣二尺四寸，舊在濟寧州治。

右碑原石已佚，朱朗齋從李鐵橋家借舊藏拓本録之。文二十一行，撰文者爲濟寧路儒學教授孫居謹。及後所列諸官姓名，皆可補《州志》職官之略。

五十三代衍聖公孔治神道碑

後至元六年七月立，正書，篆額，碑高八尺九寸，廣二尺九寸，在曲阜縣孔林。

右碑額題『大元故中議大夫、襲封衍聖公神道碑銘』四行，字徑三寸，文二十七行，字徑八分，蔡文淵撰，李庭實書，楊僖篆。

釋奠宣聖廟碑

後至元六年八月立，正書，篆額，碑高四尺六寸，廣二尺，在曲阜縣孔廟。

右碑額題『大元釋奠宣聖廟之記』三行，字徑二寸，文二十八行，字徑五分，周伯琦撰并書篆。

靈虚宫褒封劉真君碑

後至元六年十一月立，正書，碑高七尺八寸，廣三尺一寸，在掖縣靈虚宫。

右碑篆額未拓，上層刻至大三年制詞，下層文十八行，字徑一寸二分，元顔璧譔，姜象先書丹、篆額。

鄒縣修學碑

後至元七年二月立，正書，篆額，碑高八尺二寸，廣二尺九寸，在鄒縣學。

右碑額題『鄒縣修學之記』二行，字徑三寸四分，文二十五行，字徑一寸，陳繹曾撰，張起巖書，王士熙篆。案史，繹曾字伯敷，處州人，官至國子助教，而不詳其嘗官翰林院國史編修官，可據此碑以補史也。至正改元在辛巳年正月己酉朔，此碑立于二月，而猶云『至元七年』者，豈改元之詔其時尚未頒至耶？

靈巖寺創建龍藏殿記

至正元年二月立，行書，篆額，陰正書，碑高八尺二寸，廣三尺一寸，在長清縣靈巖寺。

右碑額題『大元泰山靈巖禪寺龍藏殿記』三行，字徑三寸五分。文二十四行，字徑一寸，末有石工姓名一行。張起巖撰并篆額，張蒙古台書。陰刻施鈔人名凡二十六行，字徑八分。

重建東嶽行祠碑

至正元年三月立，正書，碑高六尺，廣二尺九寸，在濰縣東嶽廟。

右碑篆額未拓，文十九行，字徑一寸，楚惟善撰，張完者篆，徐暈書。

贈冠州知州韓君墓誌銘

至正元年三月立，正書，碑高八尺八寸，廣三尺四寸，在莘縣。

右碑篆額未拓，文二十四行，字徑一寸，撰書、篆額人名皆闕。

濟寧鄭公墓碑

至正元年六月立，正書，碑高三尺七寸五分，廣二尺一寸，在濟寧州城東接駕莊鄭公墓上。

右碑首題『大元』二字，横列，字徑四寸。中題字三行，字徑二寸。左刻年月及立石三人名，字徑九分。

重修嶽廟神門碑

至正元年立，并碑陰俱正書，篆額，碑高六尺六寸，廣三尺，在萊蕪縣東嶽廟。

右碑額題『重修嶽廟神門之碑』二行，字徑二寸五分，文二十八行，字徑一寸一分，李世傑撰，樊彛書，趙元佐篆額。碑陰額題『協贊善事』四字，横列，徑三寸五分。下刻官吏、士庶姓名，不計行數，字徑八分。文稱『至元庚辰春詔曰：名山大川、嶽鎮海瀆，俾諸吏職聿修祀典』，此語不見于《本紀》，亦不詳于《祭祀志》，蓋史文之略也。陰内有寶成、通利、富國、昆吾、元固等監[四]，皆萊蕪鐵冶提舉所轄，而《百官志》不備，皆可據碑以資考證也。

鄒平縣創建崇經閣碑

至正元年九月立，正書，碑高六尺，廣三尺三寸，在鄒平縣學崇經閣下。

右碑篆額未拓，文二十二行，字徑一寸，王文燁撰，必申建而書，張起巖篆額，末有鐫工姓名。

靈巖寺讓公禪師道行碑

至正元年十一月立，行書，篆額，碑高五尺二寸，廣二尺四寸，在長清縣靈巖寺。

右碑額題『息菴禪師道行碑記』四行，字徑二寸二分。碑文爲日本僧印元撰書，中奉大夫、圓照普門光顯大禪師益吉祥篆額。中奉大夫乃文散官，從二品階，僧職之有官階者，僅見于此。

靈巖寺提點貞公塔銘

至正元年十一月立，行書，篆額，碑高四尺二寸，廣二尺四寸，在長清縣靈巖寺。

右碑額題『明德大師貞公塔銘』四行，字徑二寸二分，文二十五行，字徑八分，沙門定巖撰，福廣野雲書并篆。

創建尼山書院碑

至正二年正月立，正書，篆額，碑高七尺六寸，廣三尺，在鄒縣[五]尼山書院。

右碑額題『創建尼山書院之記』二行，字徑三寸二分，文二十九行，字徑八分，虞集撰，衍聖公克堅書，張起巖篆。

滋陽縣尹房公墓誌銘

至正二年三月立，正書，碑高五尺九寸，廣二尺五寸，在滋陽縣。

右碑篆額未拓，文二十三行，字徑八分，王思誠撰，汪澤氏書，張恒篆。

房氏先塋殘碑

無年月，正書，石高二尺四寸，廣二尺五寸，在滋陽縣。

右碑文已殘缺，難辨行數，姑附《房公墓誌》之後以俟攷。

重修伏羲廟獻殿碑

至正二年八月立，行書，篆額，碑高八尺三寸，廣二尺九寸，在鄒縣。

右碑額題『重修伏羲廟獻殿碑』二行，字徑二寸四分，文二十三行，字徑一寸，楊鐸撰，楊琬書丹，岳出謀篆額。

致奠曲阜孔廟碑

至正二年十二月立，正書，篆額，碑高六尺五寸，廣二尺二寸，在曲阜縣孔廟。

右碑額題『大元致奠孔子廟碑』四行，字徑三寸，文二十行，字徑一寸，郭孝基撰，陳繹曾書，王士熙篆。

濟南路廟學新垣記

至正二年十二月立，行書，篆額。陰上截正書，下截行書，碑高六尺六寸，廣二尺七寸五分，在濟南府學。

右碑額題『濟南路廟學新垣記』四行，字徑四寸二分，文二十行，字徑一寸。末有石匠姓名，張起巖撰文，肅訥書丹，史經篆額。陰上刻銜名十五行，字徑九分，下刻亦銜名二十二行，字徑九分。

昌平山題字

至正三年正月立，正書，崖高五尺，廣一尺七寸，在鄒縣東北昌平山。

右刻題『永真觀』三字，徑一尺七寸，『至正三年正月日記』一行，徑三寸。

重建龍山觀碑

至正三年三月立，正書，碑高六尺五寸，廣三尺，在益都縣城西石家菴村觀中。

右碑篆額未拓，文二十五行，字徑一寸，周德治撰，宋道和書并篆。

東平州學重新雅樂記

至正三年四月立，并碑陰俱正書，篆額，碑高七尺三寸，廣二尺四寸，在東平州學。

右碑額題『重新雅樂之記』二行，字徑三寸，文二十一行，字徑九分，王惟賢撰書，楊理篆額。碑陰上層刻雅樂名件十行，下層官吏姓名七行，字徑並一寸二分。末有石工姓名。

聞韶臺重修聖廟記

至正三年七月立，八分書，碑高五尺八寸，廣二尺六寸，在濟陽縣東北曲隄鎮聞韶臺。

右碑篆額未拓，文亦衹半幅，十四行，字徑一寸三分，王士熙撰，張起巖篆，楊僖書。

子思書院新廟碑

至正四年二月立，八分書，篆額，碑高一丈一尺六寸，廣三尺五寸，在鄒縣子思祠。

右碑額題『子思書院新廟之記』二行，字徑三寸二分。文二十三行，字徑一寸。末銜名二行，正書，徑九分。潘迪撰并書，孔克堅篆額。迪精于篆隸，官國子司業時，嘗撰《石鼓文音訓》，此碑所書正與石鼓碑同。《元史》無迪傳，碑云『朝列大夫、前國子司業』，據《音訓碑》，至元己卯結銜是『奉訓大夫、國子司業』。案《元史·百官志》：國子司業，正五品階，是奉政、奉議若奉訓，是從五品階[六]。《音訓碑》所列官階與史志皆不合。此碑云『朝列大夫』，是從四品階，階既升，而仍列前國子司業銜，不可曉也。孔克堅以後至元六年襲封衍聖公，《闕里文獻考》不詳其未襲封時爲國子監諸生，以此碑及《音訓碑》考之，是至元五年，潘迪爲司業，而孔克堅爲諸生，故碑云『衍聖昔嘗執經成均也』，識此以補《闕里考》所未備。

泰安州重修宣聖廟碑

至正四年閏二月立，并碑陰俱正書，碑高五尺一寸，廣二尺五寸，在泰安府學。

右碑未見拓本，據朱朗齋所録載之。文二十六行，字徑八分，張從仁撰，王昇書，張起巖篆。陰刻官吏、士庶姓名，不計行數，字徑六分。

常山神祠感應碑

至正四年三月立，正書，碑高二尺八寸，廣一尺七寸，在諸城縣常山神祠。

右碑文十九行，字徑六分，張恕撰，張思祖書丹。

東平總管劉修德善政碑

至正四年三月立，并碑陰俱正書，篆額，碑高一丈四寸，廣三尺五寸，在東平州署。

右碑額題『大元東平總管劉公善政頌碑』三行，字徑四寸。文二十八行，字徑一寸一分。潘迪撰，王士點書，胡祖廣篆額。碑陰額題『官民題名』正書二行，徑六寸，下刻官吏姓名十二列，字徑九分。

重修龍祠記

至正四年四月立，正書，篆額，陰行書，碑高三尺九寸，廣二尺四寸，在樂安縣神祠。

右碑額題『千乘重修龍祠之記』四行，字徑二寸，文十九行，字徑一寸，程益撰，張士謙書，李齊篆。陰額横列『龍祠碑陰』四正字，徑三寸，下題名十八行，字徑八分。

文書訥書大靈巖寺額碑

至正四年四月立，正書，碑高七尺，廣二尺三寸，在長清縣靈巖寺方山神祠之東。

右『大靈巖寺』四字，徑一尺八寸。右題『奉直大夫、山東東西道肅政廉訪副使文書訥雙泉書，至正四年四月十有九日立』。按文書訥，史志皆不詳其人，筆法整嚴，神采秀勁，元碑之完善者。

洪山詩刻殘石

至正四年立，行書，在嘉祥縣。

右刻已殘缺，詩七律二首，七絶一首，可讀者淺陋，不足存。以朱朗齋訪得，姑載之。

濟寧州學重繪賢象記

至正四年十一月立，并陰俱正書，篆額，碑高六尺六寸，廣二尺六寸五分，在濟寧州學。

右碑額題『重繪賢象之記』二行，字徑三寸八分，文十五行，並無撰書人姓名。碑陰額題『題名』正書二字，徑四寸，下刻官銜士庶名凡三列。

曲阜縣復聖廟石題銘

至正五年刻，八分書，石方廣七寸，在曲阜縣城内復聖廟。

右銘題云：『雲篆其外，玉壽其德。瑞翊斯文，子孫千億。稷埜遺民爲洙泗主人銘。至正乙酉仲冬吉日謹誌。』凡七行，字徑六分。

淄川縣重修廟學碑

至正六年七月立，并陰俱正書，篆額，碑高八尺七寸，廣三尺二寸，在淄川縣學。

右碑題『大元般陽府路重修廟學之碑』三行，字徑三寸，文二十八行，字徑一寸，張起巖撰，楊宗瑞書，趙期頤篆。碑陰橫列官吏姓名，字徑八分。按史稱：張起巖仕順帝朝，拜翰林學士承旨、知制誥兼修國史、知經筵事，俄拜御史中丞，修遼、金、宋三史，復命入翰林爲承旨，充總裁官，而不詳何年。以此碑證之，則初拜承旨等官是至正六年事，而其拜御史中丞是至正六年以後事也。

興福院碑

至正六年閏十月立，并額俱正書，碑高三尺二寸，廣一尺七寸，在淄川縣。

右碑額題『創建興福院記』六字，橫列，徑二寸，文十八行，字徑八分，張元撰并書，王履和題額。

仰天山照公提點塔誌

至正七年三月刻，正書，石高一尺三寸，止三面，每面廣一尺二寸，在臨朐縣仰天山文殊寺。

右刻凡二十九行，字體大小不等，沙門普昶撰，寶才書。

京兆郡侯宋公神道碑

至正七年立，正書，碑高八尺三寸，廣三尺四寸五分，在鄒平縣城西南滑莊之東。

右碑篆額未拓，文一十五行，字徑一寸。文已磨滅，可辨者僅三百餘字，撰文、書丹、篆額、結銜全具，而姓名皆殘缺無攷。

泰定瑞麥圖記

至正七年三月立，正書，後跋行書，篆額，碑高二尺四寸，廣四尺，在濟寧州太白樓下壁間。

右碑未見拓本，據朱朗齋所載録之。額題『泰定丁卯瑞麥圖』七字，文十三行，在圖之左。汪澤民書跋語十四行，在圖之右。白守忠書後又跋語五行，正書，劉謙書。

石佛閘重立石佛碑記

至正七年七月立，并陰俱正書，碑高三尺五寸，廣一尺六寸，在濟寧州城南十二里石佛閘。

右碑正面疑是古碑僅存殘字數筆，碑陰刻至正七年重立石佛碑記，後列官吏等姓名，行數未詳。

東鎮廟時享記

至正八年二月立，并額俱正書，碑高四尺五寸，廣二尺，在臨朐縣沂山東鎮廟。

右碑額題『時享之記』二行，字徑二寸，文二十行，字徑九分，果寅書并題額，無撰人姓名。

曲阜縣孔廟至正代祀記

至正八年八月立，正書，碑高四尺二寸，廣二尺四寸，在曲阜縣孔廟奎文閣後。

右碑文二十行，字徑九分餘，董立撰記。

平陰縣重建嶽祠碑

至正八年九月立，正書，碑高六尺四寸，廣二尺九寸，在平陰縣城外東嶽廟。

右碑篆額未拓，文二十四行，字徑九分，王廷望撰并書丹，張徵禮篆額。

太原郡伯王公墓碑

至正八年九月立，正書，碑高八尺，廣三尺一寸，在兖州府城東南王公墓上。

右碑篆額未拓，文二十一行，字徑一寸，歐陽玄撰，蘇天爵書，張起巖篆額。按：此碑乃王思誠之祖追封太原郡伯王公諱佑之墓碑也，撰書、篆額皆一時名筆，與其父《郡侯公墓碑》同時建造，而撰文則先其父，次及此碑。文於至正六年爲其母初喪之時，碑立於至正八年，則服已禫除，起爲河間路總管也。

太原郡侯王公墓碑

至正八年九月立，正書，碑高七尺八寸，廣三尺，在兖州府城東南王公墓上。

右碑篆額未拓，文三十一行，字徑八分，歐陽玄、蘇天爵書，張起巖篆額。按：此碑乃王思誠之父追封太原郡侯王公諱福之墓碑也。《元史·王思誠傳》：思誠字致道，兖州嵫陽人。七歲從師授《孝經》《論語》，即能成誦[七]。家本業農，其祖佑訴家人曰：『兒大不教力田，反教爲迂儒邪？』思誠愈自力弗懈。後從汶陽曹元用游，學大進。中至治元年進士第，授管州判官，召爲國子助教，改翰林國史院編修官，尋陞應奉翰林文字，再轉爲待制。至正元年，遷國子司業。二年，拜監察御史，出僉河南、山西道肅政廉訪司事，召修遼、金、宋三史，調秘書監丞。復命爲國子司業，超陞兵部侍郎，監燒燕南昏鈔，忽心悸弗寧，已而母病，事畢，馳還京師侍疾。及丁内艱，扶櫬南歸。甫禫，起爲河間路總管，累官至禮部尚書，升集賢侍講學士兼國子祭酒。十七年卒，謚獻肅。史云『迂儒』，而碑作『迂懦』者，筆誤也。《山東鄉試題名碑》見於濟南府學宫者只二碑，一是至正十年，一是至正二十一年，獨延祐七年碑不存，王思誠之擢第六，賴此碑知之。

臨朐縣重修文廟碑

至正八年十一月立，正書，篆額，碑高五尺八寸，廣二尺六寸五分，在臨朐縣學。

右碑額題『重修文廟之記』三行，字徑三寸五分，文二十行，字徑一寸一分，稽宗岱撰篆。

臨朐縣學摹刻朱晦菴先生明倫堂銘

至正八年十一月立，正書，碑高二尺一寸，廣三尺九寸，在臨朐縣學。

右銘六行，字徑二寸四分，前後標題銜名六行，字徑七分。

泰安州學創塑七十子象記

至正九年五月立，并陰俱正書，篆額，碑高八尺五寸，廣三尺四寸，在泰安府學。

右碑未見拓本，據朱朗齋所載録之。額題『泰安州重修廟學記』二行，字徑五寸。文二十五行，字徑一寸。張從仁撰，□□篆額，孔克堅書丹。碑陰刻官吏銜名十六行，字徑一寸一分。

諸城常山神祠感應記

至正九年十月立，正書，碑高三尺七寸，廣二尺三寸，在諸城縣常山神祠。

右碑額未拓，文十九行，字徑一寸，劉惟敬撰并書。

曲阜縣復聖廟碑

至正九年十一月立，八分書，篆額，碑高一丈三尺，廣四尺，在曲阜縣顔廟。

右碑額題『大元敕賜先師沇國復聖公新廟碑銘』三行，字徑三寸四分，文二十三行，字徑一寸。歐陽玄奉敕撰，張起巖奉敕書，耿煥奉敕篆額。

逵泉寺同樂記

至正十年四月立，八分書，尺寸詳後，在曲阜縣逵泉寺。

右記未見拓本，據朱朗齋所録載之。記刻三石，九行、十行不等，字徑一寸，各高四尺，廣一尺五寸。又詩二首，一石高一尺六寸，廣一尺五寸，凡六行，字徑一寸，跋語五行，字不及寸。按：記爲孔克欽撰，文氣不接，似尚未全。詩爲克欽之父思誠所作，亦未見出色，故不録。

密州重修廟學碑

至正十年四月立，正書，碑高五尺四寸，廣二尺九寸，在諸城縣學。

右碑篆額未拓，文二十三行，字徑□[八]寸，秦裕伯撰，黄向書，孫思庸篆。按《志》載此碑云：『所購密州士大夫書籍一百一十部，總一千五十三册，計五千二百三十三卷，書名皆鐫之碑陰。』然則此碑尚有碑陰，惜拓者失之也。

曲阜縣歷代沿革志碑

至正十年四月立，正書，篆額，凡三石，各高六尺，廣一尺八寸，在曲阜縣舊城東門外。

右碑額題『曲阜縣歷代沿革志』四行，字徑三寸八分，文三行，字徑一寸四分，石普撰，李奇書，楊克明篆。

提舉劉公神道碑

至正十年六月立，正書，碑高六尺七寸，廣二尺九寸，在掖縣東北紫羅疃。

右碑篆額未拓，文殘缺，不辨行數，字徑八分，撰人姓名闕，崔士咸書丹、篆額。

楊氏先塋碑

至正十年八月立，正書，碑高八尺三寸，廣三尺四寸，在掖縣城北伍城村。

右碑篆額未拓，文二十六行，字徑一寸，雅古撰，王士熙同撰，馬祖常書，張起巖篆額。案：碑既有雅古撰，又有同撰之王士熙，實爲創見。文中但云『以狀來請于雅古』，無一語及士熙，尤不可解。

汪春墓碑

無年月，正書，碑高六尺，廣三尺一寸五分，在掖縣城北平里店。

右碑殘闕殊甚，不計行數，字徑八分。案：《掖縣志》載汪春墓云『以子貴贈爵，賜論葬』，碑文僅存『父春』二字，而春之事迹與其子之官位，俱不能詳。今據志以此爲元碑，而列於楊春祖墓之後，姑從之。

重修文山秦廟碑

至正十年九月立，正書，篆額，碑高四尺四寸，廣二尺四寸，在文登縣文山秦廟。

右碑額題『重修文山秦廟記』七字，横列，徑二寸三分，文二十行，字徑一寸，朱榮瑞撰，劉巍篆，朱□書。

利津縣學加封孔子制詔碑

至正十年立，正書，碑高六尺四寸，廣二尺八寸，在利津縣學。

右碑額未拓，上層刻制詔十四行，字徑一寸八分，下層記文二十四行，字徑一寸。張起巖撰，段弼書，□□申達兒樵隱題額。

新建社學明德齋記

至正十年十月立，行書，碑高六尺，廣二尺四寸，在滋陽縣。

右碑篆額未拓，文十八行，字徑一寸，盧持中撰，王秩書，王汝霖篆額。

山東鄉試題名碑

至正十年十月立，行書，額八分書，碑高六尺一寸，廣二尺八寸，在濟南府學。

右碑額題『山東鄉試題名碑記』四行，字徑三寸八分，陽文。上截刻記文，不計行數，毛元慶撰，許彧書并題額，下截題名凡三層。

曲阜縣治遷徙記

無年月，行書，碑高三尺七寸，廣一尺七寸五分，在曲阜縣舊治。

右碑文十二行，字徑八分，無撰書人姓名。

石門寺重修廟宇碑

至正十年十月立，正書，碑高二尺七寸，廣一尺六寸，在臨朐縣石門寺。

右碑文十五行，字徑八分，無撰書人姓名。

文殊寺恩公塔記

至正十一年三月立，正書，碑高二尺八寸五分，凡六面，圍四尺三寸，在臨朐縣仰天山文殊寺。

右碑文十一行，字徑八分，後題名、年月字體大小不等，住持進吉祥撰。

靈巖寺慧公道行碑

至正十一年十月立，并額俱正書，碑高六尺二寸，廣二尺八寸，在長清縣靈巖寺。

右碑額題『慧公禪師道行之碑』四行，字徑三寸，陽文。文二十九行，祇半截，字徑八分。釋法禎撰，思璧書丹、題額。

重修福山院碑

至正十一年十月立，正書，碑高六尺四寸，廣三尺一寸，在萊陽縣福山院。

右碑篆額未拓，文三十行，字徑九分，勝吉祥撰，張惠珍書并篆。

李西林講堂詩刻

至正十一年十一月刻，行書，石高二尺，廣三尺六寸，在臨朐縣學。

國子助教西林先生詩，并敘。教諭孫郁書。

余既移病不出，有感懷詩二首，及行，因書於講堂之壁，以貽主人曾公歸來一笑，延祐元年冬十月日，前主簿東明李鳳書。

故園千里渺天涯，西望長吟有所思。雒下秋風張翰語，閨中夜月少陵詩。歲豐東土雖云樂，累重南山不可移。已比淵明歸去晚，西風摇落菊花期。

人生行處更難忘，從此臨朐是故鄉。但恨不才歸計早，愧無遺愛在甘棠。

至正九年冬，國子伴讀季生永貞，持吾先君西林先生詩二首謁曰：『是詩書於臨朐縣學之壁間，歲久墻圮將滅，邑之士者思壽諸石，使永貞以其詩來，且致辭曰：『思其人，顧其所存者，則所思者猶在也。今逝者往矣，敢以其存者致諸子，則子又存之存者也。』好文再拜稽首，執詩以泣曰：『昔先人之在邑，不數月而去，然能使諸君久而弗忘者，豈以情見乎辭，誠之所發，有足以動之者耶？否則，風俗之美，不親於來而重其去，厚之至也。生其歸矣，爲我謝諸君子。』《詩》曰：『維桑與梓，必恭敬止』。昔先人既以齊爲鄉里而不能忘，則不肖走異日之後，得不以牛山之南、穆陵之北爲桑梓乎？翰林學士、資善大夫兼太子諭德男好文百拜，謹誌。至正十一年仲冬吉日，邑人司丞許震文、教授蘇榮祖、許介、典史張榮祖、縣尹白惟本、達魯花赤陸實、鄉士李敏、辛瑄、李綱、王思忠。

右刻詩、敘十二行，敘字徑一寸，詩字徑一寸四分，後跋并銜名凡二十行，字徑六分。

重修玉泉院碑

至正十一年十二月立，并額俱正書，碑高四尺三寸，廣二尺三寸五分，在臨朐縣南冶源池玉泉院。

右碑額題『重修玉泉院記』六字，横列，徑二寸，文二十三行，字徑八分，住持進吉祥撰，□巖書。

重修曲阜景靈宫碑

至正十一年十二月立，正書，碑高九尺三寸，廣三尺二寸，在曲阜縣。

右碑篆額未拓，文二十二行，字徑八分。末有刻工姓名，石已碎裂爲五，撰書人姓名皆闕。

楊氏祖塋碑

至正十二年閏三月立，并陰俱正書，篆額，碑高七尺，廣三尺，在濟寧州兩城山。

右碑未見拓本，據朱朗齋所録載之。額題『鄒人楊氏始祖塋之記』三行，字徑三寸，文二十三行，潘士文撰并書，楊琬篆。碑陰刻楊氏宗支，額上有『祖宗之圖』四大字。

高密縣廟學碑

至正十二年七月[九]，并陰俱正書，碑高四尺六寸，廣二尺六寸，在高密縣學。

右碑篆額未拓，文二十六行，字徑八分，王思誠撰，王文燁書，張起巖篆。碑陰弟一層，凡三十二行，刻學田四至及樂器、書籍。弟二層，凡三十二行，刻創建鄭公鄉八社學四至、房屋。弟三層，三十二行，刻濰川鄉八社學四至、房屋。弟四層，凡三十二行，刻務本鄉七社學、久敬鄉七社學四至、房屋。弟五層，凡三十一行，刻龍德鄉五社學四至、房屋。弟六層，刻澤民鄉五社學四至、房屋。弟七層，刻碑陰記三十二行，字徑五分。案史稱：王思誠字致道，兖州嵫陽人，至正間由太中大夫、河間路總管，召拜禮部尚書。十二年，帝以四方民頗失業，命名臣巡行勸課。思誠至河間及山東諸路，召集父老，宣帝德意，莫不感泣。碑所云『余適奉旨以農事至縣』，正即其時也。

靈陽觀碑

至正十二年十一月立，正書，篆額，碑高五尺二寸，廣二尺六寸五分，在泰安縣靈陽宫。

右碑額題『靈陽觀記』四字，横列，字徑四寸，文二十五行，字徑八分，李倧撰，王道通篆額，王道亨書。案：碑無年號，而紀歲曰『壬辰』，與至元二年不合。文云『元貞間，遊徂徠山』云云，則非世祖時無疑矣，惟順帝壬辰是爲至正十二年也。

東鎮廟至正代祀碑

無年月，正書，篆額，碑高四尺五寸，廣二尺三寸，在臨朐縣沂山東鎮廟。

右碑額題『代祀記』三字，横列，字徑三寸二分，文二十二行，字徑一寸，徐岳撰，王思齊書，顔浩篆額。

碑無立石年月，文曰『至正癸巳正月一日遣官代祀』，則至正十三年事也。而攷之《元史·順帝本紀》，是年正月朔，不書御殿遣官告祭嶽瀆之事，蓋元代崇祀嶽鎮海瀆，視爲歲行之常禮，史家或書，或不書，非盡闕闕略也。

平原縣移站碑

至正十三年四月立，正書，篆額，碑高七尺一寸，廣二尺九寸，在平原縣。

右碑額題『移站之記』二行，字徑三寸二分。文二十四行，後列銜名七行，分上下二層，末鐫工一行，俱字徑九分。李忽都不花撰并書，郭好仁篆。

重修東海神廟碑

至正十三年五月立，正書，石方廣二尺一寸，在掖縣東海神廟。

右碑文二十六行，字徑六分，盧處恭記。

扶風郡伯萬德墓碑

至正十三年五月立，八分書，篆額，碑高九尺六寸，廣三尺，在陽信縣城南萬氏墓上。

右碑額題『大元追封扶風郡伯萬公之碑』二行，字徑二寸五分，文二十一行，字徑九分，撰人姓名皆缺。

重建五龍堂碑

至正十三年五月立，行書，篆額，碑高五尺八寸，廣二尺五寸，在濟南府西門外五龍潭。

右碑額題『重建五龍堂記』三行，字徑五寸三分，陽文，文二十四行，字徑八分，趙本撰，趙世賢書，段弼題額。

平原縣重修城池記

至正十三年五月立，正書，篆額，碑高四尺八寸，廣二尺，在平原縣治。

右碑額題『平原縣重修城池記』四行，字徑二寸，文十九行，字徑八分，謝文禧撰，馬天驥書并篆額。

呂義倉祭石誌

至正十三年七月立，正書，碑高一尺一寸，廣三尺三寸，在青州府西門外北水溝。

右誌文三十行，字徑一寸，無撰文人姓名，曹明道書丹。

濟陽縣文廟禮器記

至正十三年八月立，正書，篆額，碑高三尺六寸，廣二尺，在濟陽縣學。

右碑額題『善士郭英助文廟禮器記』五行，字徑二寸五分，文二十行，字徑八分，囊加歹撰，楊洪基書并篆。

濟寧路重修文廟碑

至正十三年八月立，并陰俱正書，篆額，碑高七尺，廣二尺六寸，在濟寧州學。

右碑額題『濟寧路重修文廟碑』二行，字徑三寸二分，文十八行，字徑一寸二分，孔克堅撰，劉謙書，胡祖廣篆額。碑陰額題正書『題名』二字，徑五寸，下刻官吏姓名二十一行。

尼山大成殿四公配享碑

至正十四年三月立，并碑陰俱正書，篆額，陰額同。碑高九尺六寸，廣三尺三寸，在鄒縣〔一〇〕尼山書院。

右碑額題『尼山大成殿增塑四配享之碑』三行，字徑二寸五分，文二十三行，字徑一寸二分，危素撰，李稷書，張思政篆。碑陰額題字同前，下横列七層，皆刻官吏、士庶姓名，不計行數。弟七層左角，有洪武三年鄒縣令桂孟率僚屬耆士五十五人釋奠尼山七律一首并跋，亦正書，字徑五分。

七聘堂記

至正十四年三月立，書體詳後，碑高四尺六寸，廣二尺四寸，在歷城縣城内張文忠公祠。

右碑額最上層刻張養浩自壽詞草書十行，下題八分書『七聘堂記』四字，横列，徑二寸八分。文二十二行，正書，徑八分，蘇天爵撰，諭立書。碑陰上層刻虞集五言古詩一首二十三行，正書，徑七分；下層刻養浩七絶二首，草書，大小不等。

濟南郡公張宓神道碑〔一二〕

至正十四年三月立，正書，篆額，碑高一丈一尺一寸，廣三尺二寸，在歷城縣城東和山前張林。

大元封濟南郡宣懿公張公神道碑銘額三行，字徑四寸五分。

大元故中奉大夫、山東東西道宣慰使、贈江浙等處行中書省參知政事、護軍、追封濟南郡公謚宣懿張公神道碑銘。

賜同進士、將仕郎、翰林國史院編修官李國鳳撰文。

翰林學士承旨、榮禄大夫、知制誥兼修國史張起巖篆額。

大元有名臣，故山東宣慰使、贈江浙行省參政、封濟南郡公張公，卒于至正四年四月八日，享壽六十有六。越八年，當至正十二年，其子元輔以神道之石未示顯刻，持公行狀、墓誌、謚議頓首求文於國鳳。鳳生也後，嘗與先兄御史君拜公於府第，竊聽其言論，覿其丰采，不敢以蕪陋辭。噫！惟公任保定總管之時，抑軍撫民之事，最爲特異可稱道者。於天曆初，明宗皇帝在北服，京師空虚，西軍猝至紫荆關，戍禦之卒不支而潰。百十爲群，入保定界，肆剽刼。邑居之民衆聚爲城守計，得潰卒無良者，因挺斃之。時知樞密院事也先尼師大軍違城五里而駐，紿府同知及縣尉與居民百餘人至軍，責以擅殺，盡戮之，血淋漓波[一二]道，復下令屠城，民詾詾思不靖。公時以病在告，即舁疾冒白刃，突至帳下。也先尼怒愈張，踞公于前，詬曰：『女欲反乎？』公從容曰：『孰敢反耶？我病不與知府事已久，且軍士不能拒敵而潰，逞虐良民，此在法所不赦。民初不辨誰何，倉卒誤格之至死，樞密已刑百餘人償其死，復欲屠城，城中户不下萬餘，萬一激生他變，咎復誰任？我寧以身代民死，樞密其勿恐民。』公辨[一三]直氣和，也先尼默然，爲少沮，然猶殺張蔡國公五子，解圍而去，命公諭民以不殺故。民聞公來，歡聲如雷，手額以更生相賀。烏虖！當是時，西北尚未寧謐，保定在畿甸間，使無知之氓懼禍一呼，則安危未可知也。公以一言以定其幾，非忠赤之至其能然乎！此不徒爲生民計，蓋爲國家天下計也。公既不自伐其能，世亦未有能盡知者，此乃公之奇功，可不特書而著之乎！謹案：公諱宓，字淵仲，濟南人。曾大父諱衍，以急人之難稱鄉里。妣梁氏。大父諱榮，故金紫光禄大夫、山東行尚書省兼兵馬都元帥、知濟南府事，進封濟南公，致仕贈推忠宣力正義佐命功臣、太師、開府儀同三司、上柱國，追封濟南王，謚『忠襄』。妣宋氏，追封濟南王夫人；沈氏，齊國夫人。父諱邦憲，故忠順大夫、淮安[一四]路總管，贈宣忠秉義功臣、中奉大夫、河南江北等處行中書省參知政事、護軍，追封濟南郡公，謚『貞毅』。妣馬氏、王氏，俱封濟南郡夫人。兩世勳烈，載在國史，具于家乘。公幼以質子入侍武皇潛邸，賜名蒙古台。上正位宸極，即授公尚沐奉御，嘗燕見便殿，有旨陳古聖人可法者，公進曰：『臣家濟南，帝舜廟在焉。舜，聖人也。』因陳舜豫親數事，且曰：『帝王之德，莫大於孝。』上嘉納，使近臣識之。後山東以蝗旱聞，遂命公走舜廟致禱，訖事而雨，蝗則盡死。還奏稱旨，錫金織衣一襲，由是有大用意。仁宗即位，詔授公二品官，公謙終辭。一歲中，詔諭省臣者四，詔語有曰：『朕惟張霸都兒昔以五十萬衆歸我太祖，世祖念其勳勞，爵以上公。朕及親覩其孫蒙古台事先帝久，欲職以二品，辭不肯受，其以三品授之。』尋選知滕州。及陛辭，上曰：『卿猶未官耶？』公拜謝：『臣已得郡，願自效。』遂賜海東青鷹以寵之。滕有昆弟訟財者，公開喻以天倫之重，民友睦如初。杖豪强柄持官府爲治梗者，闔境肅然。麥一莖秀至三、四穗，州人歌之，治遂最□[一五]郡。入爲度□□□[一六]，出知南陽府。未行，轉兵馬司都指揮使，預討帖實赤斤帖木兒逆黨，遷彰德路總管，蠲民代輸逃亡三百七十户之徵科，罷民陸運水和炭之費。境中舊患多盜，公令村各置鼓，盜發則擊，鄰村相應亦擊，盜驚駭無所於匿，皆遁去。擢□[一七]北廉訪副使，改保定。除逃民之賦，如彰德加倍之三，免屠城之禍，民尢德之至今。調真定，移平江。平江俗健訟，積訟牒七百餘。既下車，剖析略盡，人皆伏其能。徽政之□[一八]財賦司，構□□[一九]佃其田，而州縣一切不得有所繇役皆細民，□〔二〇〕爲東南弊，公詣浙省，□〔二一〕罷之。省臣以聞，詔罷平江、杭州、集慶提舉司，衆賴少蘇。今天子即位之二年，召爲吏部尚書。明年，拜嶺北行省參知政事，皆善於其職。未幾，以病歸。至正三年，起爲山東東西道宣慰使，山東食鹽爲民□〔二二〕，公請復行鹽□〔二三〕以便民。益都路增□〔二四〕稅至四千五百定，□□□〔二五〕數，□〔二六〕令□〔二七〕爲禁止。三路十□〔二八〕州民訟久不決者，公督攝之六閱月，分命有司，決絶三千一百八十四事。未及引年，乞致仕，歸濟南，於四年四月八日〔二九〕丙寅遘疾，卒于正寢，以五月八日丙申葬於歷城東和山先塋。公配蒙古邁禮吉□□〔三〇〕，濟南路達魯花赤□〔三一〕列爾之孫，監十路總管闊闊台之女，婦德母儀，可爲世範，再受封至濟南郡夫人。先公五年卒，始合祔焉。子一人，即元輔也，以才幹嗣其家，廕授忠顯校尉、奉元路務提領，今選松江財賦司副提舉。先娶蒙古氏，彰德頑閭中丞之孫女也速倫氏，早逝。再娶劉氏，乃定安故家劉侯知州仲謙之女，性本孝慈，善事上下。孫男一，曰樞；孫女一〔三二〕。公葬之三年，制贈中奉大夫、江浙等處行中書省參知政事、護軍，追封濟南郡公，謚宣懿。公性篤於孝弟，與人交皆有終始，九□〔三三〕待賓客，而自奉甚儉素，平居夷坦宏博，不爲崖異。至其爲政，則嚴肅明敏，吏不能欺。其所設施，必先興學課農，爲教養之本，然後支分目比，而治其餘。故一守劇州，四典重郡，聲名常出其上。雨暘災沴，無禱不應，蓋其致誠之所至。及去官，民皆刻石以寄其思。烏虖！可謂豈弟君子矣。鳳既最公行省有關國體之大者，爲之序，仍繫以銘。銘曰：

桓桓忠襄，勳冠社稷。帝酬其庸，王此大國。允矣貞毅，踐履特特。篤生宣懿，寔惟藎臣。幼侍帷幄，嘉譽日聞。皇曰休哉，秩以崇品。公遜弗堪，持己逾懍。出知滕州，布政優優。愛洽惠周，瑞生來牟。迺丞度支，迺使兵馬。節費宣威，聲震輦下。相臺峨峨，瘳民之瘥。易水瀰瀰，救民於死。平江之政，治劇若閑。撫摩愛養，不專於寬。吏戢其姦，民樂以安。入宰天官，守法惟允。銓度才否，如尺丈引。參政北省，宣慰東藩。恢我王度，綏靖元元。未及懸車，遂致其仕。榮歸故鄉，奄云不起。訃聞怛悼，靡間邇遐。帝眷不渝，褒贈有如。始終存歿，其德如一。寵賁恩榮，世莫與匹。歷城之東，和山崔崔。勒詞貞珉，昭示後來。

至正十四年歲次甲午春三月吉日，從子景德拜手稽首書丹，孤子元輔立石，孫男樞督工。

案：《縣志》載元張榮之墓在和山之陽，此碑立于張宓墓上。宓乃榮之孫也。榮墓有碑，張起巖撰，已靡碎。《元史·張榮傳》：榮字世輝，歷城人。歷官與此碑同，而不載追封濟南王、謚忠襄。子七人，第七子邦憲，但言官淮安路總管，而不載追封濟南郡公，謚甫毅。孫四十人，但稱宏襲邦傑爵，改真定路總管，而不載宓官謚。則據此碑以補史闕者，正多也。

重建聖水龍祠記

至正十四年四月立，行書，篆額，碑高五尺二寸，廣二尺五寸，在益都縣城東聖水莊龍祠。

右碑額題『重新聖水龍祠之記』四行，字徑二寸八分，文二十四行，字徑一寸，杜翱撰，王思齊書，李璋篆。

清平縣重修廟學碑

至正十四年六月立，正書，碑高四尺六寸，廣二尺五寸五分，在清平縣學。

右碑篆額未拓，文二十行，字徑八分，楊惠撰，王貫書，王士元篆額。

臨朐縣重修廟學碑

至正十五年三月立，正書，碑高六尺九寸，廣二尺九寸，在臨朐縣學。

右碑篆額未拓，文二十九行，字徑九分，鄒惟新撰，桑之善書，李璋篆。

煙霞洞碑

至正十五年四月立，正書，碑高五尺四寸，廣二尺七寸，在寧海州煙霞洞。

右碑篆額未拓，上截刻序一篇，詩十六絶句，凡三十行，字徑九分。下截刻記并年月、銜名凡二十八行，字徑八分，崔佐書撰，秦才篆額。

李氏墓門石刻

至正十五年四月立，正書，額八分書，石高一尺一寸，廣八尺四寸，在樂安縣東南李氏墓上。

右碑額題『故八不居士李公之塋』九字，横列，徑六寸，文五行，字徑六分。『王昇書』銜名二行，在『故』字之右，字徑八分。

平昌寺地圖記

至正十五年七月立，正書，碑高二尺，廣三尺六寸，在益都縣城北平昌寺。

段赤亭《益都金石記》曰：『碑云崇真禪院，今稱平昌寺，不知改於何代。然益都佛刹之古，無過於此者。』

靈巖寺詩刻五種

至正十六年三月刻，書體、尺寸詳後，在長清縣靈巖寺。

中統二年六月旦日重遊方山，少林復菴圓照敬題。

再到靈巖古道場，儼然喬木蔽雲房。十分山色四時好，一味松風六月凉。老樹挂藤侵石壁，落花隨水入池塘。主人乞與禪床卧，夢裏似聞天上香。

復菴老衲遊山漫興謹賦拙偈，至元十八年清明後十日題。

年來乘興一閑游，直擬尋山山盡頭。之字水從斜磵出，羊腸路到斷崖休。古藤依倚巖前樹，老木侵欹澗下流。啼鳥催歸日將暮，林陰撲翠濕衣裘。

至元三十一年孟冬下旬有三日，當山傳法住持法姪桂菴野衲覺達立石，錦川夏中興刊。元好問遊。

右一石高三尺二寸，闊一尺九寸。詩共十二行，行二十字，正書，徑一寸二分。刻工姓名附于末，左上角有『元好問遊』四字，正書，徑六分。案：好問卒年六十八，計其時當在至元初［三四］。此石立於至元三十一年，不知何以此題名也。

鄙語寄贈讓公長老大禪師方丈之下發別後之一粲

峥嶸樓閣翼飛騫，勝概傳誇衆口喧。泉味溢甘雙鶴瑞，山形呈秀二龍蜿。上方境界埃塵遠，絶景亭臺竹樹蕃。鐵作袈裟深有義，後人于此要淵源。

處約張淑拜手書，至順癸酉仲春末旬七日當山住持傳法嗣祖沙門義讓、提點思川監寺子貞立。

絶頂松風灑醉顔，潘輿鶴髮憶平安。十年留得題名在，淚濕秋雲不忍看。復游于寺，至元廿四年冬至二日文昌墮淚書。

予愛是詩，故録於此，息菴上石［三五］。

右一石高一尺七寸，闊二尺五寸。詩十八行，行十一字，正書，大小不等。

至正癸巳三［三六］月吉日夢遊山寺，是歲七月到任，九月勸農至此，恍然如夢中所見，因賦鄙語録呈。靈巖方丈、前進士紫金山張自明題。

清亭忝民牧，倏爾兩月餘。懇惻理辭訟，倉皇行簡書。深秋勸農事，東馳岱宗途。有山忽北轉，宛然梵王居。［三七］雲蘿隔煙樹，經閣參［三八］浮圖。林巒類拱抱，澗壑如交趨。松風振巖谷，石泉溜庖厨。峭壁龍蛇窟，懸崖虎豹區。野猿啼町疃，海鶴舞庭除。僧閑看貝葉，客至翦新蔬。勝景躋壽域，禪房列周廬。山前回首望，一夢恍相符。至正十五年正旦。

當山住持嗣祖沙門靈泉野衲謹書立石。

右一石高一尺三寸，闊二尺三寸。詩共二十行，行十字，正書，徑二寸。

至正乙未秋九月因公赴山東遊靈巖禪寺

秋晚登臨上岱宗，扶筇來此謁崆峒。閑雲送雨過深洞，老鶴將雛度遠空。白石清泉心未了，黄花紅葉思無窮。携書歸隱知何日，坐想青山入夢中。

靈巖山房尋同年長清縣尹張君德昭不遇

慈恩塔上題名後，京國分携十四年。夢想故人詩句裏，坐看黄菊酒杯邊。停雲藹藹秋容澹，落葉瀟瀟客恨偏。獨倚禪房重搔首，又[三九]鞭歸騎過前川。

丙申春三月海嶽降御香回，重遊靈巖，次趙明叔詩韻。

石徑穿雲雨意凉，乘軺重過老僧房。門前古柏凝新翠，巖畔幽花散異香。鶴舞雙泉春水渌，龍歸深洞暮山蒼。禪心久矣無拘礙，笑我狂遊去遠方。

前進士、應奉翰林文字、承事郎、同知制誥兼國史院編修官傅亨題，時弟益、男文炳侍行去。

右一石高一尺一寸，闊二尺二寸。詩共二十六行，行十二字，正書，徑八分。

宿靈巖寺

一榻借禪房，窗虚風露凉。詩魔摧夢醒，王事促行忙。人閬東西户，僧歸上下方。山中無刻漏，倍覺此宵長。

翰林李傑書，當山住持妙恭立石。

右一石高一尺二寸，廣一尺七寸。詩共九行，行六字，行書，徑一寸。末『立石』一行，正書，徑八分。

嵫山太元觀碑

至正十六年八月立，正書，篆額，碑高六尺，廣二尺五寸，在滋陽縣滋陽山。

右碑額題『滋山太元觀記』二行，字徑二寸五分，文二十行，字徑一寸二分，張世傑撰并書，王思誠題額。

復手植檜銘碑

至正十七年立，正書，碑高三尺，廣二尺，在曲阜縣孔廟。

右刻文十四行，字徑一寸，張頴撰銘。

察罕帖木爾祭孔廟碑

至正二十一年立，正書，碑高三尺六寸，廣二尺，在曲阜縣孔廟。

右碑文十九行，字徑八分。案：碑所刻乃至正二十一年九月察罕帖木爾領兵平山東諸寇，遣官祭告孔子及四配祝文。案：自至正六年山東盜起，七年漫延濟寧、滕、邳等處。十七年二月，韓林兒黨毛貴陷山東諸郡邑。七月，鎮守黄河義兵萬户田豐叛，降于韓林兒，陷濟寧路，中書分省右丞實理門遁，義兵萬户孟本周攻田豐，豐敗走，本周還濟寧。十二月，詔諭濟寧李秉彝、田豐等，令出降。十八年二月，田豐復陷濟寧路。至是年[四〇]六月，陝西行省左丞察罕帖木兒諜知山東群賊自相攻殺，而田豐降於賊，乃自陝至洛，大會諸將，鼓行而東。八月，至鹽河，遣其子擴廓帖木兒及諸將，以精卒五萬擣東平。東平僞丞相田豐遣崔士英出戰，大破之。察罕帖木兒以田豐據山東久，軍民服之，乃遺書諭以順逆之理。豐及東平賊王士誠皆降，遂復東平、濟寧。其祭孔廟也在九月九日，則知其克復東平、濟寧僅一月間事耳。山東盜起已久，碑云『梗我王化，垂及五稔』者，專言韓林兒、田豐等之陷濟寧，在至正十七年，至是五年也。

平章中丞祀曲阜宣聖廟記

至正二十一年十月立，八分書，碑高七尺二寸，廣三尺一寸，在曲阜縣孔廟。

右碑篆額未拓，文二十行，字徑一寸二分，孫翥撰，完哲書，閆思孝篆。案《元史·順帝紀》：至正二十一年正月，遣使往諭察罕帖木兒罷隴蜀兵。三月，察罕帖木兒調兵討永成縣，又駐兵宿州。六月，察罕帖木兒總兵討山東，發晉軍[四一]，下井陘，出邯鄲，過磁、相、懷、衛，踰白馬津，發其軍之在汴梁者繼之，水陸並進。七月，平東昌，復冠州。八月，遣其子擴廓帖木兒、閆思孝等，會關保、虎林赤等，將兵由東河造浮橋以濟，拔長清，討東平。遣使招諭田豐，降，東平平。令豐爲前鋒，從大軍東討。棣州俞寶降，東平王士誠、東昌楊誠等皆降，魯地悉定。進兵濟南，劉珪降，遂圍益都。史文如此，碑敘其事皆合也。既定魯地之後，乃遣官詣曲阜，以太牢祀孔子，儼然以王師專征自命。而撰文者猶能以奉詔提師拯民爲辭，則立言有體矣。

濟寧州重修廟學碑

至正二十四年十一月立，并陰俱正書，篆額，碑高七尺六寸，廣二尺八寸，在濟寧州學。

右碑額題『重修廟學之記』二行，字徑三寸，文二十行，字徑一寸，孔希學撰，史銓篆額。碑陰刻官吏、工匠等姓名，及所修殿廡與祭器等，凡三層。

魏元禮代祀闕里記

至正二十五年立，正書，碑高四尺六寸，廣二尺五寸，在曲阜縣孔廟。

右碑額未拓，文二十一行，字徑八分，魏元禮撰，林儀書并題額。

潘繼祖靈泉廟詩刻

至正二十六年十一月刻，正書，石高一尺三寸，廣一尺八寸，在博山縣靈泉廟壁間。

般陽直坤之維五十里許，順德夫人之祠在焉。其靈感尤異，愚尹般陽僅二載，凡兩至祠下，有禱應，因作詩八韻，以荅神休。用刻諸石而藏之廟，庶來者知所景慕云。詩曰：

孝感通天地，休風貫古今。外揚靈炳炳，内藴德愔愔。順用陰柔道，冥符富媪心。荒年能作稔，旱月解爲霖。懿範豐碑載，神功奕世欽。山圍堂廡麗，泉涌殿基深。祠祭方千里，香緡日幾金。作詩稱盛美，肹蠁冀神歆。

奉議大夫、般陽路總管府□□□管本路諸軍奥魯管内勸農知防禦事潘繼祖頓首百拜貢上。

大元至正廿六年歲次丙午冬十一月吉日立。

摸刻朱亮。

右詩刻凡十八行，字體大小不等。

關帝廟碑

至正〔四二〕二十七年八月立，正書，篆額，碑高四尺四寸，廣二尺四寸，在萊州府城關帝廟。

右碑額題『顯靈義勇武安英濟王記』五行，字徑二寸，文二十四行，字徑八分，浙東進士□□濟撰，滕權篆額，莊儼書丹。

察罕普華千佛山題名記

無年月，正書，崖高一尺六寸，廣二尺五寸，在歷城縣城南千佛山。

右題名已磨滅，存字十行，徑二寸。案：《元史·百官志》，國初立提刑按察司四道，首曰山東東西道。至元二十八年，改按察司曰肅政廉訪司。此題名有『山東東西道肅政廉訪司』，是在至元二十八年以後無疑矣。《元史》有兩察罕傳，一仕太祖、憲宗朝，終都元帥，領尚書省事；一仕世祖、仁宗朝，歷官平章政事、商議中書省事。又有察罕帖木兒，順帝至正二十二年征田豐，爲王士誠所刺。此題名『察罕普華』雖不見于史傳，要知其爲元人無疑矣。因附于至正之末。

壽聖院經幢

無年月，正書，高三尺六寸，凡八面，圍四尺八寸，在歷城縣龍洞壽聖院。

右幢無建立年月，朱朗齋定爲元時所刻。

可公塔碣

無年月，正書，石高一尺五寸，廣一尺七寸，在鄆城縣。

右題字三行，字徑四寸，無時代年月、書人姓名，據朱朗齋所録存之。

【校勘記】

［一］『汨汨滔滔』，原作『汨汨滔滔』，據《元史》卷一八三《李泂傳》正。

［二］『濰』，原作『灘』。清代山東并無灘縣，應爲濰縣。

［三］尼山及尼山書院，在清代乾隆時期屬於曲阜縣，而非鄒縣，《山左金石志》誤。

［四］跋中所云『寶成、通利、富國、昆吾、元固等監』之名，與《元史》有所出入。據《元史》卷九四《食貨二》記載：『至至大元年，復立濟南都提舉司，所隸之監有五：曰寶成，曰通和，曰昆吾，曰元國，曰富國。』

［五］尼山及尼山書院，在清代乾隆時期屬於曲阜縣，而非鄒縣，《山左金石志》誤。

［六］據《元史》卷九一《百官七》記載：『奉政大夫、奉議大夫，以上正五品。……奉直大夫、資德大夫、奉训大夫，以上从五品。』可見，《山左金石志》誤奉政、奉議大夫爲從五品階。

［七］『成誦』，據《元史》卷一八三《王思誠傳》補。

［八］原書此處闕字。

［九］據文意及文例，此處當闕一『立』字。

［一〇］尼山及尼山書院，在清代乾隆時期屬於曲阜縣，而非鄒縣，《山左金石志》誤。

［一一］此碑現已毁，亦未見拓本傳世，碑文載於乾隆《歷城縣志》卷一七《張宓神道碑》，兹據此加以校證。

［一二］『波』，乾隆《歷城縣志》作『被』。

［一三］『辨』，乾隆《歷城縣志》作『辭』。

［一四］『安』，原作『南』，據乾隆《歷城縣志》正。據《元史》卷五九《地理二》記載，元代河南江北行省下轄有淮安路，并無淮南路。

［一五］此闕字，乾隆《歷城縣志》作『諸』。

［一六］此三闕字，乾隆《歷城縣志》作『支監丞』。

［一七］此闕字，乾隆《歷城縣志》作『山』。

［一八］此闕字，乾隆《歷城縣志》作『屬』。

［一九］此二闕字，乾隆《歷城縣志》作『大家』。

［二〇］此闕字，乾隆《歷城縣志》作『大』。

[二一]此闕字，乾隆《歷城縣志》作「請」。

[二二]此闕字，乾隆《歷城縣志》作「害」。

[二三]此闕字，乾隆《歷城縣志》作「法」。

[二四]此闕字，乾隆《歷城縣志》作「油」。

[二五]此四闕字，乾隆《歷城縣志》作「羡十倍經」。

[二六]此闕字，乾隆《歷城縣志》作「下」。

[二七]此闕字，乾隆《歷城縣志》作「立」。

[二八]此闕字，乾隆《歷城縣志》作「三」。

[二九]「日」，原作「月」。

[三〇]此二闕字，乾隆《歷城縣志》作「正氏」。

[三一]此闕字，乾隆《歷城縣志》作「曲」。

[三二]「一」，乾隆《歷城縣志》作「二」。

[三三]此闕字，乾隆《歷城縣志》作「喜」。

[三四]據文獻記載，元好問死於元宪宗七年（一二五七）九月，并非至元初年。

[三五]「石」，原作「后」。

[三六]「三」，原作「二」，據《北京圖書館藏中國歷代石刻拓本匯編》第五〇册《靈岩寺詩刻》正。

[三七]「有山忽北轉，宛然梵王居」，原作「有山忽轉宛，北然梵王居」，據《北京圖書館藏中國歷代石刻拓本匯編》第五〇册《靈岩寺詩刻》正。

［三八］『參』，原作『添』，據《北京圖書館藏中國歷代石刻拓本匯編》第五〇册《靈岩寺詩刻》正。

［三九］『又』，原作『乂』，據《北京圖書館藏中國歷代石刻拓本匯編》第五〇册《靈岩寺詩刻》正。

［四〇］考『陝西行省左丞察罕帖木兒諜知山東群賊自相攻殺』一事，《元史》卷一四一《察罕帖木兒傳》記載爲至正二十一年，非《山左金石志》所云『是年（至正十八年）六月』。

［四一］『軍』，原作『寧』，據《元史》卷四六《順帝本紀》正。

［四二］『正』，原作『至』，誤。